Anette Scharla-Dey
Franz Peter Tschauner

MIT DEM WOHNMOBIL DURCH DIE NORMANDIE

Die Anleitung für einen Erlebnisurlaub

DER WOHNMOBIL-VERLAG
D-98634 Mittelsdorf/Rhön

Die Deutsche Bibliothek – CIP-Einheitsaufnahme

Bibliografische Information der Deutschen Bibliothek

Die Deutsche Bibliothek verzeichnet diese Publikation in der Deutschen Nationalbibliografie.
Detaillierte bibliografische Daten sind im Internet über <http://dnb.ddb.de> abrufbar.

Titelbild:
Vieux Moulin in Vernon (Tour 13)
Umschlaginnenseite: Kathedrale von Rouen

Fotos:
S. 13 unten Helmut Breidenbach; S. 50 oben Office de Tourisme Le Havre; S. 65 unten Abbayes Normandes; S. 95 Thomas Muncke; S. 125 G.Wait OT Bayeux Intercom, S. 126 unten Ville de Bayeux; S. 210 oben/unten A_ Lamoureux TPBMSM; S. 271 Office Tourisme Grand-Evreux; S. 294 oben Catherine Leroy; S. 295 Catherine Leroy;
alle anderen Fotos und Karten von den Autoren.

Unser Dank gilt allen verantwortlichen Personen der von uns besuchten Sehenswürdigkeiten und den Mitarbeitern der Touristinformationen. Insbesondere bedanken wir uns bei Sawina Oehlke vom Comité Régional de Tourisme de Normandie für ihre Hilfe und Untersützung.

6. komplett erneuerte, erweiterte und aktualisierte Auflage 2017

Druck:
www.schreckhase.de

Vertrieb:
GeoCenter ILH, 70565 Stuttgart

Herausgeber:
WOMO-Verlag, 98634 Mittelsdorf/Rhön
Position: N 50° 36' 38.2" E 10° 07' 55.6"

Fon: 0049(0)36946-20691
Fax: 0049(0)36946-20692
eMail: verlag@womo.de
Internet: www.womo.de

Autoren-eMail: afp@womo.de

ISBN 978-3-86903-396-9

EINLADUNG

Liebe Leserin, lieber Leser,

schneeweiße Kreideklippen, malerische Hafenstädte und gediegene Seebäder, lange Sandstrände, sattgrüne Wiesen mit bunt gefleckten Kühen unter knorrigen Apfelbäumen sowie ein abwechslungsreiches Hinterland mit herrschaftlichen Landsitzen und Schlössern, trutzigen Burgen und normannischen Fachwerkorten könnten Ihnen gefallen?
Dann werden Sie die charakteristische Vielfalt der Normandie im Nordwesten Frankreichs zu schätzen wissen!
Der milde Golfstrom sorgt für üppige Fruchtbarkeit sowie wunderbare Park- und Gartenlandschaften. Vom jahrhundertelangen Reichtum der Region zeugen mächtige Kathedralen und einst große Abteien, wie die von Rouen und Jumièges. Über die Jahrtausende war die Normandie Schauplatz historischer Ereignisse, die sich in der Geschichte von Wilhelm dem Eroberer, Jeanne d'Arc und der Landung der Alliierten widerspiegeln. Das „Wunder des Abendlandes", der Mont-Saint-Michel, und der über 900 Jahre alte Teppich von Bayeux gehören wie die zukunftsweisende Beton-Architektur von Le Havre zu den sehenswerten Unesco-Welterbestätten. Die abwechslungsreiche Museumslandschaft reicht von der Fondation Claude Monet und dem Museum der Impressionisten in Giverny, über großartige Kunstmuseen in Rouen und Le Havre bis zu militärhistorischen Ausstellungen an den Küsten von Calvados und Cotentin. Die Unterwasserwelt der Cité de la Mer in Cherbourg oder das traditionelle Bauernmuseum in Sainte-Mère-Église eignen sich wie viele andere Museen oder Zoologische Parks für Familienausflüge. Die typische Heckenlandschaft, lichte Buchenwälder sowie bizarre Felsen, an denen sich die aufschäumende Gischt des Meeres bricht, oder die Berge und Schluchten in der Suisse Normande sowie kilometerlange Sandstrände bilden einen beeindruckenden Rahmen für ein Aktiv-Programm von Wander- oder Radtouren, allen Arten des Wassersports bis zum Klettern oder Gleitschirmfliegen. Land und Meer sorgen im Überfluss mit Zutaten für lukullische Erlebnisse, die sich nicht nur auf die drei großen „C" (Camembert, Cidre, Calvados) beschränken. Butter aus Isigny, Käse aus Pont-l'Evêque oder Livarot, Jakobsmuscheln aus der Baie de Seine, Austern des Cotentin sowie normannische Fleisch- und Wurstgerichte tragen ebenfalls zum Ruf der Normandie als Feinschmecker-Region bei.
Voilà, das alles und noch viel mehr ist die Normandie!
Wir wünschen Ihnen viele schöne Reiseerlebnisse und eine angenehme Urlaubszeit

Ihre

Sehr geehrte Leserinnen und Leser, liebe WOMO-Freunde!

Reiseführer sind für einen gelungenen Urlaub unverzichtbar – das beweisen Sie mit dem Kauf dieses Buches. Aber aktuelle Informationen altern schnell, und ein veralteter Reiseführer macht wenig Freude.

Sie können helfen, Aktualität und Qualität dieses Buches zu verbessern, indem Sie uns nach Ihrer Reise mitteilen, welchen unserer Empfehlungen Sie gefolgt sind (freie Stellplätze, Campingplätze, Wanderungen, Gaststätten usw.) und uns darüber berichten (auch wenn sich gegenüber unseren Beschreibungen nichts geändert hat).

Bitte füllen Sie schon während Ihrer Reise das Info-Blatt am Buchende komplett aus und senden Sie es uns sofort nach Ihrer Heimkehr zu (per Brief, Fax oder formlos als eMail).

Dafür gewähren wir Ihnen auch bei späteren Buchbestellungen direkt beim Verlag ein Info-Honorar von 10%.
Aktuelle Korrekturen finden Sie unter: forum.womoverlag.de

Um die freien Übernachtungs- und Campingplätze auf einen Blick erfassen zu können, haben wir diese im Text in einem Kasten nochmals farbig hervorgehoben und, wie auf den Karten, fortlaufend durchnummeriert. Wir nennen dabei wichtige Ausstattungsmerkmale und geben Ihnen eine kurze Zufahrtsbeschreibung. »Max. WOMOs« soll dabei andeuten, wie viele WOMOs dieser Platz maximal verträgt und nicht, wie viele auf ihn passen würden (schließlich gibt es auch Einwohner und andere Urlauber)!
Übernachtungsplätze mit **B**ademöglichkeit sind mit hellblauer Farbe unterlegt. **W**anderparkplätze sind grün gekennzeichnet. **P**icknickplätze erkennen sie an der violetten Farbe. Auf Schlafplätzchen, denen die gerade genannten Merkmale fehlen – also auf einfache **S**tellplätze – weist die Farbe Gelb hin.
Empfehlenswerte **C**ampingplätze haben olivgrüne Kästchen.
Wanderungen, die wir Ihnen besonders ans Herz legen möchten, haben wir ebenfalls grün unterlegt.

Und hier kommt das Kleingedruckte:

Jede Tour und jeder Stellplatz sind von uns meist mehrfach überprüft worden, wir können jedoch inhaltliche Fehler nie ganz ausschließen. Bitte achten Sie selbst auf Hochwasser, Brandgefahr, Steinschlag und Erdrutsch!
Verlag und Autoren übernehmen keine Verantwortung für die Legalität der veröffentlichten Stellplätze und aller anderen Angaben. Unsere Haftung ist, soweit ein Schaden nicht an Leben, Körper oder Gesundheit eingetreten ist, ausgeschlossen, es sei denn, unsere Verantwortung beruht auf Vorsatz oder grober Fahrlässigkeit.

Inhaltsverzeichnis

Einleitung

Die Normandie erstreckt sich auf einer Gesamtfläche von etwa 30.000 Quadratkilometern und setzt sich aus der Haute-Normandie mit den Départements Eure und Seine-Maritime sowie der Basse-Normandie mit den Départements Calvados, Manche und Orne zusammen. Wobei die Bezeichnungen „haute“ (unten) und „basse“ (oben) nicht die Höhenlage, sondern die Entfernung zu Paris ausdrückt. Nur etwa zwei Autostunden von der französischen Hauptstadt entfernt, wird die Normandie im Osten von der Picardie, im Süden von der Île de France, dem Centre sowie dem Pays de Loire und im Norden und Westen durch den Ärmelkanal begrenzt.
Die Region im Nordwesten Frankreichs wird durch Gegensätze bestimmt. Ein wenig Irland, ein wenig England vermischt mit französischem Charme und dem sprichwörtlichen „savoir-vivre“. Die normannische Küste beginnt im Osten bei Le Tréport und erstreckt sich über 600 km Länge bis zum Mont-Saint-Michel im Westen. Dabei zeigt sich zu Beginn der Küstenlinie die Côte d‘Albâtre mit hellen Kreidefelsen, Kieselstränden und bizarren Felsformationen, wie in Étretat. An den Einbuchtungen der sich zum Meer hin öffnenden Trockentäler wurden kleinere sowie große Hafenorte wie Saint-Valery-en-Caux oder Dieppe angelegt und hinter der Küste breitet sich das fruchtbare Kalksteinplateau des Pays de Caux aus. Im Mündungsbereich des ebenfalls von Kreideklippen geprägten, dem Meer entgegen mäandernden Tal der Seine finden sich große Marschgebiete wie das Marais Vernier und in den Ufergemeinden erfreuen strohgedeckte Landhäuser die Besucher. Westlich der Seine dominieren die Seebäder Deauville, Trouville sowie Honfleur und die bei Ebbe schier endlos erscheinenden Sandstrände der Côte de Gráce, der Côte Fleurie oder der Côte de Nacre. Das Hinterland im Pays de Bray und im Pays d‘Auge mit gefleckten Kühen auf saftigen Weiden, schmucken Fachwerkdörfern und Tausenden von Apfelbäumen gleicht einer Bilderbuchlandschaft, die im Frühjahr mit einem weiß-rosa Blütenmeer bezaubert. Die Halbinsel Cotentin präsentiert ein weniger mildes, aber nicht minder faszinierendes Landschaftsbild mit dunklen Granitfelsen, hellen Sandbuchten und Felsenkaps, das in der weiten Bucht von Mont-Saint-Michel durch den größten Tidenhub Europas geprägt wird. Dazwischen ducken sich blumengeschmückte Steinhäuser mit Schieferdächern, dehnen sich Dünenlandschaften hinter langen Sandstränden aus und in lebhaften Seebädern oder kleinen Ferienorten genießen Urlauber die Ferienzeit. Über weite Teile des Landes erstreckt sich die sanft hügelige, von undurchdringlichen Hecken gesäumte

Wiesen- und Felderlandschaft der Bocage, vor der selbst die Panzer der Alliierten bei der Invasion in der Normandie kapitulieren mussten. Die Normandie ist zudem eine der waldreichsten Regionen Frankreichs, deren Holzreichtum sich auch in den vielen normannischen Fachwerkbauten wiederfindet. In einem der vier großen Naturschutzgebiete liegt mit dem 417 m hohen Signal d'Écouves die höchste Erhebung der Region, während die normannische Schweiz trotz ihres Namens weniger hohe Berge, aber dafür eine fast alpine Landschaft zu bieten hat.
Richtig was los ist in den Städten Rouen, Le Havre, Caen und Dieppe. Der Charme des Landlebens besteht aus überraschend auftauchenden Flussmühlen, prachtvollen Schlössern, Herrenhäusern, Burgen und idyllischen Abteien, die in eine für das Auge wohltuende Landschaft eingebettet sind.
Ein bestimmendes Kapitel der wechselvollen Geschichte der Normandie ist der Zweite Weltkrieg, als die Alliierten am 6. Juni 1944 mit ihrer Landung das Ende der nationalsozialistischen Herrschaft über weite Teile Europas einleiteten. Unzählige Museen, Ausstellungen, Überreste von Befestigungsanlagen und Soldatenfriedhöfe erinnern an dieses Ereignis, sodass sich Normandie-Reisende dessen kaum entziehen können.
Bevor wir Sie auf unsere von ganz persönlichen Wahrnehmungen und Vorlieben geprägte Reise mitnehmen, gestatten Sie uns, Ihnen in dieser Einleitung und im „Wissenswerten" am Ende des Buches, einige Empfehlungen mit auf den Weg zu geben.
Alle Touren bereisten wir mit unserem Wohnmobil, einem Hymer B 528 SL mit einer Länge von 6,60 m, einer Breite von 2,30 m und einer Höhe von 3 m sowie einem zulässigen Gesamtgewicht von 3,85 t problemlos. Sollte es nach unseren Einschätzungen für größere Reisemobile auf den beschriebenen Strecken Einschränkungen geben können, weisen wir im Text gezielt darauf hin.
Da sich unsere Reiserouten an einigen Stellen sehr nahe kommen, bietet sich nach Lust und Laune ein „Touren-Hopping" an. Sie können sich natürlich auch „sklavisch" an unsere Tourenvorschläge halten – wir empfehlen Ihnen jedoch, dieses Buch eher als Anleitung, als Gerüst für Ihren Urlaub zu betrachten! Wir möchten Sie vielmehr auf eine Reise nach unseren eigenen Vorlieben mitnehmen und Ihnen soviel wie möglich von einem französischen Landstrich zeigen, der noch so vieles mehr an Interessantem, Schönem und Geschichtlichem zu bieten hat, als dass es genug Platz in diesem Büchlein finden könnte!
Erwarten Sie bitte keine Geheimtipps! Die gibt es seit der Zunahme von Reisemobilen, Reisegruppen usw. schon lange nicht mehr. Wenn es sie bei den Stellplätzen je gab, dann sind sie heute oft genug von einer „Teppichstange" blockiert,

WOMOs sind schlicht verboten oder im besten Fall ist ein offizieller Stellplatz daraus geworden.
Das ändert jedoch nichts an der Attraktivität der Normandie als WOMO-Reiseland. Im Gegenteil, denn eine Vielzahl von offiziellen Stellplätzen und Campingplätzen lassen ein Übernachten oder Verweilen an ganz unterschiedlichen Orten in abwechslungsreichen Regionen zu. Dies hat den Vorteil, dass wir einen Großteil der Normandie mit dem WOMO „erfahren" und, ergänzt durch freie Stellplätze, fast überall einen Lieblingsplatz finden können. Davon gibt es nämlich eine ungeheure Fülle und je nach Gusto wird man schnell fündig!
Für das leibliche Wohl nennen wir eine kulinarische Mischung vom noblen Restaurant über Bistros bis zur einfachen Crêperie oder der Möglichkeit zur Cidre- oder Calvados-Verkostung. Die Nennung von Firmen, Restaurants oder Produkten sind als Beispiele ohne Wertung gegenüber anderen anzusehen. Die Qualitäts- und Quantitätsangaben entsprechen unseren rein subjektiven Einschätzungen und erheben keinen Anspruch auf Vollständigkeit.
Eintrittsgelder, Entgelte für Stadtführungen u. ä. sind einem steten Wandel unterworfen, sodass wir auf die genaue Angabe in der Regel verzichtet haben und lediglich darauf hinweisen, wenn sie anfallen. Die zur Zeit unserer Recherche bekannten Gebühren für Stellplätze (€ bis 5 €, €€ bis 10 €, €€€ über 10 € jeweils für 2 Personen, 1 WOMO, meist Strom und V/E extra) und Campingplätze (€ bis 10 €, €€ bis 20 €, €€€ über 20 € jeweils für 2 Personen, 1 WOMO, meist Strom und V/E extra) geben wir als Anhaltspunkt gestaffelt an.
Mit sehr viel Freude und Spaß, aber auch mit Arbeit und Mühe haben wir für die vorliegenden Tourenvorschläge recherchiert. Wir testeten Sehenswürdigkeiten und Aktivitäten vor Ort und haben unsere Erlebnisse für Sie aufgeschrieben. Trotz aller Sorgfalt ist es möglich, dass sich die Gegebenheiten bereits bei Erscheinen dieses Buches verändert haben. Wenn Ihnen Derartiges auffällt, Sie etwas Neues entdecken oder Ihnen etwas besonders gut gefallen hat, würden wir uns über eine entsprechende Nachricht freuen!
Auch wenn Ihnen etwas missfallen hat, lassen Sie es uns bitte ebenfalls wissen. Nur so können wir Ihren WOMO-Reiseführer bei der nächsten Auflage verbessern. Ihre Tipps und Anregungen sind uns immer willkommen!
Hierzu können Sie das vorbereitete Infoblatt am Ende des Buches benutzen oder uns direkt per E-Mail kontaktieren.

Email: afp@womo.de

Wir danken Ihnen bereits heute im Voraus für Ihre Mithilfe!

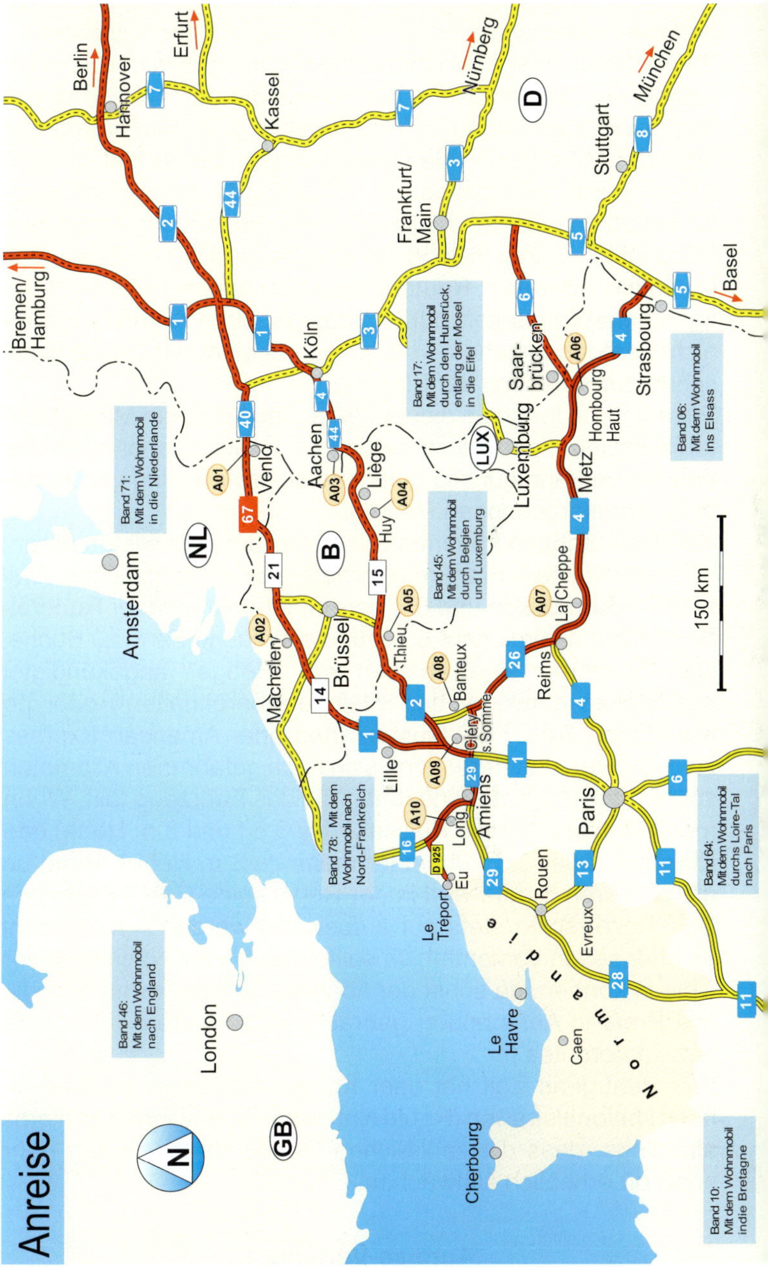

Je nachdem aus welchem Land bzw. welcher Region Sie starten, liegen zwischen unserem ersten Ziel im normannischen Eu etwa 700 km von Frankfurt, gut 900 - 950 km von Hamburg oder München bis etwa 1.300 km von Wien aus vor Ihnen.

Die genauen Anreiserouten werden so verschieden wie Ihre Vorlieben und Ihr Urlaubsverhalten sowie Ihr Zeitbudget sein. Die einen mögen die gemütliche Fahrt auf Landstraßen, die anderen bevorzugen die schnelle Reise auf der Autobahn.
Wer in Deutschlands Westen bzw. Süden oder in der Schweiz wohnt, wird die Anreise in die Normandie durchaus in einem Tag bewältigen können. Wer hingegen aus dem Nordosten oder der Mitte Deutschlands und Österreich kommt, die geruhsame Fahrt schätzt oder aus Kostengründen die Landstraße benutzen möchte, der kann eine Übernachtung einplanen. Bekanntlich führen viele Wege ans Ziel und in den Zeiten von Navigationsgeräten, Routenplanern im Internet und vernünftigen Straßenatlanten dürfte Ihrem eigenen Anfahrtsentwurf nichts entgegenstehen – schließlich beginnt der Urlaub doch schon zu Hause mit der Planung.
Wir möchten Ihnen an dieser Stelle drei der vielen Möglichkeiten aufzeigen, die Sie schnell an Ihr Urlaunsziel bringen und nennen verkehrsgünstig gelegene Überrnachtungsplätze nahe der entsprechenden Routen.
Auf der Autobahn kommen Sie sicher am schnellsten voran, doch sind diese in Frankreich größtenteils kostenpflichtig. Zwischen Saarbrücken und Eu, dem Startpunkt unserer Rundreise, schlägt das mit rund 60 € für die einfache Fahrt zu Buche. Die Gebühren sind an den mit „Péage“ angekündigten Mautstellen entweder bar (Kleingeld bereithalten!) oder per Kreditkarte (keine EC-Masterkarten oder American Express) zu entrichten und berechnen sich nach gefahrenen Kilometern sowie nach der Kategorie, unter die das Fahrzeug fällt. Wohnmobile fallen unter die Klasse 2 (bis 3,5 t und 3 m Höhe) oder Klasse 3 (über 3,5 t und/oder mehr als 3 m Höhe). Rund um die größeren Städte wird in der Regel keine Gebühr erhoben. Das Ticket sollte stets gut aufbewahrt werden – auch wenn es eher selten vorkommt, so sollte man es auf Nachfrage vorweisen können, da sonst der höchst mögliche, wenn auch fiktive Preis in Anrechnung gebracht wird. Weitere Infos unter www.autoroutes.fr.
Wer genügend Zeit hat oder Kosten einsparen möchte, benutzt Nationalstraßen (Route National). Zu erwähnen ist hierbei allerdings, dass die zahlreichen Ortsdurchfahrten den Fahrspaß oft erheblich schwächen.

Anreise-Variante 1:

In Deutschland von der A40 Richtung VENLO/Niederlande (A67/E34) - Richtung EINDHOVEN/Niederlande (Autobahn A67/E34) - Richtung ANTWERPEN/Belgien (Autobahn A21/ E34) - Richtung GENT, KORTRIJK/Belgien (Autobahn A14/

E17) - Richtung LILLE/Frankreich - Richtung PARIS (Route National N356 und Autobahn A1/E17) - Richtung ROUEN, AMIENS (Autobahn A29/E44) - Richtung ABBEVILLE (Route National N25 und Autobahn A16) - Richtung LE TRÉPORT (Autobahn A28) - Richtung LE TRÉPORT, EU (Landstraße D925). Die Gesamtstrecke von der deutsch-französischen Grenze nach Eu beträgt ca. 490 km. Für die Zwischenübernachtung bieten sich die Stellplätze (A01), (A02), (A09) und (A10) an.

Anreise-Variante 2:

In Deutschland von der A44 bei AACHEN Richtung LIÈGE/Belgien (Autobahn A3/E40) - Richtung NAMUR, CHARLEROI, MONS/Belgien (Autobahn A15, A7/E42, E19) - Richtung VALENCIENNES, CAMBRAI/Frankreich (Autobahn A2/E19) - Richtung PARIS (Autobahn A1/E19) - Richtung ROUEN, AMIENS (Autobahn A29/E44) - Richtung ABBEVILLE (Route National N25 und Autobahn A16) - Richtung LE TRÉPORT (Autobahn A28) - Richtung LE TRÉPORT, EU (Landstraße D925). Die Gesamtstrecke von der deutsch-französischen Grenze nach Eu beträgt ca. 420 km. Für die Zwischenübernachtung bieten sich die Stellplätze (A03), (A04), (A05), (A08) und (A10) an.

Anreise-Variante 3:

In Deutschland von der A6 bei SAARBRÜCKEN Richtung METZ/Frankreich (Autobahn A320, später A4/E50/E25) - Richtung REIMS (Autobahn A4/E50) - Richtung ROUEN (Autobahn A26/E17) - Richtung ROUEN, AMIENS (Autobahn A29/E44) - Richtung ABBEVILLE (Route National N25 und Autobahn A16) - Richtung LE TRÉPORT (Autobahn A28) - Richtung LE TRÉPORT, EU (Landstraße D925).
Die Gesamtstrecke von der deutsch-französischen Grenze nach Eu beträgt ca. 500 km. Für die Zwischenübernachtung bieten sich die Stellplätze (A06), (A07), (A08) und (A10) an.

Sollten die nachstehenden Stellplätze nicht ausreichend sein oder eine andere Route eingeschlagen werden, dann verweisen wir gern auf die in unserer Anreisekarte gekennzeichnten WOMO-Bände unserer Kollegen. Dort finden Sie weitere Übernachtungstipps und Anregungen für Ihr Reise, die mal näher, mal etwas abseits unserer genannten Anreisewege liegen.

(A01) WOMO-Stellplatz: NL - Venlo, Jachthaven

GPS: N 51°23'36.0" E 06°08'56.3"; Jachthavenweg 50 **max. WOMOs:** 20
Ausstattung/Lage: V/E, Strom, Gebühr €€€ pauschal/Mitte Sept. - April Zusatzkosten für Strom, Dez. - Feb. geschlossen, Okt./Nov./März eingeschränkte Kapazitäten, Duschen, Toiletten, Spielplatz, Tische und Bänke, Grillmöglichkeit, Brasserie in unmittelbarer Nähe, Fahrradverleih, WiFi,

Radweg nach Venlo, Mülleimer/ Ortsrand, schöner Blick auf den Hafen, Geräusche von der Autobahn. Anreise bis 22 Uhr, Einlasstor mit Karte zu bedienen (vorherige Anmeldung beim Hafenmeister oder in der Brasserie).
Zufahrt: Die A67 an der Abfahrt Venlo-West verlassen, den Hinweisen Venlo 4000 - 7000 (Gewerbegebiet) folgen und links in den Groot Bollerveg abbiegen. Bei Erreichen des Venrayseveg nochmals links dem Hinweis Jachthaven und dem WOMO-Piktogramm folgen. Die Gesamtstrecke von der Autobahn bis zum Stellplatz beträgt ca. 6 km.

(A02) WOMO-Stellplatz: B - Machelen

GPS: N 50°57'39.1" E 03°29'00.1"; Petegemstraat **max. WOMOs:** 8

Ausstattung/Lage: V/E, Strom, Gebühr €€, max. Aufenthalt 72 Std., mit Schranke gesichert, Geschäfte, Restaurants, und Roger-Raveel-Museum (11 - 17 Uhr, Mo/Di geschl., Eintritt), ca. 500 m entfernt/Ortsrand, an einem kleinen Park gegenüber einer Schule gelegen. Netter Platz im Grünen, der bei Vollbelegung eng wird!
Zufahrt: Die E17 an der Abfahrt Deinze verlassen und auf die N35 nach Deinze abbiegen. Nach ca. 3 km im Ort links Richtung Centrum abbiegen und am folgenden Kreisverkehr links auf der N43 Richtung Waregem/Zulte fahren. In Machelen ca. 1,2 km hinter dem Ortseingang an einer Ampel rechts in den Ort abbiegen und auf der Durchgangsstraße bis ans Ende fahren. Dort links dem Hinweis zum Parkplatz folgen. Die Gesamtstrecke von der Autobahn bis zum Stellplatz beträgt ca. 8 km.

(A03) WOMO-Stellplatz: D - Aachen, Camping Aachen

GPS: N 50°45'42.8" E 06°06'09.4"; Branderhofer Weg 11 **max. WOMOs:** 46
Ausstattung/Lage: V/E, Strom, Gebühr €€€, max. Aufenthalt 3 Tage,

Bushaltestelle für den lohnenden Stadtbesuch Aachens ca. 400 m entfernt (www.aachen-tourist.de), Kurgebiet ca. 800 m entfernt, Sanitäranlagen, Brötchenservice, WiFi, mit Schranke gesichert, Infotafel, Mülleimer/im Ort. Der gepflegte Stellplatz liegt in der Umweltzone und ist nur mit grüner Plakette anzufahren.
Zufahrt: Die A44 an der Abfahrt Lichtenbusch/Monschau verlassen und knapp 4 km auf der Monschauer Straße stadteinwärts bis zur Adenauerallee fahren. Dort rechts und an der 2. Ampel nach ca. 800 m links den WOMO-Piktogrammen folgen. Die Gesamtstrecke von der Autobahn zum Stellplatz beträgt gut 5 km.

(A04) WOMO-Stellplatz: B - Huy

GPS: N 50°31'00.4" E 05°14'04.9"
Chausée Napoléon
max. WOMOs: 2 - 3
Ausstattung/Lage: Geschäfte und Restaurants in der Nähe, Altstadt ca. 300 m, Zitadelle fußläufig steil oder im Juli/Aug. mit einer Seilbahn zu erreichen (www.huy.be), Mülleimer/Ortsrand, Geräusche von der Straße und dem Schifffahrtsweg. Auch wenn nur 2 Stellplätze ausgewiesen sind, werden auf dem einfachen Parkplatz mehr WOMOs geduldet.
Zufahrt: Die E42 an der Abfahrt Wanze verlassen und auf der N64 den Hinweisen nach Huy bis ins Zentrum und an die Maas folgen. Dort die Brücke überqueren und am Kreisel nach Namur parallel zum Wasser fahren. Ca. 300 m später, vor der nächsten Brücke rechts hinab zum Parkplatz am Wasser abbiegen.

(A05) WOMO-Stellplatz: B - Thieu, Canal de Centre

GPS: N 50°28'16.9" E 04°05'20.6"
Rue Saint- Géry **max. WOMOs:** 10
Ausstattung/Lage: Radfahrmöglichkeiten, historisches Schiffshebewerk in der Nähe, Besichtigung des neuen, ca. 2 km entfernten Schiffshebewerkes möglich/außerorts, einfacher Parkplatz.
Zufahrt: Die E19 an der Ausfahrt Thieu verlassen und in den Ort fahren. Im Orthinter der Kirche über den Kanal fahren und hinter der Brücke rechts bis zum Parkplatz fahren. Die Gesamtstrecke von der Autobahn bis zum Parkplatz beträgt ca. 5 km.

Historisches Schiffsheberwerk in der Nähe des Stellplatzes Thieu

(A06) WOMO-Stellplatz: F - Hombourg-Haut, Aire de Camping-Cars

GPS: N 49°07'26.0" E 06°46'43.0"; Rue de Stade **max. WOMOs:** 6
Ausstattung/Lage: V/E, Strom, Geschäfte in der Nähe, Mülleimer/Ortsrand, direkt neben dem Sportplatz gelegen.
Zufahrt: Die A320/E50 an der Ausfahrt Hombourg-Haut verlassen und den Hinweisen nach Hombourg-Haut folgen. Im Ort an einem Kreisel rechts den Hinweisen Salle de Fêtes/Stade Omnispots und dem WOMO-Piktogramm folgen. Die Gesamtstrecke von der Autobahn bis zum Stellplatz beträgt knapp 4 km.

(A07) WOMO-Stellplatz: F - La Cheppe, Aire de Camping-Cars

GPS: N 49°02'57.0", E 04°29'37.0"; Rue du Camp d'Attila **max. WOMOs:** 5
Ausstattung/Lage: V/E, Strom, ca. 2 km langer Rundweg mit Infotafeln um die einstige keltische Siedlung, Mülleimer/Ortsrand.
Zufahrt: Die A4 an der Ausfahrt Châlons-en-Champagne/Suippes verlassen und auf der D977 Richtung Suippes halten. An der 2. Möglichkeit rechts auf der D366 nach La Cheppe abbiegen und im Ort rechts den Hinweisen Camp d'Attila und dem WOMO-Piktoghramm folgen. Die Gesamtstrecke von der Autobahn bis zum Stellplatz beträgt ca. 8,5 km.

(A08) WOMO-Stellplatz: F - Banteux, Aire Communale

GPS: N5 0°03'46.2" E 03°12'03.6"; Rue du Port **max. WOMOs:** 5

Ausstattung/Lage: V/E, Strom, Gebühr €, März - Okt., manchmal kommt der Bäcker vorbei, max. Aufenthalt 48 Std., Mülleimer/Ortsrand, Häuser in der Nähe, am Canal de Saint-Quentin ohne Aussicht gelegen.
Anreise-Variante 2: Von der A2/E19 auf die A26/E17 Richtung Saint Quentin wechseln und nach ca. 10 km der nachstehenden Zufahrtsbeschreibung nach Banteux folgen.
Anreise-Variante 3: Auf der A26/E17 ca. 27 km Richtung Calais bleiben und der nachstehenden Zufahrtsbeschreibung nach Banteux folgen.
Zufahrt: Die A26/E17 an der Abfahrt Masnières verlassen und auf der D917, später auf der D644 den Hinweisen nach Banteux folgen. Auf der D96 in den Ort fahren, den Hinweisen Bantouzelle/Mairie links und nochmals links dem WOMO-Piktogramm folgen. Die Gesamtstrecke von der Autobahn bis zum Stellplatz beträgt ca. 6 km.

(A09) WOMO-Campingplatztipp: F - Cléry-sur-Somme, Camping de la Tortille**

GPS: N 49°56'42.2" E 02°54'41.4" 7 Lieu dit l'Orgibée
Kontakt: Telefon 0322831759
Öffnungszeit/Preis: April - Oktober/€€.
Ausstattung/Lage: Spielplatz, Angelmöglichkeit, Waschmaschine, WiFi, Grillmöglichkeit/außer-

orts. Kleiner, ruhiger Campingplatz im Wald an einem Weiher gelegen.
Zufahrt: Die A1/E17 an der Ausfahrt Peronne-Nord verlassen und auf der D938 den Hinweisen nach Cléry-sur-Somme folgen. Etwa 1,2 km hinter Cléry und 500 m nach der Überquerung des Canal du Nord rechts ca. 500 m den Hinweisen zum Campingplatz folgen. Die Koordinaten liegen an der Straße, da das Navi sonst ggf. falsch führt. Die Gesamtstrecke von der Autobahn bis zum Campingplatz beträgt ca. 6 km.

(A10) WOMO-Stellplatz: F - Long, Aire Communale

GPS: N 50°02'06.4" E 01°59'01.0" **max. WOMOs:** 8
Ausstattung/Lage: V/E, Strom, Gebühr €, mit Benutzung der Campingplatz-Anlagen €€, Radwege entlang der Somme, Geschäfte und Restaurants ca. 600 m im netten Ort, Besichtigung des Schlosses Juli/Aug. Mo - Sa 12 - 18 Uhr, Eintritt/außerorts, Stellplatz vor dem Camping La Peupleraie**, der bei Regen matschig sein kann.
Zufahrt: Die A16 an der Ausfahrt Flixecourt verlassen und zunächst der D1001 Richtung Abbeville folgen. Nach ca. 1,5 km links auf der D216 nach L´Etoile und von dort auf der D112 Richtung Pont-Remy/Long fahren. Bei Erreichen der D32 links nach Long abbiegen. Im Ort der Vorfahrtstraße und nach dem zweimaligen Überqueren der Somme links dem Hinweis zum Camping Municipal folgen. Die Gesamtstrecke von der Autobahn zum Stellplatz beträgt ca. 10 km.

Schloss in Long

Blick über die Somme zum Rathaus in Long

Nun aber genug der Vorrede – wir hoffen, Ihnen einige nützliche und anregende Vorschläge für Ihre Anreise gemacht zu haben und wünschen Ihnen nun viel Freude in der Normandie!

TOUR 1
Côte d'Albâtre
Picardie
Bresle
Béthune
15 km
N
A28
D940
D925
D1314
N27
Eu
001
002
Le Tréport
003
Criel-Plage
004
St-Martin-en-Campagne
Dieppe
005
006
Varengeville-sur-Mer
S
S
Sotteville-sur-Mer
007
Veules-les-Roses
008
009
St-Valery-en-Caux
010
Tour 2

Tour 1 85 km

Eu - Le Tréport - Dieppe - Varangeville-sur-Mer - Veules-les-Roses - Saint-Valery-en-Caux

Stellplätze:	Le Tréport, Criel-sur-Mer, Dieppe, Sotteville-sur-Mer, Veules-les-Roses, Saint-Valery-en-Caux.
Campingplätze:	Eu Camping Municipale Parc du Château.
Ver- u. Entsorgen:	Eu, Le Tréport, Dieppe, Veules-les-Roses, Saint-Valery-en-Caux.
Besichtigen:	Eu Musèe Louis-Philippe, Notre-Dame-et-Saint-Laurent, Musée des Traditions verriéres Saint-Martin-en-Cam pagne Musée d'Histoire de la Vie quotidienne; Dieppe Château-Musée, Notre-Dame-de-Bon-Secours, Église Saint-Jacques, Mémorial du 19 août 1942, Estran-Cité de la Mer; Varangeville-sur-Mer Jardin Shamrock, Manoird'Ango, Kirche Saint-Valéry, Parc Floral du Bois des Moutiers; St.-Valery-en-Caux Maison Henri IV.
Essen:	Le Tréport Restaurant Le Saint-Louis; Dieppe Café-Bistro Des Tribunaux, Restaurant Musardiere; Veules-les-Roses Restaurant Victor Hugo.

Als gebürtige Landratten und aus dem Binnenland kommend zieht es uns in Frankreich immer als erstes ans Meer. Was liegt also näher, als unsere Reise durch die Normandie im nordöstlichsten Zipfel des **Départements Seine-Maritime** an der Küste zu beginnen.

Über die D925 gelangen wir an die **Côte d´Albâtre**, deren Küstenlinie sich von der Grenze der Picardie bis zur Seine-Mündung über 140 km Länge erstreckt. Die Alabasterküste ist für ihre bis zu fast 100 m steil abfallenden durchscheinend hellen, alabasterfarbenen Kreideklippen bekannt und bietet unter anderem spektakuläre Aussichten über den Ärmelkanal bis zum Pendant der Felswände bei Dover in England. Schafe, Pferde und Kühe grasen auf sattgrünen Wiesen, von denen sich Schluchten hinab bis zum Meer ziehen. Die kleinen

Blick vom Funiculaire auf die Kreidefelsen

Buchten und die Strände in den breiten Tälern nördlich der Seine sind meist mit groben Kieselsteinen bedeckt. Dadurch wird das Strandleben mit ausgedehntem Sonnenbad auf dem Badetuch und das Spazierengehen ordentlich erschwert. Doch wenn das wechselnde Licht das Wasser in unterschiedlichen Farben leuchten lässt, der Wind weiße Wolken über den blauen Himmel schiebt und die Kieselsteine in der Brandung lustig aneinanderklickern, dann begeistert uns der landschaftliche Reiz dieser Region immer wieder.

Bevor der Fluss Bresle bei Le Tréport in den Ärmelkanal mündet, besuchen wir etwa 3 km im Landesinneren die kleine Stadt EU. Auf der D925 rollen wir Richtung LE TRÉPORT hinab ins Tal und notieren am ersten Kreisverkehr an einer Tankstelle zunächst eine **Ver- und Entsorgungs-Station** [N 50°03'37.8" E 1°24'36.2"].

Der weitere Weg nach EU ist nicht zu verfehlen und da die Normandie nicht nur vom Meer, sondern auch von Gärten, Herrenhäusern und Schlössern geprägt wird, checken wir stilecht in der ruhigen Camping-Anlage im Schlosspark von EU ein.

(001) WOMO-Campingplatztipp: Eu, Camping Municipale Parc du Château **

GPS: N 50°02'59.1" E 01°24'52.2" Rue des Fontaines

Kontakt: Telefon 0235862004; www.ville-eu.fr

Öffnungszeit/Preis: April - Okt./€.

Ausstattung/Lage: Bouleplatz, Kinderspielplatz, Tischtennis, Waschmaschine, Wäschetrockner, freies Wi-Fi/Ortsrand, ruhig im Schlosspark gelegen.

Zufahrt: Von der D925 kommend an einem Kreisverkehr nach EU fahren und den Hinweisen zum Château sowie dem Camping Municipale folgen. Auf dem Schlossgelände gleich links bis zum Campingplatz fahren.

EU

Das 7.000 Einwohner zählende Städtchen schaut auf eine bewegte Geschichte zurück. Hier starb Rollo, der erste Herzog der Normandie im Jahr 932 und auf der alten, nicht mehr vorhandenen Burg heiratete 1050 Wilhelm der Eroberer seine Gemahlin Mathilde von Flandern. Das heutige **Schloss** stammt aus dem 16. Jh. und beherbergt zum Teil die Stadtverwaltung. In den übrigen Räumlichkeiten des Renaissancebaus ist das **Musée Louis-Philippe** beheimatet. Eine Dauerausstellung ist dem französischen König gewidmet, der das Schloss im 19. Jh. als Sommerresidenz nutzte (Mitte März - Anfang Nov. tägl. außer Di u. Fr Nachmittag 10 - 12/14 - 18 Uhr, Eintritt). Anregender als der Museumsbesuch erscheint uns der Spaziergang durch den schönen **Schlosspark** mit einer 1585 gepflanzten Buche und vielen Rhododendren, Azaleen und Koniferen. Ganz in der Nähe wartet die frühgotische **Église Notre-Dame-et-Saint-**

Laurent mit zahlreichen Ziertürmchen auf und in den kleinen Straßen drum herum kann das historische und kulturelle Erbe der Stadt erkundet werden. Weiterführende Informationen gibt es nebenan im **Office de Tourisme** (Mo - Sa 9.30 - 12.30/14 - 17.30 Uhr, im Sommer bis 18.30 Uhr, Place Guillaume le Conquerant, www.ville-eu.fr). Der **Markt** findet Freitagvormittag auf der Place d'Orléans statt.
Nördlich des Stadtzentrums stellt das **Musée des Traditions verriéres** die faszinierende Technik der Glasbläserei vor und erzählt die Geschichte des Glases bis in unsere Tage (April - Okt. Di/Sa/So/Feiertage 14.30 - 18 Uhr, Juli - Sept. auch Mi, Eintritt).

Unterhalb von Schloss und Campingplatz führt auf dem ehemaligen Treidelpfad am Ufer der Bresle ein etwa 4 km langer **Spaziergang** nach Le Tréport.
Wir bemühen für den Weg das WOMO und sind rasch in LE TRÉPORT gelandet. Hier erwarten uns zwei Stellplätze, von denen wir den zweiten favorisieren, da uns beim ersten, obwohl schön angelegt und bestens gepflegt, die nahe Müllverbrennungsanlage ein wenig abschreckt.

(002) WOMO-Stellplatz: Le Tréport, Parc Sainte-Croix

GPS: N 50°03'34.2" E 01°23'20.8"; Rue Pierre Mendès France
max. WOMOs: 60
Ausstattung/Lage: V/E, Strom, Gebühr €€, max. Aufenthalt 2 Tage, Tisch und Bänke, in der Saison kommt morgens der Bäcker, beleuchtet, kein Schatten, Mülleimer/Ortsrand, ca. 1 km zum Zentrum. Der Stellplatz liegt neben dem Camping Municipal. Ggf. Lärm- und Geruchsbelästigung durch das Gewerbegebiet.
Zufahrt: Hinter dem Ortseingang am ersten Kreisel rechts zum Gewerbegebiet abbiegen und den Hinweisen Aire de Camping Cars folgen.

(003) WOMO-Stellplatz: Le Tréport, Funiculaire

GPS: N50°03'29.0" E01°21'45.8"
Route Touristique
max. WOMOs: 30
Ausstattung/Lage: V/E, Strom, Gebühr €€, max. Aufenthalt 2 Tage, Tische und Bänke, Wander- u. Radwege, Aussicht, Mülleimer/Ortsrand, an der Straße gelegen, Häuser in der Nähe, nachts ruhig. Ein erster Parkplatz auf Wiese, ein zweiter auf Asphalt. Ca. 300 m zum Funiculaire und somit in den Ort.
Zufahrt: Hinter dem Ortseingang am ersten Kreisel Richtung Criel-sur-Mer fahren und den Hinweisen Funiculair und Aire de Service folgen.

Le Tréport

Von unserem Stellplatz am Funiculaire sind wir rasch zum Aussichtspunkt **Calvaire des Terrasses** gegangen. Von der Terrasse zu Füßen des Kreuzes haben wir eine atemberaubende Aussicht über das Meer und die Kreidefelsen. Dazwischen drängen sich die Schieferdächer der Unterstadt, der Strand und das jenseits der Hafenbecken liegende und bereits zur Picardie gehörende Mers-les-Bains. Der Leuchtturm hält seit 1844 wacker seine Stellung auf der Mole und in der Ferne ist die Mündung der Somme zu erahnen.

Der geschäftige Küstenort lebt im Rhythmus des Meeres und im Sommer verdreifacht sich die Einwohnerzahl schnell mal auf 15.000 Menschen. Dann flanieren Spaziergänger entlang der Strandpromenade und fotografieren hinauf zur über 100 m hohen Aussichtsklippe oder besuchen eines der Volksfeste wie z. B. das **Fest des Herings** (Foire aux Hareng, letztes Oktober-Wochenende) und das **Badefest** (Fête des baigneurs, letztes Juli-Wochenende).

Weitere Anregungen hält das **Office de Tourisme** parat (10 - 12.30/14 - 18 Uhr, Juli - Aug. 9.30 - 19 Uhr, Quai Sadi Carnot, www.ville-le-treport.fr). Über rund 380 Treppenstufen steigen wir hinab ins „Getümmel", erspähen das Rathaus und die **Église St-Jacques** aus der zweiten Hälfte des 16. Jh. mit einem Renaissanceportal. Entlang der Hafenfront reihen sich Restaurants aneinander und in den schmalen Gassen dahinter befindet sich das Viertel der Fischer und Seilmacher. Im Gegensatz dazu stehen die **Villen aus der Zeit der Belle Époque**, die mit eleganten Erkern und bunten Fassaden in **Mers-les-Bains** auffallen und an die Zeiten erinnern, als sich der Ort vor 150 Jahren zum beliebten Seebad illustrer Gäste entwickelte. In LeTréport lohnt sich der Besuch der städtischen **Fischereihalle**, in der die Fischer ihre fangfrischen Waren vom Seeteufel über Scholle bis zum Hummer anbieten. Auf der Place de la Poissonnerie findet Dienstag- und Samstagvormittag ein **Markt** statt. Fertig zubereitete Köstlichkeiten des Meeres lassen wir uns im **Restaurant Le Saint-Louis** an der Hafenpromenade munden und empfehlen das Angebot hinsichtlich Qualität und Preis gerne weiter (Mittag- und Abendmenüs, Mitte Nov. - Mitte Dez. geschlossen, kein Ruhetag, Telefon 0235862070).

Bergauf machen wir uns die kostenlose, 1907 erbaute **Standseilbahn Fu-**

niculaire zu Nutze und gleiten mit Aussicht zu unserem Stellplatz empor (Juli - Aug. 7.30 - 0.45 Uhr, sonst 7.45 - 20.45 Uhr, Fr/Sa bis 0.45 Uhr).

Entlang der Küstenlinie setzen wir unsere Fahrt nach CRIEL-SUR-MER fort. Immer wieder eröffnen sich von der kurvigen Straße durch hügeliges Gelände Blicke auf die Steilküste sowie das Meer. Richtung DIEPPE reiht sich ein Küstendorf an das andere und die Strecke gestaltet sich größtenteils ereignislos. Lediglich in CRIEL PLAGE können wir einen einfachen Stellplatz vermelden. Nur durch die Straße von Kieselstrand und Meer getrennt, kann er in der Nebensaison sicher als schön gelegen bezeichnet werden. In der Hauptsaison dürfte er eher „verkehrsumflossen“ sein.

(004) WOMO-Stellplatz: Criel Plage

GPS: N 50°01'56.0" E 01°18'33.6"; Rue de la Plage **max. WOMOs:** 30
Ausstattung/Lage: Wanderwege, keine Gebühr, Mülleimer/Ortsrand. In

der ersten Reihe Aussicht aufs Meer, nachts ruhig.
Zufahrt: Ca. 400 m hinter Criel Plage links an der Straße gelegen.

Die teils enge, dann wieder gut ausgebaute, aber immer gut zu befahrende Straße bringt uns etwas landeinwärts zur D925 und ins beschauliche SAINT-MARTIN-EN-CAMPAGNE. Ein Zwischenstopp in der Ortsmitte lohnt sich, um das **Musée d'Histoire de la Vie quotidienne** (kurz MHVQ) zu besichtigen. Das architektonisch ansprechende Haus informiert über die ländliche Kultur der Normandie, präsentiert ländliches Arbeitsgerät und erzählt die Geschichte

von Handwerk und Industrie sowie vom sozialen und kulturellen Leben in der Region. Eingebunden ist das **Maison Mercier**, das als ältestes Gebäude des Ortes gilt und aus dem 16. Jh. stammt. Wechselnde Ausstellungen runden das Programm ab (Mai - Sept. Di - So 10.30 - 12.30/14 - 18 Uhr, außer Samstagmorgen, Mitte Feb. - April/ Okt. - Dez. Di - So 14 - 18 Uhr, www.mhvq.com, Eintritt).

Nur wenig später kommen wir nach DIEPPE, dem ältesten Seebad Frankreichs. Zwei Stellplätze gibt es zu nennen, von denen sich der zweite auch als reiner Parkplatz für die Stadtbesichtigung eignet. Beide werden auch von den Benutzern der Fähren genutzt und sind in der Hauptsaison gut besucht.

(005) WOMO-Stellplatz: Dieppe, Hafen

GPS: N 49°55'48.1" E 01°05'11.2" Quai de la Marne
max. WOMOs: 50
Ausstattung/Lage: V/E, Strom, Gebühr €€/24 Std., beleuchtet, Mülleimer/Ortsrand, direkt an der Straße, kein Schatten. Ca. 1 km ins Zentrum.
Zufahrt: Von der D925 erst den Hinweisen Car Ferries und dann Dieppe Centre sowie dem WOMO-Piktogramm folgen.

(006) WOMO-Stellplatz: Dieppe, Front de la Mer

GPS: N 49°55'55.2" E 01°05'01.1"; Boulevard Maréchal Foch
max. WOMOs: 40
Ausstattung/Lage: V/E, Strom, Gebühr €/5 Std., €€€/24 - 48 Std., Radwege/im Ort, direkt an der Straße und am Strand, kein Schatten. Ca. 500 m ins Zentrum.
Zufahrt: Wie zum vorherigen Stellplatz, dann der Straße folgen und über zwei Brücken die Hafenbecken überqueren. Am Kreisel rechts den Jachthafen im Uhrzeigersinn Richtung Plage umfahren. Der Parkplatz mit ausgewiesenen WOMO-Plätzen liegt rechter Hand.

Dieppe

Der Name Dieppe wurde von den Normannen im 7. und 8. Jh. vom angelsächsischen „deep“ (tief) abgeleitet und sollte wohl das tiefe Flussbett des Hafens verdeutlichen. Von hier starteten Seefahrer zu Entdeckungsfahrten auf den Weltmeeren und unter der Führung des Freibeuters Jehan Ango kam durch das Aufbringen portugiesischer Schiffe vor den Küsten Brasiliens und Afrikas großer Reichtum in die Stadt.
Obwohl eine englisch-holländische Flotte einen Großteil des Ortes im 17. Jh. in Trümmer legte, bestanden zwischen England und Dieppe stets gute Verbindungen. Die erste regelmäßige Fähre pendelt seit 1790 ins britische Newhaven.
Ab dem beginnenden 19. Jh. entwickelte sich die Stadt zu einem der führenden Seebäder Frankreichs als sich der Adel, das höhere Bürgertum und später auch der Arbeiterstand dem Strand- und Badeleben hin-

Château-Musée

Café Des Tribunaux

gaben. Dieser Tourismusboom wurde jedoch mit Beginn des Zweiten Weltkrieges beendet.

Die geschützten Hafenanlagen sind seit Jahrhunderten unter Seefahrern sehr beliebt und so wundert es nicht, dass sich um die ehemalige Fischereisiedlung gleich mehrere Häfen bildeten.

Der **Handelshafen** der größten Stadt an der Côte d´Albâtre galt lange als bedeutender Umschlagplatz für Frischobst bis ihm Le Havre und Antwerpen den Rang abliefen. Im **Fischereihafen** laufen täglich die Fischerboote ein und beliefern die Fischhalle mit frischer Ware – Frühaufsteher sollten sich die **Fischauktion** in den frühen Morgenstunden nicht entgehen lassen. Dabei sei erwähnt, dass der Hafen von Dieppe Frankreichs wichtigster Lieferant für Jakobsmuscheln ist. Erwähnenswert sind aber auch die **Märkte** am Dienstag- und Donnerstagvormittag auf der Place Nationale und am Mittwochvormittag am Quai Janval. Besonders eindrucksvoll soll der Samstagsmarkt im Zentrum auf der Place St-Jacques und in der Grand Rue sein. Rund um den **Jachthafen** gruppieren sich hohe Häuser und bis 1994 legten hier die Autofähren ins britische Newhaven ab. Das Fährterminal wurde mittlerweile in den **Außenhafen** verlegt und heute ankern im Hafenbecken bis zu 450 Segel- und Motorboote, die ein wunderschönes buntes Bild abgeben. Über die Brücken, die die Häfen überspannen und die 1889 nach Entwürfen von Gustave Eiffel gebaut wurden, gelangt man in das alte **Fischerviertel Le Pollet** mit seinen verwinkelten Gassen. Hoch über diesen erinnert das 1876 errichtete Kirchlein **Notre-Dame-de-Bon-Secours** an die auf dem Meer verschollenen Seeleute und daneben erhebt sich ein Signalmast, von dem Marinesoldaten den Schiffsverkehr beobachten.

All dies sahen wir bereits bei der Anfahrt zu unserem zweiten Stellplatz und von dort heißt es nun, den übrigen Teil der Stadt zu erkunden. Dieppe lässt sich zu Fuß schnell erschließen, da alle Sehenswürdigkeiten relativ nah beieinander liegen. Neben der Strandpromenade gibt es Rasenflächen mit Kinderspielplätzen und gut sichtbar liegt oberhalb der Steilküste das **Château-Musée**. Die im 15. Jh. erbaute Anlage sollte einst den Hafen vor Angriffen schützen und beherbergt heute ein beachtliches Kunstmuseum.

ÉgliseSaint-Jacques

Außer einer ansehnlichen Sammlung von Elfenbeinschnitzereien werden moderne Kunstwerke und maritime Exponate präsentiert (Juni - Sept. 10 - 12/14 - 18 Uhr, Okt. - Mai tägl. außer Di 10 - 12/14 - 17 Uhr, So bis 18 Uhr, www.musees-haute-normandie.fr, Eintritt). Unterhalb des Schlosses erinnert eine Stele auf dem Square du Canada an die jahrhundertelange Verbindung zwischen Dieppe und Kanada, die von der Kolonisation Kanadas im 17. Jh. bis zu einem gescheiterten Invasionsversuch der Kanadier im Zweiten Weltkrieg reicht. In der Gedenkstätte **Mémorial du 19 août 1942** wird an dieses verlustreiche Fiasko erinnert (Juni - Sept. tägl. außer Di 14 - 18.30 Uhr, Ostern - Mai u. Okt. - Mitte Nov. Sa/So 14 - 18 Uhr, Eintritt). Ganz in der Nähe gelangen wir durch das einzige erhaltene mittelalterliche Stadttor, die **Porte des Tourelles** zur **Einkaufsstraße Grand Rue**, die sich als Fußgängerzone durch die Stadt zieht. An der Place du Puits Salé pausieren wir auf der Straßenterrasse des bei Einwohnern und Touristen beliebten **Café-Bistro Des Tribunaux** bei einem Café au lait und schlendern dann weiter zur **Église Saint-Jacques**, die ab 1195 erbaut und im Laufe der Jahrhunderte erheblich verändert wurde. Erhalten geblieben sind u. a. eine Fensterrosette am Mittelportal aus dem 14. Jh. und ein restaurierter Fassadenturm aus dem 15. Jahrhundert.

Beeindruckend sind die 107 Wasserspeier im Außenbereich sowie die 20 Kapellen in den Seitenschiffen. Bei Regenwetter bietet sich ein Besuch des Ozeanografischen Museums an. Schade, dass die Informationstafeln im **Estran-Cité de la Mer** lediglich in Französisch gehalten sind und das tiefer gehende Verständnis unter Umständen auf der Strecke bleibt. Nicht nur jüngere Besucher finden dann an verschiedenen Aquarien mit heimischen Fischen Ablenkung, bestaunen das Quallenbecken oder machen sich an einem Becken mit den Gezeiten des Meeres vertraut (tägl. 9.30 - 18 Uhr, jedoch Sa/So/Feiertage 12.30 - 13.30 Uhr geschlossen, www.estrancitedelamer.fr, Eintritt).
Dieppe ist eine lebendige Stadt mit vielen kleinen Geschäften, Cafés sowie Restaurants und wir lassen uns viel Zeit, um durch die Gassen und Winkel zu streifen. Für ein ausführliches Besichtigungsprogramm sollte man sich ein bis zwei Tage Zeit nehmen. Im Bereich des Jachthafens haben sich viele Restaurants angesiedelt und nicht alle halten, was sie versprechen. Wir haben im **Restaurant Musardiere** am Quai Henry IV gute Erfahrungen gemacht und dort die frisch zubereiten Meeresfrüchte geschätzt (Mittag- und Abendmenüs zu reellen Preisen, Tel. 0235829414).
Die schönsten **Panoramablicke** über die Stadt und die Hafenanlagen eröffnen sich von den Schlosstürmen und der gegenüberliegenden Klippe mit der kleinen Kapelle.
Wem das alles noch nicht genug ist, der kann sich in ein **Touristenbähnchen** zur Stadterkundung setzen oder vom Jachthafen aus mit dem **Ausflugsschiff** „Ville de Dieppe“ in See stechen (www.bateau-ville-de-dieppe.com). Über weitere Freizeitbeschäftigungen informiert das an der Brücke am Jachthafen gelegene **Office de Tourisme** (Okt. - März 9 - 13/14 - 17 Uhr, April - Sept. 9 - 13/14 - 18 Uhr, Juli/Aug. 9 - 19 Uhr, Pont Jehan Ango - Quai du Carénage www.dieppetourisme.com).

Vom Stellplatz in Dieppe aus folgen wir der Straße und steuern als nächstes VARENGEVILLE-SUR-MER an. Doch zuvor überrascht uns an der kurvigen Küstenstraße ein **Belvédère**, der ein wundervolles Panorama über die Bucht

von POURVILLE-SUR-MER bietet. Durch die von kleinen Wäldchen und Dörfern unterbrochenen hügeligen Wiesen und Felder rollen wir über das Caux-Plateau nach VARENGEVILLE-SUR-MER und richten uns nach den Hinweisen zum **Manoir d'Ango** [N 49°54'02.7" E 00°59'54.7"]. An der Zufahrtsstraße streifen wir den **Jardin Shamrock**, dessen einzigartige und farbenfrohe Hortensienvielfalt besonders Anfang August besticht (Mitte Juni - Mitte Sept. tägl. außer Di Vormittag 10 - 12/14.30 - 18 Uhr, Mitte Sept. - 30. Sept. tägl. außer Di 14.30 - 18 Uhr, Eintritt. www.hortensias-hydrangea.com).

Manoir d'Ango, sein Erbauer und das Taubenhaus

Vom reichen Reeder Jehan d'Ango hörten wir bereits in Dieppe und nun stehen wir vor seinem zwischen 1530 und 1544 erbauten Landsitz. Aber bezeichneten wir d'Ango nicht als Freibeuter? Des Rätsels Lösung finden wir im Selbstverständnis der großen portugiesischen Seefahrernation, die im 16. Jh. kurzerhand alle Schiffseigner, die ihr besonders vor Brasilien und der afrikanischen Küste in die Quere kamen, als Piraten bezeichnete und gegen sie vorging. Aus diesem Grund stellte der französische König dem Reeder, Schiffsbauer und Kapitän Jehan d'Ango einen Freibrief zum Kapern fremder Schiffe aus. Innerhalb kürzester Zeit

brachte es d'Ango zu großem Reichtum und gehörte, natürlich auch wegen zahlreicher durchaus respektabler Geschäfte, zu einem der mächtigsten Kaufleute seiner Zeit.

Die von der italienischen Renaissance beeinflusste Bauweise der Anlage ist in der Normandie einmalig und mischt sich mit dem hiesigen Stil des „Pays de Caux". Im Inneren widmet sich eine Ausstellung dem Bauherrn und seinen Lotsen, die sich im angrenzenden Garten fortsetzt.

Im Innenhof ließ d'Ango das wohl größte und schönste Taubenhaus Frankreichs errichten (11 m hoch, 22 m Durchmesser). Die Anzahl der Nester im interessanten Ziegelrundbau mit Zwiebelhaube spiegelte zur damaligen Zeit den Reichtum des Besitzers wider und galt als Statussymbol. Zusätzlich besaß d'Ango das Feudalrecht, um Flugtauben halten

zu können. Der Legende nach sollen diese die Verbindung des Reeders zu seinen Schiffen gehalten haben.
Während der französischen Revolution wurde das Schloss in Brand gesetzt, geplündert und später als Bauernhof genutzt.
Nach umfangreichen Instandsetzungsarbeiten ist die Besichtigung des Landsitzes ein erfreuliches Erlebnis. Auch wenn nicht alle Räume begehbar und teils spärlich möbliert sind, hat der Rundgang mit **deutschem Informationsmaterial** einen besonderen Reiz (tägl. 10 - 12.30/14 - 18 Uhr, Eintritt. www.manoirdango.fr).

Varengeville hat aber noch einiges mehr zu bieten.
Allein die exponierte Lage des hübschen Weilers hoch über der Küste ist faszinierend. Dies zog große Künstler wie den Impressionisten Claude Monet oder den kubistischen Maler **Georges Braque** an. Braque (1882 - 1963) verbrachte hier seine letzten Lebensjahre und hat die auf dem höchsten Punkt des Ortes errichtete **Église Saint-Valéry** mit einem Glasfenster beschenkt. Die auf einer Klippe gelegene zweischiffige Kirche wurde im 13. Jh. errichtet und das große, in Blautönen gehaltene Fenster rechts des Altars gilt als großer Touristenmagnet. Auf dem wunderschön über dem Meer gelegenen Friedhof neben dem Kirchlein hat Georges Braque

neben seiner Frau seine letzte Ruhestätte gefunden.
An der im Ort ausgeschilderten Kirche befindet sich ein großer Parkplatz, doch die Zufahrt dorthin ist reichlich eng sowie teils unübersichtlich. Wir parken unser WOMO auf dem Parkplatz des ebenfalls beschilderten **Parc Floral du Bois des Moutiers** [N 49°54'39.9" E 00°58'57.3"; Route de l'Eglise]. Von hier gehen wir etwa 600 m bis zur Kirche und können dabei immer wieder Blicke auf die hinter hohen Hecken und unter schattigen Bäumen liegenden gepflegten Anwesen links und rechts des Sträßchens erhaschen. Auf dem Parkplatz an der Kirche ist das Übernachten und Picknicken ausdrücklich verboten. Wir sind besonders erfreut, als uns der Hausherr des Parc Floral auf Nachfrage (!) einen Übernachtungsplatz anbietet und uns gestattet, diesen Tipp an dieser Stelle weiterzugeben.

Parc Floral du Bois des Moutiers

Der in einem malerischen Tal mit Blick aufs Meer gelegene, 12 ha große englische Landschaftsgarten ist ein Muss für Garten- und Naturfreunde! Im Jahr 1898 ließ Guillaume Mallet den Garten von der bekannten englischen Landschaftsgärtnerin Gertrude Jekyll gestalten. Es gedeihen riesige Rhododendren in mannigfaltigen Arten und Farben, Parkwege führen an japanischen Ahornbäumen und bezaubernden Arrangements von Blumen der verschiedensten Sorten und Arten vorbei. Wir dringen in einen Dschungel vor, schreiten unter schattigen Kiefern daher und blinzeln auf Bänken in die Sonne. Dabei atmen wir liebliche, würzige oder blumige Düfte ein. Täler werden durchlaufen, Wiesen überquert und bewundernd betrachten wir die genau geplante und doch so natürlich wirkende Gartenlandschaft.
Das vom englischen Architekten Sir Edwin Lutyens entworfene Herrenhaus im puristischen Jugendstil passt sich harmonisch dem Ganzen an und wird von der Familie des Erbauers bewohnt.
Für den Besuch sollte man sich viel Zeit nehmen, denn erst dann entfaltet sich die ganze Gartenpracht und der Aufenthalt wird zum Genuss! Das Gesamtkunstwerk bildet eine vortreffliche Kulisse für Hochzeiten und Konzerte, sodass es am Abend schon einmal eng auf dem Parkplatz werden kann (Mitte März bis Mitte Nov. tägl. 10 - 12/14 - 18 Uhr, Eintritt. www.boisdesmoutiers.com).

Die abwechslungsreiche Weiterfahrt auf der **Route de la Mer** führt anfangs an der recht flachen Küste entlang und es bieten sich immer wieder Zufahrten zu den Stränden nebst Campingplätzen an.

Erst SOTTEVILLE-SUR-MER liegt wieder über dem Meer. Vor dem Strandparkplatz bietet sich eine nachts ruhige Übernachtungsmöglichkeit für WOMOs.

(007) WOMO-Stellplatz: Sotteville-sur-Mer

GPS: N49°53'13.5"E00°49'47.2"
max. WOMOs: 3 - 4
Ausstattung/Lage: Tisch und Bänke, Aussicht, kein Schatten, Bäcker im Ort, Mülleimer/außerorts.
Zufahrt: Im Ort zur Kirche abbiegen und dort rechts ca. 500 m den Hinweisen zum Strand (Plage/La Mer) folgen.

Einen natürlichen Zugang zum Meer sucht man hier vergeblich, doch die heimischen Fischer wussten sich zu helfen: 1891 errichteten sie eine Treppe mit exakt 231 steilen Stufen hinab zum Strand. Das schwindelerregende Bauwerk war den deutschen Besatzern während des Zweiten Weltkrieges ein Dorn im Auge und so sprengten sie es kurzerhand in die Luft. Erst 1954 wurde die Treppe in ihrer ursprünglichen Form wieder aufgebaut und sorgt für einen mehr oder minder bequemen Zugang zum Strand.

Mit der Normandie verbindet man die Seine oder vielleicht noch die Eure, aber wer hat schon einmal von

Treppe zum Strand von Sotteville-sur-Mer

der Veules gehört? Nicht nur, um dieser Frage auf den Grund zu gehen, lohnt es sich, einen Stopp in VEULES-LES-ROSES einzulegen. Bei der Stellplatzwahl ist zu berücksichtigen, dass man von beiden Plätzen talwärts in den Ort geht und somit anschließend wieder bergauf muss.

(008) WOMO-Stellplatz: Veules-les-Roses, Les Mouettes

GPS: N 49°52'33.7" E 00°48'12.0" **max. WOMOs:** 14
Ausstattung/Lage: V/E, Strom, €€/24 Std./Ortsrand, an der Straße gelegen, ca. 800 m ins Zentrum. **Zufahrt:** Am Ortseingang direkt vor dem Campingplatz Les Mouettes gelegen.

(009) WOMO-Stellplatz: Veules-les-Roses, Parking de Falaise

GPS: N 49°52'31.6" E 00°47'33.9" **max. WOMOs:** 30

Ausstattung/Lage: Tisch und Bänke, Trimmpfad in der Nähe, kein Schatten, Mülleimer/Ortsrand. Fast wie Freistehen! Ca. 5 - 10 Min. Fußweg in den Ort, ggf. leichte Geruchsbelästigung durch nahe Kläranlage.
Zufahrt: Der D925 durch den Ort Richtung St. Valéry-en-Caux folgen und ca. 1,8 km hinter dem Ortsausgang rechts den Hinweisen ca. 2 km zum Parkplatz folgen.

Veules-les-Roses

Die Veules ist mit knapp 1150 m Länge der kürzeste Fluss Frankreichs und entspringt im kleinen Seebad Veules-les-Roses. Das Flüsschen durchquert den gesamten Ort, trieb schon im Mittelalter zahlreiche Mühlen an und mündet dann schwungvoll ins Meer. Drumherum hat sich ein Ort entwickelt, der sich in seinem oberen Teil von der schönsten Sei-

te zeigt. Reetgedeckte Fachwerkhäuser, üppig blühende Rosengärten und die vom munter sprudelnden Flüsschen angetriebenen Wasserräder machen das Dorf zu einem der schmucksten an der Côte d´Albâtre. Schon den Schriftsteller Victor Hugo zog es her und seither tummeln sich die Urlauber am Kieselstrand. Mittwochvormittag lockt ein **Markt** und direkt am Strand schmecken die Moules frites (Muscheln mit Pommes Frites) mit Blick aufs Meer im **Restaurant Victor Hugo** hervorragend (Mittag- und Abendmenüs, Mi und in der Nebensaison auch Di Ruhetag, Telefon 0235979898).

Kurze Zeit später erreichen wir das in einem sich zum Meer hin öffnenden Tal liegende SAINT-VALERY-EN-CAUX. Das muntere Hafenstädtchen mit 5.000 Einwohnern ist ein beliebtes Seebad und der WOMO-Stellplatz ist nicht nur in der Hauptsaison stark frequentiert. An der Zufahrt finden wir einmal mehr ein Verbotsschild für Fahrzeuge über 3,5 t. Auch hier erhielten wir wiederum die Auskunft, dass damit lediglich LKW (keine WOMOs!) vom Befahren der Straße abgehalten werden sollen (siehe auch Wissenswertes). Trotzdem erscheint uns der Stellplatz für große WOMOs nur bedingt geeignet!

(010) WOMO-Stellplatz: St.-Valery-en-Caux, Plage Ouest

GPS: N49 52 20.0 E00 42 34.5; Quai d'Aval **max. WOMOs:** 40

Ausstattung/Lage: V/E, Gebühr €€/24 Std., Bäcker kommt morgens, Tische und Bänke, Infotafel, kein Schatten, Mülleimer/Ortsrand. Von der 1. Reihe Aussicht auf Hafenausfahrt. Ca. 500 m ins Zentrum.

Zufahrt: Im Zentrum den WOMO-Piktogrammen auf der westlichen Kaimauer bis zum Stellplatz folgen. Enge Zufahrt und enge Stellplätze! Eher etwas für WOMOs bis max. 7 - 7,50 m Länge!

Der florierende Fischereihafen, den auch Jachten anlaufen können, liegt geschützt im Ort, wird von Häusern umschlossen und ist durch einen Kanal mit dem Meer verbunden. Im ehemaligen, im Zweiten Weltkrieg stark zerstörten und westlich des Hafenbeckens gelegenen Ortszentrum liegt das **Maison Henri IV**. Das Fachwerkhaus im Renaissancestil wurde 1540 errichtet und besticht durch seine schönen, geschnitzten Holzbalken an der Fassade.

Auf der anderen Seite des Hafenbeckens befindet sich das **Office de Tourisme** (9.30 - 12.30/ 14 - 18 Uhr, Quai d'Amont, www.plateaudecauxmaritime.com). Die steilen Felsvorsprünge **Falaise d'Aval** im Westen und **Falaise d'Amont** im Osten sind jeweils bei einem Spaziergang zu erreichen und bieten bei günstigem Wetter herrliche Ausblicke auf Hafen und Meer.

TOUR 2
Côte d'Albâtre
Étretat
La-Poterie-Cap-d'Antifer
St.-Jouin-Bruneval
Cauville-sur-Mer
Le Havre
Yport
Fécamp
St-Pierre-en-Port
Les Petites-Dalles
Sassetot-le-Mauconduit
Veulettes-sur-Mer
St.-Valery-en-Caux
Tour 1
Tour 3
D940
D925
D926
D910
A29
A131
011
012
013
014
015
016
017
018
019
020
021
022
023
024
025
026
S
P
B
N
15 km

Veulettes-sur-Mer - Fécamp - Étretat - Le Havre

Stellplätze: Veulettes-sur-Mer, Fécamp, Yport, Étretat, La Poterie-Cap d´Antifer, Saint-Jouin-Bruneval, Cauville-sur-Mer, Le Havre.
Campingplätze: Saint-Pierre-en-Port Campingplatz Les Falaises, Fécamp Campingplatz Domaine de Renéville, Etretat Camping Municipal.
Ver- u. Entsorgen: Veulettes-sur-Mer, Fécamp, Étretat, Saint-Jouin-Bruneval, Le Havre.
Besichtigen: Sassetot-le-Mauconduit Château de Sissi; Fécamp Musée des Pêcheries, Palais Bénédictine, Abbatiale de la Sainte Trinité, Palais Ducal, Église Saint-Étienne; Étretat Le Clos Arsène Lupin , Notre-Dame-de-la-Garde, Fromagerie Le Valaine; Le Havre L'Appartemente Témoin, Perret, Église Saint-Joseph, Musée Malraux, Cathédrale Notre Dame, Muséum national d'Histoire Naturelle, Maison de l'Armateur, Hôtel Dubocage de Bléville, Le Volcan, Abbaye de Graville.
Wandern: Veulettes-sur-Mer, Yport, Étretat, La Poterie-Cap d´Antifer, Saint-Jouin-Bruneval, Cauville-sur-Mer.
Radfahren: Veulettes-sur-Mer, Yport.
Baden: Les Petites-Dalles.
Essen: Veulettes-sur-Mer Restaurant Les Frégates, Sassetot-le-Mauconduit Schlossrestaurant, Fécamp Restaurant Le Reidroc, Étretat Restaurant Le Gallion, Le Havre Restaurant Le Bistrot des Halles.

Wir verlassen Saint-Valery-en-Caux Richtung FÉCAMP und wenden uns wenig später dem in einem grünen Tal gelegenen VEULETTES-SUR-MER zu. Das kleine, nette Familienseebad bietet einen 2,5 km langen Kieselstrand mit Promenade, einen einfachen WOMO-Stellplatz, der lediglich durch die Straße vom Wasser getrennt ist und einen für WOMOs geeigneten Wanderparkplatz. Von beiden Plätzen kann man eine ausgeschilderte **Rad- bzw. Wanderrundtour** von etwa 7 km durch ein Naturschutzgebiet nach Paluel unternehmen.

(011) WOMO-Stellplatz: Veulettes-sur-Mer, Parking de la Plage

GPS: N49°51'14.1" E00°36'17.5" Digue Jean Corruble
max. WOMOs: 40
Ausstattung/Lage: V/E, Gebühr €/Nacht, WC, Infotafel, Spielplatz, Wander-u. Radwege, empfehlenswertes Restaurant Les Frégates ca. 600 m entfernt, Mülleimer/ Ortsrand. An der Straße gelegen, Aussicht auf Wiesenflächen.
Zufahrt: Vor dem Ort auf der linken Seite liegend und nicht zu verfehlen.

(012) WOMO-Wanderparkplatz: Veulettes-sur-Mer

GPS: N 49°51'08.2" E 00°36'06.6"
Chemin des Courses
max. WOMOs: 5
Ausstattung/Lage: V/E, Gebühr €€/Nacht, Wander- und Radwege,Wanderkarte, max. Aufenthalt 2 Tage/Ortsrand.
Zufahrt: Ca. 300 m hinter dem vorgenannten Stellplatz hinter dem Centre Nautic links und zum Parkplatz fahren.

Der Küstenstraße Richtung FÉCAMP folgend erreichen wir LES PETITES-DALLES. Auch wenn der Hinweis zum Strand noch so verlockend ist, den Weg kann man sich sparen! Zum einen ist die Ortsdurchfahrt ziemlich eng und zum anderen wartet am Ende ein für WOMOs gesperrter Parkplatz. Das Bedürfnis sich trotzdem den Badefreuden am Kieselstrand hinzugeben, scheint jedoch groß zu sein und die Gemeinde hat an der Straße oberhalb des Ortes einen kleinen, bis 20 Uhr zu nutzenden Parkplatz für WOMOs eingerichtet [N 49°48'48.8" E 00°31'57.1"]. Wer es nicht lassen kann, muss sich jedoch auf einen etwa 2 km langen Weg zum ersehnten Badeplatz gefasst machen und den Rückweg bergauf einkalkulieren. Uns ist das definitiv zu umständlich, zumal das Wetter nicht mitspielt und so ziehen wir weiter.

Nur einige Kilometer später werden wir in SASSETOT-LE-MAUCONDUIT wieder „ausgebremst“ und halten an einem Picknickplatz [N 49°48'18.6" E 00°31'52.0"]. Hier weilte einst Elisabeth von Österreich, besser bekannt als Sissi, und erholte sich von ihrem Kaiserinnen-Dasein. Die normannische Landschaft hatte es ihr angetan und sie ritt gerne über die Felder oder schwamm im Meer bei erwähntem Les Petites-Dalles. Nach einem Sturz vom Pferd und einem Badeunfall reiste sie jedoch nach zwei Monaten ab und kehrte nie wieder in die Normandie zurück. Geblieben ist das Schloss von Sassetot, das mittlerweile **Château de Sissi** heißt und ob dieser Geschichte erwähnenswert ist. Wem der genannte Picknickplatz trotz Sissi-Büste zu schnöde ist, kann sich im **Schlossrestaurant** wie einst die Kaiserin kulinarisch verwöhnen lassen oder im Salon de Thé ein Schälchen Earl Grey zu sich nehmen.

Château de Sissi

Die teils enge Straße führt uns bergauf und bergab nach SAINT-PIERRE-EN-PORT, wo wir den kleinen, einfachen **2-Sterne Campingplatz Les Falaises** erwähnen möchten [**013:** N 49°48'34.8" E 00°29'36.3"; 130 Rue du Camping, 76540 Saint-Pierre-en-Port, Telefon 0235295158, www.campinglesfalaises.com, €€]. Der Platz gefiel uns wegen seiner Lage am Ortsrand sowie der Aussicht aufs Meer und ist unserer Meinung nach den folgenden Stellplätzen in FÉCAMP vorzuziehen. Alternativ nennen wir bereits jetzt den traumhaft schön auf einer Klippe gelegenen **3-Sterne Campingplatz Domaine de Renéville**, der hinter Fécamp Richtung Étretat zu finden ist [**014:** N 49°45'24.4" E 00°21'38.0"; Chemin de Nesmond, 76400 Fecamp, Telefon 0235282097, www.campingdereneville.com, €€].

Die Stellplätze in Fécamp sind auf alle Fälle als Stadtparkplätze zu nutzen und nachdem wir die D925 wieder erreicht haben, richten wir uns nach den Hinweisen FÉCAMP CENTRE.

(015) WOMO-Stellplatz: Fécamp, Hafen I

GPS: N 49°45'36.7" E 00°22'24.5"; Chaussée Gayant **max. WOMOs:** 30
Ausstattung/Lage: V/E am gegenüberliegenden Stellplatz/im Ort. Ca. 300 m ins Zentrum. Auch für lange WOMOs geeignet. **Zufahrt:** Bei Erreichen des Hafenbeckens die Brücke überqueren und am Office de Tourisme links auf den Parkplatz fahren.

(016) WOMO-Stellplatz: Fécamp, Hafen II

GPS: N 49°45'37.7" E 00°22'22.4" Quai Sadi Carnot **max. WOMOs:** 10
Ausstattung/Lage: V/E/im Ort. Ca. 300 m ins Zentrum. Für WOMOs bis max. 7 m Länge geeignet. **Zufahrt:** Wie vor, jedoch am Office de Tourisme rechts den Hinweisen zur Direction Port folgen. Der Stellplatz liegt rechts an einer Halle.

Fécamp

Die 20.000 Einwohner-Stadt geht auf ein im 7. Jh. gegründetes Frauenkloster zurück, das 841 von den Wikingern zerstört wurde. Gut 100 Jahre später besannen sich die Nordmänner, führten es zu neuer Blüte und machten Fécamp zu einer der wichtigsten Städte in ihrem Herzogtum. Die neue Abtei stand unter der Ägide von Benediktinermönchen, die für die Weiterentwicklung der Stadt verantwortlich waren und unter denen das Kloster zu einem der reichsten in der Normandie wurde.

Palais Bénédictine

Vom 16. Jh. bis ins Jahr 1987 zogen zahlreiche Fischer von Fécamp zu den reichen, aber auch fernen Kabeljaufischgründen vor Neufundland aus. Wieder daheim wurde der Fang gesalzen, gekocht, getrocknet oder geräuchert. In naher Zukunft soll sich das **Musée des Pêcheries** eingehender mit dem Kabeljaufang und den harten Arbeitsbedingungen der Fischer beschäftigen. Der Eröffnungstermin des Museums stand während unserer Recherche noch nicht fest, doch das **Office de Tourisme** ist sicher bei dieser und weiterer Fragen ein guter Ansprechpartner (Juli/Aug. 9 - 18.30 Uhr, sonst Mo - Fr 9 - 18 Uhr, Sa 9.30 - 12.30/14 - 18 Uhr, Quai Sadi Carnot, www.fecamptourisme.com). Am 3. Wochenende im Juni werden die Besucher beim **Estivoiles** an die Ausfahrten nach Neufundland erinnert und können u.a. die Segnung des Meeres und alte Segelschiffe erleben. **Stadtführungen** sind übrigens auch in **deutscher Sprache** möglich (Juli/Aug. Mo 15 Uhr, Treffpunkt Office de Tourisme, Gebühr). Wem der Sinn nach einem **Bootsausflug** steht, der kann sich einer Segel- oder Schlauchboottour anschließen (Gebühr).

Gezeitenuhr St. Trinité

Den Benediktinermönchen verdankt Fécamp

Palais Ducal

nicht nur Reichtum, sondern auch die Herstellung eine Destillates aus Kräutern. Etwa 350 Jahre später vermarktete Alexandre Le Grand dieses Elixier aufs Beste und „erfand" den berühmten Likör Bénédictine neu. Immerhin „dankte" er den Mönchen insofern, als dass er ihnen im Nachhinein einen pompösen Palast im Stilmix von Neugotik und Neurenaissance widmete – das **Palais Bénédictine**. Der Bau ähnelt einer Abtei und ist Sitz eines Museums, das eine bedeutende Sammlung sakraler Kunst von Gemälden über Elfenbeinschnitzereien bis zu Glas- und Kunstschmiedearbeiten zeigt. Weiterhin gibt es Wechselausstellungen moderner Kunst. Ein weiteres Thema ist natürlich der Likörherstellung gewidmet. Hierbei werden die Brennerei mit großen kupfernen Destillationsgeräten sowie der Lagerkeller besichtigt und eine beeindruckende Flaschensammlung dokumentiert die Plagiatversuche des beliebten Likörs. Wer nun Kunst und Genuss verbinden möchte, der kann den Museumsbesuch mit einer Degustation beenden (tägl. 10 - 13/14 - 18.30 Uhr, Juli/August - 10 - 18.45 Uhr, Nov. - März. Öffnungszeiten verkürzt, letzter Einlass ca. 1 Std. vor Schließzeiten, Eintritt. Rue Alexandre Legros, www.benedictine.fr).

Bei einem Stadtrundgang stoßen wir auf die **Abbatiale de la Sainte Trinité**, die mit ihrem hohen Vierungsturm nicht zu übersehen ist. Die Kirche der Heiligen Dreifaltigkeit ist das größte Sakralgebäude der Côte d´Albâtre und unterstreicht mit einem 127 m langen Kirchenschiff die Bedeutung der ehemaligen Abtei – die Kathedrale Norte Dame in Paris ist nur 3 m länger. Außerdem birgt sie u. a. die Gräber der ersten Herzöge der Normandie und wartet mit reich verzierten Seitenkapellen auf. Sehenswert ist die aus dem Jahr 1667 stammende Gezeitenuhr, die neben der Uhrzeit auch den Tidenstand anzeigt (April - Okt. 9 - 19 Uhr, Nov. - März 9 - 12/14 - 17 Uhr, Führungen möglich).

Gegenüber dem eher schmucklosen Seitenportal ragen die Überreste des **Palais Ducal** auf. Der ehemalige Burgpalast aus dem 10. - 12. Jh. war der Hauptsitz der ersten normannischen Herzöge und Wilhelm der Eroberer feierte hier im Jahr 1067 seinen Sieg in Hastings (Besichtigung nur mit einem Stadtführer).

Die **Église Saint-Étienne** ist die Kirche der Seefahrer und von der Renaissance bis zur Neugotik sind alle Epochen an diesem Sakralbau vorhanden. Innen sind die Chorfresken aus dem 19. Jh. schön anzuschauen (9 - 18 Uhr). Sollte der Stadtbesuch an einem Samstagvormittag stattfinden, dann bietet sich der Bummel über den lohnenden **Markt** auf der Place Général de Gaulle an. Wir beenden unseren Rundgang mit der bodenständigen, preislich moderaten Küche im **Restaurant Le Reidroc** an der Meeresfront (Mittag- und Abendmenüs, Boulevard Albert 1er, Telefon 0235281055).

Auf der D940 verlassen wir Fècamp Richtung ÉTRETAT und fahren am bereits genannten **Campingplatz Domaine de Renéville** vorbei.
Nebel und Nieselregen machen sich breit und unser Abstecher nach YPORT fällt deshalb eher mittelmäßig aus. Dabei sollen am windgeschützten Kieselstrand bunte Fischerboote liegen und die Hafenidylle des kleinen Städtchens perfekt machen. Nach der engen Ortsdurchfahrt notieren wir lediglich einen Notparkplatz für kürzere WOMOs in der Nähe der Kirche bzw. unterhalb der Mairie [**017**: N 49°44'14.0" E 00°18'53.2"; Rue Charles de Gaulle]. Eine Karte kündet von einem 12,5 km langen **Wander- und Rad-Rundweg**, doch so recht können wir uns bei dem Wetter auch dafür nicht begeistern. Bleibt nur noch zu erwähnen, dass im Ort mehrere Campingplätze ausgeschildert sind und dann befinden wir uns auch schon wieder auf der Straße nach ÉTRETAT.

Mairie Yport

In einem der von Touristen am häufigsten besuchten Orte der Alabasterküste ist das Parken und Übernachten von WOMOs ganz klar geregelt: WOMOS gehören auf die dafür freigegebenen Plätze! Da der Campingplatz nur unwesentlich teurer als der oft sehr volle und dann beengte Stellplatz ist, wird er von uns favorisiert. Der Parkplatz am Bahnhof eignet sich besonders für den Tagesbesuch.

(018) WOMO-Stellplatz: Étretat, Bahnhof

GPS: N 49°42'29.9" E 00°12'53.7" Place de la Gare **max. WOMOs:** 5
Ausstattung/Lage: Touristenbähnchen in den Ort, ca. 1 km in den Ort, Mülleimer, tagsüber Gebühr/Ortsrand. Übernachten ohne Campingverhalten gestattet!
Zufahrt: Von der D940 im Ort rechts den Hinweisen zum Parkplatz/Train Touristique folgen und bis zum Bahnhof fahren.

(019) WOMO-Stellplatz: Étretat, Aire de Camping-Car

GPS: N 49°42'00.5" E 00°12'57.1"; Rue Guy de Maupassant **max. WOMOs:** 30 **Ausstattung/Lage:** V/E, Strom, Gebühr €€/24 Std., max. Aufenthalt 24 Std., Mülleimer/Ortsrand, ca. 1 km in den Ort.

Zufahrt: Der D940 weiter in den Ort folgen und an der Ampel Richtung Criquetot l'Esneval/Bolbec fahren. Der Stellplatz liegt am Ortsausgang auf der linken Seite neben dem Campingplatz.

(020) WOMO-Campingplatztipp: Étretat, Camping Municipal**

GPS: N 49°42'01.0" E 00°12'56.6"; Rue Guy de Maupassant
Kontakt: Telefon 0235270767; www.etretat.net
Öffnungszeit/Preis: April - Okt./€.
Ausstattung/Lage: Bouleplatz, Waschmaschine, Wäschetrockner/ Ortsrand, ca. 1 km in den Ort.
Zufahrt: Wie zum vorgenannten Stellplatz.

Étretat

Warum zieht es Jahr für Jahr so viele Menschen in das 1.600 Einwohner zählende Seebad? Das wussten schon etliche Maler, Schriftsteller und Musiker von Weltruf, die es in der zweiten Hälfte des 19. Jh. in das vormals verschlafene Fischerdorf zog. Sie ließen sich von diesem kleinen Fleckchen Erde, das in einem schmalen Tal mit Kieselstrand zwischen bizarren Felsformationen eingerahmt liegt, und den Naturgewalten des Meeres zu ihren Werken inspirieren.
Was liegt also näher, als sich diese Felsen einmal genauer anzuschauen und so machen wir uns neugierig vom Stellplatz auf den Weg zum Strand und sehen ... dass wir erst mal gar nichts sehen! Die Sonne, die sich seit unserem Aufenthalt in Yport nun wieder zeigt, scheint exakt bis zur Strandpromenade und über dem Meer wabern dicke, zähe Nebelschwaden. Der berühmte „Ah, toll-Effekt" bleibt diesmal auch nach einigem Warten aus und wir beschließen, erst einmal das Städtchen zu erkunden.
Étretat ist ein eher unaufdringlicher Ferienort, dessen Höhepunkte eine hölzerne **Markthalle** (Markt Donnerstagvormittag) und ein für diese Gegend eher untypisches **Fachwerkhaus** sind. Dieses stammt aus dem 14. Jh. und wurde 1912 in Lisieux ab- und hier wieder aufgebaut. Ringsherum tobt das Touristenleben mit allem was dazu gehört und doch, um es vorweg zu nehmen, verbringen wir direkt neben dem historischen Gemäuer einen kulinarisch sehr ansprechenden Abend. Das **Restaurant Le Gallion** bietet zu einem ansprechenden Preis-/ Leistungsverhältnis beste Meeresfrüchte sowie Fisch und Fleischgerichte (Mittag- und Abendmenüs, Boulevard Président René Coty, 0235294874, www.etretat-legalion.fr). Neben vielen Künstlern,

Le Clos Arsène Lupin

die den Ort besuchten, war der Schriftsteller Maurice Leblanc (1864 - 1941) hier zu Hause. In seinem mit Türmen und Giebeln verzierten Domizil ist nun das Musée **Le Clos Arsène Lupin** beheimatet und widmet sich dem Leben Leblancs und vor allem seinem wesentlich bekannteren Krimihelden Arsène Lupin. Die Abenteuer des liebenswerten „Gentleman-Diebes" sind in 50 Bänden und 25 Sprachen erschienen. Bei einem mit Licht- und Toneffekten begleiteten Rundgang erkundet der Besucher das Geheimnis der „Hohlen Nadel" (Aiguille Creuse) und wird natürlich auch zum Arbeitszimmer des Schriftstellers geführt (April - Sept. 10 - 18 Uhr, Okt. - März Sa/So/Ferienzeit 10.30 - 17.30 Uhr, Eintritt, Rundgang nur in franz. und engl. Sprache). So, nun ist es aber Zeit, mal wieder nach den berühmten Felsen zu schauen – naja, wirklich besser sind die Wetterverhältnisse nicht geworden. Wir lassen uns aber nicht abschrecken und spazieren an das östliche Ende der Promenade und steigen die Treppen zur Seemannskapelle **Notre-Dame-de-la-Garde** empor ... wie zur Belohnung scheint plötzlich jemand den „Nebelvorhang" wegzuziehen und die grandiose Aussicht auf die berühmten knapp 100 m hohen Felsformationen freizugeben. Ein wohl einmaliger und super-toller Anblick!

Wir schauen nach Westen auf die **Falaise d'Aval**, der ein riesiger Felsbogen (Porte d'Aval) vorgelagert ist. Vom Strand aus gesehen, sah schon

Denkmal Nungesser et Coli und Kapelle Notre-Dame-d-la-Garde

Maupassant in diesem Naturwunder einen Elefanten, der seinen Rüssel ins Meer taucht. Ohne Verbindung ragt davor die 70 m hohe Felsnadel Aiguille empor, die dem Romanhelden Lupin im hohlen Zustand als ideales Versteck für seinen Schatz vorkam. Wir befinden uns auf der **Falaise d'Amont**, auf der ein 24 m hoher, schräg in den Himmel ragender und riesiger Pfeil an die gescheiterte Atlantiküberquerung der französischen Piloten **Charles Nungesser und François Coli** erinnert. Die Flugpioniere starteten am 8. Mai 1927 mit einem speziell für Langstreckenflüge konzipierten Doppeldecker, dem Weißen Vogel, in Paris und wurden rund eineinhalb Stunden später über Étretat ein letztes Mal gesichtet. Nungesser und Coli blieben verschollen und man nimmt an, dass ihr Flugzeug über Neufundland abstürzte. Knapp zwei Wochen später war es dann Charles Lindbergh, der den Atlantik als erster in einem Nonstop-Flug überquerte.

Die folgende Wanderung haben wir einem Faltblatt entnommen, das wir beim **Office de Tourismus** erhielten (in der Saison tägl. 9 - 19 Uhr, Place Maurice Guillard, www.etretat.net). Natürlich gibt es noch wesentlich mehr Informationen für den Aufenthalt in der Region. **Hier sollte man sich auch erkundigen, wenn man am Strand unterhalb der Klippen wandern möchte! Die Zeiten für Ebbe und Flut sind genau zu studieren, denn während der Flut ist es nicht möglich, die Felsbögen zu passieren!**

WOMO-Wandertipp: Unterwegs auf den Falaises d'Étretat

Leichte Wanderung von ca. 4 km Länge (Teil 1), die in eine mittelschwere Wanderung von insgesamt ca. 12 km erweitert werden kann (Teil 1 und 2). Nachdem wir von der Promenade zur Falaise d'Aval emporgestiegen sind, bietet sich von hier eine kurze Wanderung an (Teil 1).

Vorsicht: Es ist auf eine sichere Distanz zu den bröckeligen Felsen zu achten!

Gesäumt von Wiesen und Büschen und leicht hügelig folgen wir ein Stück dem Wanderweg GR 21 an den Steilabbrüchen der weißen Kalkklippen entlang und erfreuen uns an der faszinierenden Sicht auf Küste und Meer. Nach ca. 1,5 km, etwa auf Höhe des Roc Vaudieu schwenken wir rechts und spazieren anschließend im Uhrzeigersinn über das Plateau zurück zur Kapelle und hinab nach Étretat.

Wer diesen Spaziergang zu einer Wanderung erweitern möchte, kann auf der anderen Seite der Bucht die steilen Stufen zur **Falaise d'Aval** erklimmen und sich dort zunächst wiederum dem Wanderweg GR 21 anvertrauen. Nach einigen Minuten steht man dann oberhalb der Porte d'Aval und erreicht etwa 700 m später mit der La Manneporte, einem gigantischen Felsentor, den nächsten aussichtsreichen Höhepunkt. Auf den Klippen geht es nun etwa 900 m parallel zu einem Golfplatz bis zum Pointe de la Courtine. Hinter dem Golfplatz schwenkt man links, umrundet ihn ein Stück und schlägt dann rechts den Weg zur **Fromagerie Le Valaine** ein. Insgesamt ist man gut eineinviertel Stunde unterwegs. Auf den Wiesen und in den Ställen der Fromagerie grasen Ziegen, aus deren Milch allerlei leckere Erzeugnisse produziert werden, die auch käuflich erworben werden können. Eine Besichtigung mit anschließender Verkostung

der Milchprodukte dauert etwa eine Stunde und kann eine interessante sowie fröhliche Unterbrechung der Wanderung sein (Juli/Aug. Mo - Mi/Sa/So/Feiertage 11 Uhr, Ostern - Mitte Nov. So/Feiertage 11 Uhr, auch in **deutscher Sprache**, Gebühr. Hofladen tägl. 9 - 12.30/14.30 - 19 Uhr, www.levalaine.com). Vom Ziegenhof führt der Weg zurück zum Golfplatz, an dem man sich rechts wendet und auf einem schattig werdenden Pfad hinab nach Étretat geht und dann der Landstraße in den Ort folgt.

Wir verlassen Étretat auf der D940 Richtung LE HAVRE und notieren am Ortsausgang die Zufahrt zur oben erwähnten **Fromagerie La Valaine**, die auch motorisiert erreicht werden kann [N 49°41'47.2" E 00°11'51.1"]. Allerdings ist zu erwähnen, dass das Sträßchen sowie die Parkmöglichkeiten beengt sind und man mit größeren WOMOs die Anfahrt besser meidet. Falls die Barriere geöffnet ist, kann das WOMO jedoch auch direkt an der Zufahrts- bzw. Landstraße geparkt werden [N 49°42'05.6" E 00°11'58.8", Fußweg ca. 600 m, Camping verboten!]. Wenig später folgen wir dem Hinweis nach LA POTERIE-CAP-D'ANTIFER auf einer Nebenstraße und notieren am Leuchtturm ein windiges, einsames Plätzchen inmitten von Feldern am **Cap d'Antifer**.

(021) WOMO-Stellplatz: La Poterie-Cap d´Antifer, Phare

GPS: N 49°40'59.3" E 00°09'53.5" **max. WOMOs:** 3 - 5

Ausstattung/Lage: Aussicht auf Felder und Klippen, Mülleimer/außerorts, einsam.

Zufahrt: Im Ort am Kreisel halb rechts den Hinweisen Phare und dem WOMO-Piktogramm folgen und über eine schmale Straße durch die Felder ca. 3 km bis zum Parkplatz am Leuchtturm fahren.

Auf den saftigen Wiesen grasen Kühe, in den Felsen nisten Möwen und tief unter uns

schaukeln Boote wie Spielzeug auf dem blauen Wasser. Trotz der kriegerischen Überreste aus Beton wirkt alles so friedlich und ein **Abendspaziergang** tut einfach gut. Wir gehen die Zufahrtsstraße bis hinter die Kurve zurück und schlagen nach gut 300 m einen Weg links ein. Nach etwa 1,5 km erreichen wir eine Treppe, die hinab an eine kleine Bucht mit Kieselstrand führt. Zurück im Ort lenken wir das WOMO auf recht kurvenreicher Strecke durch eine abwechslungsreiche Landschaft nach SAINT-JOUIN-BRUNEVAL.

Bereits vor dem Ort liegt am Strand der 1976 eröffnete Außenhafen von Le Havre. Nachdem die dortigen Hafenkapazitäten nicht mehr ausreichten, gehen hier riesige Schiffe vom Tidenstand teils unabhängig vor Anker. Im **Terminal Le Havre-Antifer**, zweitgrößter Erdölhafen Frankreichs und fünftgrößter Containerhafen der Welt, werden die gigantischen Supertanker von bis zu 600.000 t entladen.

Die große Hafenanlage ist sicher nicht jedermanns Sache, aber wenn man die großen Tanks ausblendet, dann fällt der Blick nur noch auf den superschönen Strandabschnitt daneben. In der Saison ist hier so ziem-

lich alles möglich, was zum ausgiebigen Strandleben gehört und die vielen Parkmöglichkeiten sowie die ausgewiesenen WOMO-Stellplätze lassen darauf schließen, dass sie auch ausgiebig genutzt werden. In der momentanen Nebensaison ist es beschaulicher und lediglich Reiter sowie Hundebesitzer mit ihren jeweiligen Vierbeinern teilen sich den langen Strandabschnitt.

(022) WOMO-Stellplatz: Saint-Jouin-Bruneval, Port du Havre-Antifer

GPS: N 49°39'04.5" E 00°09'16.9" **max. WOMOs:** 30

Ausstattung/Lage: V/E siehe folgender Stellplatz, Snackbars, Strandduschen, bewachter Badeteil, Konzerttribüne, Surf-Point, Toiletten (alles während der Saison), Kinderspielplatz, Picknickflächen, Wanderweg zum Belvédère, Mülleimer/außerorts, vor den Felsen gelegen.
Zufahrt: Vor dem Ort von der Landstraße den Hinweisen Port d'Antifer/St. Jouin Plage den Berg hinab folgen. Vor den Hafenanlagen links und gleich wieder links auf den Stellplatz fahren.

(023) WOMO-Stellplatz: Saint-Jouin-Bruneval, Aire d´Etape

GPS: N 49°39'02.9" E 00°09'45.4" **max. WOMOs:** 20

Ausstattung/Lage: V/E, Strom, Mülleimer/außerorts, an der Straße gelegen.
Zufahrt: Wie vor und dann auf dem Rückweg vor Erreichen der Landstraße rechts zum Stellplatz fahren.

Um uns die Hafenanlagen und den Strand noch einmal von oben anzuschauen, steuern wir im weiteren Verlauf der Landstraße den beschilderten **Belvédère** mit Restaurant an. Hier landet man übrigens auch, wenn man den am Strand ausgewiesenen **Wanderweg Sentier de la Préfalaise** einschlägt. Richtung OCTEVILLE haben wir bald die D940 wieder erreicht und fahren nach CAUVILLE-SUR-MER. Besonders **Freunde langer Wanderungen** werden sich hier gut aufgehoben fühlen und mit einer ausgedehnten 6-Stunden-Wanderung bedient.

(024) WOMO-Wanderparkplatz: Cauville-sur-Mer, Kirche

GPS: N 49°35'46.2" E 00°07'45.1"
max. WOMOs: 2 - 3
Ausstattung/Lage: Infotafel mit Wanderkarte am anderen Parkplatz vor der Mairie, Mülleimer/im Ort.
Zufahrt: Von der D940 in den Ort fahren und bis zum Parkplatz vor der Kirche fahren.

Dass Frankreich das Land der Kreisverkehre ist, haben wir bereits gemerkt. Nicht selten werden die „Ronds-Points“ mit für den Ort oder die Gegend typischen Gegenständen bestückt. An diesem Streckenabschnitt unserer Reise hat sich jemand bei der Gestaltung besonders viel Mühe gemacht und in Cauville überrascht eine Bäuerin mit Kälbchen die Autofahrer. Die Figur soll wohl an die lokale Tradition der Milchbauern erinnern, während

der nächste Kreisel die Arbeitswelt der Fischer dokumentiert. Die D940 bringt uns nun schnurstracks nach LE HAVRE und wir orientieren uns vorerst an den Hinweisen zum **Office de Tourisme** (April - Sept.tägl. 9.30 - 18.30 Uhr, Okt. - März Mo 14 - 18 Uhr, Di - So 10 - 12.30/14 - 18 Uhr, 186, Boulevard Clémenceau, Telefon 0232740404, www.lehavretourisme.com/de). Hier wird man bestens mit **Informationen auch in deutscher Sprache** versorgt und kann verschiedene themenbezogene **Stadtführungen**, **Hafenrundfahrten** und vieles mehr buchen. Das WOMO darf gebührenpflichtig auf allen Parkplätzen der Stadt, soweit kein explizites Verbotsschild vorhanden ist, geparkt werden. Wir entscheiden uns für den folgenden Parkplatz, da dort auch längere WOMOs ihren Platz finden können und er für den Stadtspaziergang sowie für eine Übernachtung geeignet ist. Des Weiteren befindet sich ein erst 2016 eröffneter Stellplatz außerhalb des Stadtzentrums mit einer guten Anbindung an den öffentlichen Nahverkehr. Zum Zeitpunkt unserer Recherche können wir lediglich dessen Koordinaten ermitteln und die für uns günstigste Anfahrt notieren. Möglicherweise ergibt sich nach Drucklegung dieses Buches eine andere oder sogar beschilderte Zufahrt.

(025) Womo-Stellplatz: Le Havre, Quai Notre Dame

GPS: N 49°29'17.2" E 00°06'37.0"; Quai Videcoq/Quai Notre Dame

max. WOMOs: 10
Ausstattung/Lage: Gebühr €, ca. 10 Minuten ins Zentrum/im Ort.
Zufahrt: Auf der D940 ins Zentrum fahren, später liegt rechter Hand der Strand. Vor Erreichen des Jachthafens an einem Kreisel auf dem Boulevard Francois 1 und bei Erreichen der Hafenanlagen auf dem Quai de Southhampton Richtung Car Ferries fahren. Dann bei der dritten Möglichkeit vor einer Brücke links abbiegen (Quai Notre Dame).

(026) WOMO-Stellplatz: Le Havre, Aire de camping-car de Caux Estuaire

GPS: N 49°30'17.4" E 00°10'18.6"; 74, Rue Andréï-Sakharov
max. WOMOs: 13
Ausstattung/Lage: V/E, Gebühr €€/24 Std., max. Aufenthalt 72 Std., Tram Linie B Haltestelle Verlaine ca. 800 m, Bus Linie 7 Haltestelle E. Quinet ca. 200 m (von beiden etwa 15 Min. bis ins Zentrum), ca. 600 m Fußweg zur Abbaye de Graville/im Ort.
Zufahrt: Wie zum vorherigen Stellplatz, jedoch auf dem Quai Southhampton

weiter Richtung Car Ferries fahren. Vorbei an den Docks Vauban bis zu einer Kreuzung. Dort links Richtung Le Havre Nord/Graville abbiegen und im weiteren Verlauf bergauf Richtung Abbaye de Graville fahren. An einer Ampelkreuzung rechts ca. 200 m bis zum Stellplatz abbiegen.

Le Havre

Wer sich das rund 175.000 Einwohner zählende Le Havre als idyllische Hafenstadt vorstellt, wird wohl schon bei der Anfahrt enttäuscht sein und wohl auch bleiben. Wir lassen uns jedoch auf das anfänglich befremdlich wirkende Bild der Stadt am Ärmelkanal sowie an der Mündung der Seine ein und können uns nach einiger Zeit einer gewissen Faszination nicht entziehen.

Église Saint-Joseph

Cathédrale Notre Dame

Nachdem der Hafen von Honfleur zu versanden drohte und die Seine-Mündung militärisch abgesichert werden sollte, wurde Le Havre im Jahr 1517 vom französischen König als Planstadt gegründet. Der Überseehandel brummte und während des amerikanischen Unabhängigkeitskrieges wurden die dortigen Soldaten und „Aufständischen" von hier aus versorgt. Bei der Rückkehr brachten die Schiffe Wirtschaftsgüter nach Europa und damit Wohlstand als auch Reichtum in die Stadt. Der Zweite Weltkrieg bestimmte das weitere Schicksal der Stadt, als Le Havre aufgrund seiner Bedeutung als Hafenstadt fast völlig zerstört wurde.

Um den Bewohnern neue Hoffnung und Wohnraum zu geben, sollte Le Havre wie Phönix aus der Asche neu, lichter, luftiger und schöner denn je entstehen. Der Pariser Architekt Auguste Perret ließ das Stadtzentrum in den 1950er Jahren auf einer Fläche von 250 ha aus Beton neu, und der Geschichte treu, als zweite Planstadt entstehen. Eine historische Musterwohnung, **L'Appartemente Témoin Perret**, vermittelt heute den Eindruck von dieser einst revolutionären neuen Wohn-Idee (Mo - So verschiedene **Führungen**, Di 15 Uhr in **deutscher Sprache**, Reservierung im Office de Tourisme empfohlen). Als bisher einziges Stadtensemble des 20. Jh. gehört die Innenstadt seit 2005 zum **Unesco-Weltkulturerbe**.

Zu Fuß beginnen wir unseren Stadtrundgang an der einem Hochhaus oder Leuchtturm gleichenden **Église Saint-Joseph**, deren Turm sich 110 m hoch im Herzen der Stadt erhebt und aus allen Richtungen sichtbar ist. So profan das Gotteshaus aus Beton von außen wirkt, im Inneren lassen uns die Größe und der Blick in den hohen, mit 12.768 bunten Glasfenstern versehenen Turm beeindruckt die Luft anhalten – ein architektonisches Meisterwerk (10 - 18 Uhr, Gottesdienste ausgenommen)!

Hôtel Dubocage de Bléville

Maison de l´Armateur

Im Gegensatz zu anderen Städten orientierte man sich beim Wiederaufbau nicht an Straßenzügen, die man vor dem Krieg kannte. Vielmehr entstanden neue Plätze sowie Straßen und nur wenige Bauten stehen am selben Ort wie früher. Hierzu gehören die Markthallen, **Halles Centrales**, in deren unmittelbarer Nähe das **Restaurant Le Bistrot des Halles** in schönem Ambiente bodenständige Kost auf den Tisch bringt (Mittag- und Abendmenü, Place des Halles centrales, Telefon 0235225052). Durch das einstige Fischerviertel Quartier du Perrey geht es nun zum **Musée Malraux** (MuMA), das Heimat für zeitgenössische Kunst ist und nach Paris mit der zweitgrößten Sammlung impressionistischer Werke in Frankreich aufwarten kann (11 - 18 Uhr, Wochenende bis 19 Uhr, Di Ruhetag; Eintritt, www.muma-lehavre.fr). Nach einem Bummel rund um die Rue de Paris mit überdachten Galerien, zahlreichen Restaurants, Cafés, Bars und Geschäften gelangen wir zur **Cathédrale Notre Dame**. Das Kirchenhaus mit dem markanten Glockenturm stammt aus dem 16. Jh. und hat die Kriegszerstörungen überstanden. Gleiches gilt für den ehemaligen Justizpalast, in dem heute das **Muséum national d'Histoire Naturelle** untergebracht ist. Das Naturkundemuseum besitzt eine paläontologische, mineralogische sowie eine ornithologische Abteilung (Di - So 9.30 - 12/14 - 18 Uhr, Do Vormittag geschlossen, kein Eintritt). Ebenfalls erhalten blieb das **Maison de l'Armateur** aus dem 18. Jh. mit einem zentralen, achteckigen Lichtschacht. Die märchenhafte Einrichtung vermittelt einen Einblick in das repräsentative Leben des damaligen Bürgertums (April - Okt. 10 - 12.30/13.45 - 18 Uhr, Nov. - März 10.30 - 12.30/13.45 - 17.30 Uhr, Di jeweils Ruhetag, Eintritt).

Ein weiteres erhaltenes Gebäude ist das **Hôtel Dubocage de Bléville** aus dem 17. Jh., in dem die einstige Bedeutung und die Geschichte Le Havres dokumentiert wird (Öffnungzeiten wie vor). Deutlich jünger, aber nicht minder sehenswert ist das ungewöhnliche Kulturzentrum **Le Volcan** am Ende des Bassin du Commerce. 1982 wurde es vom brasilianischen Stararchitekten **Oscar Niemeyer**, Schöpfer der Retortenhauptstadt Brasilia, fertiggestellt und steht mit seinen runden, asymmetrischen Formen im krassen Gegensatz zu der ansonsten gradlinig konzipierten Stadt. Auf einer Anhöhe, unweit des neuen WOMO-Stellplatzes, beherbergt die aus dem 11. und 13. Jh. stammende **Abbaye de Graville** eine bedeutende Sammlung religiöser Kunst vom 16. Jh. bis zur Gegenwart (Öffnungszeiten wie vor, Eintritt).
Bei so viel Wasser überall, wundert es nicht, dass der **Fischmarkt** gegenüber dem Maison de l'Armateur täglich ein frisches Angebot von Fisch und Krustentieren aller Art parat hält (tägl. ab 14.30 Uhr). Etwa 500 m vom Stadtzentrum entfernt kann dem Strandleben gefrönt werden. Vielleicht ist es aber auch nur der Spaziergang an der 4 km langen **Strandpromenade** mit Wassergarten sowie Spiel- und Freizeitanlagen und Restaurants, die Besuchern wie uns gefällt und die anfängliche Scheu gegenüber der erst auf den zweiten Blick gewinnenden Stadt überwinden lässt.
Für den Innenstadtrundgang sollte man sich ohne weitere Besichtigungen wenigstens 1½ Stunden Zeit nehmen. Wer die Stadt umfassender kennenlernen möchte oder an diversen Veranstaltungen interessiert ist, den möchten wir an dieser Stelle noch einmal an das Office de Tourisme verweisen.

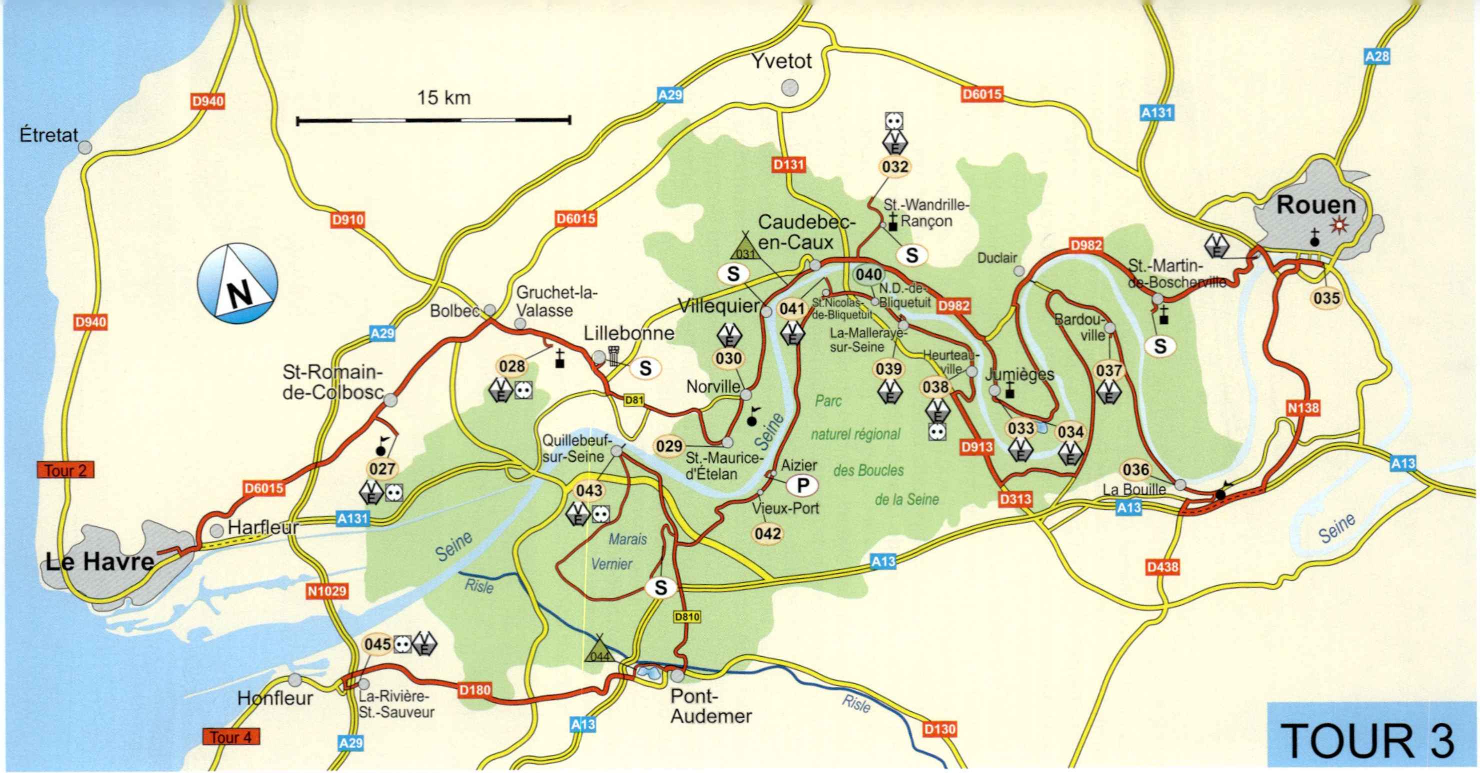
TOUR 3
15 km
N
Rouen
St.-Martin-de-Boscherville
035
N138
036
La Bouille
A13
D438
Seine
037
Bardou-ville
034
Jumièges
033
Duclair
D982
D913
D313
038
Heurteau-ville
039
La Malleraye-sur-Seine
N.D.-de-Bliquetuit
040
St.-Nicolas-de-Bliquetuit
St.-Wandrille-Rançon
032
Caudebec-en-Caux
031
041
Villequier
030
Norville
029
St.-Maurice-d'Ételan
Aizier
Vieux-Port
042
Parc naturel régional des Boucles de la Seine
Yvetot
D6015
D131
A131
A28
A29
Lillebonne
D81
Gruchet-la-Valasse
Bolbec
028
Quillebeuf-sur-Seine
043
Marais Vernier
D810
Pont-Audemer
044
Risle
D130
D180
045
La-Rivière-St.-Sauveur
Honfleur
Tour 4
N1029
St-Romain-de-Colbosc
027
Harfleur
Le Havre
Tour 2
D940
D910
Étretat
S
P

Tour 3 285 km

Saint-Romain-de-Colbosc - Jumièges - Rouen - La Bouille - Vieux-Port - Pont-Audemer - La Riviere-Saint-Sauveur

Stellplätze:	St.-Romain-de-Colbosc, Gruchet-la-Valasse, St. Maurice-d´Ételan, Norville, St.-Wandrille-Rançon, Jumièges, Le Mesnil-sous-Jumièges, St.-Martin-de-Boscherville, Rouen, La Bouille, Bardouville, Heurteauville, La Mailleraye-sur-Seine, Notre-Dame-de-Bliquetuit, Saint-Nicolas-de-Bliquetuit, Vieux-Port, Quillebeuf-sur-Seine, La Riviére-St.-Sauveur.
Campingplätze:	Villequier Camping BARRE-Y-VA, Pont-Audemer Camping Risle Seine Les Etangs.
Ver- u. Entsorgen:	St.-Romain-de-Colbosc, Gruchet-la-Valasse, St.Maurice-d´Ételan, Norville, St.-Wandrille-Rançon, Jumièges, Le-Mesnil-sous-Jumièges, Rouen, Bardou ville, Heurteauville, La Mailleraye-sur-Seine, Saint-Nicolas-de-Bliquetuit, Quillebeuf-sur-Seine, Pont-Audemer, La Riviére-St.-Sauveur.
Besichtigen:	Saint-Romain-de-Colbosc Château de Grosmesnil; Gruchet-la-Valasse Abbaye du Valasse; Lillebonne Amphitheater, Musée gallo-romain; Villequier Musée Victor Hugo; Caudebec- en-Caux Église Notre-Dame, Muséo-Seine, Musée Biochet-Bréchot, Denkmal Latham 47; Saint-Wandrille-Rançon Abbaye de Saint-Wandrille; Jumièges Abbaye de Jumièges; Saint-Martin-de-Boscherville Abbaye Saint-Georges-de-Boscherville; Rouen Historische Altstadt, Cathédrale Notre-Dame, Église Saint Maclou, Aître Saint-Maclou, Église Saint-Ouen, Gros-Horloge, Église Sainte-Jeanne-d'Arc, div. Museen wie z. B. Musée des Beaux-Arts, Historial Jeanne, Panorama XXL; Moulineaux Château de Robert-le-Diable; Notre-Dame-de-Bliquetuit Maison du Parc; Pont-Audemer Église Saint-Ouen, Musée municipal Alfred Canel.
Radfahren/ Wandern:	Diverse Orte links der Seine: Route des Fruits, Route des Chaumiéres.
Essen:	Jumièges Auberge du Bac, Auberge des Ruines; Rouen Café L'Euro, Restaurant Gill Côte Bistro; La Bouille Le Saint-Pierre.

Vom Stellplatz in Le Havre führt die Straße weiter nach HARFLEUR. Bald ist die D982 Richtung ROUEN erreicht und wir richten uns anschließend nach den Hinweisen AUTRE DIRECTION/GAINEVILLE. Mittlerweile sind wir auf der D6015 gelandet, überqueren die Autobahn und sind in SAINT-AUBIN-ROUTOT.

Die Seine mit ihren Brücken und Fähren

Wir sind im Tal der Seine unterwegs, die im Burgund entspringt, von Osten nach Westen fließt und 776 km später zwischen Le Havre und Honfleur in den Ärmelkanal mündet. Die Seine ist seit jeher die wirtschaftliche, kulturelle und religiöse Lebensader der Normandie und bereits Kelten sowie Römer siedelten in ihrem Tal. Von Rouen nach Le Havre mäandert der Fluss auf rund 120 km in weiten Schleifen dem Meer entgegen und wir wollen ihn

Pont de Normandie

auf beiden Seiten seines Ufers ein Stück des Weges begleiten.
Es gibt drei Brücken sowie einige Möglichkeiten, mit einer Fähre (le bac) überzusetzen. Hierbei ist zu berücksichtigen, **dass lediglich die Fähren in Duclair und Quillebeuf WOMOs über 3 m Höhe und 3,5 t Gesamtgewicht befördern**.
Bis 1959 war der gesamte Verkehr auf Fähren angewiesen, denn keine einzige Brücke existierte an diesem Flussabschnitt. Erst die **Pont de Tancarville** sorgte mit einer Länge von 1.420 m und einer Hauptspannweite von 608 m für Abhilfe. Die beiden 125 m hohen Stahlbetonpfeiler der Hängebrücke waren seinerzeit die höchsten der Welt, denn die Hochseeschifffahrt sollte auf der Seine nicht behindert werden (Maut ab 2,50 €, Fußgänger, Motor- und Fahrradfahrer frei).
1977 erfolgte der Bau der zweiten Brücke, der **Pont de Brotonne**, die mit markanten harfenförmig angeordneten Schrägseilen auffällt, 1.278 m lang ist und Schiffen bis 50 m Höhe die Durchfahrt ermöglicht.
Die spektakulärste Brücke am Unterlauf der Seine ist der 1994 eröffnete **Pont de Normandie**. Mit 2.141 m Länge überspannt sie in elegantem Bogen den Fluss und gilt als größte Schrägseilbrücke Europas. 214 m hohe Stützpfeiler sorgen für den nötigen Halt im sandigen Untergrund und das 856 m hohe Mittelstück schwebt 52 m über der Wasseroberfläche. Eine Ausstellung und der Jardin des Ingénieurs informieren auf der rechten Flussseite über die Baugeschichte und die technischen Merkmale (Maut ab 5,20 €, Fußgänger, Motor- und Fahrradfahrer frei).
Von den Ufern beobachten wir den Schiffsverkehr von Paddelbooten über Frachtkähne bis hin zu Kreuzfahrt- oder Containerschiffen. Das breite Tal wird in Richtung Meer immer mehr vom Tidenhub geprägt und galt früher als sehr gefährlich für die Flussschifffahrt. Mittlerweile hat der Mensch bereinigend eingegriffen, um den Flussverkehr sicherer zu machen und eine Versandung und Verschlammung zu minimieren. Um die einzigartige Seine-Landschaft zu bewahren, wurde der **Parc naturel régional des Boucles de la Seine Normande** eingerichtet.

Auf der rechten Seite der Seine sind wir auf dem Weg nach SAINT-ROMAIN-DE-COLBOSC und notieren nahe der Straße, einen schön angelegten WOMO-Stellplatz.

(027) WOMO-Stellplatz: Saint-Romain-de-Colbosc, Aire de Camping-Car

GPS: N 49°31'16.6" E 00°20'49.1"
Route d'Oudalle **max. WOMOs:** 13
Ausstattung/Lage: V/E, Strom, max. Aufenthalt 3 Tage, Mülleimer/außerorts.
Zufahrt: Von der D6015 am Kreisel vor dem Ort Richtung Parc Eco-

Normandie abbiegen und dem WOMO-Piktogramm folgen. Am zweiten Kreisel rechts zum Stellplatz fahren.

Wem nach einem kleinen **Spaziergang** zu Mute ist, der gelangt den Hinweisen folgend nach wenigen Minuten zum im 19. Jh. erbauten **Château de Grosmesnil** samt frei zugänglicher Parkanlage mit Kunstwerken. Nichts Großartiges, aber einfach eine erfreuliche Unterbrechung unserer Reise.

Der Reichtum an sakralen Bauten wird die weitere Strecke bis nach Rouen bestimmen. Im Zentrum der Seine-Stadt werden wir später die Abtei Saint-Ouen sehen, deren Äbte in einem steten Wettstreit um die imposanteste Kirche mit den Bischöfen von Rouen standen. Die **Route Historique des Abbayes Normandes** (Straße der Abteien) führt uns zunächst Richtung BOLBEC, um dann Richtung LILLEBONNE einzuschwenken.

Hier machen wir mit der ersten Abtei, der **Abbaye du Valasse**, Bekanntschaft. Die einstige Zisterzienserabtei wurde im 12. Jh. gegründet. Mittlerweile ist darin ein Seminarhaus beheimatet, doch der Zugang zur Abtei, den Gärten und den Restaurants ist frei zugänglich. Für unsereins ist der Parkplatz erwähnenswert, da er einen Übernachtungsplatz bietet.

(028) WOMO-Stellplatz: Gruchet-la-Valasse, Abbaye du Valasse

GPS: N 49°32'26.2" E 00°30'05.3"; Route de l'Abbaye **max. WOMOs**: 2 - 3
Ausstattung/Lage: V/E, Tisch und Bänke, Mülleimer/außerorts, ggf. Geräusche von der Straße möglich.

Zufahrt: Von der D487 den Hinweisen zur Abbaye du Valasse folgen.

In LILLEBONNE geraten wir in eine ganz andere Epoche, die wir mit der Normandie nicht sofort in Verbindung bringen. Angesagt sind eher Klöster, Kathedralen sowie Schlösser und Gärten – an die römische Vergangenheit haben wir gar nicht gedacht. Und doch waren die Römer hier und hinterließen im Ortszentrum ein ovales, terrassenförmiges frei zugängliches **Amphitheater** aus dem 1. Jahrhundert [N 49°31'05.6" E 00°32'13.4"; Rue Victor Hugo]. Mittwochvormittag verteilt sich der **Markt** auf einige Straßen rund um die Kirche und das Parken könnte erschwert werden. Der Ort war wahrscheinlich die Hauptstadt des Keltenstammes der Kaleten. Später ließen die Römer das damalige „Juliobona" nach ihren Vorstellungen ausbauen, von denen das Amphitheater überdauerte. Es gehört zu den größten und besterhaltenen Anlagen dieses Typs. Im gegenüberliegenden **Musée gallo-romain** sind bei Ausgra-

bungen entdeckte Fundstücke aus galloromanischer Zeit zu sehen und es beschäftigt sich weiterhin mit der Ortsgeschichte (10 - 12 Uhr/14 - 18 Uhr, April - Nov. tägl. außer Di nur 14 - 18 Uhr, Eintritt).

Wir folgen der D173 kurzzeitig Richtung YVETOT und biegen dann nach NOTRE-DAME-DE-GRAVENCHON ab und vertrauen uns der D81 Richtung NORVILLE/CAUDBEC-EN-CAUX an. In SAINT-MAURICE-D'ÉTELAN können wir einen Mini-Stellplatz im Ort offerieren. Von dort ist das **Château d'Ételan** gut zu Fuß erreichbar bzw. kann während der Öffnungszeiten direkt angefahren werden. Das spätgotische Schloss im Flamboyantstil ist

Ende des 15. Jh. entstanden und wacht über das Tal. Der elegante Treppenturm mit neun Fensteröffnungen ist das erste Anzeichen einer beginnenden Renaissance in der Normandie und in der restaurierten Kapelle sind Wandmalereien und Holzschnitzereien zu bewundern. Einige Räume sind bewohnt und andere werden für Ausstellungen oder Konzerte genutzt (Juni - 14 Juli/Sept. Sa/So 11 - 13/15 - 19 Uhr, 15. Juli - Aug. Sa - Di 11 - 13/15 - 18 Uhr, Eintritt. www.chateau-etelan.fr).

Château D´Étalan

(029)
WOMO-Stellplatz: Saint-Maurice-d´Ételan, Mairie

GPS: N 49°27'36.2" E 00°36'55.6"
Rue de Village
max. WOMOs: 2
Ausstattung/Lage: Bänke, Aussicht auf die Seine, Restaurant in der Nähe, Mülleimer/ im Ort, Boulebahn nebenan.
Zufahrt: Von der D81 ca. 2 km durch die Felder in den Ort fahren. Hinter dem Wasserturm rechts, gleich wieder links und vor der Kirche rechts bis zum kleinen Rathaus/Mairie fahren.

In NORVILLE nennen wir einen ausgewiesenen WOMO-Stellplatz mit V/E im Ort unter Vorbehalt, da nicht eindeutig ersichtlich ist, ob das Grundstück zum Verkauf steht [**030:** N49°28'31.7" E00°38'09.1"; Rue de Écoles].
Das Seine-Tal weitet sich und wir rollen durch eine ansehnliche Landschaft nach VILLEQUIER, wo wir das WOMO parken [N 49°30'54.5" E 00°40'38.4"]. Das kleine, beschauliche Örtchen liegt unterhalb einer bewaldeten Anhöhe, die von einer Burg gekrönt wird und war Schauplatz eines Dramas, das sich im Spätsommer des Jahres 1843 zutrug.

Musée Victor Hugo

Der französische Schriftsteller Victor Hugo, von dem u.a. der Roman „Der Glöckner von Notre Dame" stammt, weilte häufig im Haus seines Schwiegersohns Charles Vacquerie und seiner Tochter Léopoldine. Nach nur sechs Monaten Ehe ertranken beide bei einem tragischen Bootsunfall in der Seine. Auf dem kleinen Friedhof neben der Kirche liegt das Gemeinschaftsgrab der beiden und ebenso das Grab von Adèle Hugo, der Frau des Dichters. Victor Hugo selbst erhielt später ein Staatsbegräbnis und ruht in Paris in der Krypta des Panthéon. Im Haus der Familie Vacquerie entstand eine museale Gedenkstätte, die Briefe, Bücher, Zeichnungen sowie Manuskripte zeigt. Gleichzeitig gewährt das Haus Einblicke in den Lebensstil des Bürgertums im 19. Jahrhundert (April - Sept. tägl. außer Di 10 - 12.30/14 - 18 Uhr, So nur 14 - 18 Uhr, sonst bis 17.30 Uhr, Eintritt. www.museevictorhugo.fr). Vom Parkplatz erreicht man das Museum am besten, wenn man der Seine flussabwärts über den Quai Victor Hugo folgt. Hierbei zeigt sich das Dorf von seiner „Sahneseite".

Zwischen Villequier und CAUDEBEC-EN-CAUX ist neben der Straße ein Fuß- bzw. Radweg mit Picknickflächen angelegt, sodass sich der ebenfalls zwischen den Orten liegende 3-Sterne **Campingplatz Camping BARRE-Y-VA** für einen Aufenthalt anbietet [**031:** N 49°31'17.8" E 00°42'07.8"; Route de Villequier, 76490 Villequier, Telefon 0235962638, www.camping-barre-y-va.com. April - Okt., €€€].

Caudebec-en-Caux

Für den Namen des Städtchens sind die Normannen verantwortlich, die den Ort wegen eines noch heute plätschernden Baches „Caldebec" (Kalter Bach) nannten. Im Laufe der Jahrhunderte entwickelte sich Caudebec zu einem ansehnlichen Marktflecken, dessen Wohlstand auch der protestantischen Gemeinde zu verdanken war. Infolge des Edikts von Nantes (1685) wurden die Hugenotten jedoch vertrieben und deren vormals bedeutende Handschuh- und Hutmanufakturen brachen zusammen. Einst als einer der schönsten Orte der Normandie bekannt, wurde die Altstadt 1940 durch einen Brand und zusätzlich vier Jahre später durch Luftangriffe zerstört. Glücklicherweise blieb die **Église Notre-Dame**, die Henri IV einst als „hübscheste Kapelle seines Königreichs" bezeichnete, verschont. Die 1425 - 1539 errichtete Kirche ist ein Musterbeispiel des normannischen **Flamboyant-Stils**.

Diese französische Stilepoche bezeichnet eine architektonische Gestaltung aus der Zeit der Spätgotik und datiert aus der Zeit von etwa 1370 bis zum Anfang des 16. Jahrhunderts. Der Flamboyant-Stil zeichnet sich durch schmückende Ornamente und Facetten aus, die sich flammenartig über größere Wand- und gelegentlich Deckenflächen ausbreiten. Die Maßwerke, filigrane Steinmetzarbeiten z. B. an Fenstern, Balustraden, Emporen oder Fassaden, bestimmen das Bild. An der Kirche in Caudebec beeindruckt besonders das Westportal mit über 300 verschiedenen kunstvoll gearbeiteten Figuren und einer von kleinen Statuen eingerahmten Fensterrose. Obwohl die Größe des Gotteshauses beeindruckt, fehlen Seitenschiffe und Querhaus, sodass die Bezeichnung „Kapelle" gerechtfertigt ist. Im Inneren der Kirche ist der 7 t schwere und 4,30 m lange Schlussstein aus einem einzigen, nur von Bögen gestützten Steinblock architektonisch beachtenswert. Abgesehen von der Kirche gibt es nur noch wenige alte Gebäude. Dazu gehört das aus dem 12./13.Jh. stammende Templerhaus (Maison des Templiers). Das hier untergebrachte **Musée Biochet-Bréchot** beschäftigt sich mit der Ortsgeschichte (Öffnungszeiten bitte vor Ort erfragen, Eintritt). Interessanter ist das **Muséo-Seine**, das sich der Seineschifffahrt und der Geschichte der Seine-Landschaft widmet. Strömung sowie Gegenströmung werden erklärt und es wird auf eine, mittlerweile durch die Flussbegradigung verschwundene Flutwelle eingegangen (Feb. - Juni/Sept. - Nov. 13 - 18.30 Uhr, Juli/Aug. 10 - 18.30 Uhr, Eintritt. www.museoseine.fr).
An der Uferpromenade befinden sich Gastronomiebetriebe sowie das **Office de Tourisme** (Mo - Sa 10 - 12/14 - 16 Uhr, im Sommer 10 - 18.30 Uhr, Place du Général-de-Gaulle, Telefon 0232704632, www.tourismecauxseine.com) und ein **Markt** findet Samstagvormittag auf der Place du Marché statt.

Kurz hinter dem Ort scheint uns plötzlich ein alter Doppeldecker aus der Felswand entgegen zu fliegen. Das **Denkmal Latham 47** erinnert an die gescheiterte Rettung der Nobile Nordpolexpedition im Jahr 1928, bei der neben der französischen Besatzung auch der norwegische Polarforscher Roald Amundsen ums Leben kam. Die Latham 47 wurde in Caudebec-en-Caux hergestellt.

Abbaye de Saint-Wandrille

Auf der Suche nach der zweiten Abtei dieser Route knicken wir wenig später nach SAINT-WANDRILLE-RANÇON ab und folgen den entsprechenden Hinweisen durch das kleine normannische Dorf. Wir steuern auf das monumentale Eingangstor der Abtei zu und finden eine Parkmöglichkeit an der Klostermauer [N 49°31'47.0" E 00°45'57.9"; Rue Saint-Jacques].

Abbaye de Saint-Wandrille

Die in der Mitte des 7. Jh. im Tal der Fontenelle gegründete Abtei betreten wir jedoch nicht durch das im 19. Jh. errichtete Eingangsportal, sondern durch eine kleine Pforte daneben. In der ersten Blütezeit des Klosters wirkte Abt Einhard, Biograf Karls des Großen, von 817 - 823 hier. Wie klein doch die Welt ist: Den Spuren Einhards sind wir schon im deutschen Seligenstadt gefolgt, als wir „Mit dem Wohnmobil durch Hessen, Süden/ Mitte“, WOMO-Band 83 unterwegs waren.

Wie fast alle Klöster wurde Saint-Wandrille von den Wikingern zerstört, während der Religionskriege geplündert und in der Französischen Revolution aufgelöst. Nach verschiedenen Nutzungen als Wohnsitz oder Spinnerei zogen Anfang bis Mitte des 20. Jh. wieder Benediktinermönche in die Abtei ein und leben seitdem getreu dem Ordensgrundsatz „ora et labora“. Von der mittelalterlichen Bausubstanz ist bis auf einige Arkaden nicht mehr viel vorhanden und momentan wird gerade das gotische Querschiff aufwendig restauriert. Die heutige Klosterkirche ist in einer Zehntscheune untergebracht, die die Mönche an anderer Stelle abgetragen und an diesem Ort wieder errichtet haben. Wer möchte, kann an einer Messe teilnehmen und den gregorianischen Gesängen der Mönche lauschen. Die eigentliche Abtei mit einem erhaltenen und wunderschönen gotischen Kreuzgang kann nur im Rahmen einer Führungen betreten werde. In der angrenzenden Klosterboutique werden lokale Produkte angeboten (Ruinen tägl. 5.15 - 13/14 - 21.15 Uhr frei zugänglich. Führungen Ostern - Allerheiligen tägl. 15.30 Uhr, So auch 11.30 Uhr, Eintritt. www.st-wandrille.com).

Bei der Rückkehr zum WOMO erspähen wir ein WOMO-Piktogramm und folgen ihm neugierig. Abgelegen und in ruhiger Lage inmitten von Feldern werden wir an einem Bauernhof fündig.

(032) WOMO-Stellplatz: Saint-Wandrille-Rançon, Ferme de la Mare

GPS: N49°32'26.5"E00°46'01.9"
max. WOMOs: 3
Ausstattung/Lage: V/E, Strom, Gebühr €, Tische und Bänke/ außerorts.
Zufahrt: Im Ort erst den Hinweisen zur Abtei und zum o. g. Parkplatz folgen. Nach ca. 300 m rechts dem engen Sträßchen durch den Wald später durch die Felder ca. 2 km folgen und an der ersten Möglichkeit links bis zum Bauernhof fahren.

Auf gleichem Weg gelangen wir zur D982 zurück und durchfahren anschließend den nicht enden wollenden Ort LE TRAIT. Den schönsten Streckenabschnitt der Landstraße scheinen wir jetzt hinter uns zu haben und verlassen sie nach JUMIÈGES.

(033) WOMO-Stellplatz: Jumièges, Aire de Camping-Car

GPS: N49°25'51.8"E00°48'53.0"
Rue Alphonse Callais
max. WOMOs: 10
Ausstattung/Lage: V/E, Infotafel, Wanderwege, ca. 300 m in den Ort mit Gaststätten, Mülleimer/Ortsrand.
Zufahrt: Im Ort gegenüber der Abtei dem WOMO-Piktogramm folgen.

Abbaye de Jumièges

Auch wenn das Dorf ansprechend ist, so sind es doch die Ruinen der Abtei, die Jahr für Jahr die meisten Besucher anziehen. Nicht abgelegen in einem Tal, sondern inmitten des Ortes erhebt sich die schon von Victor Hugo als „schönste Ruine Frankreichs“ bezeichnete Anlage.

Die Abtei wurde im 11. Jh. auf den Überresten eines Klosters aus dem 7. Jh. gegründet und vom Erzbischof von Rouen in Anwesenheit des Normannenherzogs Wilhelm, der gerade England erobert hatte, geweiht. Die Abtei entwickelte sich zum reichsten und mächtigsten Kloster der Normandie und in dieser Zeit müssen wohl an die 200 Benediktinermönche und Laienbrüder dort gelebt haben. Die letzten Mönchen verließen ihren Wirkungsort während der Französischen Revolution, viele Gebäude wurden zerstört und das Gelände später als Steinbruch genutzt.

Heute betritt man die Anlage durch ein aus dem 19. Jh. stammendes Torhaus und steht wenig später vor den sich elegant in den Himmel strebenden achteckigen Fassadentürmen der im Zentrum stehenden ehemaligen Église Notre-Dame. Sie rahmen das fast 30 m lange Hauptschiff, Teile des Querschiffs sowie des Chors ein.

Beim Besuch der Ruinen kann ein Tablet entliehen werden, auf dem in beeindruckender Weise die harmonische Pracht der Abtei virtuell aufersteht. Die Abtei ist von einem naturbelassenen Landschaftspark umgeben und in einem Gebäude werden wechselnde Ausstellungen präsentiert (Mitte April - Mitte Sept. 9.30 - 18.30 Uhr, sonst 9.30 - 113/14.30 - 17.30 Uhr, Eintritt, Führungen möglich. www.abbayedejumieges.fr)

Gegenüber der Abtei befindet sich das **Office de Tourisme**, das z. B. über Wanderungen rund um Jumièges informiert (April 10 - 12.30/13.30 - 17 Uhr, Mai - Sept. bis 18 Uhr, www.jumieges.fr). Da auch die mittelalterlichen Äbte einem guten Essen durchaus zugetan waren, wundert es uns nicht, dass wir in der **Auberge du Bac** am Fähranleger an der Seine zu angemessenen Preisen bestens bekocht werden (Mittag- und Abendmenüs, 0257546175, Rue Alphonse Callais. www.aubergedubac.fr). Sehr empfehlenswert soll auch die **Auberge des Ruines** im Ort sein, die allerdings bei unserem Besuch geschlossen hatte (Mittag- und Abendmenüs, Telefon 0235372405, Place de la Marie, www.auberge-de-ruines.fr).
Die Straße nach LE MESNIL-SOUS-JUMIÈGES ist von Kirschbaumplantagen und Häusern mit normannischem Fachwerk gesäumt. So viel sei schon jetzt verraten: Auf der gegenüberliegenden Seite der Seine werden wir in den nächsten Tagen noch wesentlich mehr dieser schönen und dann häufig mit Reet eingedeckten Häuser sehen!
Doch zunächst passieren wir das **Freizeit- und Wassersportgelände Base de Loisirs**, das Freizeitspaß für die ganze Familie verspricht (www.basedejumieges.com). Für den längeren Aufenthalt empfiehlt sich der **3-Sterne Campingplatz Camping du Lac** und zur Übernachtung der Parkplatz auf dem Gelände.

(034) WOMO-Stellplatz: Le Mesnil-sous-Jumieges, Base de Loisirs

GPS: N 49°24'41.7" E 00°50'46.4"
Route du Manoir
max. WOMOs: 10
Ausstattung/Lage: V/E vor dem Campingplatz, Gebühr €, Juli/Aug. €€/außerorts. Der Parkplatz ist von 22 - 6 Uhr mit einem Tor verschlossen. **Zufahrt:** Zwischen Jumièges und Le Mesnil-sous-Jumièges rechts der Straße gelegen.

Im weiten Tal der Seine gondeln wir am Wasser entlang, erfreuen uns an großen Anwesen und hellen Kalksteinfelsen, die aufgrund des einsetzenden Regens nicht so recht ihre Strahlkraft entfalten wollen. Dazwischen wird von Äpfeln über Kirschen bis zu Erdbeeren alles zum Kauf angeboten, was die Natur gerade zum Verzehr bereithält.
Bald ist die D982 erreicht und wir visieren DUCLAIR und im weiteren Verlauf SAINT-MARTIN-DE-BOSCHERVILLE an. Das gepflegte Örtchen ist vor allem wegen seiner imposanten Abteikirche bekannt, deren mächtige Vierungstürme schon von Weitem sichtbar sind. Die Straßen sind teils sehr eng, doch wenn man sich auf die Anfahrt zu den ausgewiesenen Parkplätzen beschränkt und auf gleichem Weg zurück zur Landstraße fährt, können auch größere WOMOs ohne Weiteres bis zur Abtei gelangen [stellvertretend für mehrere Parkplätze N 49°26'39.8" E 00°57'48.0"; Route de Quevillon].

Abbaye Saint-Georges-de-Boscherville

Die ehemalige Benediktinerabtei wurde 1114 gegründet und im Gegensatz zur Abtei in Jumièges nie von mehr als 40 Mönchen bewohnt. Wie so oft wurden die Mönche während der Französischen Revolution vertrieben und das Kloster verfiel. Die im romanischen Stil errichtete Abteikirche ist lichtdurchflutet und der Kapitelsaal besticht durch besonders schöne Kapitelle. Der einstige Kreuzgang wird durch Hecken markiert und im angrenzenden Abteigarten gedeihen Obst- und Gemüsearten sowie Heilpflanzen und Blumen. Auch hier sollte man sich Zeit für die Besichtigung nehmen, die für uns besonders durch einen **deutschsprachigen, kostenlosen Audioguide** interessant wird (Nov. - März 14 - 17 Uhr, April - Okt. 9 - 18.30 Uhr, Eintritt, Führungen So 16 Uhr. www.abbaye-saint-georges.com).

Mit großen Schritten nähern wir uns auf der D982 über CANTELEU der normannischen Metropole ROUEN. Bevor wir auf Entdeckungstour durch diese sehenswerte Stadt gehen, muss zuerst ein Platz für das WOMO gefunden werden. Der ausgewiesene Stellplatz ist wahrlich nicht schön, aber unserer Meinung nach die einzig akzeptable Lösung. Tagsüber verkehrsumflossen und nachts den Umständen entsprechend erstaunlich ruhig. Der unbestrittene Vorteil liegt jedoch in der Nähe zur Altstadt mit ihren Sehenswürdigkeiten. Zu erwähnen ist weiterhin, dass die Quai-Anlagen an anderer Stelle momentan saniert und „aufgehübscht" werden. Möglicherweise erfassen die Umbaumaßnahmen in Zukunft auch den WOMO-Stellplatz.

(035) WOMO-Stellplatz: Rouen, Quai du Cours la Reine

GPS: N 49°26'03.8" E 01°05'39.8"; Quai Jacques Anquetil **max. WOMOs:** 13

Ausstattung/Lage: V/E am Port de Plaisance [N 49°26'52.8" E 01°03'29.2"; z. B. bereits bei der Anreise von der D982 zu erreichen. Mai - Sept. Mo - Fr 8 - 11.30/16 - 19 Uhr, Sa/So 8 - 11.30/15.30 - 19 Uhr, Okt. - April 8.30 - 11.30/16 - 18 Uhr, Sa/So 8.30 - 11.30/15.30 - 18 Uhr)], Mülleimer/im Ort, ca. 1 km Fußweg bis zur Kathedrale im Zentrum. An Straße und Bahnlinie gelegen – für die Lage ist der Geräuschpegel nachts akzeptabel.

Zufahrt: Von der D982 kommend Richtung Rouen-Sud über die kühn geschwungene Pont Gustave Flaubert fahren. Am 1. Kreisel Richtung Rouen-Sud und am 2. Kreisel Richtung Rouen-Centre halten. An der nächsten Kreuzung links Richtung Rouen-Centre bis zur Seine und dort rechts Richtung Vernon/Reims fahren. Direkt hinter der 3. folgenden Brücke links dem WOMO-Piktogramm hinab an den Quai zum Stellplatz folgen (Die Koords liegen oberhalb des Stellplatzes am Quai Jacques Anquetil, da das Navi sonst u. U. falsch führt).

Rouen

Die 110.000 Einwohner (im Großraum Rouen leben 500.000 Menschen) zählende Hauptstadt der Normandie war schon zur römischen Zeit als „Rotomagus" eine wichtige Provinzhauptstadt. Unter den Normannen wurde das Flussbett so mustergültig und vorausschauend vertieft, dass bis zum 19. Jh. keine vergleichbaren Ausbauarbeiten nötig waren. In der fast 300 Jahre dauernden normannischen Herrschaft entwickelte sich nicht nur der Hafen, sondern Rouen wurde zu einer der größten und reichsten Städte Frankreichs. Dies spiegelt sich u. a. in den Imageprojekten wie der Kathedrale und der Abtei Saint-Ouen wider.

Im Hundertjährigen Krieg kapitulierte die Stadt nach Monaten andauernder Belagerung und die dann einziehenden Engländer regierten mit eiserner Hand. Erst als **Jeanne d'Arc**, die gern Männerkleidung tragende Jungfrau von Orléans, den französischen König nach Reims führte, schöpfte man in der Normandie wieder Hoffnung. Vergeblich, denn Johanna wurde von den Burgundern gefangen genommen und an die Engländer ausgeliefert. Ihr wurde der Prozess gemacht und sie wurde zum Tode verurteilt. Erst als die Jungfrau ihren Überzeugungen abschwor und fortan zusätzlich nur noch Frauenkleidung tragen wollte, wurde die Strafe in eine lebenslange Haft bei Wasser und Brot umgewandelt. Unter dem Druck der Engländer, die keine inhaftierte Märtyrerin dulden wollten, wurde Jeanne schließlich überlistet. Die Frauenkleider wurden gegen ihren Willen entwendet und als sie das „stille Örtchen" aufsuchen musste, tat sie das notgedrungen durch bereitgestellte Männerkleidung. Damit war ihr endgültiges Schicksal besiegelt und sie wurde am 30. Mai 1431 bei lebendigem Leib auf der Place du Vieux-Marché verbrannt. Lange währte die englische Herrschaft indes nicht, denn 1449 zog der französische König Charles VII. doch noch in Rouen ein. 1456 wurde Jeanne d'Arc rehabilitiert, 1920 heiliggesprochen und zur Schutzheiligen Frankreichs erhoben.

Place du Vieux-Marché

Nach Beendigung des Hundertjährigen Krieges setzte ein Aufschwung ein, der die Stadt aufblühen ließ. Unzählige öffentliche und sakrale Bauten sowie prachtvolle Palais und stattliche Bürgerhäuser entstanden. Die Religionskriege beendeten das sogenannte „Goldene Jahrhundert" und erst nach der Französischen Revolution erstarkte die Stadt mit Beginn der Industrialisierung wieder. Der Zweite Weltkrieg setzte Rouen schwer zu und am Ende blieb nur ein riesiges Trümmerfeld übrig.

Nach dem Krieg entschlossen sich die Stadtplaner, das mittelalterliche Straßengefüge beizubehalten und, soweit es möglich war, die historische Bausubstanz zu retten. Nichtsdestotrotz gibt es auch weniger schöne

Cathédrale Notre-Dame

Nachkriegsbauten, die jedoch dem fast unwiderstehlichen Charme der attraktiven Altstadt nicht viel anhaben können.
Das Verwaltungs- und Industriezentrum hat von jeher seinen Reichtum und Wohlstand durch den Hafen als Warenumschlagplatz auf halber Strecke zwischen Paris und dem Meer bezogen. Bis heute setzt sich diese Tradition im fünftgrößten Seehafen Frankreichs fort. Zum lebendigen Bild von Rouen trägt sicher auch die Universität bei, deren Studenten zu einer ungezwungenen Atmosphäre und zum gewissen Etwas, der Seele der Stadt beitragen. Unser Weg vom Stellplatz führt über eine der Seine-Brücken direkt ins pulsierende Herz von Rouen zur nicht zu übersehenden Kathedrale. Gegenüber befindet sich in einem schönen Renaissancegebäude aus dem 16. Jh. das **Office de Tourisme** (Mai - Sept. Mo - Sa 9 - 19 Uhr, So 9.30 - 12.30/14 - 18 Uhr, Okt. - April Mo - Sa 9.30 - 12.30/13.30 - 18 Uhr, Place de la Cathédrale, Telefon 0232083240, www.rouentourisme.com). Neben verschiedenen **Stadtführungen** in französischer Sprache wird ein **Audio-Guide** zum Ausleihen angeboten, der die Besucher u. a. in **deutscher Sprache** bei einem Rundgang begleitet und die Sehenswürdigkeiten beschreibt (Gebühr). Hierbei kann der Nutzer die Geschwindigkeit des eigenen Gehens bestimmen, der vorgegebenen Strecke folgen oder einen eigenen Weg wählen. Alternativ kann das Touristenbähnchen, **Le Petit Train**, bestiegen werden, das in etwa 45 Minuten die gleiche Strecke abfährt (April - Okt. 10 - 13/14 - 17 Uhr, Abfahrt jede volle Stunde vor der Kathedrale, Gebühr). Gegen ein geringes Entgelt erwerben wir einen **Stadtplan, der in deutscher Sprache** die wichtigsten Sehenswürdigkeiten beschreibt und auf dem zwei unterschiedliche Erkundungstouren farblich markiert sind.
Die Fassade der **Cathédrale Notre-Dame** gehört mit ihrem üppigen Skulpturenschmuck zu den schönsten Kirchenfassaden in Europa. Sie wurde

auf dem Fundament einer Basilika aus dem 4. Jh. und einer Kirche aus dem 11. Jh. erbaut und spiegelt die Entwicklung der gesamten gotischen Baukunst vom 12. bis Anfang des 16. Jh. wider. Der Vorgängerbau wurde 841 durch die Wikinger vernichtet und 1944 waren es die Bombardierungen im Zweiten Weltkrieg, die für massive Zerstörungen verantwortlich waren. Immer wieder aufgebaut, befindet sich die Kathedrale noch heute in einer steten Entwicklungs- und Renovierungsphase. Der frühgotische, linke Tour Saint-Romain, ist der ältere der beiden mächtigen Türme an der Westfassade und dient als Uhr- und Glockenturm. Der rechte Tour de Beurre, der 1507 fertiggestellt wurde, erhielt den Namen „Butterturm“, da er zum Teil aus Ablassgeldern finanziert wurde, die jeder zu entrichten hatte, der während der Fastenzeit Milch und Butter verzehren wollte. An der Südseite fällt der Vierungsturm auf, der im 19. Jh. mit einem gusseisernen Helm versehen wurde und mit 151 m der höchste Kirchturm Frankreichs ist. Insgesamt reflektieren das Äußere und die imposanten Ausmaße bereits die Macht und den Herrschaftsanspruch der Erbauer, die das Innere der Kathedrale hell und mit farbigen Glasfenstern gestalteten, um den Sieg über die Finsternis darzustellen. Das Hauptschiff ist mit zahlreichen Arkaden, Emporen, einem Laufgang und Hochfenstern versehen, die von einem faszinierenden Kreuzgewölbe überspannt werden. Der Chor wirkt edel und im nördlichen Querhaus fällt eine steinerne, reich verzierte Treppe aus dem 15. Jh. auf. Diese ermöglichte den Chorherren einen bequemen Übergang in das benachbarte Gebäude, in dem eine Bibliothek untergebracht war. Die „Buchhändlertreppe“ führte zunächst nur bis zum ersten Stock und wurde im 18. Jh., nachdem die Bibliothek aufgestockt war, um eine Etage erweitert. Im Altarraum sind die Gräber der Herzöge der Normandie zu finden, darunter jenes von Rollo, dem Gründer des Herzogtums. Zudem fand auch das Herz von König Richard Löwenherz hier seine letzte Ruhestätte. Der Kathedrale ist ein erzbischöfliches Palais angegliedert, das noch heute Sitz des Erzbischofs ist (April - Okt. Di - Sa 9 - 19 Uhr, So/Feiertage 8 - 18 Uhr, Mo 14 - 19 Uhr, Führungen (franz.) So 14 Uhr, Nov. - März Di - Sa 9 - 12/14 - 18 Uhr, So/Feiertage 8 - 18 Uhr, Mo 14 - 18 Uhr. Ende Juni - Sept. wird die Fassade bei Einbruch der Dunkelheit mit einer Lichtinstallation angestrahlt).

Gewölbe Cathédrale Notre-Dame

In unmittelbarer Nähe, östlich der Kathedrale, umgeben von zahlreichen schönen Fachwerkhäusern steht die **Église Saint Maclou**, ein Kirchenmeisterwerk im spätgotischen Flamboyant-Stil, auf einem kleinen Platz

Fachwerkhäuser in der Rue Martainville

inmitten eines Kaufmannsviertel (April - Okt. Sa/So/Feiertage 10 - 12/14 - 18 Uhr, ansonsten bis 17.30 Uhr). Nur wenige Schritte entfernt, im Innenhof eines Hauses, befindet sich das **Aître Saint-Maclou**. Einer der letzten mittelalterlichen Friedhöfe Europas hat seinen Ursprung in der Zeit der Schwarzen Pest im Jahr 1348. Auf die Nekropole weisen düstere Knochen- und Schädelschnitzereien aus Holz hin (9 - 18 Uhr). In der „Stadt der einhundert Glockentürme", wie Victor Hugo sie nannte, besuchen wir die nördlich gelegene einstige Abteikirche **Église Saint-Ouen** aus dem 14. Jh., die ebenfalls im herrlichen Flamboyantstil und mit einem 33 m hohen Gewölbe glänzt. Vom 14. - 16. Jh. gehörte sie zu den bedeutendsten Benediktinerklöstern der Normandie und wird von einem eindrucksvollen Licht erfüllt (April - Okt. 10 - 12/14 - 18 Uhr, ansonsten bis 17 Uhr). Ein Stück weiter östlich wartet die Rue Eau de Robec mit vielen Fachwerkhäusern und einem kleinen Bachlauf auf.

Durch die teils engen Gassen mit zahlreichen Fachwerkhäusern, die mit meist gerade nach oben verlaufenden Balken streng und würdevoll aussehen und durch Schnitzereien verziert sind, bummeln wir zurück zur Kathedrale. Immer wieder laden unzählige Cafés und Restaurants in verwunschenen Winkeln oder an belebten Straßen und Plätzen zur Einkehr ein. Wir gehen nun durch eine der belebtesten Straßen der Altstadt über Kopfsteinpflaster und flankiert von weiteren schönen Fachwerkhäusern der **Gros-Horloge** (Große Uhr) und dem **Beffroi** (Stadtturm) entgegen. Das prestigeträchtige Ensemble setzt sich aus einem gotischen Turm, einer Renaissance-Arkade mit dem prächtigen, reich verzierten Zifferblatt der Uhr und einem Brunnen aus dem 18. Jh. zusammen. Der Turm kann bestiegen werden (April - Sept. Di - So 10 - 13/ 14 - 19 Uhr, ansonsten bis 18 Uhr). Nördlich liegt der Justizpalast, **Palais de Justice**, der wohl bedeutendste französische Profanbau der Gotik. Mit einem kleinen Schlenker vorbei am einstigen Adelspalais **Hôtel de Bourgthéroulde**, einem der schönsten Renaissance-Gebäude von Rouen, erreichen wir die **Place du Vieux-Marché**. Auf dem alten Marktplatz erinnert einiges an die Verbrennung von Jeanne d'Arc. Ein großes Kreuz steht an der Stelle des Scheiterhaufens und das Kirchendach der modernen, etwas gewöhnungsbedürftigen **Église Sainte-Jeanne-d'Arc** ist den Flammen nachemp-

Gros-Horloge und Beffroi

Église Sainte-Jeanne-d'Arc

funden. So sehr das Äußere des Sakralbaus im krassen Gegensatz zu allen anderen bisher gesehenen Kirchen steht, so bestechen im Inneren Glasfenster der 1944 zerstörten Kirche St-Vincent aus der Renaissancezeit. Um den Platz mit einer modernen **Markthalle** (Markt tägl. außer Mo 8 - 12.30 Uhr/Markthalle tägl. außer Mo 7 - 19 Uhr, So bis 13 Uhr) gruppieren sich Fachwerkhäuser mit zahlreichen Cafés und Restaurants. Zu erwähnen sind das beliebte **Café L'Euro** (41, Place du Vieux Marché) und das vom Preis-/Leistungsverhältnis ansprechende **Restaurant Gill Côte Bistro** (Mittag- und Abendmenüs, 14, Place du Vieux Marché, Telefon 0235898872, gill-cote-bistro.fr).

Die **Museumslandschaft** in Rouen ist mannigfaltig und abwechslungsreich. Stellvertretend für mehrere Museen im Altstadt-Bereich, die sich 2016 zu einem Netzwerk zusammengeschlossen haben und einen **freien Eintritt** zu sämtlichen Dauerausstellungen gewähren, sei eines der beeindruckendsten Kunstmuseen Frankreichs genannt: Das **Musée des Beaux-Arts** präsentiert Gemälde, Zeichnungen und Skulpturen sowie Möbel und Kunstgegenstände. Hier finden sich Werke aus den letzten fünf Jahrhunderten u.a. von Velázquez, Rubens, Caravaggio, von fast allen namhaften Impressionisten Frankreichs und von Degas oder Millet. (tägl. außer Di 10 - 18 Uhr, www.rouen-musees.com/). Zu dem Ringwerk gehören außerdem das **Keramikmuseum**, das **Kunstschmiedemuseum**, das **Naturgeschichtliche Museum**, das **Museum für Antiquitäten** und der **Schlossturm**. Ein weiteres Museumshighlight ist das **Historial Jeanne d'Arc**, in dem der Besucher audiovisuell und mit 3D-Projektionen dem Schicksal der historischen Persönlichkeit nahekommen kann (Jan. - April/Sept. - Dez. Di - Fr 11 - 19 Uhr Sa/So Feiertage 10 - 19 Uhr, Mai/Juni Di - Fr 11 - 19.30 Uhr, Sa/So/Feiertage 10 - 19.30 Uhr, Juli/Aug. Di - So/Feiertage 10 - 19.30 Uhr, jeweils von 12.15 - 12.45 Uhr geschlossen, Eintritt. www.historial-jeannedarc.fr). Mit einem ermäßigten Kombiticket, aber nicht nur dann, kann das **Panorama XXL** besucht werden. Aus Deutschland kennen wir bereits die monumentalen Werke des Künstlers Yadegar Asisi, die uns jedes Mal begeistert haben. In einer gigantischen Rotunde werden riesige Panoramabilder auf eine 360°-Grad-Leinwand projiziert und zeigen realistische Werke verschwundener oder unzugänglicher Orte. Die Ausstellungen wechseln und momentan wird das mittelalterliche Rouen des Jahres 1431 präsentiert (Okt. - April 10 - 18 Uhr, Mai - Sept. 10 - 19 Uhr, Di geschlossen, Eintritt. www.asisi.de).

Rouen hat natürlich weitere schöne Facetten, die wir unmöglich alle in diesem Buch beschreiben können und jeder Besucher wird ohne Anstrengung sein Lieblingsplätzchen finden. Allein für den angedeuteten Stadtrundgang sollte man sich mindestens einen halben bis ganzen Tag Zeit nehmen. Wenn dann auch noch ein Museumsbesuch hinzu kommt, dann kann sich der Aufenthalt entsprechend verlängern – er ist es aber auf jeden Fall wert!

Nach einem wunderschönen Aufenthalt in Rouen verlassen wir die Stadt vom Stellplatz erst der Seine in Fließrichtung folgend und dann links abknickend Richtung AUTOBAHN A13/CAEN. Über die N338/138 erreichen wir die A13, passieren auf dieser eine Schlossruine und verlassen die Autobahn an der Ausfahrt 24 Richtung CAEN PAR RN.

Die erwähnte Schlossruine wollen wir uns näher anschauen und fahren nach MOULINEAUX. **Château de Robert-le-Diable** ist ausgeschildert [N 49°20'23.7" E 00°57'42.2"]. Die Anlage ist Teil eines Festungsringes, der Rouen im Mittelalter schützte. Der Name „Robert, der Teufel" bezieht sich auf den Vater von Wilhelm dem Eroberer, in dessen Auftrag die strategisch günstig gelegene Anhöhe befestigt wurde. Die einer Ritterburg ähnelnde Ruine ist wegen Einsturzgefahr nur von außen zu besichtigen.

Entweder man fährt von der Autobahn kommend direkt in Serpentinen nach LA BOUILLE hinunter oder folgt uns über Moulineaux entlang der Seine in den hübschen Ort.

Seit jeher zieht es die Einwohner von Rouen in das beliebte Ausflugsziel La Bouille, das im 19. Jh. mit dem Dampfschiff angefahren wurde. Schon Schriftsteller, Dichter und Maler ließen sich von den mit Kopfstein gepflasterten Gassen und den mit Schnitzereien verzierten Häusern inspirieren. Man kann herrlich am Ufer entlang spazieren oder in einem der vielen Restaurants einkehren. Empfehlenswert ist das **Le Saint-Pierre** mit hervorragender Küche (Mittag- und Abendmenüs, Mo/Di/Sonntagabend geschlossen, Telefon 023568020, Place du Bateau, www.le-saint-pierre.com). Zum Parken und Übernachten bietet sich der Parkplatz an der Fähre an.

(036) WOMO-Stellplatz: La Bouille, Fähre

GPS: N 49°21'05.0" E 00°55'59.8"
max. WOMOs: 2 - 3
Ausstattung/Lage: WC, max. Aufenthalt 24 Std., Gaststätten, Bäcker im Ort, Mülleimer/Ortsrand.
Zufahrt: Im Ort den Hinweisen zur Fähre folgen.

Während die Tour auf der rechten Seite der Seine vorwiegend etwas für Freunde sakraler Bauten war, werden im weiteren Verlauf dieser Route vermehrt die Naturfreunde auf ihre Kosten kommen.
Schon jetzt spüren und genießen wir nach dem Gewusel aus Menschen, Autos und den unterschiedlichsten Geräuschen der Großstadt Rouen die „Entschleunigung" und Ruhe. Dafür sorgen der träge dahinfließende Fluss, der sich bequem in seinem Bett eingerichtet hat und eine Gegend, die scheinbar die ganze Farbpalette der Natur beinhaltet. Dazwischen grasen

Kühe, Schafe, Esel sowie Pferde und kleine Ortschaften mit hübschen Häusern, Herrenhäusern sowie Domänen prägen diese uralte Kulturlandschaft. Alles wirkt friedlich und es ist nicht verwunderlich, dass die Einwohner aus dem nahen Rouen oder dem ferneren Paris hier ihre Ferienzeit verbringen (Soll auch heißen: In der Ferienzeit ist hier entsprechend viel los!).
Um den regionalen Naturpark gemütlich zu erkunden, bietet sich eine Fahrradtour an. Die ausgewiesene rund 60 km lange **Route des Fruits** folgt den Schleifen der Seine, verführt zur

Flussüberquerung mit der Fähre und streift Obstgärten sowie historische Bauten wie die Abtei in Jumièges. Das Picknick unterwegs kann mit erstandenen frischen Früchten oder Cidre bereichert werden oder man besucht eines der an der Strecke liegenden Gasthäuser. Sollte kein Bäcker zu finden sein, tut es auch schon einmal ein Baguette aus dem Automat. Natürlich kann die Route auch zu Fuß erkundet werden – wenn man der entsprechenden Beschilderung folgt, ist ein Einstieg jederzeit von den folgenden Stellplätzen möglich.
Wir lassen uns vom WOMO weiter durch diese ansprechende Landschaft tragen. Die Straße führt uns mal nahe an der Seine, mal etwas weiter vom Wasser entfernt zunächst nach BARDOUVILLE.

(037) WOMO-Stellplatz: Bardouville, Sportplatz

GPS: N49°25'49.1" E00°55'25.4" Le Grand Bois **max. WOMOs:** 2
Ausstattung/Lage: V/E, Tisch und Bänke, Rad- und Wanderwege, Mülleimer/Ortsrand, am Wald gelegen.
Zufahrt: Kurz hinter dem Ortseingang dem WOMO-Piktogramm links folgen.

In ANNEVILLE-AMBOURVILLE halten wir uns erst Richtung BOURG-ACHARD und kommen durch ein zersiedeltes mit Wäldchen unterbrochenes, landwirtschaftlich geprägtes Gebiet nach BARNEVILLE-SUR-SEINE. Bald ist die D313/913 erreicht und wir folgen der Landstraße Richtung PONT DE BROTONNE/ LA MAILLERAYE-SUR-SEINE. Im kleinen, sehr gepflegten Ort HEURTEAUVILLE steuern wir einen von Kirschplantagen umgebenen und direkt an der Seine gelegenen schönen Stellplatz an. Zuvor erblicken wir am anderen Flussufer die vor wenigen Tagen besuchte Auberge an der Fähre und die dahinter liegende Abtei in Jumièges.

(038) WOMO-Stellplatz: Heurteauville, Aire Les Cerisiers

GPS: N49°26'51.4" E00°48'50.6" Rue du Village **max. WOMOs:** 20
Ausstattung/Lage: V/E, Strom, Gebühr €, geöffnet Mai - Okt., Brötchenservice, Rad- und Wanderwege, die Betreiberin spricht ein wenig Deutsch, Mülleimer/ Ortsrand, direkt an der Seine gelegen. **Zufahrt:** Von der D913 nach Heutreauville abbiegen. An der Fähre links ca. 2,5 km durch den Ort fahren und dem WOMO-Piktogramm folgen.

Der Straße folgend gelangen wir wieder auf die D913 und sind flott im nächsten kleinen, aber feinen Örtchen, in LA MAILLERAYE-SUR-SEINE, angekommen. Sollte der Stellplatz wegen einer Veranstaltung geschlossen sein, ist das Ausweichen auf einem am Ortsrand liegenden kleinen Campingplatz möglich.

(039) WOMO-Stellplatz: La Mailleraye-sur-Seine, Aire de Camping-Car

GPS: GPS: N 49°29'00.1" E 00°46'26.0" Quai Paul Girardeau **max. WOMOs:** 30
Ausstattung/Lage: V/E, Gebühr € zzgl. Kurtaxe/außerhalb der Saison gebührenfrei, Rad- und Wanderwege, Restaurants/Bäcker in der Nähe, Do **Markt**/Ortsrand, direkt an der Seine gelegen.
Zufahrt: Im Ort den WOMO-Piktogrammen Richtung Seine folgen.

Im **Parc naturel régional des Boucles de la Seine Normande** darf natürlich ein Naturparkzentrum nicht fehlen, das wir bei der Weiterfahrt nach NOTRE-DAME-DE-BLIQUETUIT erreichen. Auf dem dazugehörigen Parkplatz werden WOMOs auch über Nacht geduldet.

(040) WOMO-Wanderparkplatz: Notre-Dame-de-Bliquetuit, Maison du Parc

GPS: N 49°29'50.2" E 00°45'33.3"
max. WOMOs: 2 -3
Ausstattung/Lage: Tisch und Bänke, Rad- und Wanderwege, Mülleimer/Ortsrand.
Zufahrt: Den Ort durchfahren und rechts auf den Parkplatz am Infozentrum abbiegen.

Im **Maison du Parc** erhalten wir jede Menge Informationsmaterial über den Regionalpark und die Freizeitmöglichkeiten im Umland (Mo - Fr 9 - 18 Uhr, Sa/So ab 10 Uhr, in der Nebensaison ab 12 Uhr, www.pnr-seine-normande.com). Hier endet auch die **Route des Fruits**, die von der ausgeschilderten **Route des Chaumières** abgelöst wird.

Route des Chaumières

Die rund 50 km lange Rundroute wird uns nach Osten bis zum Sumpfgebiet des Marais Vernier führen. Dabei werden wir charmante Dörfer streifen, die immer noch oder nach Sanierungen wieder über typische Reetdach-Häuser verfügen und damit den einzigartigen Charakter der Normandie ausmachen. Der Begriff „Chaumières“ beschreibt ein „einfaches, mit Reet gedecktes Haus“, das aus Lehm, Stein, Holz und Stroh besteht. Bereits 4.600 v. Chr. wurden diese Materialien im Seine-Tal zum Hausbau verwendet und dokumentieren heute die lange Tradition der normannischen „Häuslebauer“.

Unter der Reethaube werden oft sehr dünne und senkrecht dicht nebeneinander liegende Streben verwendet und die Balken der Füllhölzer sind unregelmäßiger als die bei deutschen Fachwerkbauten. Dies ist ein gewolltes Gestaltungsmittel, das zusätzlich in Städten wie z. B. Rouen oft mit reichen Schnitzereien versehen ist. Zur Versteifung und Ausfüllung der Gefache dienen ein einfaches Winkelkreuz oder kleine Nebenstreben. Die Fenster sind meist recht schmal, da die dicht stehenden Streben keine breiteren Fenster zulassen.
Die Häuser und Gehöfte sind entweder bewirtschaftet oder werden als Wohn- bzw. Ferienhaus genutzt. Meist sind sie von bunten Bauern- und Ziergärten umgeben und nicht selten weiden Kühe davor. Gut, dass wir im WOMO etwas erhöht sitzen, denn so können wir über teils hohe Hecken die sonst versteckte Idylle erspähen.
Nicht verschweigen wollen wir, dass es hier auch eine Menge „normaler“ Häuser gibt, die der Gegend jedoch nicht ihren Reiz nehmen.

Von den folgenden Stellplätzen kann man in die Strecke mit dem Fahrrad einsteigen oder zu Fuß die Orte erkunden. Wir rollen gemütlich mit dem WOMO los und genießen die gut ausgeschilderte Route durch den Naturpark. Manchmal sind die Straßen recht schmal, aber wenn es zu eng werden sollte, weicht man einfach auf die für Busse ausgewiesene Strecke aus.

Kurz nachdem wir einen Blick auf die **Pont de Brotonne** werfen konnten, sind wir auch schon in SAINT-NICOLAS-DE-BLIQUETUIT. Direkt an der Seine mit Blick auf Caudebec-en-Caux kann auf einem einfachen Parkplatz vor Anker gegangen werden.

(041) WOMO-Stellplatz: Saint-Nicolas-de-Bliquetuit

GPS: N 49°31'15.8" E 00°43'37.4"
max. WOMOs: 5
Ausstattung/Lage: V/E, Tisch und Bänke, teils enge Parkbuchten, Rad- und Wanderwege/außerorts.
Zufahrt: Im Ort dem WOMO-Piktogramm folgen.

In AIZIER legen wir an einem beschilderten Picknickplatz an der Seine eine kurze Verschnaufpause ein, um das Gesehene Revue passieren zu lassen [N 49°25'51.8" E 00°37'29.7"; Le Bourg].
Im kuscheligen VIEUX-PORT wird dann alles Bisherige an Reetdach-Häusern getoppt. Wir bummeln durch das Örtchen an der aus dem 14. Jh. stammenden Kirche vorbei, schauen den Dachdeckern bei ihrer Arbeit zu und dürfen sogar einen einfachen Park- bzw. Übernachtungsplatz vermelden.

(042) WOMO-Stellplatz: Vieux-Port

GPS: N 49°25'36.7" E 00°36'37.8"; Le Bourg **max. WOMOs:** 2 - 3
Ausstattung/Lage: Bänke, Mülleiner/Ortsrand.
Zufahrt: Im Ort rechts an der Kirche vorbei zur Seine fahren.

Das Landschaftsbild hat sich spürbar verändert, als wir in SAINTE-OPPORTUNE-LA-MARE ankommen und die D810 überqueren. Wir haben die ausgedehnten Eichen- und Buchenwälder des **Forêt de Brotonne** hinter uns gelassen und wollen nun das weite Schwemmland **Marais Vernier**, das seit dem 17. Jh. durch Entwässerungskanäle urbar gemacht wurde, durchfahren. Der ehemalige Sumpf (Marais) wird auf der einen Seite von der Seine, auf der anderen Seite von einer Hügelkette eingeschlossen, auf den Wiesen weiden Kühe sowie Pferde und es blühen Apfelbäume. Alles wirkt sehr abgeschieden, manch einer würde vielleicht auch eintönig sagen. Auch wenn hier kurzzeitig kein Hinweis auf die „Route des Chaumiéres“ zu sehen ist, so führt sie jenseits der D819 auf kleinem Sträßchen mit Ausweichstellen weiter. Von einem **Aussichtsturm** ermöglicht sich der umfassende Blick über den großen Teich (Grand Mare) und das Sumpfland [N 49°25'13.2" E 00°32'02.2"].

Stellplatz Vieux -Port

Nach rund 18 km und einem entfernten Blick auf die **Pont de Tancarville** sind wir in QUILLEBEUF-SUR-SEINE, dem ersten Ort, den die Schiffe die Seine aufwärts vom Meer nach Rouen passieren. Auch wenn die Aussicht durch die Industrieanlagen am gegenüberliegenden Ufer etwas getrübt wird, so kann man nahe des Leuchtturms dem Schiffsverkehr zuschauen.

(043) WOMO-Stellplatz: Quillebeuf-sur-Seine, Leuchtturm

GPS: N49°28'25.0" E00°31'32.7" Place du Phare **max. WOMOs:** 5 **Ausstattung/Lage:** V/E, Tisch und Bänke, Spielplatz, Mülleimer/ Ortsrand, direkt an der Seine. **Zufahrt:** Im Ort dem WOMO-Piktogramm folgen.

Am Wasser folgen wir den letzten Kilometern der „Route des Chaumières" bis zurück nach SAINTE-OPPORTUNE-LA-MARE und folgen dann der D810 nach PONT-AUDEMER.

Das Parken gestaltet sich in der Stadt etwas schwierig und man kann nur auf einen Parkplatz am Straßenrand hoffen. Wir sind an der Place du Général de Gaulle fündig geworden, was sich als Vorteil erweist, da das **Office de Tourisme** nicht weit entfernt ist (Mo - Sa 9.30 - 12.30/14 - 17.30 Uhr, So 10 - 12 Uhr, Telefon 0232410821, www.ville-pont-audemer.fr). Für einen längeren Aufenthalt bietet sich der etwa 2 km entfernte und in der Stadt ausgeschilderte **3-Sterne Campingplatz Camping Risle Seine Les Etangs** an [**044:** N 49°22'01.0" E 00°29'15.1"; Route des étangs, 27500 Toutainville, Telefon 0232424665, www.camping-risle-seine.com, Gebühr €€].

Pont-Audemer

Das rund 9.000 Einwohner zählende, hübsche und lebendige Städtchen im Tal der Risle wird von Kanälen und Flussarmen durchzogen und trägt nicht umsonst den Namen „normannisches Venedig". Der Wasserreichtum zog einst Gerber an, deren Häuser an der Holzverschalung und den Schieferdächern zu erkennen sind. Auffallend sind die hervorspringenden Stockwerke, in denen einst die gegerbten Häute getrocknet wurden. Die Lebensader des Ortes ist die Rue de la République, an der Montag- und Freitagvormittag der **Markt** abgehalten wird. Sehenswert ist die **Église Saint-Ouen**, deren ältesten Teile aus dem 11. Jh. stammen und die mit schönen Renaissancefenstern aufwarten kann. Das Stadtmuseum **Musée municipal Alfred Canel** ist im ehemaligen Wohnhaus des Historikers und Politikers untergebracht und präsentiert u. a. eine umfangreiche Büchersammlung über die Normandie. Daneben werden, einem Kuriositätenkabinett gleich, naturwissenschaftliche Sammlungen, Möbel, archäologische Fundstücke, Gemälde und Skulpturen gezeigt (Mai - Sept. Mo, Mi - Fr 14 - 18 Uhr, Sa/So 10 - 12.30/14 - 18 Uhr, Okt. - April Fr - So 10 - 13/15 - 17.30 Uhr). Wir werfen von der Brücke über die Risle einen Blick auf den von alten Gerberhäusern gesäumten Fluss, schlendern durch schmale Fachwerkgassen, entdecken Hinterhöfe und sehen herrschaftliche Stadthäuser – alles zusammen macht den Charme dieser normannischen Vorzeigestadt aus!

Nachdem wir die Seine ein Stück ihres Weges begleitet und uns mittlerweile von ihr entfernt haben, wollen wir nun dahin, wo sie sich ins Meer ergießt.

Doch bevor es soweit ist, verzeichnen wir an der Strecke nach HONFLEUR mit Blick auf die **Pont de Normandie** in LA RIVIÉRE-SAINT-SAUVEUR einen Stellplatz direkt unterhalb der Autobahn. Wer nicht geräuschempfindlich ist, kann hier eine durchaus nette Alternative zum etwa 3 km entfernten Stellplatz in Honfleur finden.

(045) WOMO-Stellplatz: La Rivière-Saint-Sauveur, Aire de Camping-Car

GPS: N 49°24'32.1" E 00°16'05.0"
max. WOMOs: 20
Ausstattung/Lage: V/E, Tisch und Bänke, Bäcker ca. 200 m im Ort, Mülleimer/Ortsrand, direkt neben der Autobahnbrücke.
Zufahrt: Am Kreisel an der Autobahn in den Ort abzweigen und den WOMO-Piktogrammen folgen.

Côte de Grâce
Honfleur
046
Tour 3
La-Rivière-St.-Sauveur
D513
D579
D74
A131
Trouville
Deauville
S
047
St-Arnoult
048
D677
Touques
A132
A13
D27
049
Pont-l'Évêque
050
D675
A13
S
Le Breuil-en-Auge
Tour 5
D579
Zoo Cerza
Beuvron-en-Auge
061
060
Cambremer
Hermival-les-Vaux
S
051
053
Lisieux
052
D101
D613
Saint-Martin-de-la-Lieue
P
N
D16
D579
Saint-Pierre-sur-Dives
059
D4
054
Livarot
055
Touques
Sainte-Foy-de-Montgommery
15 km
St.-Germain-de-Montgommery
056
C
Vimoutiers
057
Camembert
D916
058
TOUR 4

Tour 4 160 km

Honfleur - Trouville - Deauville - Pont l´Évêque - Lisieux - Livarot - Vimoutiers - Camembert - Saint-Pierre-sur-Dives - Cambremer - Beuvron-en-Auge

Stellplätze: Honfleur, Deauville, Pont l´Évêque, Lisieux, Livarot, St. Germain-de-Montgomery, Vimoutiers, Camembert, Saint-Pierre-sur-Dives, Cambremer, Beuvron-en-Auge.

Campingplätze: Deauville/Saint Arnoult Camping de La Vallée de Deauville, Pont l´Évêque Camping du Lac , Livarot Camping Municipal,

Ver- u. Entsorgen: Honfleur, Deauville, Pont l´Évêque, Livarot, Vimoutiers, Saint-Pierre-sur-Dives, Cambremer, Beuvron-en-Auge.

Besichtigen: Honfleur Stadtbild, Musée Eugéne Boudin, Maison Satie, Musée de la Marine, Musée d'Ethnographie et d'Art populaire, Naturospace; Trouville u. Deauville Stadtbild; Pont l´Évêque Stadtbild, Destillerie Père Magloire; Le Breuil-en-Auge Destillerie Château du Breuil; Lisieux Basilique Sainte-Thérèse, Cathédrale Saint-Pierre, Musée d'Art et d'Histoire, Parc Zoo Cerza; Saint-Germain-de-Livet Château Saint-Germain-de-Livet; Livarot Fromagerie E. Graindorge; Vimoutiers Musée du Camembert; Camembert Maison de Cam embert; Saint-Pierre-sur-Dives Benediktinerabtei, Jardin Conservatoire, Les Halles; Cambremer Destillerie Pierre Huet; Beuvron-en-Auge Ortsbild.

Essen: Honfleur Restaurant Entre Terre et Mer, Deauville Dupont avec un thé, Pont l´Évêque Auberge de la Touques, Vimoutiers Restaurant Le Soleil d'Or, Cambremer Restaurant Au P'tit Normand, Beuvron-en-Auge Restaurant Le Pavé d'Auge.

Während der nächsten beiden Touren werden wir uns vorwiegend im **Département Calvados** aufhalten. Es erwarten uns traumhafte Sandstrände und traditionsreiche Seebäder, die bei Reisen in die Normandie ganz hoch im Kurs stehen. Darüber hinaus bieten die Gebiete hinter der **Côte de Grâce** und der **Côte Fleurie** mit dem **Pays d'Auge** eine geradezu malerische Landschaft mit grünen Wiesen und Weiden, Apfelbäumen und ungeheuer vielen Kühen. Kein Wunder, dass die Region für ihre landwirtschaftlichen Erzeugnisse wie Calvados und Käse weit über ihre Grenzen hinweg bekannt ist. Städtisch geht es in Caen zu und an der **Côte de Nacre** kommen Reisende nicht an den Invasionsstränden vorbei, an denen im Juni 1944 die alliierten Truppen an Land gingen.

Zunächst wollen wir uns noch einmal der Seine, genauer gesagt, ihrem Mündungstrichter ins Meer bei HONFLEUR nähern.

(046) WOMO-Stellplatz: Honfleur, Aire de Camping-Car

GPS: N 49°25'08.3" E 00°14'26.6"
max. WOMOs: 200
Ausstattung/Lage: V/E, Strom, Gebühr €€€, Bäcker kommt morgens auf den Platz/manchmal auch ein Obst- o. Gemüsehändler, Mülleimer/Ortsrand, ca. 500 m ins Zentrum. Bei Regen teilweise große Pfützen.
Zufahrt: Im Ort Richtung Centre Ville bis zu einem Kreisel fahren und den Hinweisen zum Stellplatz folgen.

Honfleur

Das bezaubernde Hafenstädtchen bietet alles, um das maritime Urlaubsfeeling perfekt zu machen: Pittoreske sechs Stockwerke hohe, mit Schiefer verkleidete Häuser gruppieren sich um das alte Hafenbecken mit vor Anker liegenden Freizeitschiffen, im neueren Hafen werden frischer Fisch und Krustentiere von Fischerbooten angelandet und in den Gassen der Altstadt darum herum sind die unzähligen Bars und Restaurants im Sommer meist bis auf den letzten Stuhl mit gut gelaunten Ausflüglern besetzt. Geschäfte und Galerien in schmucken Fachwerkhäusern laden zum Stöbern ein, sodass der Stadtbummel auf vielfältige Weise zum abwechslungsreichen Ferienerlebnis wird.
Wahrscheinlich von den Normannen gegründet, entwickelte sich der heute rund 8.000 Einwohner zählende Ort zu einer Zwischenstation zwischen Rouen und England. An die ehemalige Stadtbefestigung erinnert der Sitz des Gouverneurs, die **Lieutenance** aus dem 16. Jh. an der Einfahrt zum **Vieux Bassin** (altes Hafenbecken). Obwohl der Hafen zu versanden drohte und der französische König Le Havre als Ersatzhafen gründete, blieb Honfleur ein bedeutender Küstenort. Reichtum und Wohlstand spiegeln sich in den stattlichen Bürgerhäusern wieder. Während des amerikanischen Unabhängigkeitskrieges verlor der Ort jedoch seine Rolle als Hafenstadt an das am anderen Ufer der Seine liegende Le Havre.
Im 19. Jh. wurde Honfleur zum Zentrum künstlerischer Aktivitäten. Das **Musée Eugéne Boudin** besitzt eine umfangreiche Sammlung impressionistischer Malerei und dokumentiert die im wahrsten Sinne des Wortes malerische Atmosphäre der Stadt (Mitte März - Sept. 10 - 12/14 - 18 Uhr, ansonsten 14.30 - 17.30 Uhr, Sa/So 10 - 12/14.30 - 17.30 Uhr, Di Ruhetag, Eintritt. www.musees-honfleur.fr). Das Museum **Maison Satie** widmet sich dem Musiker Erik Satie, dessen Werken sich der Besucher

mittels Audioguide durch ein buntes und unterhaltsames Programm nähern kann (Mai - Sept. 10 - 19 Uhr, ansonsten 11 - 18 Uhr, Di Ruhetag, Eintritt). Das **Musée de la Marine** dokumentiert die Seefahrertradition und das **Musée d'Ethnographie et d'Art populaire** zeigt die lokale Kultur in neun historisch eingerichteten Räumen (April - Sept. 10 - 12/14 - 18.30 Uhr, ansonsten 14.30 - 17.30, Mo Ruhetag, Eintritt). Für weitere Unterhaltung sorgt das **Naturospace**, in dem auf 800 m² tropische Schmetterlinge ihre Leichtigkeit des Seins entfalten können (April - Juni 9.30 - 13/14 - 18.30 Uhr, Juli/Aug. 9 - 18 Uhr, Sept. 9.30 - 13/14 - 18.30 Uhr, Okt./Nov. bis 17.30 Uhr, Eintritt. www.naturospace.com).

Das ungewöhnlichste Bauwerk in Honfleur ist die aus dem Jahr 1468 stammende **Église Sainte-Catherine**. Sie wurde mangels anderer Materialien von Schiffszimmerleuten ebenso wie der separat stehende Glockenturm **Clocher Sainte-Catherine** bis auf das Fundament vollständig aus Holz errichtet.

Bei einem Bummel durch die hübsche Stadt flanieren wir durch kleine und größere **Parks sowie Gärten** und schauen am **Strand** vorbei. Auf diversen **Märkten** kann man einkaufen oder einfach nur das Angebot bestaunen (Sa Wochen- und Fischmarkt, Mi Biomarkt, Juli/Aug Mi Nachtmarkt, Dez. Weihnachtsmarkt). Die genauen Örtlichkeiten und Zeiten sind im **Office de Tourisme** zu erfahren (Ostern - Juni/Sept. 9.30 - 12.30/14 - 18.30 Uhr, Juli/Aug. 9.30 - 19 Uhr, Okt. - Ostern 9.30 - 12.30/14 - 18 Uhr, Quai Lepaulmier, Telefon 0231892330, www.de.ot-honfleur.fr). Hier werden **Bootsausflüge** vermittelt oder Hinweise zu Veranstaltungen wie z. B. die **Fétes des Marins** am Pfingstsonntag gegeben, bei der eine bunte Prozession mit bunt geschmückten Booten stattfindet. Für die Entdeckung der Altstadt bietet sich auch das Ausleihen eines gebüh-

renpflichtigen **Audioguides mit 16 Beiträgen in deutscher Sprache** zu den historischen Örtlichkeiten an.
Zum Abschluss des gelungenen Aufenthaltes in Honfleur wird uns die Wahl eines Restaurants wahrlich nicht leicht gemacht. In der exponierten Lage am alten Hafenbecken wird man sicher gut, aber auch entsprechend teuer bedient. Wir entfernen uns nur wenige Meter weiter und erleben für das gleiche Geld einen kulinarischen Höhepunkt. Das **Restaurant Entre Terre et Mer** bewegt sich gekonnt zwischen Meer und normannischem Hinterland und bietet eine vorzügliche Weinkarte (Mo/Mi/Fr/So Mittag- und Abendmenüs, 12 Place Hamelin, Telefon 0231897060).

Der Wege nach TROUVILLE-SUR-MER und DEAUVILLE gibt es mehrere. Die Straße nahe der Küste ist, obwohl gut zu befahren, für Fahrzeuge über 3,5 t Gesamtgewicht bzw. für Busse gesperrt. Wer dort nicht entlang fahren möchte oder darf, verpasst nichts Wesentliches und gelangt auf einer der anderen ausgewiesenen Straßen in die zusammengewachsenen traditionsreichen Seebäder. Tagsüber ist das Parken auf allen Parkplätzen gegen Gebühr erlaubt. Das Übernachten jedoch nur auf dem engen, wenig ansprechenden offiziellen Stellplatz oder auf dem außerhalb, aber schön im Grünen liegenden exquisiten Campingplatz, von dem es eine Busverbindung nach Deauville gibt. Zentral zwischen beiden Orten liegt ein Parkstreifen, den man nach dem Überqueren des Flüsschens La Touques gleich rechts findet [N 49°21'40.9" E 00°05'04.2"; Quai de la Touques]. Folgt man der Straße, biegt direkt hinter dem Hafenbecken rechts Richtung Port Deauville ab und folgt der Straße am Wasser entlang, stößt man auf eine weitere Parkmöglichkeit [N 49°21'51.7" E 00°04'33.2"; Rue Mirabeau Prolongée].

(047) WOMO-Stellplatz: Deauville, Aire de Camping-Car

GPS: N49°21'26.2" E00°05'02.8" Boulevard des Sports **max. WOMOs:** 10
Ausstattung/Lage: V/E, Strom, Gebühr €€, Mülleimer/Ortsrand, ca. 500 m ins Zentrum.
Zufahrt: Bei Erreichen des 3. Kreisels in Trouville/Deauville links Richtung Lisieux/D27a abbiegen und hinter dem Stadion rechts zum Stellplatz fahren.

(048) WOMO-Campingplatztipp: Deauville/Saint Arnoult, Camping de La Vallée de Deauville***

GPS: N 49°19'43.9" E 00°05'09.1"; Avenue de la Vallée
Kontakt: Telefon 0231885817; www.camping-deauville.com
Öffnungszeit/Preis: Mitte März - Okt./€€€.
Ausstattung/Lage: Kinderspielplatz, Fitnessraum, Angelmöglichkeit, Waschmaschine, Wäschetrockner, WiFi, Aquapark, Wellness-Zentrum, Fahrradverleih, Restaurant/Bar, Shop, Grillen erlaubt/Ortsrand.

Zufahrt: Wie zum vorherigen Stellplatz, jedoch auf der Straße weiter Richtung Lisieux/Caen fahren und den Hinweisen zum Campingplatz folgen.

Trouville-sur-Mer und Deauville

Das ehemalige Fischerdorf **Trouville** entwickelte sich ab der ersten Hälfte des 19. Jh. zum Badeort, als es unzählige Künstler wie Alexandre Dumas, Gustave Flaubert oder die impressionistischen Maler anzog. Diese suchten Ruhe und Inspiration und bis heute hat sich der Ort seine bodenständige, familiäre Atmosphäre erhalten. Auch wenn das für ein französisches Seebad obligatorische **Casino** und ein Hafen für edle Jachten nicht fehlen, so verrichten die einheimischen Fischer immer noch ihr traditionelles Handwerk. Sehenswert ist die **Fischhalle La Poissonniere**, in der täglich ein überquellendes Angebot von Fisch und Krustentieren beworben wird. Schön ist aber auch ein Spaziergang auf den **Planches**, wie die aus hölzernen Planken zusammengefügte Strandpromenade genannt wird. Nachdem wir genug vom Strand und den am Meer gelegenen **Villen der Belle Époque** gesehen haben, überqueren wir das Flüsschen Touquet und spüren sofort die Veränderung (**Office de Tourisme:** Sept. - Juni Di - Sa. 10 - 18 Uhr, So/Feiertage 10 - 14 Uhr, ind en Schulferien Mo - Sa 10 - 18 Uhr, So/Feiertage 10 - 16 Uhr, Juli/Aug. 9.30 - 19 Uhr, So/Feiertage 10 - 18 Uhr, 32, Quai Fernand-Moureaux, Telefon 0231146070, www.trouvillesurmer.org).

Deauville ist mit Abstand das mondänste Seebad der Normandie. Das kleine Bauerndorf zwischen Dünen und Sümpfen entwickelte sich ab 1860 auf Initiative des Halbbruders von Napoléon III. zum feinen Ferienort der Pariser Gesellschaft. Bei einem Spaziergang fällt sofort das luxuriöse Ambiente auf. Pferderennbahn sowie eines der bekanntesten europäischen **Casinos** sorgen für niveauvolle Zerstreuung und im Jachthafen ankern schicke Jachten. Pferderennen, Segelregatten, Golf-, Polo- und Tennisturniere sowie das Filmfestival ziehen ein internationales Publikum vom Sternchen bis zum Star an. Die vornehme Kleidung wird in Nobelboutiquen erworben und wer etwas auf sich hält, steigt im feinen **Hotel Normandy Barrière** im Fachwerkstil ab. Bei einem Bummel stechen die unterschiedlichen Architekturstile der Villen, Herrenhäuser und anderer Bauwerke ins Auge, die sich jedoch zu einem harmonischen Ganzen fügen und u. a. zum Reiz des Ortes beitragen.

Villen in Trouville

Der **Boulevard Eugène-Cornuché** führt uns an den prächtigsten Villen vorbei und auf die Terrasse eines der beliebtesten Treffpunkte der Stadt. Im **Dupont avec un thé** lassen wir uns Gebäck sowie andere Köstlichkeiten munden, bevor es uns ans Meer zieht (8.30 - 18.30 Uhr, Mi Ruhetag, 20, Place de Morny). Am langen Sandstrand, der mit bunten Sonnenschirmen betupft ist, gehört ein Spaziergang auf den **Planches** zum Pflichtprogramm. Nicht nur zur Festspielzeit entwickelt sich die 653 m lange Strandpromenade zum Laufsteg der Reichen und Schönen. Dahinter reihen sich kleine Badehäuschen aneinander, an denen auf weißen Holzgittern die Namen bekannter Hollywoodschauspieler und -regisseure stehen, die das 1975 gegründete und jährlich im September stattfindende **Amerikanische Filmfestival** beehren (**Office de Tourisme** Mo - Sa 10 - 18 Uhr, So 10 - 13/14 - 17 Uhr, Juli - Sept. Mo - Sa 9 - 19 Uhr, So 10 - 18 Uhr, 112, Rue Victor Hugo, Telefon 0231144000, www.deauville.fr).

Nachdem wir ausreichend von der mit Eleganz und Stil angereicherten Luft geatmet haben, verlassen wir Deauville Richtung LISIEUX. Wir verabschieden uns vorerst von der Küste, um im Landesinneren das **Pays d'Auge** zu erkunden.

Das Pays d'Auge, die Bocage und die drei großen C

Eine Bilderbuchlandschaft in der normannische Fachwerkhäuser, lustig gefleckte Kühe und knorrige Apfelbäume das Bild prägen.
Wie in vielen ländlichen Bereichen der Normandie werden die welligen Felder und Äcker durch Hecken und Wallhecken begrenzt. Dieser Landschaftstyp wird in Frankreich als **Bocage** bezeichnet und wurde erstmals vor etwa 2.000 Jahren durch keltische Bauern angelegt. Die bis zu

3,5 m hohen Wälle waren mit verschiedenen Straucharten bewachsen und konnten eine stattliche Höhe von über 4 m annehmen. Im Laufe der Jahrhunderte ersetzten die Bauern die Wälle häufig durch Eichen und andere Baumarten oder kombinierten alles. Es entwickelte sich eine fast undurchdringliche Barriere, die Wind und Wetter trotzt und als natürliche Einfriedung in der Viehhaltung dient. Die Bocage stellt einen wichtigen Lebensraum für Flora sowie Fauna dar und bietet Futter für das Vieh. Wie unterschiedlich die Landschaftstypen der Bocage ausfallen, werden wir im Verlauf unserer Reise noch oft feststellen.

In der landwirtschaftlich reichen Region findet man viele Schlösser, Herrenhäuser und schmucke Fachwerkdörfer. Allerdings darf nicht unerwähnt bleiben, dass die Landflucht auch hier spürbar ist. Da die Region wunderschön ist und dem Idealbild des bäuerlichen Landlebens entspricht, zieht es wiederum viele Städter mit Zweitwohnsitzen in die authentische Gegend.

In der Normandie werden rund 30 verschiedene Käsesorten hergestellt. Kein Wunder, die exzellente Milch der Kühe will verarbeitet werden und bringt im Pays d'Auge u. a. den Livarot und den Pont-l'Eveque auf das Käsebrett. Weltweit bekannt ist der normannische **Camembert**, dessen Geschmack sich hier vor Ort deutlich von industriell hergestellten Produkten unterscheidet.

Unschwer zu erkennen ist, dass wir uns in einem Apfelland befinden, das uns zu den nächsten beiden „C“ bringt. Für die Herstellung des **Cidre** werden spezielle Apfelsorten angebaut, die kleiner und reicher an Gerbstoffen als die uns bekannten Tafeläpfel sind. Wie so oft macht es die Mischung, denn aus dem Saft gepresster süßer, saurer und bitterer Sorten wird der natürlich vergorene Apfelmost gewonnen. Dieser wird je nach Zucker- und Alkoholgehalt

in vier verschiedene Klassen eingeteilt, von denen der in Flaschen gegärte „Cidre Bouché“ die beste Qualität entwickelt. Das Pendant, der Poiré, wird aus Birnen hergestellt und ist genauso schmackhaft. Der fein prickelnde, erfrischende Cidre wird von einem Häubchen hellen Schaums gekrönt und als Aperitif oder zum Essen getrunken. Wird der Apfelmost in einem zweistufigen Destillationsprozess in einer Brennblase gebrannt, so entsteht der berühmte **Calvados**. Doch damit nicht genug: Das Gemisch reift anschließend jahre- bzw. jahrzehntelang in Eichenfässern mit hohem Tanninanteil und wird mit anderen Jahrgängen und Ernten gemischt, damit die Qualitäten der einzelnen Brände hervorgehoben werden. Der junge Calvados verändert im Laufe der Jahre seine Farbe und wird mit dem Alter dunkler, sodass er am Ende bernstein- oder cognacfarben ins Glas läuft. Zudem schmeckt er samtiger und aromatischer.

Eine Spezialität ist der „Calvados domfrontais“, bei dessen Herstellung mindestens 30% Birnen verwendet werden. Eine spezielle Variante ist der meist als Aperitif gereichte „Pommeau“, für den ein Drittel junger Calvados mit zwei Dritteln Apfelsaft gemischt werden. Zum „Trou normand“ (normannisches Loch) wird der Calvados, wenn er zwischen der Menüabfolge genossen wird und das „Loch“ für den nächsten Gang schaffen soll. Wohl bekomm's!

Bei unserer Weiterfahrt werden wir immer wieder die **Route de Cidre** kreuzen, an deren 40 km langem Streckenverlauf lokale Cidre-Hersteller ihre Produkte zur Verkostung (Dégustation) und zum Verkauf anbieten (www.larouteducidre.fr).

In CANAPVILLE halten wir uns geradeaus und erreichen über die D677 PONT-L'ÉVÊQUE. Am Ortseingang besteht die erste Möglichkeit, die Produktion von Calvados in der **Destillerie Père Magloire** kennenzulernen. Am Ende der Besichtigung steht eine Verkostung der Produktpalette (Mai - Sept. tägl. 10 .30/11.30/14.30/15.30/16.30/17.30 Uhr, Verkauf 10 - 12.30/14 - 18.30 Uhr. www.calvados-pere-magloire.com).

(049) WOMO-Stellplatz: Pont l´Évêque, Place Foch

GPS: N 49°17'08.4" E 00°11'15.4"
max. WOMOs: 5
Ausstattung/Lage: Bus- und Bahnverbindung an die Küste (15 Minuten), Mülleimer/im Ort. Parkverbot Montag 7-15 Uhr wegen **Markt**.
Zufahrt: Im Ort am 1. Kreisel rechts Richtung Centre Ville und am 2. Kreisel vor dem Office de Tourisme links zum Parkplatz fahren.

Pont l´Évêque

In Pont L´Évêque denken wir natürlich sofort an den gleichnamigen, traditionsreichen Käse mit gelb gewaschener Rinde, der in einer quadratischen Spanschachtel verkauft wird. Seit 1976 ist der **Weichkäse** mit

dem AOP-Siegel ausgezeichnet und entfaltet nach fünf bis sechs Wochen Reifedauer seinen würzigen, aber nicht zu kräftigen Geschmack (im Sommer nicht gut transportfähig!). Darüber hinaus sollte man es aber nicht versäumen, den kleinen normannischen Ort am Zusammenfluss von Yvie, Calonne und Touques, dem nach dem Zweiten Weltkrieg hässliche Nachkriegsbauten erspart blieben, ein wenig näher zu betrachten. Im Ort steht noch das schmucke Rathaus **Hôtel de Brilly**, das **Couvent des Dominicaines** aus dem 16./17. Jh. sowie die spätgotische Pfarrkirche **Saint-Michel** mit ausladenden Strebepfeilern und einem wuchtigen Turm. Neben der Kirche, direkt am Flussufer lädt das traditionsreiche Gasthaus **Auberge de la Touques** zu guter, eher deftiger Kost ein (Mittag- und Abendmenüs, 0257546302, www.aubergedelatouques.com). Im **Office de Tourisme** ist ein **Flyer für einen Ortsrundgang in deutscher Sprache** erhältlich (tägl. 10 - 12.30/14 - 18.30 Uhr, Mai - Sept. auch 10 - 13 Uhr Uhr, 16 Place Jean Bureau, Telefon 231641277, www.blangy-pontleveque.com).

Bei der Weiterfahrt Richtung LISIEUX streifen wir den **Lac de Pont l´Évêque**, der im Sommer **Freizeitvergnügen** mit allem Drum und Dran verspricht. Für einen längeren Aufenthalt empfiehlt sich der am See gelegene, freundlich anmutende Campingplatz.

(050) WOMO-Campingplatztipp: Pont l´Évêque, Camping du Lac****

GPS: N 49°16'29.3" E 00°12'17.4"; Route départemental 48
Kontakt: Tel. 0231643131; www.lacdepontleveque.fr
Öffnungszeit/Preis: Mitte März - Mitte Nov./€€.
Ausstattung/Lage: Wander- und Radwege, Badestrand, Bootsfahrten, Kinderspielplatz, Tischtennis- u. Bouleanlage, Angelmöglichkeit, Waschmaschine, Wäschetrockner, Snackbar/außerorts.
Zufahrt: Ca. 2 km hinter dem Ort links den Hinweisen Parc de le Loisiers und Campingplatz folgen.

Wir durchfahren das weite Tal der Touques und zweigen links nach LE BREUIL-EN-AUGE ab. Hier erwartet uns schon die nächste Destillerie, die inmitten des weitläufigen Parks von **Château du Breuil** aus dem 16./17. Jh. zu finden ist [N 49°13'48.2" E 00°12'54.6"]. Die geführten **Besichtigungen** in einer der bekanntesten Calvados-Brennereien finden auch in **deutscher Sprache** statt und enden selbstverständlich mit einer Verkostung. In der Boutique kann der am besten schmeckende Calvados oder Pommeau käuflich erworben werden (tägl. 9 - 12/14 - 18 Uhr, letzte Führung um 11.30/17.30 Uhr, Gebühr. www.chateau-breuil.fr).

Auf der D579 nach LISIEUX passieren wir den Hinweis zum etwa 10 km entfernten **Parc Zoo Cerza** [N 49°11'09.0" E 00°18'17.5"; Départementale 143, 14100 Hermival les Vaux]. In dem 60 ha großen Landschaftstierpark leben Löwen, Tiger, Panther, Giraffen und allerlei anderes Getier in einem weitestgehend natürlichen Lebensraum, in dem auch ein Streichelzoo nicht fehlen darf. Die Fahrt mit dem Safari-Bähnchen durch das weitläufige Areal wird nicht nur für jüngere Besucher zu einem Erlebnis (April - Sept. 9.30 - 18.30 Uhr, Juli/Aug. bis 19 Uhr, Feb./März/Okt./Nov. 10 - 17 Uhr, Eintritt. www.cerza.com). Bald haben wir das führende Handels- und Industriezentrum des Pays d'Auge erreicht und orientieren uns an dem Hinweis LISIEUX CENTRE und **Office de Tourisme** (Okt. - Mitte Juni Mo - Sa 8.30 - 12/13.30 - 18 Uhr, Mitte Juni - Sept. Mo - Sa 8.30 - 18.30 Uhr, So/Feiertage 10 - 12 30/14 - 17 Uhr; 11 Rue d'Alençon, Telefon 0231481810, www.visit-lisieux.com).

Links vor dem Fremdenverkehrsamt liegt der ansonsten enge Parkplatz Mgr. Germain, an dessen Einfahrt sich eine **V/E** mit zwei direkt davor liegenden **WOMO-Stellplätze** befindet [**051:** N 49°08'33.4" E 0°13'38.3"; Rue d'Alencon].
Ein weitere Stellplatzmöglichkeit wird auf einem ausgesprochen schrägen, gebührenpflichtigen Parkplatz gegenüber der Basilika angeboten, den wir genau wie den vorgenannten nur der guten Ordnung halber aufführen [**052:** N 49°08'28.6" E 00°14'02.9"; Avenue Jean XXIII]. Wirklich überzeugend sind beide nicht und wer länger in Lisieux bleiben möchte, dem empfehlen wir den ausgeschilderten **Campingplatz** oder den Stellplatz an der Bowling-Bahn. Auf den ersten Blick mutet auch dieser nicht besonders einladend an, punktet dann aber hinter dem Gebäude mit einer Wiesenfläche unter Bäumen.

(053) WOMO-Stellplatz: Lisieux, Bowling de Lisieux
GPS: N 49°08'47.1" E 00°14'18.9"; 69, Rue de Paris **max. WOMOs:** 10
Ausstattung/Lage: Strom, Gebühr €€, Bowling und Billardspiel gegen Gebühr möglich/Ortsrand, ca. 1 km ins Zentrum. Enge Einfahrt! Bitte bei Ankunft in der Bowlingbahn anmelden!
Zufahrt: Im Ort Richtung Paris abbiegen. Die Bowlingbahn liegt ca. 700 m später auf der linken Straßenseite.

Lisieux

Das etwa 23.000 Einwohner zählende Lisieux wurde einst Lexovii genannt und kann auf eine bald 2.000 Jahre alte Geschichte zurückblicken. Mit einem einzigartigen geschlossenen Stadtbild galt der Ort bis zum vernichtenden Bombardement im Zweiten Weltkrieg als die normannische Fachwerkstadt schlechthin – eines der erhaltenen Fachwerkhäuser haben wir bereits in Étretat gesehen und wissen, warum es die Zeiten überdauert hat. Einige wenige andere stehen noch in der Rue Aristide Briand und der Rue Henry Chéron und zeugen von der einstigen Pracht.

Basilika Sainte-Thérèse

Auch die **Cathédrale Saint-Pierre** blieb vom Bombenhagel weitgehend verschont und präsentiert sich in einem frühgotischen Stil. Das **Musée d'Art et d'Histoire** erinnert in seiner Ausstellung an die ehemalige Fachwerkmetropole und widmet sich außerdem u. a. archäologischen Funden aus dem Pays d'Auge (Sept. - Juni 14 - 18 Uhr, Sa/So auch 11 - 13 Uhr, Juli/Aug. 13 - 18 Uhr, Sa/So 11 - 13/14 - 18 Uhr).

Das Hauptaugenmerk richtet sich jedoch auf die **Basilique Sainte-Thérèse**, die 1954 geweiht wurde und mit einer Größe von 4500 qm und einer 95 m hohen Kuppel zu den größten im 20. Jh. gebauten Sakralbauten gehört. Die Kirchen- und Kryptamauern sind mit Mosaiken verziert, die die Botschaft der Heiligen Thérèse aufnehmen und im Querschiff befinden sich die Reliquien der Heiligen. Ein Wachsmuseum stellt 11 Szenen ihres Lebens dar (Nov. - März 9 - 17.30 Uhr, April - Okt. 9 - 18.30 Uhr, Mai/Juni/Sept. 9 - 19 Uhr, Juli/Aug. 9 - 19.30 Uhr, www.therese-de-lisieux).

Wer ist aber jene Thérèse, zu deren Grab jährlich rund eineinhalb Millionen Pilger strömen – nur Lourdes wird von mehr Wallfahrern besucht?! **Thérèse Martin** wurde am 2. Januar 1873 als jüngstes Kind einer tief religiösen Familie in Alençon geboren. Nachdem die Mutter früh verstarb wandte sich die Vierjährige dem Glauben zu und wollte ihren älteren Schwestern ins Kloster folgen. Dies wurde ihr aufgrund ihres jugendlichen Alters verwehrt. Von tiefster Frömmigkeit durchdrungen, pilgerte sie mit ihrem Vater nach Rom, um dort den Papst (vergeblich) umzustimmen. Erst der Bischof von Bayeux erlaubte es Thérèse und so trat sie im Alter von 15 Jahren in das strenge Karmeliterinnenkloster von Lisieux ein und führte ein frommes und demütiges Leben. Nach einer Tuberkulose-Erkrankung starb sie im Alter von nur 24 Jahren am 30. September 1897. Ihre postum veröffentlichte Biografie mit dem Titel „Geschichte einer Seele" ist das nach der Bibel meistgelesene geistliche Buch in französischer Sprache. Nachdem Pilger von wundersamen Heilungen in Lisieux berichteten, wurde Thérèse 1923 selig- sowie 1925 heiliggesprochen und Papst Johannes Paul II. ernannte sie 1997 zur Kirchenlehrerin. Erstmals in der Kirchengeschichte wurden 2008 auch die Eltern der **Heiligen Thérèse** seliggesprochen.

Wer sich auf die Spuren der Heiligen begeben möchte, folgt einer **blauen Linie** durch die Straßen von Lisieux und wird zu verschiedenen Orten ihres Lebens geführt. Bei diesem Spaziergang können Samstagvormittag die **Märkte** auf der Place de la République sowie in der Rue Mortain und im Sommer auch am Mittwochvormittag auf der Place François Mitterand besucht werden.

Auf der D579 Richtung ALENÇON/LIVAROT verlassen wir Lisieux und richten uns später, der D268 folgend nach den Hinweisen zum **Château de Saint-Germain-de-Livet**.

Verträumt liegt das aus dem 16. Jh. stammende und von Wassergräben umgebene Renaissanceschloss in einem ruhigen

Tal. Ein Bächlein gluckst munter neben dem Parkplatz, der mit Tisch und Bänken zu einem Picknick einlädt [N 49°05'21.5" E 00°12'58.8"]. Durch einen Torbogen betritt man die ungewöhnliche Anlage und wird unter Umstän-

den von freilaufenden Pfauen begrüßt. Das Schloss hat eine schachbrettartige Fassadendekoration aus glasierten Backsteinen und der versetzte Flügel zeigt schönes Fachwerk. Im Inneren sind kostbare Möbel und Fresken vom Ende des 16. Jh. zu bewundern. Gegenüber dem Schloss, auf einem ehemaligen Friedhof, erinnert der Garten des Abbé Marie an die Blumenpracht, die während religiöser Feste eine Rolle spielten (April - Juni/ Sept. - Anfang November Di - So 11 - 13/14 - 18 Uhr, Juli/Aug. tägl. 11 - 18 Uhr, Führungen obligatorisch, Eintritt. Hunde nicht gestattet).

Die Straße führt am Schloss weiter, doch es empfiehlt sich, den Weg zurück zur D579 einzuschlagen, da einige enge Passagen das Fortkommen unnötig erschweren könnten.

Durch die hügelige und grüne Bocage-Landschaft kurven wir durch von Weiden und Wäldchen umgebene Weiler und an Landsitzen vorbei nach LIVAROT. Der kleine städtische Campingplatz liegt nah am Zentrum der Käsestadt, die einige hübsche Fachwerkhäuser aufweisen kann (**Office de Tourisme** Mo - Sa 9.30 - 12.30/14 - 18 Uhr, Ostern bis Sept. auch So/ Feiertage 10 - 13 Uhr, Place Georges Bisson, Telefon 0231634739, www.livarot-tourisme.com).

(054) WOMO-Campingplatztipp: Livarot, Camping Municipal

GPS: N 49°00'13.7" E 00°09'00.2" Rue du Général Leclerc
Ausstattung/Lage: Strom, Gebühr €€, Mai- Sept. Geöffnet, ca. 200 m in den Ort mit Geschäften, ca. 500 m zur Fromagerie, Mülleimer/Ortsrand.
Zufahrt: Von der D579 an einer Ampelkreuzung links Richtung Centre Ville abbiegen und im Ort den Hinweisen Camping/Stade folgen. Nach ca. 200 m rechts über einen Parkplatz zum etwas versteckt liegenden Campingplatz fahren.

Das bis ins 17. Jh. auf Metallbearbeitung spezialisierte Livarot ist heute vor allem für seinen gleichnamigen Käse bekannt.

Der runde **Weichkäse** mit orange-roter Rinde schmeckt kräftig, ist aber milder als er riecht. Umgangssprachlich wird er auch „Colonel" genannt, da sein Rund mit einer Art Bauchbinde aus Papierstreifen oder Riedgras umwickelt ist, die den fünf Dienstgradabzeichen eines französischen Oberst (Colonel) ähneln. Mit der Käseherstellung kamen im 19. und im beginnenden 20. Jh. Reichtum und Wohlstand in die Stadt. Die Geheimnisse um diese Käsespezialität, die mit der geschützten Herkunftsbezeichnung AOP seit 1975 gekennzeichnet ist, werden in der **Fromagerie E. Graindorge** ein wenig gelüftet [**055:** N 49°00'05.4" E 00°09'05.4"; Rue Général-Leclerc].
Ein Museum und der Gang entlang der „gläsernen" Produktion vermitteln Eindrücke der Herstellung des Livarot sowie des Pont l' Evêque und werden von **Erläuterungen in deutscher Sprache** begleitet.

In der angegliederten Boutique kann vor dem Kauf eine Verkostung verschiedenster Käsesorten vorgenommen werden (Nov. - März Mo - Fr 10 - 12/14.30 - 17.30, Sa 10 - 13 Uhr, April - Juni Mo - Sa 9.30 - 13/14 - 17.30 Uhr, Juli/Aug. Mo - Sa 9.30 - 17.30 Uhr, So

10.30 - 17.30 Uhr, Sept. - Okt. Mo - Sa 9.30 - 13/14 - 17.30, www.graindorge.fr). Durch die für Augen und Seele so wohltuende Landschaftsform gelangen wir über die D579 nach SAINTE-

FOY-DE-MONTGOMMERY und ändern den Kurs nach SAINT-GERMAIN-DE-MONTGOMMERY. Obwohl das Sträßchen schmaler wird und große WOMOs trotz einiger Ausweichstellen behutsam bewegt werden sollten, lohnt sich der Abstecher an unser abgelegenes Ziel. Jedenfalls dann, wenn man einen ruhigen, sehr gepflegten Stellplatz vor einer Apfelbaumwiese direkt bei einem freundlichen Cidre-Hersteller „in the middle of nowhere“ zu schätzen weiß.

(056) WOMO-Stellplatz: St. Germain-de-Montgommery, Cave Cidricole Gautard

GPS: N 48°56'22.3" E 00°09'43.0"
max. WOMOs: 5
Ausstattung/Lage: Wasser, Strom, Mülleimer/außerorts. Der Stellplatz ist kostenfrei, Einkauf erwünscht!
Zufahrt: Von der D579 den WOMO-Piktogrammen und dem Hinweis Cave Cidricole Gautard ca. 3 km auf teils enger Straße folgen.

Da wir nicht mehr weiterfahren wollen, können wir ruhigen Gewissens die hauseigene Produktpalette von Didier Gautard verkosten und aus voller Überzeugung behaupten, dass wirklich alles vom Feinsten ist! Selbstverständlich wandern einige Flaschen in die WOMO-Garage und nach einer ruhigen Nacht setzen wir unsere Fahrt fort. Wir rollen den Berg hinab und sind schon bald in VIMOUTIERS. Die ansprechende Kleinstadt liegt beschaulich zwischen sanften, mit Apfelbäumen bepflanzten Hängen an der Vie. Direkt neben dem Stellplatz lädt der kleine städtische **Camping Municipal** am Sportplatz zu einem längeren Aufenthalt ein.

(057) WOMO-Stellplatz: Vimoutiers, Aire Intercommunale

GPS: N 48°55'54.4" E 00°11'45.7"; Rue du Dr Dentu **max. WOMOs:** 7
Ausstattung/Lage: V/E, Strom, WC, Mülleimer/Ortsrand, abgeteiltes Areal eines Großparkplatzes, ca. 400 m in den Ort.
Zufahrt: Bei Erreichen der D916 links ca. 400 m bis zum ausgewiesenen Stellplatz fahren.

Im Zentrum gruppieren sich um das Hôtel de Ville etliche Geschäfte sowie Gasthäuser, von denen das **Restaurant Le Soleil d'Or** erwähnenswert erscheint (Mittag- und Abendmenüs, So Abend/Fr Ruhetag, Telefon 0233390715, www.soleil-dor-vimoutiers.fr). In der **Boulangerie-Pâtisserie Bonhomme** erwerben wir köstliche Konditoreierzeugnisse und ein vorzügliches Baguette, das hervorragend zum Käse passt. Den kann man auf dem großen **Markt** am Montagnachmittag oder einem kleineren am Freitagvormittag erwerben.

Dass Frankreich eine Käsenation ist, dürfte hinlänglich bekannt sein. Einer der bekanntesten Käse stammt aus der hiesigen Gegend und in Vimoutiers ist den Milch gebenden Kühen ein lebensgroßes Denkmal gesetzt. Es befindet sich vor der neugotischen Kirche mit bunten Glasfenstern und leitet zum nächsten Denkmal über. Auf einem Steinsockel sehen wir die steinerne Figur einer Frau in traditioneller Tracht, die drei kleine, runde Käselaibe in Händen hält und als Erfinderin des Camemberts gilt. Der Legende nach soll **Marie Harel** einen Priester während der Französischen Revolution im nahen Dorf Camembert versteckt haben. Zum Dank weihte er sie in die Käseherstellung ein und der kleine Runde trat sehr schnell seinen Siegeszug um die Welt an. Im nahen **Musée du Camembert** wird die Ge-

schichte und die Herstellung des Käses gezeigt (April/Juni/ Sept. Okt. Mo - So 14 - 18 Uhr, Juli/Aug. Mo - Fr 10 - 12.30/14 - 18 Uhr, Sa/So/Feiertage 10 - 18 Uhr, Eintritt).
Natürlich wollen wir nun das durch die Käseherstellung in der ganzen Welt bekannt gewordene kleine Dorf CAMEMBERT anschauen und erreichen es erst über die D916 Richtung ARGENTAN und dann den weiteren Hinweisen folgend.

(058) WOMO-Picknickplatz: Camembert, Parking Musée

GPS: N48°53'31.6" E00°10'40.3" Le Bourg **max. WOMOs:** 2 - 3
Ausstattung/Lage: Tisch und Bänke am Parkplatz an der Straße, Wanderkarte am Parkplatz an der Mairie im Ort/Ortsrand.
Zufahrt: Der Parkplatz liegt links am Ortseingang.

Das verschlafen wirkende Mini-Dörflein Camembert besteht nur aus wenigen Häusern und einer Kirche aus dem 14. Jahrhundert. Hauptanziehungspunkt ist die **Maison de Camembert**, in der sich alles um den typischen französischen Weichkäse und Marie Harel dreht. Wem nun das Wasser im Mund zusammengelaufen ist, der kann sich in der Boutique mit einer Auswahl lokaler Spezialitäten eindecken (Mitte Feb./März Fr - So 10 - 12/14 - 17 Uhr, April/Okt. Mi - So 10 - 12/14 - 17 Uhr, Mai - Sept. 10 - 12/14 - 17.30 Uhr, www.maisonducamembert.com). Der echte normannische

Camembert wird mit der Hand und einer Schöpfkelle per Hand geformt und unterscheidet sich damit von industriell hergestellten Produkten. Die feinen Gärlöcher im Inneren des cremigen Teiges verleihen dem Weichkäse, der seit 1983 das AOP-Label trägt, einen leicht nussigen Geschmack. Anfänglich hatte er eine graublaue Schimmelrinde, die erst nach der Züchtung der Edelpilzkultur „Penicillium candidum" im Jahr 1910 für eine weiße Oberfläche sorgte.
Nachdem wir uns mit einer Reihe der regionalen Käsesorten beschäftigt haben und uns mittlerweile ein angenehmer Käseduft aus dem Kühlschrank entgegenschlägt, fahren wir Richtung LISIEUX zurück nach LIVAROT.
Von dort führt uns die D4 in großen Schritten und auf direktem Weg nach SAINT-PIERRE-SUR-DIVES.

(059) WOMO-Stellplatz: Saint-Pierre-sur-Dives, Place du Marché

GPS: N49°01'02.8" W00°01'50.8"
max. WOMOs: 5
Ausstattung/Lage: V/E, Gebühr €/Nacht, tagsüber kostenfrei, Geschäfte, Restaurants, Mülleimer/im Ort. **Mo 6.30 - 15.30 Uhr ist das Parken auf dem Parkplatz wegen des Marktes verboten!**
Zufahrt: Der Durchgangsstraße ins Zentrum folgen. Das Hôtel de Ville rechter Hand liegen lassen und ca. 250 m später links hinter einer Ampel zum Parkplatz abbiegen. Die Stellplätze liegen im oberen Teil des Parkplatzes und sind an einer Mauer ausgewiesen.

Im Schatten der ehemaligen **Benediktinerabtei**, deren Bau sich vom 12. bis ins 16. Jh. erstreckte, entwickelte sich die heute 4.000 Einwohner zählende uralte Marktstadt. Imposant sind die gotische Kirche des ehemaligen Klosters sowie der dekorative Kapitelsaal und der Kreuzgang. In diesem Komplex befindet sich das **Office de Tourisme** (April - Mitte Okt. Mo - Fr 9.30 - 12.30/13.30 - 18 Uhr, Sa 10 - 12/14.30 - 17 Uhr, ansonsten Mo - Fr 9.30 - 12.30/13.30 - 17.30 Uhr, Rue Saint-Benoit, 0231209790, www.mairie-saint-pierre-sur-dives.fr). Direkt gegenüber findet man im **Jardin Conservatoire** eine kleine Oase der Ruhe, die rund 500 Pflanzen

des Pays d'Auge beheimatet und in Vergessenheit geratene Gemüsesorten, seltene Blumen sowie Sträucher zeigt (Mai - Sept. Mo - Fr 10 - 12/14 - 18 Uhr, Sa 10 - 12 Uhr). Die Ruhe kann man nach einem Besuch auf dem traditionellen **Markt** am Montagvormittag auch gut vertragen, denn dann quillt die Stadt von Besuchern über! Die Marktstände sind ein Fest für alle Sinne – Obst und Gemüse stapeln sich vor staunenden Augen und die verschiedensten Düfte regen den Speichelfluss beachtlich an. Der bekannteste Markt der Region findet seit fast 1.000 Jahren in der lang gestreckten Markthalle statt, die wohl die älteste ihrer Art in der Normandie ist. **Les Halles** stammt aus dem 11. Jh. und beeindruckt mit ihren kolossalen Ausmaßen von 85 m Länge und 21 m Breite sowie der Holzkonstruktion im Inneren.

Um den Ort zu verlassen, orientieren wir uns zunächst Richtung CAEN und fahren dann auf der D16 Richtung LISIEUX. Auf großen Wiesenflächen begleiten grasende Pferde und wiederkäuende Kühe unseren Weg, den wir auf der D101 nach CAMBREMER fortsetzen. Auf der **Route de Cidre** wird es hügeliger und wer mag, kann bei diversen Produzenten für eine Cidre- oder Calvados-Verkostung anhalten.

(060) WOMO-Stellplatz: Cambremer, Aire Communale

GPS: N 49°08'57.6" E 00°02'47.6" Avenue des Tilleuls
max. WOMOs: 3 - 5
Ausstattung/Lage: V/E, Strom, Mülleimer/Ortsrand, teils schräg.
Zufahrt: Der Parkplatz liegt an der D101 links vor dem Ort.

Cambremer, das eine aus dem 11. Jh. stammende Pfarrkirche vorweisen kann, ist eine **Hochburg der Cidre-Herstellung**. Der Cru de Crambremer, ein in der Flasche gegärter Cidre,

ist wegen seiner hohen Qualität sehr beliebt. Gegenüber dem Stellplatz bietet die **Domaine Pierre Huet** eine Führung durch ihre Produktion mit anschließender Verkostung an (www.calvados-huet.com).
Der feine Cidre kann aber auch zusammen mit einem guten ländlichen Mahl hinter einer bunten Holzfassade im **Restaurant Au P'tit Normand** zu sehr zivilen Preisen genossen werden (Mittag- und Abendmenüs, So Abend/Mo Ruhetag, Place de l'Èglise, Telefon 0231320320. www.auptitnormand.com).
Im Ort halten wir uns links Richtung DOZULÉ und bestaunen aufs Neue die vielen Apfelbäume, die im Frühjahr die Wiesen und Hänge in ein weiß-rosa Blütenmeer verwandeln. In RUMESNIL bleiben wir auf der Route de Cidre, ändern jedoch die Fahrtrichtung und biegen nach BEUVRON-EN-AUGE ab. Die schmale Straße ist auf beiden Seiten mit beschnittenen Hecken und Bäumen hoch bewachsen, sodass wir fast wie an einer grünen Wand entlangfahren. Dazwischen blitzen immer wieder Wiesen in hellerem Grün auf und der Blick fällt auf kleinere und große Anwesen.

(061) WOMO-Stellplatz: Beuvron-en-Auge, Aire Communale

GPS: N 49°11'09.9" W 00°02'58.3" Rue de la Gare max. WOMOs: 10
Ausstattung/Lage: V/E an der Zufahrtstraße, Gebühr €€, max. 24 Std. mit Parkscheibe, Tische und Bänke, Mülleimer/Ortsrand, ca. 300 Fußweg in den Ort. **Zufahrt:** Am Ortseingang links den WOMO-Piktogrammen ca. 300 m folgen.

Beuvron-en-Auge

Der kleine Weiler gehört zu einem der **100 schönsten Dörfer Frankreichs**, dessen Mittelpunkt ein kleiner Dorfplatz bildet. Hierum gruppieren sich etwa 40 alte Fachwerkhäuser, die teils aus dem 17. Jh. stammen und die normannische Baukunst in all ihren Facetten zeigen. Für Erfrischungen und traditionelle Gerichte empfehlen sich einige Einkehrmöglichkeiten und in kleinen Geschäften werden nicht nur normannische Produkte angeboten. Viel Blumenschmuck an den Fenstern vervollkommnet das

ländliche Postkartenidyll, das besonders in den Sommermonaten und am Wochenende jede Menge Ausflügler anzieht. Beim Bummel durch die gewundenen Gassen können wir uns dem Charme des einem Freilichtmuseum gleichenden Ortes tatsächlich nicht entziehen und beschließen, den Abend hier ausklingen zu lassen. In der ehemaligen Markthalle auf dem Dorfplatz verbringen wir im **Restaurant Le Pavé d'Auge** in gediegener Atmosphäre zu gehobenen Preisen eine sehr angenehme Zeit (Mittag- und Abendmenüs, Mo/Di Ruhetag, Telefon 0231792671, www.pavedauge.com).

TOUR 5

Tour 4
Dozulé
Beuvron-en-Auge
A13
D675
D613
N158
D562
D515
D514
D104
D6
N13
D572
A84
Merville-Franceville Plage
Sallenelles
Ranville
Orne
Caen
Ouistreham
Sword Beach
Luc-sur-Mer
Côte de Nacre
Douvres-la-Divandre
Fontaine-Henry
Thaon
Bény-s-Mer
Bernières-sur-Mer
Courseulles-sur-Mer
Juno Beach
Creully
Gold Beach
Arromanches-les-Bains
Longues-sur-Mer
Bayeux
Port-en-Bessin-Huppain
Ste.-Honorine-des-Pertes
Colleville-sur-Mer
Omaha Beach
Ste-Laurent-sur-Mer
Englesqueville-la-Percée
Pointe du Hoc
Grandcamp-Maisy
La Cambe
Isigny-sur-Mer
Vire
Tour 6
15 km
062
063
064
065
066
067
068
069
070
071
072
073
074
075
076
077
078
079
080
081
082
083
084
085

Tour 5 225 km

Caen - Sallenelles - Courseulles-sur-Mer - Arromanche-les-Bains - Bayeux - Port-en-Bessin - Grandcamp-Maisy - Isigny-sur-Mer

Stellplätze:	Caen, Sallenelles, Merville-Franceville-Plage, Ouistreham, Douvres, Beny-sur-Mer, Bernières-sur-Mer, Courseulles-sur-Mer, Arromanche-les-Bains, Longues-sur-Mer, Bayeux, Port-en-Bessin, Ste-Honorine-des-Pertes, Colleville-sur-Mer, Colleville-sur-Mer, Englesqueville-la-Percy, Grandcamp-Maisy, Isigny-sur-Mer.
Campingplätze:	Arromanche-les-Bains Camping Municipal d'Arromanche, Bayeux Camping Municipal des Bords de l'Aure.
Ver- u. Entsorgen:	Sallenelles, Merville-Franceville-Plage, Ouistreham, Arromanche-les-Bains, Bayeux, Port-en-Bessin, Ste-Honorine-des-Pertes, Englesqueville-la-Percy, Grandcamp-Maisy, Isigny-sur-Mer.
Besichtigen:	Caen Jardin des Plantes, Château de Caen, Musée Beaux-Arts, Musée de Normandie, Abbaye-aux-Dames mit Èglise Sainte-Trinité, Église Saint-Pierre, Église Saint-Étienne-le-Vieux, Abbaye-aux-Hommes m. Église Saint-Étienne, Mémorial; Ranville Mémorial Pegasus Bridge; Ouistreham, Musée du Mur de l'Atlantique, Musée du Commando No. 4; Luc-sur-Mer, Walskelett, Musée de la Baleine; Douvres-la-Délivrande Musée Radar 1944; Fontaine Henry Château; Thaon Église Saint-Pierre; Bény-sur-Mer Cimetière Canadien; Bernières-sur-Mer Juno Beach Canadian Mémorial; Courseulles-sur-Mer Juno Beach Centre; Arromanche-les-Bains, Cinema Circulaire 360°, Musée du Debarquement; Longues-sur-Mer Batterie; Bayeux Cathédrale Notre-Dame, Musée d'Art et d'Histoire Baron Gérard, Tapisserie de Bayeux, Musée Mémorial de la Bataille de Normandie, Cimetière Militaire Britannique, Mémorial des Reporters de Guerre; Colleville-sur-Mer Overlord Museum, Cimetière Américain; Saint-Laurent-sur-Mer Musée Mémorial d'Omaha Beach; Grandcamp-Maisy Pointe du Hoc, Austernzucht, Musée des Rangers, Batterie Maisy; La Cambe Cimetière militaire allemande; Isigny-sur-Mer Caramels d'Isigny.
Wandern:	Sallenelles/Merville-Franceville Plage, Arromanches/Longues-sur-Mer, Colleville-sur-Mer.
Radfahren:	Sallenelles/Merville-Franceville Plage, Longue-s.-Mer.
Baden:	Merville-Franceville Plage, Courseulles-sur-Mer und weitere Strände.
Essen:	Caen Restaurant La Carlotta, Salon de Thé Les Dunes; Arromanches-les-Bains Restaurant La Marine; Bayeux Restaurant Le Lion d'Or, Restaurant Le Pommier; Port-en-Bessin Restaurant Fleur de Sell; Grancamp-Maisy La Marée; Isigny-sur-Mer Restaurant De France.

Von jeher war die Normandie Schauplatz von Einmärschen und Vorstößen: Im 9. Jh. landeten die Wikinger an ihren Stränden und später stach Wilhelm der Eroberer von hier in See, um England in Besitz zu nehmen. Im Juli 1944 begann eine Invasion, die die Weltgeschichte entscheidend verändern sollte und der man bei einer Reise durch die Normandie fast überall in irgendeiner Form begegnet. Bisher haben wir nur am Rande die Schäden, die durch den Zweiten Weltkrieg in den Städten und Orten entstanden, erwähnt, doch nun ist es an der Zeit, sich intensiver mit der kriegerischen Vergangenheit auseinanderzusetzen. Keine Bange, in dieser Tour werden wir auch über genug Schönes sowie Angenehmes berichten können, sodass unbeschwerten Urlaubstagen nichts im Wege steht.

Auf den Spuren der Operation Overlord

Nach einem „Blitzkrieg" marschierten deutsche Truppen 1940 in Frankreich ein und besetzten das Land. Dem französischen Marschall Pétain wurden in Vichy Regierungsvollmachten übertragen und ab Oktober 1940 entschloss sich die „Vichy-Regierung" zur Kollaboration mit Deutschland. Schon bald regte sich Widerstand gegen die Besatzer sowie die Regierung Pétain und die „Résistance" begann mit Protesten sowie Sabotageakten. Im weiteren Verlauf des Zweiten Weltkrieges zeichnete sich zunehmend eine Niederlage Deutschlands ab und am aktiven Widerstand beteiligten sich in ganz Frankreich bis zu 200.000 Personen.
Spätestens nach der missglückten Landung kanadischer Truppen in Dieppe sowie dem Einmarsch der Alliierten in Nordafrika im Jahr 1942 und deren Landung auf Sizilien im Jahr 1943 mussten die Deutschen auch mit einer Invasion an der französischen Atlantikküste rechnen. Der Ausbau des **Atlantikwalls**, ein gigantischer Abwehrgürtel von über 2.600 km befestigter Stellungen entlang der Küsten des Atlantiks, des Ärmelkanals und der Nordsee, wurde vorangetrieben. Es entstanden Bunker, Gefechtsstationen, Minenfelder und Panzersperren. Im Meer wurden Stahlspinnen sowie verminte Hemmbalken errichtet und alle Straßen zum Wasser mit Betonmauern versehen.
Auf der gegenüberliegenden Seite des Ärmelkanals formierten sich die Alliierten in dieser Zeit zum größten Landungsangriff der Kriegsgeschichte. Mit der **Operation Overlord** sollte die Befreiung Europas eingeleitet werden und in Südengland sammelten sich die Streitkräfte mit mehr als 6.000 Schiffen und 11.000 Flugzeugen sowie über einer Million Soldaten. Obwohl erwartet, wurden die Deutschen in den frühen Morgenstunden des 6. Juni 1944 (**D-Day**) von der alliierten Großoffensive überrascht, da

sie den Angriff weiter nördlich in der Picardie und zudem später im Jahr vermutet hatten. Der Vorstoß erfolgte zwischen Ouistreham im Osten und Sainte-Mère-Église im Westen auf einer Breite von knapp 100 km. Als erstes landeten alliierte Fallschirmspringereinheiten, wenig später kamen an den östlichen Strandabschnitten mit den Codenamen Juno, Gold und Sword kanadische und britische Einheiten an Land, während amerikanische Truppen ihre Ziele westlich am Utah und Omaha Beach erreichten. Hinter den feindlichen Linien sprangen britische sowie amerikanische Luftlandedivisionen ab und vom Meer wurden die an diesem Tag landenden 170.000 Soldaten durch Luftangriffe und Artilleriebeschuss unterstützt. Gleichzeitig setzte heftiges deutsches Gegenfeuer ein und die Landungsstrände waren innerhalb kürzester Zeit von zertrümmertem Kriegsgerät und toten Soldaten übersät.

Für alle beteiligten Seiten müssen diese Vorgänge die Hölle gewesen sein! Den Alliierten gelang es relativ schnell, ins Hinterland vorzustoßen und bereits am 7. Juni wurde Bayeux befreit. Brückenköpfe wurden errichtet und um den Nachschub zu sichern, musste bei Arromanches-les-Bains der künstliche Hafen „Mulberry" aus Betonhohlkörpern fertiggestellt werden. Bis Ende Oktober 1944 erreichten hier über 200.000 Soldaten sowie über 600.000 Tonnen Nachschub und 40.000 Fahrzeuge das Land.

Auch wenn die deutsche Wehrmacht alles versuchte, um den Vorstoß der Alliierten zu stoppen, drangen diese während der **Operation Cobra** ab Juli 1944 immer weiter ins Landesinnere vor. Nach schweren Gefechten und Kesselschlachten brach die deutsche Verteidigung innerhalb weniger Wochen zusammen, der Zweite Weltkrieg erhielt eine entscheidende Wende und die deutschen Truppen zogen sich über die Seine nach Osten zurück.

Die Verluste an Menschen, Material wie Panzern und schweren Waffen, die Zerstörungen in den Städten und das Leid der Zivilbevölkerung waren immens!

Bis heute ist die Befreiung der Normandie fest im Bewusstsein der Bevölkerung verankert und wird jedes Jahr in der Woche um den 6. Juni herum mit dem **D-Day Festival** gefeiert. In verschiedenen Orten gibt es Paraden mit Oldtimern vom Jeep bis zum Sherman Panzer, „alliierte Soldaten" in historischen Uniformen werden von Frauen und Kindern in Kleidung der 1940er Jahre jubelnd begrüßt, auf den Friedhöfen und in Biwaks treffen letzte Veteranen auf junge Menschen und Vorträge sowie Tanzveranstaltungen unterhalten das internationale Publikum. Die Stimmung ist entspannt und mit dem Abstand von Jahrzehnten zum Schrecken von Besetzung und Krieg herrscht fast so etwas wie Volksfeststimmung. Mittlerweile sind wir als Deutsche glücklicherweise wieder willkommen und können ungezwungen an den Veranstaltungen teilnehmen.

Mit den Spuren der alliierten Landungstruppen und der deutschen Verteidigung werden Reisende in normannischen Städten und Dörfern

flächendeckend konfrontiert und es gibt verschiedene Möglichkeiten, um ihnen zu folgen.
Zum einen sind acht offizielle **Thementouren** ausgewiesen, die mit einem Möwensymbol auf mehr als 1.100 km den historischen Ereignissen folgen und deren Bewältigung vermutlich einige Wochen in Anspruch nimmt. Zum anderen kann man wie wir diesen Routen teilweise folgen und an einigen **Museen, Kriegsschauplätzen und Gedenkstätten** für eine Besichtigung anhalten. Beim Besuch mehrerer Museen und Gedenkstätten empfiehlt sich der Erwerb des **Normandie Passes**, der Vergünstigungen bei den Eintritten gewährt und bei den teilnehmenden Häusern erhältlich ist.
Der hohe Blutzoll aller beteiligten Kriegsparteien wird auf vielen der kleinen und großen **Soldatenfriedhöfen** auf erschreckende Weise deutlich. Es gibt wohl kaum ein menschliches Wesen, das angesichts tausender Gräber und Kreuze unbeeindruckt und nicht nachdenklich die Gedenkstätten verlässt!
Wem das Betreten der Landungsstrände oder der dortige Anblick von badenden Familien pietätlos oder unpassend erscheint, der kann sich die Inschrift der Kapelle auf dem amerikanischen Soldatenfriedhof in Colleville-sur-Mer zu Herzen nehmen und sich dann vielleicht an spielenden Kindern am Strand sogar erfreuen. Frei übersetzt besagt sie, dass die Gefallenen ihr Leben opferten, damit nachfolgende Generationen ein Leben in Freiheit und Frieden genießen können.

Aus dem beschaulichen Beuvron-en-Auge gelangen wir Richtung DOZULÉ zur D675 und in deren Verlauf nach CAEN. Wir orientieren uns zunächst an den Hinweisen CAEN/CHERBOURG, fahren dann auf die PÉRIPHÉRIQUE NORD/CAEN-CENTRE und verlassen diese an der Ausfahrt 7/Chemin Vert Richtung MÉMORIAL. Wir peilen direkt das Mémorial an, da sich dort ein Stellplatz mit Busanbindung in die Stadt befindet. Parkplätze in der Stadt sind für WOMOs rar gesät, einzig in der Nähe vom Port de Plaisance kann sich eine gebührenpflichtige Möglichkeit auf den engen Parkplätzen für kurze Fahrzeuge oder am Straßenrand ergeben [N 49°10'55.5" W 00°21'14.3"; Quai Vendeuvre]. Um sich umfassend über Caen und die nahe Umgebung zu informieren, empfiehlt sich ein Besuch des **Office de Tourisme** (Okt. - März. Mo - Sa 9.30 - 13/14 - 18 Uhr, April - Juni/Sept. Mo - Sa 9.30 - 18.30 Uhr, So/Feiertage 9.30 - 13.30 Uhr, Juli/Aug. Mo - Sa 9.30 - 19 Uhr, So/Feiertage 10 - 13/14 - 17 Uhr, Place Saint-Pierre, Telefon 0231271414, www.caen-tourisme.fr). Hier werden verschiedene **Stadtführungen** in französischer Sprache angeboten (Juli/Aug. Di - Sa 14.30/16 Uhr, Gebühr) oder man erhält eine **deutschsprachige Broschüre** mit allem Wissenswerten. Darin werden u. a. zwei Stadtrundgänge unterschiedlicher Länge und Dauer beschrieben. Wer nicht gern zu Fuß unterwegs ist, der besteigt ein **Touristenbähnchen** und lässt in 45 Minuten die schönsten Sehenswürdigkeiten an sich vorüberziehen (April - Mai Do - So 11 - 18 Uhr, Juni - Aug. tägl. 10 - 19 Uhr, Sept. tägl. 11 - 18 Uhr, Gebühr).

(062) WOMO-Stellplatz: Caen, Mémorial

GPS: N 49°11'58.0" W 00°23'10.2"
Avenue de Maréchal Montgomery
max. WOMOs: 15
Ausstattung/Lage: Abgeteiltes Areal eines Großparkplatzes, ca. 250 m zum Memorial und den Gärten, Bus Linie 2 Haltestelle Mémorial ca. 300 m entfernt (ca. 20 Min. bis ins Zentrum), Mülleimer/Ortsrand.
Zufahrt: Die Périphérique Nord an der Ausfahrt 7 verlassen und den Hinweisen zum Mémorial folgen.

Caen

Das 110.000 Einwohner zählende Caen ist Hauptstadt des Département Calvados und der Region Basse-Normandie. Im Zweiten Weltkrieg wurden wochenlang schwere Kämpfe um die Stadt ausgefochten, die große Verluste in der Zivilbevölkerung bedeuteten und immense Lücken ins Stadtbild rissen. Die Sakralbauten blieben vom Bombenhagel weitestgehend verschont und das historische Stadtprofil ist heute wiederzuerkennen. Zur Lebendigkeit der Stadt trägt sicher auch das studentische Flair bei, das der direkt in der Innenstadt befindlichen Universität zu verdanken ist. Zusätzlich gewinnt Caen durch einen Jachthafen und weitläufige Grünanlagen wie z. B. den **Jardin des Plantes**, der nordwestlich des Schlosses liegt
Bereits im 11. Jh. gewann die Stadt an Ansehen, als der Normannenherzog Wilhelm, der spätere Eroberer, oberhalb der Orne auf einem Felsen eine Festung baute. Das mitten im Stadtzentrum gelegene **Château de**

Caen ist eines der größten mittelalterlichen Befestigungswerke Europas und das Gelände hinter den restaurierten Mauern und Toren ist frei zugänglich. Das weitläufige Areal beherbergt einen kleinen Park und zwei Museen. Das **Musée Beaux-Arts** zählt zu den wichtigsten und schönsten Kunstmuseen Frankreichs. Neben ständigen Wechselausstellungen werden Gemälde vom 14. Jh. bis heute gezeigt (tägl. 9.30 - 12.30/14 - 18 Uhr, Sa/So 11 - 18 Uhr, im Winterhalbjahr Mo/Di geschlossen, Eintritt. www.mba.caen.fr). Das **Musée de Normandie** präsentiert den normannischen Kulturraum von der Frühgeschichte bis in die Gegenwart anhand archäologischer und ethnografischer Sammlungen (Öffnungszeiten s. o., www.musee-de-normandie.caen.fr).
Gegenüber der Burg ragt der Turm der gotischen **Église Saint-Pierre** 78

m empor und in deren unmittelbarer Nähe sich das Office de Tourisme befindet. Orientiert man sich weiter östlich, stößt man auf die **Abbaye-aux-Dames** und die reich ausgestattete **Èglise Sainte-Trinité**. Die Frauenabtei wurde 1062 von Königin Mathilde, der Gemahlin Wilhelm des Eroberers gegründet, und ihr Grabmal befindet sich im Chorraum der ehemaligen Abteikirche (14 - 17.30 Uhr, kostenfreie Führungen tägl. 14.30/16 Uhr). In einem Bogen erreichen wir den **Port de Plaisance**, in dem Jachten ankern und von dem ein Kanal zum Meer führt. Am Quai Vendeuvre reiht sich ein Restaurant ans andere und wir gönnen uns eine kulinarische Pause im **La Carlotta**, in dem Fisch und Meeresfrüchte aller Art, aber auch Fleischgerichte zu empfehlen sind (Mittag- und Abendmenüs, So Ruhetag, 16 Quai Vendeuvre, Telefon 0231866899 www.lecarlotta.fr). Zurück am Schloss halten wir uns nun westlich und schlendern durch die teils autofreie Einkaufsstraße und deren Nebensträßchen. Wir streifen verschiedene Kirchenbauten, halten an Plätzen inne, sehen alte Fachwerkhäuser und die Fassaden schöner Stadtpalais. Dazwischen laden Geschäfte zum Shoppen sowie Cafés und Restaurants zur Einkehr ein. In einem kleinen hübschen Innenhof lockt der Salon de Thé im **Les Dunes**, dem zusätzlich eine Creperie angeschlossen ist (tägl. Mittagmenüs, Teesalon Mi - Fr bis 17.30 Uhr, 30 Rue Arcisse-de-Caumont). Vor-

Buchhandlung in der Rue St. Pierre

Abbaye-aux-Hommes

bei an der **Église Saint-Étienne-le-Vieux** aus dem 10. Jh. mit schönem Laternenturm stehen wir wenig später vor der **Abbaye-aux-Hommes**, einem Schmuckstück der romanischen und gotischen Architektur. Ungefähr zur selben Zeit wie Sainte-Trinité gegründet, besticht die imposante **Abteikirche Saint-Étienne** durch eine elegante und harmonische Silhouette. Gestiftet wurde sie von keinem Geringeren als Wilhelm dem Eroberer, dessen Grab sich direkt vor dem Altar befindet. In den klösterlichen Gebäuden befindet sich heute das Rathaus von Caen (freie Besichtigung außer während der Gottesdienste, Zugang zum Kreuzgang und Führungen möglich Okt. - März Mo - Fr 10.30/14 Uhr, So in den Ferien 10.30/14/16 Uhr, April - Sept. 10.30/14/16 Uhr, Eintritt).
Nicht versäumen sollte man die **Märkte**: auf der Place Courtonne mit 400 Marktständen am Port de Plaicance am Sonntagmorgen oder auf der Place Saint-Sauveur mit 220 Ständen am Freitagmorgen.
In der Normandie gibt es viele Museen und Gedenkstätten, die sich mit dem D-Day und der Invasion auseinandersetzen. Das **Mémorial de Caen** unterscheidet sich jedoch in seiner Präsentation methodisch, multimedial und in seinem Umfang sehr davon, sodass ein Besuch für uns unumgänglich ist und stellvertretend für andere Ausstellungen ausführlicher beschrieben werden soll. Es versteht sich als Zentrum für Geschichte, Versöhnung und Frieden und dokumentiert die Vorgeschichte, die historisch relevanten Hintergründe und Hauptereignisse im Zweiten Weltkrieg sowie deren Auswirkungen.

Das Konzept des Mémorial soll zum Erinnern, zum Nachdenken und zur Bewahrung von Frieden und Demokratie anregen.
Bereits der die Außenfassade durchlaufende Bruch soll die Zerstörung der Stadt und gleichzeitig die Bresche symbolisieren, die die Alliierten in den Atlantikwall schlugen. Im Inneren begeben wir uns in die Vorkriegszeit, erleben die Weltwirtschaftskrise sowie den Aufstieg des Nationalsozialismus. Wir verfolgen die Besatzungszeit, hören von Kollaborateuren und werden mit Deportation und Verfolgung konfrontiert. Ausführlich wird über die Landung der Alliierten in der Normandie berichtet, aber auch über den weltumspannenden Zweiten Weltkrieg, der in Hiroshima und Nagasaki sein Ende fand. Eine weitere Abteilung beschäftigt sich mit der Nachkriegszeit, dem neuen Wettrüsten mit Atombombentests und dem Kalten Krieg bis zum Fall der Berliner Mauer. Die Inszenierung erfolgt weniger anhand von Uniformen und Waffen, sondern setzt auf Fotoausstellungen, Plakate und Modelle. Beeindruckend sind Zeitdokumente, Augenzeugenberichte von Militärangehörigen und Zivilisten sowie das Filmmaterial zum Kriegsgeschehen. Hierbei steht, wie in einem Bunker unter dem Gebäude, die Schlacht um die Normandie im Mittelpunkt. Für den lohnenswerten Besuch sollte inklusiv der in kleinen Kinos gezeigten Filme wenigstens ein halber Tag eingeplant werden. Für eine Pause stehen ein Restaurant, eine Cafeteria oder Picknickflächen zur Verfügung (tägl. 9 - 19 Uhr, Nov. - Dez. 9.30 - 18 Uhr, Mo geschlossen,

Amerikanischer Garten der Erinnerung

Beschilderung/Audioguide in deutscher Sprache, Eintritt, ermäßigtes Kombiticket mit Cinema Circulaire 360° in Arromanche-les-Baines. www.normandy.memorial-caen.com).
Im Außenbereich empfiehlt sich der Spaziergang durch die frei zugänglichen **Gärten der Erinnerung**, die von Amerikanern, Kanadiern und Briten geschaffen wurden.

Über die PÉRIPHÉRIQUE NORD/Abfahrt 3a verlassen wir CAEN Richtung OUISTREHAM/CAR FERRY. Nordöstlich bringt uns die D 515 bis zur Abfahrt nach BÉNOUVILLE. In RANVILLE stoßen wir auf das **Mémorial Pegasus Bridge**. Die strategisch wichtige Brücke wurde in der Nacht zum 6. Juni 1944 durch britische Fallschirmspringer erobert, deren Wappentier das geflügelte Ross war. Mittlerweile führt ein Nachbau über den Kanal und das Original ist im Museum zu besichtigen (Feb./März

Nachbau Pegasus Bridge und Café Gondrée

10 - 17 Uhr, April - Sept. 9.30 - 18.30 Uhr, Okt. - Mitte Dez. 10 - 17 Uhr, Eintritt. www.memorial-pegasus.org). Das nahe **Café Gondrée** kann sich rühmen, das erste befreite Haus in Frankreich gewesen zu sein.

Naturliebhaber mit Hang zum **Wandern oder Radfahren**, sollten über die Pegasus-Brücke und dann links haltend nach SALLENELLES in das Mündungsgebiet der Orne (Estuaire de l'Orne) fahren. Das **Naturschutzgebiet** besitzt eine charakteristische Sumpflandschaft mit einer artenreichen Flora und Fauna, das am besten erwandert oder mit dem Rad erkundet wird. Aussichtspunkte, Orientierungstafeln und ein Informationszentrum gestalten die Wege abwechslungsreich und interessant.

(063) WOMO-Stellplatz: Sallenelles, Aire Intercommunale

GPS: N 49°15'53.5" W 00°13'37.2" Boulevard Maritime
max. WOMOs: 2
Ausstattung/Lage: V/E, Wander- und Radwege, Blick auf NSG, Restaurant und Bäcker in der Nähe/Ortsrand. Eher für WOMOs bis 6,50 m Länge.
Zufahrt: Kurz vor dem Ortsende links und nochmals links zum kleinen Parkplatz fahren.

Ein weiterer, in der Saison sicher enger Stellplatz befindet sich der D514 folgend in MERVILLE-FRANCEVILLE PLAGE direkt hinter den Dünen. Von hier kann man nicht nur zu Touren per Rad oder per pedes aufbrechen, sondern auch am nahen Strand ein Sonnenbad nehmen.

(064) WOMO-Badeplatz: Merville-Franceville Plage, Aire Intercommunale

GPS: N 49°17'06.8" W 00°12'35.3"; Boulevard Wattier **max. WOMOs:** 6
Ausstattung/Lage: V/E, Strand ca. 200 m, Geschäfte und Restaurants ca. 500 m entfernt, ca. 1 km Fußweg zum Info-Zentrum Maison de la Nature et de l'Estuaire, Mülleimer/Ortsrand, Häuser in unmittelbarer Nähe. Eher für WOMOs bis 7 m Länge.
Zufahrt: Im Ort am Kreisel Richtung Centre Ville/Plage, dann links bis zum Ende der Straße und rechts fahren. An einem weiteren Kreisel rechts und nach etwa 100 m links zum Stellplatz abbiegen.

Wenden wir uns nun wieder der linken Seite der Orne zu, an der wir nach OUISTREHAM fahren und den zweckdienlichen Stellplatz in der Nähe des Fährterminals notieren.

(065) WOMO-Stellplatz: Ouistreham, Aire Communale

GPS: N 49°17'15.9" W 00°15'00.2"; Boulevard Maritime
max. WOMOs: 40
Ausstattung/Lage: V/E, Gebühr €€/Nacht, Picknick-Fläche, Geschäfte und Restaurants in der Nähe, Mülleimer/Ortsrand
Zufahrt: Im Ort den Hinweisen erst Richtung Car Ferry, dann Plage Riva Bela und dem WOMO-Piktogramm folgen.

Ouistreham

Das 9.200 Einwohner zählende Städtchen gehörte bereits im Mittelalter zu den bedeutendsten normannischen Küstenorten und ist heute vor allem durch eine Fährverbindung nach Portsmouth in England bekannt. Im historischen Zentrum ist die **Pfarrkirche Saint-Samson** sehenswert, die angeblich von Wilhelm dem Eroberer und seiner Frau gestiftet worden ist. Wenige Stunden nach der Eroberung der Pegasus-Bridge betraten hier englische Landungstruppen französischen Boden. An die Kämpfe erinnern das **Musée du Commando No. 4** (Mitte März - Anfang Nov. 10.30 - 13/13.30 - 18.30, Eintritt. www.musee-4commando.org) sowie das **Musée du Mur de l'Atlantique** in einem Hochbunker (April - Sept. 9 - 19 Uhr, sonst 10 - 18 Uhr, Jan. geschlossen, Eintritt). Am **Strand Riva Bella**, der sich im Schutz der Dünen lang nach Westen erstreckt, ist für allerlei Freizeitanimation gesorgt und während der Saison tummeln sich Liebhaber fast aller Wassersportarten am äußerst beliebten langen Sandstrand. In der Nähe des Stellplatzes befindet sich das **Office de Tourisme** (Juli/Aug. 10 - 9 Uhr, April - Sept. 10 - 13/14 - 18.30, Okt. - März bis 17.30 Uhr, Esplanade Lofi, Telefon 0231971863, www.ouistreham-rivabella-tourisme.fr) und wer Lust auf einen **Marktbesuch** hat, sollte dafür Dienstag- und Samstagvormittag auf der Place de la Grange-aux-Dimes einplanen.

Wir befinden uns mittlerweile an der **Côte de Nacre**, der Perlmuttküste, die von Ouistreham bis Courseulles-sur-Mer reicht und mit kleinen, wenig spektakulären Küstenorten gespickt ist, deren touristische Anziehungskraft die lang gestreckten Sandstrände sind. Seit dem D-Day haben sich bei den Bezeichnungen der Strände die Codenamen der Alliierten manifestiert und die Küstenabschnitte werden meist mit dem Sword und Juno Beach gleichgesetzt, an denen britische und kanadische Divisionen landeten. Die Hinterlassenschaften der Operation Overlord sowie die deutschen Verteidigungslinien sind immer noch präsent, jedoch überwiegt im Sommer das Strand- und Badevergnügen.

Juno Beach

In LUC-SUR-MER registrieren wir einen als WOMO-Stellplatz ausgewiesenen Parkplatz an der D514 [**066:** N 49°18'53.9" W 00°20'42.5"; Route du Lion, V/E]. Nicht wirklich schön, aber mit einem kurzen Weg zum Strand und in den Ferienort. Am Strand kann man kleines Meeresgetier wie Miesmuscheln finden, im Ort gibt es hingegen einen wahren Koloss zu entdecken. Im Januar 1885 wurde hier der wohl größte je an einer europäischen Küste angespülte Blauwal gefunden. Das immerhin 19 m lange und 40 t schwere **Skelett des Meeresriesen** ist heute am Rand des gepflegten **Parc de la Balaine** hinter dem Rathaus zu sehen. Das **Musée de la Baleine** hält zahlreiche Informationen über den Wal bereit und berichtet über Legenden und Anekdoten (April - Juni/Sept. Sa/So 15 - 18 Uhr, Juli/Aug. 10 - 12.30/14.30 - 18.30 Uhr, Rue de la Mer, Eintritt. www.maison-delabaleine.com).

Von der Küstenstraße schwenken wir landeinwärts nach DOUVRES-LA-DÉLIVRANDE, um uns die einzige Radarstation der Landungsstrände anzuschauen.

(067)
WOMO-Picknickplatz: Douvres-la-Délivrande, Musée Radar 1944

GPS: N 49°17'07.5" W 00°24'14.1" Route de Bény **max. WOMOs:** 2-3
Ausstattung/Lage: Tische und Bänke, Mülleimer/außerorts.
Zufahrt: Im Ort den Hinweisen zum Museum folgen.

Das **Musée Radar 1944** widmet sich ausschließlich der Geschichte der Radartechnik. Abgesehen vom Leben deutscher Soldaten in den Bunkern und Kasematten wird hier über die

Rolle der Radargeräte im Zweiten Weltkrieg und die Weiterentwicklung ab 1945 anschaulich informiert. Besonders beeindruckend ist der „Würzburg Riese". Drei dieser Radargeräte wurden 1944 fast unbeschadet von der britischen Armee erbeutet und den französischen Streitkräften überlassen (Mitte Mai - Mitte Sept. 10 - 18 Uhr, Mo geschlossen, Informationsmaterial in **deutscher Sprache**, Eintritt. www.musee-radar.fr).

Vom Museum fahren wir zur D404, überqueren diese und gelangen über BASLY Richtung THAON und dann rechts abbiegend nach FONTAINE-HENRY.

Zwischen all den Kriegsgeschichten sowie den Hinterlassenschaften aus Beton und Stahl ist das **Château de Fontaine Henry** eine Augenweide [N 49°16'29.9" W 00°27'06.4"]!

Château de Fontaine Henry

Ein französischer Schriftsteller bezeichnete es gar als „ein Loire-Schloss in der Normandie". Das Bauwerk mit hochgezogenen Pyramidendächern besticht durch einen wunderbaren Renaissancestil, wobei die Treppentürme des Haupttraktes zu den ältesten Teilen gehören. Reiche Verzierungen und feine Steinmetzarbeiten runden das harmonische Bild ab. Alle Räume sind möbliert und werden teilweise von der gräflichen Besitzerfamilie bewohnt. Zum wertvollen Inventar gehören neben persönlichen Erinnerungsstücken, Porzellan und Gemälde von Rubens sowie Rigaud. In einem Schlafzimmer erblicken wir gar einen Tizian. Das Schloss ist von einem Park mit gotischer Kapelle sowie Steinskulpturen umgeben und Nachbildungen historischer Holzspielzeuge laden zum Spiel ein (Ostern - Mitte Juni/Mitte bis Ende Sept. Sa/So/Feiertage 14.30 - 18.30 Uhr, Schlossführungen 15.15/16.45 Uhr, Mitte Juni - Mitte Sept. Mi - Mo 14.30 - 18.30 Uhr, Schlossführungen 15.15/15.15/17.15 Uhr, Eintritt).

Château de Fontaine Henry

Wir bleiben noch ein wenig in dieser Gegend, die zum Bessin gehört und durch die Bocage mit ihren von Hecken und Büschen umgrenzten Äckern und Weiden geprägt wird. Gut zwei Kilometer südlich vom Schloss und außerhalb des kleinen Weilers THAON liegt die alte Pfarrkirche des Dorfes [N 49°15'51.0" W 00°27'10.6"; An der D170]. Die kleine romanische **Ancienne Église Saint-Pierre** aus dem 12. Jh. liegt abseits im abgeschie-

denen Tal des Flüsschen Mue. Rechts neben dem Parkplatz führt ein schattiger Hohlweg hinab zum etwa 500 m entfernten Kirchlein, das einen Glockenturm mit tiefen Zwillingsbögen und ein pyramidenförmiges Dach besitzt. Friedlich ist es hier und wer mag, kann Picknickdecke und -korb mitbringen oder einfach nur die Füße im klaren Wasser des Baches baumeln lassen.
Zurück in Fontaine-Henry wenden wir uns zunächst Richtung CREULLY, durchfahren weite Felder, um dann nach

AMBLIE abzubiegen. In RIEVERS halten wir uns Richtung DOUVRES-LA-DÉLIVRANDE und schon bald hat uns die Operation Overlord wieder eingeholt.
Oberhalb des Küstenabschnitts Juno Beach, an dem die 3. Kanadische Division am 6. Juni 1944 landete, ist der **Cimetière**

Canadien angelegt worden [N 49°18'08.6" W 0°26'58.7"]. Hier haben über 2.000 Soldaten ihre letzte Ruhestätte gefunden. Wie auf anderen Kriegsgräberstätten des Commonwealth sind die hell leuchtenden Gräber der toten Soldaten in Reihen angeordnet und auf den Grabplatten befinden sich Name, Alter, Rang und Name der Einheit sowie das Todesdatum und das Emblem des Regimentes. Manchmal sehen wir auch nur ein Ahornblatt, das für die kanadische Nationalität steht oder ein religiöses Symbol, welches auf die Religionszugehörigkeit hinweist.
In der Nähe des Stellplatzes in BERNIÈRES-SUR-MER erinnert das **Juno Beach Canadian Mémorial** an die Landung der Kanadier.

(068) WOMO-Badeplatz: Bernières-sur-Mer, Cale du Platon

GPS: N49°20'05.7" W00°25'35.6"
Route de Courseulles
max. WOMOs: 3 - 5
Ausstattung/Lage: Ca. 50 m zum Strand, WC, Restaurant direkt am Platz/Ortsrand.
Zufahrt: Im Ort bis zur Küstenstraße D514 fahren, dort links und in einer Linkskurve rechts zum Parkplatz fahren.

Für einen längeren Aufenthalt bieten sich der wenig später folgende **4-Sterne-Campingplatz** oder die weitläufige, große Anlage des städtischen **4-Sterne Campingplatzes** mit direktem Zugang zum Meer in COURSEULLES-SUR-MER an. Direkt davor befindet sich ein WOMO-Stellplatz und ein weiterer am Juno Beach Centre. Auf beiden dürfte es in der Hauptsaison ziemlich beengt sein.

(069) WOMO-Stellplatz: Courseulles-sur-Mer, Le Champ de Course

GPS: N 49°20'05.3" W 00°26'42.5"
Avenue de la Libération
max. WOMOs: 10
Ausstattung/Lage: V/E, Gebühr €€, Strand ca. 200 m entfernt, Restaurants und Geschäfte in der Nähe, Mülleimer/im Ort. Für WOMOs bis 7 m Länge.
Zufahrt: Im Ort den Hinweisen zum Campingplatz folgen.

(070) WOMO-Badeplatz: Courseulles-sur-Mer, Juno Beach

GPS: N 49°20'13.1" W 00°27'54.2"
Voie des Français Libres
max. WOMOs: 5 - 8
Ausstattung/Lage: Strand und Restaurants in der Nähe/außerorts. Für WOMOs bis 7 m Länge.
Zufahrt: Im Ort den Hinweisen zum Juno Beach Centre folgen.

In unmittelbarer Nähe informiert das **Juno Beach Centre** über die Invasion aus kanadischer Sicht [N 49°20'09.2" W 00°27'41.8"], (Feb./Nov./Dez. 10 - 17 Uhr, März/Okt. bis 18 Uhr, April - Sept. 9.30 - 19 Uhr, Eintritt. www.junobeach.org). An dem schwer umkämpften Strandabschnitt sprach der britische Premierminister Winston Churchill bereits am 12. Juni 1944 und nur vier Tage später der englische König George VI. den kämpfenden Truppen Mut zu. Zudem betrat am 14. Juni der bis dahin im Exil lebende General Charles de Gaulle wieder französischen Boden, um durch seine Präsenz den Machtanspruch auf das befreite französische Gebiet zu unterstreichen. Das **Croix de Lorraine** (Lothringer Kreuz) erinnert an diese Begebenheit. Heute ist Courseulles-sur-Mer ein Badeort mit großem Jachthafen und für seine Austernzucht bekannt.

Auf der D514 rollen wir ARROMANCHES-LES-BAINS entgegen, der Gold Beach schließt sich an, kleine Badeörtchen säumen die Straße, das Meer plätschert sacht ans Ufer und Kühe grasen auf den Weiden.

Sommerfrischler blinzeln in die Sonne und Kinder lassen ihre Drachen im Wind Saltos schlagen. Zwischen ASNELLES und ARROMANCHES steigt die Straße an und nichts erinnert an die große Schlacht vor über 70 Jahren ... wären da nicht die Überreste des künstlichen Hafens **Mulberry B**, auf die wir vom Belvédère einen guten Blick haben. Abgesehen vom Invasions-Tourismus, der hier besonders ausgeprägt erscheint, ist der Badeort mit breitem Sandstrand jedoch auch für einen längeren Aufenthalt geeignet. Hierfür bietet sich der städtische **2-Sterne-Camping Municipal d'Arromanche** an [**071:** N 49°20'17.0" W 00°37'35.2"; Avenue de Verdun, 14117 Arromanch-les-Bains, Telefon 0231223678, www.arromanches.com/camping_accueil.htm, Gebühr €€].

(072) WOMO-Stellplatz: Arromanche-les-Bains, Belvédère

GPS: N49°20'21.2" W00°36'52.2" An der D514 **max. WOMOs:** 20
Ausstattung/Lage: Gebühr je €€/Tag u. Nacht, Aussicht, 360°-Kino in der Nähe, Mülleimer/außerorts. Ca. 500 m bergab in den Ort.
Zufahrt: Vor dem Ort rechts an der D514 gelegen.

(073) WOMO-Stellplatz: Arromanche-les-Bains, Ortsmitte

GPS: N49°20'21.2" W00°37'31.3"
Rue François Carpentier
max. WOMOs: 14
Ausstattung/Lage: V/E, Tische und Bänke, WC in der Nähe, Mülleimer/im Ort.
Zufahrt: Im Ort dem WOMO-Piktogramm folgen.

Nahe des Stellplatzes am Belvédère befindet sich auf den Klippen das **Cinema Circulaire 360°**. Im Panoramakino werden die Ereignisse um den 6. Juni 1944 in eindrücklichen Bildern und mit entsprechender Musik in Szene gesetzt (Mai - Aug. 9.40 - 18.10 Uhr, Sept. 10.10 - 18.10 Uhr, Okt. 10.10 - 17.40 Uhr, Nov. - Dez. 10.10 - 17.10 Uhr, Eintritt, ermäßigtes Kombiticket mit Mémorial in Caen. www.arromanches360.com). Im Ortszentrum stellt das **Musée du Debarquement** die verschiedenen Phasen der Landung der Alliierten dar und erläutert den Bau und die Nutzung des künstlichen Hafens Mulberry anhand von Modellen, Bildern und Filmen (Mai - Aug. 9 - 19 Uhr, April/Sept. 9 - 18 Uhr, Okt./März 9.30 - 12.30/13.30 - 17.30 Uhr, Dez./Feb. 10 - 12.30/13.30 - 17 Uhr, Eintritt. www.musee-arromanches.fr). Neben diversen historischen Kettenfahrzeugen fallen in Arromanche Teile der Landungsbrücken auf, über die der Nachschub von Mulberry ans Festland transportiert wurde. Im Ortszentrum befindet sich das **Office de Tourisme** (10 - 12/14 -18 Uhr, im Winter bis 17 Uhr, 2 Rue Maréchal Joffre, Telefon 0231223645, www.ot-arromanches.fr). Von hier gehen wir Richtung Strand und kehren im **Restaurant La Marine** ein, von dem wir einen schönen Blick aufs Meer

einschließlich eines Sonnenunterganges haben und in dem wir ein qualitativ sowie preislich ansprechendes Mahl zu uns nehmen (Mittag- und Abendmenüs, Quai du Canada, Telefon 0231223419, www.hotel-de-la-marine.fr).
Von Arromanches aus kann man unser nächstes Ziel erwandern bzw. von diesem, um im militärischen Jargon zu bleiben, nach Longues-sur-Mer marschieren.

WOMO-Wandertipp: Cap Manvieux und Batterie Longues-sur-Mer

Leichte Wanderung von ca. 12,5 km mit einem sachten An- bzw. Abstieg. Vorsicht: Nicht zu nah an die Abbruchkanten treten!
In Arromanches folgen wir vom Stellplatz in der Ortsmitte der nächstgelegenen Hauptstraße westlich und parallel zum Strand geht es aus dem Ort hinaus. Die Straße geht in den Küstenpfad über, der leicht bergauf zum Hochplateau führt. Etwa 800 m später erreichen wir eine Wegekreuzung und einen geteerten Weg. Bei einem Abstecher nach rechts eröffnet sich am **Cap Manvieux** ein herrlicher Blick auf die Küste und das Meer sowie auf Mulberry. Zurück an der Wegekreuzung folgen wir dem Küstenweg in einem Bogen bis nach Manvieux. Dort schwenken wir an der ersten Möglichkeit rechts und an der nächsten Abzweigung nochmals rechts.

Durch die Felder mit Blick aufs Meer geht es bis zu einem Teerweg, an dem wir uns nach rechts wenden und dann auf dem Küstenweg leicht ansteigend bis zu einem Parkplatz wandern. Hier werden wir später noch einmal vorbeischauen und ihn als Stellplatz markieren. Folgt man rechts dem steil abfallenden Weg hinab zum Meer, gelangt man zum Fuß der Klippen. Hier hat sich die See tief in die Sedimentschichten eingegraben und die oberen Schichten zum Einsturz gebracht. Das Gestein türmt sich in bizarren Formationen auf und wird prägnant als **Le Chaos** bezeichnet. Wieder am Parkplatz gehen wir auf dem Küstenweg weiter bis zu einem Bunker und biegen wenig später links ins Landesinnere ab. Der Weg führt zu den Überresten der deutschen **Gefechtsbatterie Longues-sur-Mer**. In den vier wuchtigen Betonbunkern sind noch die zerstörten 150-Millimeter Kanonen zu sehen, deren Reichweite bei knapp 20 km lagen. In der Nacht zum 6. Juni 1944 von der Royal Air Force heftig unter Beschuss genommen, konnte die Batterie noch bis zum nächsten Abend standhalten, bis sie von Panzerkreuzern endgültig gefechtsunfähig geschossen wurde. Die Anlage diente 1962 als authentische Kulisse für den Film „Der längste Tag" (Führungen in Englisch u. Französisch Juli/Aug. tägl., April - Juni/Sept./Okt. Sa/So 10.15/11.45/14.15/15.45 Uhr, Eintritt). Vor der Batterie halten wir uns links und erreichen einen weiteren Parkplatz. Hier schwenken wir auf der D104 kurz rechts, um dann links durch die Felder über die Hochfläche zu gehen. An der nächsten Möglichkeit folgen wir dem Sträßchen links Richtung Meer, um bald an die vom Hinweg bekannte Gabelung zu kommen, an der es rechts auf gleichem Weg zurück nach Arromanches geht.

Um mit dem WOMO zur Batterie zu gelangen, folgen wir der D514 von Arromanches nach LONGUES-SUR-MER und orientieren uns an den Hinweisen **Batterie de Longues.**

(074)
WOMO-Wanderparkplatz: Longues-sur-Mer, Batterie

GPS: N49°20'44.7" W00°41'22.7"
An der D104 **max. WOMOs:** 2 - 3
Ausstattung/Lage: Wander- u. Radwege, Tisch und Bänke, Off. de Tourisme, WC, ca. 500 m in den Ort mit Geschäften/außerorts.
Zufahrt: Im Ort den Hinweisen zur Batterie folgen.

(075)
WOMO-Wanderparkplatz: Longues-sur-Mer, Le Chaos

GPS: N49°20'44.7" W00°41'22.7"
max. WOMOs: 10
Ausstattung/Lage: Wander- und Radwege, Aussicht, Mülleimer/außerorts, leicht schräg.
Zufahrt: Wie zum vorgenannten Parkplatz, dann der Straße ca. 350 m weiter zum Meer folgen und rechts zum Parkplatz fahren.

Auf der D104 durchfahren wir das von Weiden geprägte Bessin nach BAYEUX. Unterwegs streifen wir die **Abbaye de Sainte-Marie** aus dem 12. Jahrhundert. Das Areal ist in Privatbesitz und es gibt nur eingeschränkte Besichtigungszeiten.

Von Weitem sehen wir schon die Türme der Kathedrale von Bayeux, die zusammen mit dem wohl berühmtesten Teppich der Welt einen Höhepunkt der normannischen Kultur darstellt. Die Möglichkeiten für WOMOs sind klar geregelt: Für den längeren Aufenthalt empfiehlt sich der städtische Campingplatz und für einen Kurzbesuch bevorzugen wir den Stellplatz in der Rue Pierre Trébucien.

(076) WOMO-Stellplatz: Bayeux, Aire de Service de Camping Car

GPS: N 49°16'54.1" W 00°41'46.4"; Voie de la Rivière **max. WOMOs:** 10
Ausstattung/Lage: V/E, Gebühr €/17 - 8 Uhr, Mülleimer/Ortsrand, ca. 600 m ins Zentrum.
Zufahrt: Von der D104 kommend bei Erreichen des Kreisels links auf die D613 Richtung Caen abbiegen, am Campingplatz vorbeifahren und dem WOMO-Piktogramm in die nächste Straße rechts folgen.

(077) WOMO-Stellplatz: Bayeux, Aire de Camping-Car

GPS: N 49°16'36.4" W 00°42'45.7" Rue Pierre Trébucien
max. WOMOs: 10 - 15
Ausstattung/Lage: Gebühr €/17 - 8 Uhr Mülleimer/im Ort, ca. 800 m ins Zentrum.
Zufahrt: Von der D104 kommend bei Erreichen des Kreisels rechts auf die D613 Richtung P Musées abbiegen und am nächsten Kreisel Richtung Caen halten. Zwei weitere Kreisel werden passiert und dann links dem WOMO-Piktogramm folgen.

(078) WOMO-Stellplatz: Bayeux, Musée Mémorial de la Bataille de Normandie

GPS: N 49°16'21.0" W 00°42'38.3" Boulevard Fabian Ware
max. WOMOs: 10
Ausstattung/Lage: Gebühr €/17 - 8 Uhr, Mülleimer/Ortsrand, ca. 1 km ins Zentrum. **Zufahrt:** Wie zum vorgenannten Stellplatz, jedoch der D5 Richtung Caen bis zum Museum weiter folgen. Der Stellplatz liegt rechts des Besucherparkplatzes.

(079) WOMO-Campingplatztipp: Bayeux, Camping Municipal des Bords de l'Aure

GPS: N 49°17'04.0" W 00°41'51.1"; Boulevard Eindhoven
Kontakt: Telefon: 0231920843; www.camping-bayeux.fr
Öffnungszeit/Preis: April - Okt./€.
Ausstattung/Lage. Bouleplatz, Kinderspielplatz, Tischtennis, Benutzung des städtischen Schwimmbades, Geschäfte in der Nähe, Wi-Fi/im Ort, ca. 1 km ins Zentrum.
Zufahrt: Von der D104 kommend bei Erreichen des Kreisels links auf die D613 Richtung Caen abbiegen und zum Campingplatz fahren.

Bayeux

Die rund 15.000 Einwohner zählende Stadt hat eine lange Geschichte hinter sich. Zuerst siedelten hier die Kelten, es folgten die Römer und nach einem bretonischen Intermezzo waren es die normannischen Herzöge, die Bayeux zur Blüte verhalfen. Hier wurde der Sohn von Rollo geboren und der Halbbruder **Wilhelm des Eroberers**, Bischof Odo von Conteville war es wohl, der den heute allseits bekannten Teppich in Auftrag gab. Später, als Rouen an Frankreich fiel, war in Bayeux noch lange die Sprache der Nordmänner zu vernehmen. Der Hundertjährige Krieg und auch die Religionskriege meinten es mit der Stadt nicht gut und ihre Bedeutung schwand. Im Zweiten Weltkrieg hatte Bayeux jedoch Glück, denn es wurde als erste französische Stadt von den Alliierten befreit, sodass ihr das Schicksal der Zerstörung erspart blieb. Die Fußgängerzone und die mit Fachwerkhäusern besäumten schmalen Gassen im Stadtzentrum strahlen heute einen beschaulichen Charme aus. Schön ist auch ein Spaziergang entlang der Aure, an der die Wassermühle für eine nette Atmosphäre sorgt.

Im Mittelpunkt der Stadt steht die **Cathédrale Notre-Dame**, ein Juwel der Romanik und der normannischen Gotik. 1077 durch Bischof Odo geweiht, besticht die dreischiffige Basilika mit Klarheit und Eleganz (8.30 - 19 Uhr, Führungen in engl. und franz. Sprache möglich). Im ehemaligen Palast der Bischöfe ganz in der Nähe ist das **Musée d'Art et d'Histoire Baron Gérard** untergebracht. Es präsentiert prähistorische Funde, mittelalterliche Kunst, Fayencen sowie Gemälde und Spitzenarbeiten und Porzellan (Mai - Sept. 9.30 - 18.30 Uhr, Okt. - April 10 - 12.30/14 - 18 Uhr, Jan./ Febr. geschlossen, Eintritt, ermäßigtes Kombiticket mit den zwei anderen Museen möglich. www.bayeuxmuseum.com). Die Hauptattraktion der Stadt ist aber unbestritten die **Tapisserie de Bayeux**, in der sich alles um das Meisterwerk der romanischen Textilkunst dreht. Das Museum ist in zwei Bereiche unterteilt. Zum einen erläutert eine Ausstellung im ersten Stock des Gebäudes die historische Einordnung des Wandteppichs und weiht uns ein wenig in die Geheimnisse seiner Herstellung ein. Anhand von Burgmodellen und Informationstafeln werden wir ins 11. Jh. entführt und erleben die Kultur zur Zeit der Normannen. Gut gemacht und auch für Kinder nachzuvollziehen! Im unteren Stockwerk wird in einem abgedunkelten Raum das wichtigste Museumsexponat präsentiert.

Cathédrale Notre-Dame

Die Herkunft des Wandteppichs ist nicht sicher belegt. Es wird jedoch vermutet, dass Bischof Odo, Wilhelms Bruder, den Teppich in Auftrag gegeben hat, um seine Kathedrale damit zu schmücken. Untermauert wird diese These damit, dass sich der Bischof sitzend neben Wilhelm und sogar die Keule schwingend verewigen ließ. Im Mittelalter waren die Menschen oft des Lesens und Schreibens nicht mächtig und so sollten sie, ähnlich einem Comic oder einer Dokumentation, wohl auf diese Weise die Eroberung Englands durch Wilhelm erleben können. In 58 handgestickten Szenen wird die Sicht der Sieger wiedergegeben und zeigt, wie der englische Gesandte Harold dem normannischen Herzog den Vasalleneid leistet. Als Harold sich später zum englischen König krönen ließ, Wilhelm jedoch selbst diesen Titel beanspruchte, wurde nach normannischer Lesart der Eid gebrochen und es war aus mit der Freundschaft. Um seinen Anspruch durchzusetzen, ließ Wilhelm eine Schiffsflotte bauen und segelte mit

Teppich von Bayeux

seinem ganzen Tross gen England. In der Schlacht von Hastings im Jahr 1066 fiel Harold, Wilhelm erlangte in den Folgemonaten die Herrschaft über ganz England, ließ sich zum englischen König krönen und hieß fortan Wilhelm der Eroberer. Soweit die Kurzfassung der Geschichte, die auf 70 m Länge und 50 cm Breite hinter Glas viel umfassender und vor allen Dingen detaillierter dargestellt wird. Die Engländer sind an Schnauzbärten und langen Haaren zu erkennen, die Normannen am kahl geschorenen Nacken. Wir sehen den Mont St. Michel und den Halleyschen Kometen, der als böses Omen für Harold galt. Fasziniert schauen wir auf die fein herausgearbeitete Kleidung der Protagonisten, betrachten Ritter in voller Rüstung und Schützen mit gespannten Bögen. Auch wenn man sich in der Hauptsaison schon sehr anstrengen muss, um eine langandauerne Sicht auf dieses Meisterwerk der gestickten Erzählkunst, das seit 2007 zum **Unesco Weltdokumentenerbe** gehört, zu erlangen, sollte man unter gar keinen Umständen auf einen Besuch des Museums verzichten (März - Okt. 9 - 18.30 Uhr, Mai - Aug. bis 19 Uhr, Nov./Dez./Feb. 9.30 - 12.30/14 - 18 Uhr, Eintritt, ermäßigtes Kombiticket mit den zwei anderen Museen möglich. Ein **Audioguide in deutscher Sprache** ist unerlässlich, um einen tieferen Einblick in die Geschichte des Teppichs zu erhalten! www.bayeuxmuseum.com).

Musée Mémorial de la Bataille de Normandie

Bayeux ist gut zu Fuß zu erschließen und die Beschilderung führt uns zu allen Sehenswürdigkeiten und zum **Office de Tourisme** (Jan. - März/Nov./Dez. Mo - Sa 9.30 - 12.30/14 -17.30 Uhr, So/Feiertage 10 - 13/14 - 17.30 Uhr, April - Juni/Sept./Okt. Mo - So/Feiertage jeweils bis 18 Uhr, Juli/Aug. Mo - Sa 9 - 19 Uhr, So/Feiertage 9 - 13/14 - 18 Uhr, Pont Saint-Jean, www.bayeux-bessin-tourisme.com). Hier werden z. B. **Stadtführungen** in englischer und französischer Sprache angeboten, man erhält aber auch eine **deutschsprachige Broschüre**, die mit den wichtigsten Informationen gespickt ist. Um nicht alle Wege zu Fuß absolvieren zu müssen, besteigt man **Le p'tit Train**. Das Touristenbähnchen fährt auf seiner Erkundungsfahrt durch die historische Altstadt bis zum Musée Mémorial sowie zum britischen Soldatenfriedhof und hält auf Nachfrage für eine Besichtigung an (Mitte März - Sept. Haltestellen Office de Tourisme, Kathedrale, Juni - Mitte Sept. auch Haltestellen Musée Mémorial, Mi nur Haltstelle Kathedrale, Gebühr).

Östlich des Office de Tourisme befindet sich das wohl beste Restaurant der Stadt. Wir haben es nicht besucht, möchten es aber wegen der guten Empfehlung nennen: **Restaurant Le Lion d'Or** (Mittag- und Abendmenüs, 71 Rue Saint-Jean, Telefon 0231920690, www.liondor-bayeux.fr). Von der sehr guten regionalen Küche zu einem angemessenen Preis im **Restaurant Le Pommier** hinter der Kathedrale sind wir jedoch überzeugt (Mittag- und Abendmenüs, Telefon 0231215210, 38-40 Rue des Cuisiniers, www.restaurantlepommier.com).

Auch wenn Bayeux während des Zweiten Weltkriegs nicht zerstört wurde, so sind die Kriegsgeschehnisse doch präsent. Im **Musée Mémorial de la Bataille de Normandie** wird in chronologischer Reihenfolge die Schlacht in der Normandie geschildert. Das Museum präsentiert zusätzlich eine sehr umfangreiche Sammlung von historischen Fahrzeugen, Geschützen und Uniformen der alliierten Landungstruppen (Ende Jan. - April/Okt. - Dez. 10 - 12.30/14 - 18 Uhr, Mai - Sept. 9.30 - 18.30 Uhr, Eintritt, ermäßigtes Kombiticket mit den zwei anderen Museen möglich. www.bayeuxmuseum.com). Schräg gegenüber des Museums befindet sich der **Cimetière Militaire Britannique**. Die Kriegsgräberstätte ist der größte britische Soldatenfriedhof des Zweiten Weltkriegs auf französischem Boden. Hier ruhen an die 4.000 britische und kanadische Soldaten, aber auch Australier, Neuseeländer, Südafrikaner, Polen, Russen, Franzosen, Tschechen, Italiener und Deutsche. Die britische Tradition gebietet es, Soldaten dort zu bestatten, wo sie gefallen sind. Deshalb liegen die britischen Soldatengräber an sehr unterschiedlichen Orten. Allein im Département Calvados gibt es 19 Soldatenfriedhöfe. Das gegenüberliegende Mahnmal trägt die Namen von 1.801 Soldaten des Commonwealth, deren Überreste nicht gefunden oder nicht identifiziert werden konnten. Die Inschrift der Gedenkstätte erinnert auch an Wilhelm, den Eroberer: „Wir, die wir einst von Wilhelm besiegt wurden, haben nun das Heimatland des Siegers befreit."
Nur wenige Schritte entfernt werden die Kriege nach 1945 ins Bewusstsein gerufen. Etwa 30 helle Stelen im Park des **Mémorial des Reporters de Guerre** tragen mehr als 2.000 Namen der Kriegsberichterstatter, die seit 1944 bis heute weltweit in der Ausübung ihres Berufes ums Leben kamen.

Auf der D6 geht es wieder ans Meer nach PORT-EN-BESSIN-HUPPAIN. Der von Klippen umgebene Ort bezeichnet sich selbst als Stadt, deren Hafen das ganze Jahr über lebt. Kein Wunder, sind wir doch in einem der bedeutendsten Fischereihäfen der Normandie. Davon kann man sich überzeugen, wenn am späten Nachmittag die kleinen und großen Fischereischiffe einlaufen und ihren Fang in der **Fischauktionshalle** anbieten (Führungen Juli/Aug. jeden 2. Dienstagabend). Das maritime Leben

kann auch bei weiteren geführten Touren, jedoch meist nur in französischer oder englischer Sprache, erkundet werden. Informationen hierzu sind im **Office de Tourisme** zu erhalten (Juli/Aug. 10 - 13/14 - 18.45 Uhr, Sept. - Mitte Nov. bis 18 Uhr, Mitte Nov. - Dez. bis 17 Uhr, Quai Baron Gérard, Telefon 0231224580, www.bessin-normandie.com). Die Hauptaktivität der Fischer liegt bei der Hochseefischerei vor der Südwestküste Englands und beim Schleppnetzfang von Jakobsmuscheln in der Seinebucht. Reizvoll ist am Sonntagvormittag der **Fischmarkt** am Kai, auf dem natürlich auch Jakobsmuscheln angeboten werden. Rechts des Hafenbeckens kann man ein kleines Wunder der Natur betrachten, denn dort sammeln sich Abertausend durch die Strömung angetriebene Muschelschalen, die einem bizarren Kunstwerk gleichen. Fangfrische und leckere Fischgerichte sind im **Hafenrestaurant Fleur de Sel** zu genießen (Mittag- und Abendmenüs, Nebensaison Di/Mi Ruhetag, 6 Quai Félix Faure, Telefon 0231217301). Lohnend ist der kurze Aufstieg zu einem im 17. Jh. vom Festungsbaumeister Vauban errichteten Turm, von dem sich ein toller Blick auf den Hafen bietet.

(080) WOMO-Stellplatz: Port-en-Bessin-Huppain, Aire de Camping-Car

GPS: N 49°20'44.8" W 00°45'30.2"
Rue du 11 Novembre
max. WOMOs: 24
Ausstattung/Lage: V/E am Super U, Gebühr €/Nacht, Mülleimer/Ortsrand, ca. 500 m zum Hafen.
Zufahrt: Im Ort Richtung Grandcamp-Maisy den WOMO-Piktogrammen folgen.

Wir folgen der Straße Richtung GRANDCAMP-MAISY und streifen einen netten Stellplatz in SAINTE-HONORINE DES PERTES.

(081) WOMO-Stellplatz: Sainte-Honorine-des-Pertes, Aire de Camping-Car

GPS: N49°20'52.6" W00°49'00.1" Route d'Omaha Beach
max. WOMOs: 30
Ausstattung/Lage: V/E, Gebühr €€/Nacht incl. Strom, Kiosk/ Ortsrand.
Zufahrt: Im Ort den WOMO-Piktogrammen folgen.

In COLLEVILLE-SUR-MER fällt uns zuerst nur der Hinweis für eine Cidre- und Pommeau-Verkostung auf. Doch bei näherer Betrachtung gehört zu diesem Bauernhof mit Hofladen auch ein idyllisch gelegener Stellplatz auf der gegenüberliegenden Straßenseite an den Pferdeweiden.

(082) WOMO-Stellplatz: Colleville-sur-Mer, La Ferme du Clos Tassin

GPS: N49°20'55.3" W00°50'21.3" 498 Route d'Omaha Beach
max. WOMOs: 10
Ausstattung/Lage: Wasser, Gebühr €/Nacht zzgl. Kurtaxe, Tisch und Bänke, Mülleimer, Hofladen zu dem morgens der Bäcker kommt/im Ort.
Zufahrt: Im Ort an der D514 auf den Hinweis Clos Tassin achten und gegenüber der Einfahrt zum Bauernhof zum Stellplatz fahren.

Bei der Weiterfahrt gelangen wir an einen Kreisverkehr, an dem das **Overlord Museum** vor allem diverses Kriegsgerät

präsentiert (März - Mai/Okt. 10 - 18 Uhr, Juni - Aug. 9.30 - 19 Uhr, Sept. 9.30 - 18 Uhr, Nov./Dez./Feb. 10 - 17 Uhr, Eintritt. www.overlordmuseum.com). Wir schwenken am Kreisel rechts und fahren zu einem der eindrucksvollsten Plätze der Invasionsküste [N 49°21'24.4" W 00°51'07.0"].

Der **Omaha Beach** war der am D-Day am härtesten umkämpfte Strandabschnitt. Die Landung der amerikanischen Truppen stand unter einem ungünstigen Stern, da es den Bombern nicht gelungen war, die deutschen Stellungen auszuschalten und von 30 Panzern erreichten später nur zwei mit ihren Besatzungen den Strand. Die aus den Landungsbooten stürmenden Soldaten wurden vom deutschen Maschinengewehrfeuer regelrecht niedergemäht, sodass anfangs nur einer von zehn Soldaten lebend den Strand erreichte.

Cimetière Américain

Der amerikanische Soldatenfriedhof bei Colleville-sur Mer ist nicht nur das bekannteste Mahnmal gegen den Krieg, sondern nach dem Mont-Saint-Michel eines der am häufigsten besuchten Ziele in der Normandie. Am östlichen Rand von Omaha Beach wird im streng bewachten Besucherzentrum die Tragweite und Bedeutung der Operation Overlord auf nachhaltige Weise geschildert.

Im Garten der Vermissten sind an einer halbkreisförmigen Wand die Namen von 1.557 verschollenen Soldaten eingraviert Eine Bronzerosette neben den Namen kennzeichnet jene, die später doch gefunden und identifiziert wurden. In der Mitte des Ehrenmals blickt eine Statue nach Westen und erinnert an den „Spirit of American Youth". Große Karten und Texte in den Kolonaden erläutern die Operation der Alliierten in der Normandie sowie Nordwesteuropa und von einem Aussichtspunkt bietet sich ein weiter Blick über Omaha Beach. Dort beschreibt eine Orientierungstafel beschreibt die Bewegungen der Truppen in den ersten Tagen der Invasion. Vom Ehrenmal schauen die Besucher über ein Wasserbecken auf eine weiße Kapelle, die inmitten des Friedhofs steht. Auf den immergrünen Rasenflächen erinnern 9.387 weiße Marmorkreuze und Davidsterne in präzise ausgerichteten Reihen auf zehn Gräberfeldern an einen Teil der zahlreichen Opfer der amerikanischen Landungstrup-

pen. Wer einmal diesen ungewöhnlichen Ort der Erinnerung und Mahnung besucht hat, wird ihn nicht so schnell vergessen □□ und das nicht nur wegen seiner exponierten Lage hoch über dem Omaha Beach (Mitte April - Mitte Sept. 9 - 18 Uhr, ansonsten 9 - 17 Uhr. www.abmc.gov)!

Auf dem **Circuit de la Plage d'Omaha** kann der gesamte Strandabschnitt zu Fuß erkundet werden.
Wir nähern uns nun SAINT-LAURENT-SUR-MER und fahren hinab zu einem Parkplatz am Omaha Beach [N 49°22'14.6" W 00°52'50.1"; Avenue de la Libération]. Das **Musée Mémorial d'Omaha Beach** dokumentiert die Ereignisse des D-Day (März 10 - 18 Uhr, April/Mai 9.30 - 18.30 Uhr, Juni - Aug. 9.30 - 19.30 Uhr, Sept. - Nov. 9.30 - 18 Uhr, Eintritt. www.musee-memorial-omaha.com). Am Strand fällt die monumentale Metallskulptur **Les Braves** auf. Das von der französischen Künstlerin Anelore Banon entworfene Denkmal soll die Hoffnung und den Mut der Soldaten symbolisieren, die sich im Kampf um die Freiheit verbrüdern.
Heute lädt der herrliche, lange Sandstrand zum Spaziergang ein oder Sulky-Fahrer lassen ihre Pferde bei Ebbe durch den Sand traben. Nach dem bisher Gesehenen und Erlebten folgen wir der Küstenstraße ein wenig nachdenklich und sind zwiegespalten, ob wir einfach nur die Küstenlandschaft genießen oder doch eher betroffen an die Vergangenheit denken sollen. Wir entscheiden uns dankbar für die Gegenwart, denn nur so können wir dem Kämpfen und Sterben junger Menschen an diesem ansonsten so wundervollen Flecken Erde einen Sinn abringen!
Wir entfernen uns vom Wasser und erreichen wieder die D514, der wir in westlicher Richtung weiter folgen. Es wird ein schön gelegener **Campingplatz** in VIERVILLE-SUR MER gestreift und wenig später lockt ein WOMO-Piktogramm durch die schmale

Skulptur Les Braves am Omaha Beach

Einfahrt auf das rückwärtige Areal eines Bauernhofes. Von den großzügig bemessenen Stellplätzen hat man einen schönen Blick ins Grüne.

(083) WOMO-Stellplatz: Englesqueville-la-Percée, Ferme de la Rouge Fosse

GPS: N 49°23'12.0" W 00°56'54.3" Le Haut Chemin **max. WOMOs:** 6
Ausstattung/Lage: V/E, Gebühr €/Nacht inkl. Strom, Mülleimer/ Ortsrand.
Zufahrt: Von der D514 kurz vor dem Abzweig D125 nach Englesqueville-la-Percée links dem WOMO-Piktogramm hinter das Gehöft folgen.

Die Straße führt uns nun zum **Pointe du Hoc**, einem Kalkplateau aus der Jurazeit, das abrupt mit steilen Klippen am Meer endet und den westlichen Rand des Omaha-Beach markiert [N 49°23'31.5" W 00°59'24.2"]. Die grandiose und weite Aussicht über das Meer und die Küste bis zum weiter westlich gelegenen Cotentin bot für die deutsche Wehrmacht ideale strategische Voraussetzungen. Den Alliierten war deshalb daran gelegen, die hier errichtete deutsche Gefechtsbatterie so schnell wie möglich einzunehmen. In den frühen Morgenstunden des 6. Juni 1944 erfolgten die ersten Bombardements aus der Luft sowie von Panzerkreuzern vom Meer her. 225 speziell ausgebildete Ranger versuchten mit Seilen und mit Leitern die Klippen vom Wasser aus zu erstürmen und stießen auf erbitterten Widerstand. Unter großen Verlusten erreichten nur noch 90 kampffähige Soldaten das Plateau, um dort zunächst eingekesselt zu werden und erst durch militärische Unterstützung von Land die Stellung endgültig einzunehmen. Eine Granitsäule am Rand der Klippen erinnert an die Gefal-

Pointe du Hoc

lenen und tiefe Bombentrichter sowie zerstörte Bunker zeugen noch heute von den heftigen Kämpfen (Besucherzentrum April - Okt. 10 - 13/14 - 18 Uhr, Nov. - März Fr - Mo 9 - 13/14 - 17 Uhr, Eintritt. Der Zugang zur Pointe du Hoc ist freizugänglich, keine Hunde auf dem Gelände erwünscht).

Durch die von der durch Bocage geprägte Landschaft sind wir im Nu in GRANDCAMP-MAISY, wo uns am Ortseingang die **Statue pour la Paix dans le Monde**, eine Metallstatue für den Weltfrieden, in überdimensionaler Größe empfängt. In dem beschaulichen Fischerort spielt sich das Leben rund um den Hafen ab, an dem sich alles um den letzten Fang dreht, der jeden Tag in der offenen **Fischhalle** angeboten wird. Am besten wird der zubereitete Fisch im **Restaurant La Marée** auf die Teller gebracht, das über eine Sonnenterrasse mit Blick auf den Hafen verfügt (Mittag- und Abendmenüs, 5 Quai Henri Chéron, Telefon 0231214100, www.restolamaree.com). Grandcamp-Maisy ist für seine Austern sowie Jakobsmuscheln in ganz Frankreich bekannt und vom kleinen **Campingplatz**, der zentral am Hafen gelegen ist, gibt es einen direkten Strandzugang.

(084) WOMO-Stellplatz: Grandcamp-Maisy, Aire Communale

GPS: N 49°23'10.7" W 01°02'15.5"
Rue du Moulin d'Odo
max. WOMOs: 14
Ausstattung/Lage: V/E, €€/Nacht, Tische und Bänke, Grillplatz/Ortsrand, ca. 1 km ins Zentrum und zum Hafen.
Zufahrt: Im Ort Richtung Osmanville fahren und den WOMO-Piktogrammen folgen.

Der D514 folgend und dann Richtung LA MER abbiegend, wird der **Parc á huitres** erreicht. Dort kann man bei **Alain Pourtier** frische Austern kaufen oder die **Austernzucht** besichtigen [N 49°22'58.4" W 01°05'04.5"]. Die Vermittlung übernimmt das **Office de Tourisme** (Juni - Sept. 10 - 13/14 - 18.30 Uhr, So Nachmittag geschlossen, April/Mai Di - So 9.30 - 12.30/14 - 18 Uhr, Di/So Nachmittag geschlossen, ansonsten eingeschränkte Öffnungszeiten, 118 Rue Aristide Briand, Telefon 0231226244, www.isigny-grandcamp-intercom.fr). An der Strandpromenade dokumentiert das kleine private **Musée des Rangers** die Ereignisse an der Pointe du Hoc und von der Straße nach OS-

MANVILLE ist die ehemalige deutsche **Batterie Maisy** mit langen Schützengräben, Tunneln und Gefechtsstellungen zu erreichen (Juni - Sept. 10 - 18 Uhr, Eintritt. www.maisybattery.com). Im Ort orientieren wir uns nach LA CAMBE, um den letzten großen Soldatenfriedhof dieser doch sehr kriegslastigen Tour zu besuchen. Der **Cimetière militaire allemand** ist ausgeschildert und die Zufahrt durch den

Friedenspark mit 1.200 Ahornbäumen beeindruckend [N 49°20'35.5" W 01°01'32.5"]. Mit etwa 21.200 Gräbern ist der deutsche Soldatenfriedhof in La Cambe der größte von weiteren fünf in der Normandie. Im Gegensatz zu den alliierten Kriegsgräberstätten ist dieser Friedhof einfach und nüchtern angelegt. Auf einem Hügel in der Mitte der in dunklen Farben gehaltenen Anlage befindet sich ein großes Kreuz mit zwei lebensgroßen Steinfiguren. Von hier blickt der Besucher auf dunkle Steinkreuze, die in Fünfergruppen auf der Rasenfläche unter mächtigen Eichen angeordnet sind. Schlichte Bodenplatten weisen auf die Doppelgräber der Gefallenen hin und es scheint, als ob über allem ein Hauch von Kummer und Schwermut weht. Das gegenüberliegende **Informationszentrum** unter der Ägide des Volksbundes Deutscher Kriegsgräberfürsorge möchte in einer Dauerausstellung zum Nachdenken über Krieg und Frieden anregen (9 - 19 Uhr, im Winter bis 17 Uhr, www.friedenspark.de/rundgang/lacambe.htm).

Auf der N13 Richtung CHERBOURG steuern wir ISIGNY-SUR-MER entgegen. Gleich hinter der 1. Abfahrt in den Ort, macht uns die große Molkerei darauf aufmerksam, wofür Isigny bekannt ist. Von den saftigen Weiden des Umlandes kommt die

Milch für die wohl berühmteste Butter der Welt. Die **Beurre d'Isigny** wird in jedem guten Restaurant Frankreichs verwendet und im kleinen Ladengeschäft der Molkerei kann man sie für den Geschmackstest erwerben. Unser Fazit: Frische Isigny-Butter auf knackigem Baguette, dazu noch Käse oder Austern – Leben wie Gott in Frankreich!

Täglich liefern die Bauern die Milch in der Fabrik an, damit sie dort zu Crème fraîche d'Isigny, Camembert normand und eben für die Butter verarbeitet wird. Die Butter findet natürlich auch bei der Herstellung von Karamell Verwendung und die verführerischen Bonbons müssen sich ebenfalls einem „Tasting" unterziehen [N 49°18'35.7" W 01°06'05.7"; ZA Isypôle; gut über die 2. Ausfahrt von der N13 nach Isigny zu erreichen]. Neben dem Einkauf in der Boutique von **Caramels d'Isigny**, kann man in der gläsernen Manufaktur die Produktion verfolgen (Feb./März/Okt. Mo - Fr 10 - 13/14 - 17 Uhr, April - Juni/Sept. Mo - Sa 9 - 13/14 - 17 Uhr, Juli/Aug. Mo - Sa 9 - 18 Uhr, Eintritt. www.caramels-isigny.com).

Am Ufer der Vire und am Sportboothafen gelegen, befindet sich ein Stellplatz, der sich in WOMO-Kreisen großer Beliebtheit erfreut und oft überbelegt ist. Wer einen Platz gefunden hat und vom Hunger geplagt wird, dem können wir das **Restaurant De France** im gleichnamigen Hotel an der Durchgangsstraße empfehlen. Zu den regionalen Spezialitäten gehören natürlich eine ordentliche Käseplatte und Austern (Mittag- und Abendmenüs, 13 Rue Émile Demagny, Telefon 0231220033, www.hotel-france-isigny.fr).

(085) WOMO-Stellplatz: Isigny-sur-Mer, Aire Communale

GPS: N 49°19'17.8" W 01°06'15.4" Quai Neuf **max. WOMOs:** 6
Ausstattung/Lage: V/E, Strom, max. Aufenthalt 48 Std., Geschäfte und Restaurants in der Nähe, Mülleimer/Ortsrand, ca. 400 m in den Ort. **Zufahrt:** Von der N13 an der 1. Abfahrt nach Isigny-sur-Mer/Le Port fahren. Im Ort hinter der Brücke über die Vire rechts dem WOMO-Piktogramm folgen.

Carentan - Sainte-Mère-Église - Valognes - Saint-Vaast-la-Hogue - Barfleur - Réthoville - Fermanville - Cherbourg-Octeville

Stellplätze: Carentan, Saint-Côme-du-Mont, La Madeleine, Ravenoville Plage, Sainte-Mère-Église, Montebourg, Valognes, Saint-Vaast-la-Hogue, Reville, Barfleur, Gatteville-le-Phare, Réthoville, Cosqueville, Le Freval Plage, Fermanville, Cherbourg-Octeville.

Campingplätze:	La Madeleine Camping Utah; Beach, Ravenoville Plage, Le Cormoran, Camping Les Îles; Valognes Camping Municipal Le Bocage; Saint-Vaast-la-Hogue Camping la Gallouette; Reville Camping Municipal de Jonville; Barfleur Camping Municipal La Blanche Nef.
Ver- u. Entsorgen:	Carentan, La Madeleine, Ravenoville, Sainte-Mère-Église, Montebourg, Valognes, Saint-Vaast-la-Hogue, Reville, Barfleur, Cherbourg-Octeville.
Besichtigen:	Carentan Maison du Parc; Saint-Côme-du-Mont Dead Man's Corner, D-Day Experience; Utah Beach Musée du Débarquement, Higgins Boat Monument; Sainte-Mère-Église Musée Airborne, Ferme-Musée du Cotentin; Écausseville Hangar á Dirigeables; Valognes Hôtel de Beaumont, Musée Régional du Cidre, Musée de l'Eau de Vie et des Vieaux Métiers; Sainte-Vaast-la-Hogue Austernbänke, Fort de la Hogue, Île de Tatihou; La Pernelle Panoramaaussicht; Barfleur Stadtbild, Phare de Gatteville; Réthoville Moulin de Marie Ravenel; Bretteville Allée couverte; Cherbourg-Octeville Musée de la Libération, Fort du Roule, Musée Thomas Henry, Manufacture des Parapluies, Basilique Sainte Trinité, Parc Emmanuel-Liais, Musée Emmanuele Liais, Cité de la Mer.
Wandern:	Carentan, Barfleur, Fermanville.
Baden:	La Madeleine, Ravenoville Plage, Saint-Vaast-la-Hogue, Reville, Barfleur, Cosqueville, Le Fréval Plage, Fermanville.
Essen:	Carentan Restaurant L'Auberge Normande; Sainte-Mère-Église Crêperie Cauquigny; Barfleur Brasserie Café de France; Cherbourg-Octeville Café de l'Etoile, Restaurant La Faitout.

In den nächsten beiden Touren werden wir den nordwestlichen Teil der Normandie bereisen, der zum **Département Manche** gehört und von der Halbinsel Cotentin geprägt ist. 355 km Küstenlinie umschließen das Dèpartement und das Landesinnere ist vergleichsweise dünn besiedelt. Der von den Römern unter Kaiser Constantinuns Chlorus (ca. 250 - 306) genannte Landstrich „Constantinus Pagus" trug später die Bezeichnung Costentin, aus dem sich im Laufe der Jahrhunderte **Cotentin** ableitete. Ungefähr die Hälfte des Verwaltungsbezirkes bedeckt der **Parc naturel régional des Marais du Cotentin et du Bessin**. Von den 145.000 ha umfassen etwa 27.000 ha Marschland und Polder. Das ehemals als „Marais de Carentan" bezeichnete Sumpfgebiet ist von zahlreichen Kanälen durchzogen und bietet mit Mooren sowie der Bocage eine artenreiche Flora und Fauna.

Pyramiden-Hundswurz

In Isigny-sur-Mer setzen wir uns wieder auf die N13 Richtung CHERBOURG, um diese bald nach CARETAN und zur D974 zu verlassen. Für den längeren Aufenthalt in der Stadt, die sich gerne als „Tor zum Cotentin“ bezeichnet, bietet sich der neben dem Stellplatz gelegene **3-Sterne Campingplatz** an.

(086) WOMO-Stellplatz: Carentan, Aire de Camping-Car La Port

GPS: N49°18'32.7" W01°14'21.0" Chemin du Grand Bas Pays
max. WOMOs: 12
Ausstattung/Lage: V/E, Strom, €€/24 Std., Schranke, Mülleimer/ Ortsrand, ca. 500 m in den Ort. Siehe Wissenswertes: S. 299.
Zufahrt: Im Ort den Hinweisen zum Port de Plaicance und den WOMO-Piktogrammen folgen.

Carentan

Das kleine Landstädtchen, das sich in die Bucht von Les Veys schmiegt und durch einen Kanal mit dem Meer verbunden ist, profitiert vom landwirtschaftlich bestimmten Umland. Sehenswert sind die **Église Notre-Dame** mit einer eleganten Südfassade und die für die Normandie untypische **Häuserfront mit Arkaden** an der Place de la République. Hier findet am Montagmorgen der **Markt** statt und das **Office de Tourisme** ist auch nicht weit (Okt. - März Mo - Fr 9.30 - 12.30/14 - 18 Uhr, April - Juni/Sept. Mo - Sa 9.30 - 12.30/14 - 18 Uhr, Juli/Aug. Mo - Fr 9 - 18.30 Uhr, Sa 9.30 - 12.30/14 - 18.30 Uhr, So 10 - 13 Uhr, 24 Place de la République, Telefon 0233712350, www.ot-baieducotentin.fr). Für die Einkehr empfiehlt sich das ausgezeichnete **Restaurant L'Auberge Normande** mit einem ansprechenden Preis-/Leistungsverhältnis (Mittag- und Abendmenüs, 11c Boulevard de Verdun, Telefon 0233422828, www.aubergenormande.com).

Etwas außerhalb Richtung Saint-Côme-du-Mont liegt das **Maison du Parc** (Jan. - März/Okt. - Mitte Dez. Di - So 9 - 13/14 - 17.30 Uhr, April - Juni/Sept. Di - So/Feiertage/Ferien 10 - 13/14 - 18.30 Uhr, Juli/Aug. 10 - 18.30 Uhr, Vogelschutzgebiet geschlossen Ende Sept. - Angang Okt., www.parc-cotentin-bessin.fr). Im Naturparkhaus sind alle Informationen über den Regionalpark Cotentin-Bessin erhältlich und es ist der ideale Ausgangspunkt für die Erkundung des Sumpflandes. Je nach Jahreszeit führt z. B. ein 2 bis 5 km langer **Lehrpfad** auf eine Entdeckungstour zu Flora und Fauna oder das Naturschutzgebiet kann bei einer **Bootstour**

mit einem Naturparkführer erlebt werden (Hunde auf dem Lehrpfad nicht gestattet). Eine Broschüre in englischer Sprache informiert über weitere Naturerkundungswege im gesamten Naturpark.

Wir verlassen Carentan auf der D974 Richtung SAINT-CÔME-DU-MONT.

Auch in und um Carentan tobten die Kämpfe der Operation Overlord und der Stadt kam aufgrund ihrer geografischen Lage eine Schlüsselposition zu. Damit die amerikanischen Truppen einen Brückenkopf zwischen Omaha sowie Utah Beach bilden konnten, musste die Stadt unbedingt erobert werden und die erbitterten Kämpfe gingen als „Schlacht um Carentan" in die Militärgeschichte ein. Etwa 3 km nördlich befand sich an einer Kreuzung das Hauptquartier der deutschen Truppen. In jenem Gebäude befindet sich heute **Dead Man's Corner**. Das Museum dokumentiert anhand authentischer Ausstellungsstücke aller Kriegsparteien, wie es amerikanischen Fallschirmspringern gelang, die Landungsabschnitte Utah und Omaha Beach miteinander zu verbinden. Gleich daneben wird im **D-Day Experience** die Landung der Fallschirmspringer auf ungewöhnliche Weise er-

lebbar. Der Vergleich mit einem Fahrgeschäft in einem Vergnügungspark ist vom Betreiber gewollt, denn so, meint er, werden über 70 Jahre nach Kriegsende auch junge Menschen an die dunkle Zeit der Geschichte herangeführt und beschäftigen sich nachfolgend damit. Die Argumentation wirkt ein wenig befremdlich auf uns, aber der Andrang von Besuchern scheint ihm offensichtlich Recht zu geben. Multimedial werden wir von einem Offizier für unseren „Einsatz" gebrieft, besteigen anschließend einen Lufttransporter C-47 und machen uns auf den Weg nach Frankreich. Was in den nächsten 10 Minuten folgt, ist die annähernd perfekte Illusion eines Fluges ins Einsatzgebiet in der Normandie. Zwischendurch versichern wir uns tatsächlich gegenseitig, dass wir weiterhin auf festen Boden stehen und uns trotz Durchschüttelns, Rauchentwicklung und Bruchlandung rein gar nichts geschehen kann – irgendwie unheimlich und faszinierend zugleich (Okt. - März 10 - 18 Uhr, April - Sept. 9.30 - 19 Uhr, Eintritt, ermäßigtes Kombiticket für beide Museen möglich. www.paratrooper-museum.org/de/index.html).
Wie auch immer man den Museen und der Fluganimation gegenübersteht, Wohnmobilisten sind auf dem Parkplatz gern gesehen und es gibt sogar eine Übernachtungsmöglichkeit [**087:** N 49°19'47.2" W 01°16'03.3"; Village d l'Amont].
Richtung SAINTE-MÈRE-ÈGLISE folgen wir der D913 zum **Utah Beach**. Von einer Anhöhe haben wir bereits einen Blick aufs Meer und rollen hinab zum Strand. Die Amerikaner stießen bei der Landung 1944 hier nur auf wenig Widerstand und der Küstenabschnitt sowie das Hinterland wurden relativ schnell unter Kontrolle gebracht. Im **Musée du Débarquement** werden diese Ereignisse ausführlich geschildert (Okt. - Mai 10 -

18 Uhr, Juni - Sept. 9.30 - 19 Uhr, Eintritt. www.utah-beach.com). Neben dem Museum fällt das **Higgins Boat Monument** auf, das an den Entwickler und Erbauer der Boote, die für die Landungsoperation benötigt wurden, erinnert. Die eckigen Fahrzeuge beförderten 36 Soldaten, die bei Erreichen des Strandes über eine Rampe schnell ans Ufer gelangen konnten.

Die Sommerurlauber scheinen sich heute jedoch mehr für den schönen Sandstrand zu interessieren und es gibt mehrere Möglichkeiten für einen Aufenthalt. Vom Stellplatz über den einfachen Campingplatz und jenen mit allem „Schnick und Schnack" hat man bis RAVENOVILLE die Freude der Wahl.

(088) WOMO-Stellplatz: La Madeleine, Aire de Camping-Car

GPS: N49°25'04.1"W01°11'11.7"
max. WOMOs: 41
Ausstattung/Lage: V/E, Strom, Mülleimer, Gebühr €€/24 Std., Schranke/Ortsrand, ca. 500 m zum Strand.
Siehe Wissenswertes: S. 299.
Zufahrt: Bei Erreichen der D421 Richtung Ravenoville fahren und nach ca. 700 m links in die Straße zum Campingplatz Utah Beach fahren. Nach ca. 500 m liegt der Stellplatz auf der rechten Seite.

(089) WOMO-Campingplatztipp: La Madeleine, Camping Utah Beach***

GPS: N 49°25'10.5" W 01°10'53.6"
Kontakt: Telefon 0233715369; www.camping-utahbeach.com/de/
Öffnungszeit/Preis: April - Okt./€€ - €€€.
Ausstattung/Lage: Imbiss, Shop, Pool, Jacuzzi, Sauna, Animation für Kinder, Bouleplatz, Waschmaschine, Wäschetrockner usw./außerorts, nur durch die Küstenstraße vom Strand getrennt.
Zufahrt: Bei Erreichen der D421 Richtung Ravenoville fahren und nach ca. 700 m links in die Straße zum Campingplatz abbiegen.

(090) WOMO-Campingplatztipp: Ravenoville Plage, Le Cormoran*****

GPS: N 49°28'00.2" W 01°14'06.7"
Kontakt: Telefon 0233413394; www.lecormoran.com/de
Öffnungszeit/Preis: April - Sept./Stop-Over WOMO €€€/CP €€€.
Ausstattung/Lage: Imbiss, Shop, Pool, WiFi, Animation für Kinder, Waschmaschine, Wäschetrockner, Pkw-Vermietung, usw./Ortsrand, nur durch die Küstenstraße vom Strand getrennt.
Zufahrt: Bei Erreichen der D421 Richtung Ravenoville fahren und nach knapp 7 km links zum Campingplatz abbiegen.

(091) WOMO-Campingplatztipp: Ravenoville Plage, Camping Les Îles**

GPS: N 49°28'43.4" W 01°15'00.4"; Avenue de la Plage
Kontakt: Telefon 0233214752
Öffnungszeit/Preis: April - Okt./€€.
Ausstattung/Lage: WiFi, Angelmöglichkeit/Ortsrand, nur durch die Küstenstraße vom Strand getrennt.
Zufahrt: Im Ort am Abzweig nach Ravenoville-Bourg geradeaus ca. 700 m bis zum Campingplatz fahren.

Unser Weg führt nun wieder landeinwärts nach SAINT-MÈRE-ÉGLISE.

(092) WOMO-Stellplatz: Sainte-Mère-Église, Aire Camping Car

GPS: N49°24'27.8" W01°18'42.9"
max. WOMOs: 20
Ausstattung/Lage: V/E am nahen, unwesentlich teureren Campingplatz, Gebühr €€/Nacht, Parken tagsüber 2 €, Mülleimer/Ortsrand, nahe der Straße, nachts ruhig.
Zufahrt: Im Ort den WOMO-Piktogrammen folgen.

Sainte-Mère-Église

Eigentlich ist Saint-Mère-Église ein Dorf, wie viele andere in der Normandie. Um den Dorfplatz mit einer massiven Kirche gruppieren sich einige nette Häuser mit mehr oder minder hübschen Fassaden.
Spätestens beim Anblick des Kirchturms wird man jedoch stutzig: Da baumelt doch einer!?
Über dem Ort sprangen am D-Day die ersten amerikanischen Fallschirmspringer ab und der Soldat John Steele blieb unglücklicherweise mit seinem Fallschirm am Kirchturm hängen. Während sich tief unter ihm heftige Kämpfe geliefert wurden, stellte er sich tot und wurde erst nach stun-

denlangem, bangem Warten aus seiner misslichen Situation befreit. Die Szene wurde später im Spielfilm „Der längste Tag" verfilmt, heute pendelt eine Attrappe in Uniform und mit Fallschirm am Turm und ein Hotel-Restaurant trägt seinen Namen. Im Inneren der aus dem 11. - 13. Jh. stammenden Kirche wird die Landung der amerikanischen Fallschirmjäger auf einem bunten Glasfenster dargestellt. In direkter Nähe befindet sich das **Musée Airborne** in zwei Gebäuden, die in Form eines geöffneten Fallschirms errichtet wurden. Im Mittelpunkt der Ausstellung stehen ein Lastensegler sowie ein Transportflugzeug, die zusätzlich mit militärischen Ausrüstungsgegenständen über die Luftlandung der alliierten Truppen informieren (Mai - Aug. 9 - 19 Uhr, April/Sept. 9.30 - 18.30 Uhr, Okt. - März 10 - 18 Uhr, Eintritt. www.airborne-museum.org). Wer es friedlicher mag, besucht das nördlich am Ortsrand gelegene **Ferme-Musée du Cotentin** (April - Juni/Sept. So - Fr 14 - 18 Uhr, Juli/Aug. 11 - 19 Uhr, Eintritt). Das Bauernmuseum in einem traditionellen Kalksteinhof aus dem 17./18. Jh. gewährt faszinierende Einblicke in die ländliche Vergangenheit des Cotentin. Kinder werden sich besonders für die lokalen Tierrassen begeistern, die natürlich auch gestreichelt werden dürfen. In der Nähe des **Office de Tourisme** (Okt. - März Mo - Fr 9.30 - 12.30/13.30 - 17 Uhr, April - Sept. Mo - Sa 9 - 13/14 - 18 Uhr, So 10 - 13 Uhr, Mai/Juni Mo - Sa 9 - 13/14 - 18 Uhr, So 10 - 13/14 - 16 Uhr, 4 Rue Eisenhower, Telefon 0233210033, www.ot-baieducotentin.fr) stärken wir uns in der kleinen **Crêperie Cauquigny** (Mittag- und Abendessen, außerhalb der Saison Sonntagabend/Mo geschlossen).

Wir folgen der N13 Richtung CHERBOURG/VALOGNES und erlauben uns einen Abstecher nach ÉCAUSSEVILLE. Im offenen Gelände fällt der **Hangar à Dirigeables** sofort auf, der im Ersten Weltkrieg errichtet wurde [N 49°27'05.2" W 01°23'00.3"]. In dem riesigen Schuppen waren Luftschiffe untergebracht, die U-Boote aufspürten oder Schiffskonvois absicherten. 1940 wurde das Gelände von der deutschen Wehrmacht übernommen, nach Kriegsende diente es als Werkstatt für die US-Army und wurde dann von der französischen Marine genutzt. Heute kann die Halle besichtigt werden und ein Museum informiert über die Luftschifffahrt sowie die Kriegshandlungen in der Normandie (April/Mai Mi/Sa/So 14 - 18 Uhr, Juni/Sept. Sa - Do 14 - 18 Uhr, Juli/Aug Mo - So 10 - 18 Uhr, Eintritt. www.aerobase.fr). Im weiteren Verlauf der N13 bietet sich in MONTEBOURG ein Zwischenstopp an.

(093) WOMO-Stellplatz: Montebourg, Stadion

GPS: N 49°29'05.5" W 01°22'29.4"
Rue Paul Lecacheux
max. WOMOs: 10
Ausstattung/Lage: V/E, Tische und Bänke, Grillmöglichkeit, Mülleimer/Ortsrand, leicht schräg, ca. 300 m in den Ort. Evtl. bei Veranstaltungen geschlossen.
Zufahrt: Von der N13 aus Ste-Mère-Église kommend nach Montebourg abbiegen und am Ortseingang den WOMO-Piktogrammen rechts folgen.

Wir fahren in einem Rutsch nach VALOGNES durch, das bereits in gallo-römischer Zeit als „Alauna“ oder „Alaunia“ ein Verkehrsknotenpunkt war. Der Stellplatz am Carrefour-Supermarkt ist lediglich als zweckmäßig für den Stadtbesuch zu bezeichnen, während der Aufenthalt vor dem städtischen kleinen und pieksauberen Campingplatz viel netter ist.

(094) WOMO-Stellplatz: Valognes, Aire de Service

GPS: N 49°30'39.2" W 01°28'38.9"; Voie de la Liberté/D974 **max. WOMOs:** 3
Ausstattung/Lage: V/E, ausgewiesene WOMO-Plätze auf einem Großparkplatz/im Ort, zweckdienlich, ca. 600 m ins Zentrum.
Zufahrt: Von der N13 nach Valognes abbiegen und der D974 bzw. den WOMO-/Campingplatz-Piktogrammen ca. 3 km durch den Ort folgen.

(095) WOMO-Campingplatztipp: Valognes, Camping Municipal Le Bocage

GPS: N 49°30'42.4" W 01°28'28.7"
Rue Neuve **max. WOMOS:** 5
Öffnungszeit/Preis: April - Mitte Okt./€€.
Ausstattung/Lage: Tische und Bänke, Spielplatz, Mülleimer/im Ort, ca. 800 m ins Zentrum. Die Stellplätze befinden sich am Eingangsbereich, die Wiese ist nur für Wohnwagen und Zelte vorgesehen!
Zufahrt: Wie zum vorherigen Stellplatz, jedoch gegenüber des Supermarktes rechts ca. 200 m bis zum Campingplatz fahren.

Valognes

Die rund 7.000 Einwohner zählende Stadt wurde im Hundertjährigen Krieg verwüstet, erlangte aber im Zeitalter des Sonnenkönigs wieder Ansehen und erwarb sich den Beinamen „Versailles der Normandie". Hiervon zeugten Bürgerhäuser und prächtige Palais sowie ein Kloster. Später verlor die Stadt jedoch an Bedeutung und der Zweite Weltkrieg hinterließ starke Lücken im Stadtbild. Der Stadtpalast **Hôtel de Beaumont** aus dem 18. Jh. lässt ein wenig von der einstigen Herrlichkeit erahnen. Im nahen **Musée Régional du Cidre** dreht sich alles um die Herstellung des Apfelmostes und das **Musée de l'Eau de Vie et des Vieux Métiers** widmet sich der Calvados-Herstellung und der Destillerie sowie alten Handwerkstechniken (April - Juni/Sept. Mo/Mi - Sa 10 - 12/14 - 18 Uhr, So nur nachmittags, Juli/Aug. 10 - 12/14 - 18 Uhr, So nur nachmittags, Eintritt, Kombiticket möglich). Beim Bummel durch die lebendige Stadt mit kleinen Geschäften und vielen gastronomischen Angeboten lassen wir uns in der **Patisserie Patrice Marie** von dem Angebot an Macarons verführen, die uns so herrlich bunt aus dem Schaufenster „anlächeln" (3 Rue des Religieuses).

Der Ursprung des feinen Baisergebäcks aus Mandelmehl reicht bis ins Mittelalter zurück, ist in Frankreich äußerst beliebt und wird meist in kleinen, mit Creme gefüllten Doppelscheiben angeboten.

Von Valognes aus geht es über die fast schnurgerade D902 wieder ans Meer und nach SAINT-VAAST-LA-HOGUE. Der Stellplatz ist während der Hauptsaison schnell gefüllt und dann entsprechend eng. Nicht nur in diesem Fall bietet sich der Aufenthalt auf dem Campingplatz an. Auf dem Weg zur Festung befindet sich ein schöner Picknickplatz, der sich als Parkplatz für deren Besichtigung und als Ausgangspunkt füreinen Rundweg um die Landzunge oder für einen Strandbesuch eignet [N 49°34' 41.6" W 01°16'17.7"; Route de la Houge, WC].

Fort de la Hogue

(096) WOMO-Campingplatztipp: Saint-Vaast-la-Hogue Camping la Gallouette****

GPS: N 49°35'05.1" W 01°16'07.1"; Rue de la Gallouette
Kontakt: Telefon 0233542057, www.camping-lagallouette.fr
Öffnungszeit/Preis: April - Sept./€€ - €€€.
Ausstattung/Lage: Pool, Spielplatz, Animation, Boule-Platz, Sportplatz, WiFi, Snackbar, Shop, Waschmaschine, Wäschetrockner/Ortsrand, ca. 500 m ins Zentrum.
Zufahrt: Im Ort den Hinweisen zum Campingplatz folgen.

(097) WOMO-Stellplatz: Saint-Vaast-la-Hogue, Aire de Camping-Car

GPS: N49°35'00.8" W01°16'02.8"
Rue de la Gallouette
max. WOMOs: 20
Ausstattung/Lage: V/E, Strom, Gebühr €€, Mülleimer/Ortsrand, ca. 300 m ins Zentrum.
Zufahrt: Im Ort den Hinweisen zum Campingplatz und dem WOMO-Piktogramm folgen. Der Stellplatz liegt links neben dem Campingplatz.

Saint-Vaast-la-Hogue

Das kleine, aber lebendige Hafenstädtchen mit 2.000 Einwohnern, dessen Name „Saint-Va" ausgesprochen wird, ist ein angenehmer Badeort und Zentrum der Austernfischerei. Eine kommentierte **Besichtigungstour** führt zu den zwischen dem Ort und der Insel Tatihou gelegenen **Austernbänken** (Juli/Aug./Sept. genaue Zeiten s. www.huitresdesaint-vaast.fr, Gebühr). Weiterführende Informationen sind im **Office de Tourisme** erhältlich (Okt. - Juni Mo - Sa 10 - 12.30/14.30 - 17 Uhr, So 10 - 12.30 Uhr, Juli - Sept. Mo - Sa bis 18 Uhr, So 10 - 12.30 Uhr, 1 Place du Général de Gaulle, Telefon 0233719971, www.tourisme-saintvaast.com). Das auf einer Landzunge gelegene **Fort de la Hogue** wurde von Sébastian le Prestre de Vauban, dem begnadeten Festungsbaumeister Ludwigs XIV. errichtet. Das Fort wurde zur Sicherung des Hafens genutzt und gehört mit anderen französischen Festungsbauten Vaubans zum **Unesco-Welterbe**. Es kann im Rahmen einer Führung besichtigt werden (Juli/Aug. tägl. 13.30 - 18.30 Uhr, Mai/Juni/Sept. Sa/So 13.30 - 17.30 Uhr, Eintritt).

Austernbänke vor St.Vaast-la -Hogue

Île de Tatihou

Eine weitere Vauban-Festung liegt auf der **Île de Tatihou**, die ungefähr 1 km vor dem Hafen liegt. Die Silhouette des Vauban-Turms dominiert die Insel, auf der es ein lokalgeschichtliches **Museum**, angelegte **maritime Gärten** und ein **Vogelschutzgebiet** oder Strände zu erkunden gibt. Einige Jahre nach der Errichtung des wuchtigen Turms mit einer Panoramaaussicht diente das 700 m lange und 400 m breite Inselchen als Quarantänestation für Pestkranke. Im Ersten Weltkrieg wurden deutsche Soldaten interniert und bis 1984 gab es ein Heim für schwer erziehbare Jugendliche. Heute kann man sich auf der Insel frei bewegen, lediglich der Zugang ist reglementiert und lässt nur 500 Besucher pro Tag zu. Das Eiland kann bei Ebbe erwandert werden (knapp 3 Stunden, bitte unbedingt vorher über die Gezeiten informieren!) oder mit einem Amphibienfahrzeug, der Tatihou II angefahren werden. Entweder man genießt nur die Fahrt mit dem Boot und den Rundgang auf der Insel oder bucht gleich noch die Besichtigung des Museums und des Turms mit (im Allgemeinen verkehrt das Amphibienfahrzeug gegen Gebühr in der Hochsaison von 10 - 12/14 - 17 Uhr alle 30 Minuten bei Flut und alle 60 Minuten bei Ebbe, in der Nebensaison nur nachmittags. Genaue Abfahrtzeiten unter www.manche.fr/tatihou oder im Office de Tourisme. Die Tickets sind am Quai Vauban zu erwerben und nicht am Schiff!).

Wer sich bisher noch nicht mit frischen Austern eingedeckt hat oder keine mag und von Hunger geplagt wird, der findet im **Restaurant Le Chasse Marée** in Hafennähe eine sehr gute Alternative (Mittag- und Abendmenüs, Nebensaison Mo/Di Ruhetag, 8 Place Général-de-Gaulle, Telefon 0233231408, www.chaseemaree.com).

Auf der Küstenstraße (D1) Richtung REVILLE überqueren wir die Saire und halten uns am Ende der Straße rechts zum

Pointe de Saire. Das kleine zu Reville gehörende Örtchen JONVILLE punktet mit netten Steinhäusern, die so typisch für das Cotentin sind und vor allen Dingen durch einen wunderschönen Sandstrand. Vom tagsüber zu nutzenden Parkplatz am Leuchtturm ist man im Nu am Wasser und kann einen Badetag einlegen oder zu langen Strandspaziergängen aufbrechen [N 49°36'23.8" W 01°13'50.2"; Route du Phare]. Für den längeren Aufenthalt bietet sich der städtische Campingplatz direkt auf der Landspitze an.

(098) WOMO-Campingplatztipp: Reville, Camping Municipal de Jonville

GPS: N 49°36'25.2" W 01°13'53.7"; 117 Route du Phare
Kontakt: Telefon 0233544841, www. camping-jonville.fr
Öffnungszeit/Preis: April - Sept./€€.
Ausstattung/Lage: Boule-Platz, Spielplatz, Tischtennis, Sportplatz, Snackbar, Brötchenservice in der Saison, Waschmaschine, Wäschetrockner/außerorts. **Zufahrt:** Im Ort den Hinweisen zum Campingplatz folgen.

Zurück in Jonville zweigen wir an der Stoppstraße rechts ab und folgen einem plötzlich auftauchenden WOMO-Piktogramm etwa 2,5 km. In ländlicher Umgebung werden wir von Familie Latirre ausgesprochen freundlich aufgenommen und können uns im kleinen Hofladen auch noch mit frischem Gemüse direkt vom Erzeuger versorgen.

(099) WOMO-Stellplatz: Reville, Camping à la Ferme Latirre

GPS: N 49°37'32.7" W 01°15'13.0"
165 Route des Monts
max. WOMOs: 15
Ausstattung/Lage: V/E, Strom, Gebühr €€ zzgl. Kurtaxe, Tische und Bänke, Grillmöglichkeit, Hofladen/Ortsrand.
Zufahrt: Siehe Text.

Wer die Ruhe sucht ist hier genau richtig und kann zu ausgedehnten Radtouren starten oder uns mit dem WOMO zu einem Abstecher begleiten. Wir folgen dem Sträßchen bis zur D902 nach ANNEVILLE-EN-SAIRE und biegen links ab, um nur wenig später rechts nach LA PERNELLE abzuzweigen. Für normannische Verhältnisse steigt die Straße ziemlich steil an und wir überlegen, ob es in der Hauptsaison nicht sinnvoller wäre, das WOMO bereits an der Grotte unterhalb des 123 m hohen Plateaus stehen zu lassen und einen kurzen Fußweg nach oben einzuschlagen. Die kleine Kirche auf dem Berg ist nicht besonders sehenswert, aber die tolle **Panoramaaussicht** über das von Landwirtschaft und Gemüseanbau geprägte Land und die Küste von Saint-Vaast mit der Île de Tatihou bis zum Leuchtturm in Gatteville im Norden zieht jede Menge Besucher an. Bei entsprechendem Wetter sind gar die Klippen von Grandcamp-Maisy zu erkennen [N 49°37'07.6" W 01°17'54.7"].

Wieder an der D902 zurück, wenden wir uns mit BARFLEUR nun einem weiteren der **100 schönsten Dörfer Frankreichs** zu. Hübsch anzusehen ist der kleine Badeort mit seinen aus Granit und Schiefer errichteten Häusern und ein Stellplatz nahe am Ort sowie der nette städtische Campingplatz etwas außerhalb machen den Aufenthalt für uns um so angenehmer.

(100) WOMO-Stellplatz: Barfleur, Aire de Camping-Cars

GPS: N 49°40'27.6" W 01°15'54.9"; Chemin de la Masse **max. WOMOs:** 20
Ausstattung/Lage: V/E am Campingplatz gegen Gebühr, nur durch die 2 m hohe Mole vom Strand getrennt/Ortsrand, ca. 300 m ins Zentrum.
Zufahrt: Von der D902 kommend im Ort Richtung D901 halten und den WOMO-Piktogramm folgen.

(101) WOMO-Campingplatztipp: Barfleur, Camping Municipal La Blanche Nef**

GPS: N 49°40'32.6" W 01°15'59.4";12 Chemin de la Masse
Kontakt: Telefon 0233231540, ww.camping.barfleur.fr
Öffnungszeit/Preis: Mitte Feb. - Mitte Nov./€€.
Ausstattung/Lage: Boule-Platz, Spielplatz, Tischtennis, Brötchenservice in der Saison, Shop, Waschmaschine, Wäschetrockner, direkter Strandzugang und Blick aufs Meer, Fahrradverleih/außerorts, ca. 500 m ins Zentrum.
Zufahrt: Von der D902 kommend im Ort Richtung D901 halten und den Hinweisen zum Campingplatz folgen.

Barfleur

Im Mittelalter besaß der damals 9.000 Einwohner zählende Ort einen großen Hafen, von dem Wilhelm der Eroberer nach England übersetzte. Einige Jahrzehnte später stach Richard Löwenherz von Barfleur aus in See, um sich in England zum König krönen zu lassen. Diese glorreichen Zeiten sind lange vorbei und heute sind es vor allen Dingen das Licht und das Meer, die dem 650-Seelen-Dorf Leben einhauchen. Unweit des Hafens erhebt sich die trutzige **Église Saint-Nicolas** aus dem 17. Jh. und in direkter Nachbarschaft befindet sich das **Office de Tourisme** (Okt. - März Di - Sa 10 - 12.30/14 - 17 Uhr, April - Juni/Sept. bis 18.30 Uhr, Juli/Aug. bis 18.30 Uhr, So 10 - 12/14.30 - 17.30 Uhr, an Feiertage geschlossen, 2 Rond-Point Guillaume le Conquérant, Telefon 0233530248, www.barfleur.fr). Am Samstag- und Dienstagvormittag findet ein **Markt** statt und der Bummel durch das pittoreske Barfleur ist einfach erfreulich. Nicht nur bei Flut, wenn die Schiffchen im Hafenbecken dümpeln und Möwen kreischend verkünden, wo wir uns befinden, ist die Einkehr in der **Brasserie Café de France** empfehlenswert. Mit Blick auf den Hafen gibt es regionale Speisen und natürlich die bekannten Muscheln „Blondes de Barfleur“ zu vernünftigen Preisen (Mittag- und Abendmenüs nur Juli/Aug., ansonsten Mi sowie am Abend geschlossen, Telefon: 0233540038).

WOMO-Wandertipp: Einmal Barfleur und zurück

Leichte Wanderung von ca. 6 km entlang der Küste.

Von Barfleur aus bietet sich eine Kurzwanderung zum nordöstlichsten Punkt des Cotentin am **Phare de Gatteville** an. Mit einer Höhe von knapp 75 m ist der 1834 erbaute Leuchtturm der zweithöchste Frankreichs und als unübersehbare Landmarke gar nicht zu verfehlen. Der Wanderweg GR223 führt entlang von Stell- und Campingplatz an einer Mühle und am kleinen **Hafen von Crabec** vorbei. Wer mag, kann die 365 Stufen des aus Granit bestehenden Leuchtturms erklimmen und wird mit einem grandiosen Ausblick über die Halbinsel und den Atlantik belohnt (10 - 12/14 - 19 Uhr, April/Sept. bis 18 Uhr, März/Okt. bis 17 Uhr,

im Winter bis 16 Uhr). Vom **Pointe de Barfleur** führt der GR223 immer weiter am Meer entlang, sodass einer beliebigen Erweiterung der Wanderung nichts im Weg steht. Wir gehen jedoch zurück nach Barfleur und empfinden die Strecke aus der „rückwärtigen" Perspektive genauso abwechslungsreich wie den Hinweg.

Nachzutragen wäre jetzt noch der Parkplatz am Leuchtturm, der sich bestens als Stellplatz eignet. Bereits an der Zufahrtsstraße bieten sich einige Parkbuchten als aussichtsreiche Plätzchen am Meer an.

(102) WOMO-Stellplatz: Gatteville-le-Phare, Phare

GPS: N 49°41'40.1" W 01°16'02.6"; Route du Phare **max. WOMOs:** 3-5
Ausstattung/Lage: Aussicht/außerorts, evtl. windig.
Zufahrt: Von Barfleur auf der D116 Richtung Cherbourg fahren, in Gatteville-le-Phare rechts abbiegen und der Beschilderung „Le Phare" bis ans Ende der Straße folgen.

Bis auf einige Ausflüge nach rechts oder links bleiben wir der D116 bis CHERBOURG treu. Bei RÉTHOVILLE zweigen wir das erste Mal links ab und folgen den Hinweisen zur **Moulin de Marie Ravenel**. In der am Ende eines Heckenweges gelegenen Mühle wohnte im 18. Jh. die Müllerin und Dichterin Marie Ravenel. Während der Besichtigung des renovierten, mit Stroh eingedeckten Hauses werden die traditionellen Arbeiten des Müllers gezeigt. Im Juli und August bietet ein Bäcker jeden Sonntag nach 14 Uhr frisch gebackenes Brot an (Juli/Aug. Mo - So 14 - 18.30 Uhr, April - Juni/Sept. 14 - 17.30 Uhr, Eintritt. www.moulinmarieravenel.fr).

(103) WOMO-Stellplatz: Réthoville, Moulin de Marie Ravenel

GPS: N 49°41'23.4" W 01°21'53.0"
max. WOMOs: 2 - 3
Ausstattung/Lage: Etwa 250 m Fußweg bis zur Mühle/außerorts, inmitten von Feldern gelegen.
Zufahrt: Von der D116 den Hinweisen zur Mühle ca. 800 m bis zum Parkplatz folgen.

Einmal mehr fahren wir durch die von der Bocage geprägte Landschaft, die, wenn wir uns Richtung Meer wenden, immer wieder Campingplätze und den einen oder anderen schönen Badeplatz zu bieten hat. Die Küste ist in diesem Abschnitt wieder felsiger, aber an feinen Sandstränden mangelt es trotzdem nicht. Obwohl alle genannten Plätze ohne womo-spezifische Infrastruktur auskommen, dürfen WOMOs dort tagsüber sowie nachts ohne Campingverhalten stehen bleiben und ihre Besatzungen den Aufenthalt genießen.

(104) WOMO-Badeplatz: Cosqueville, Plage du Vicq

GPS: N 49°42'09.0" W 01°24'19.0"
Route du Vicq **max. WOMOs:** 3 - 5
Ausstattung/Lage: Tisch und Bänke, nicht bewacht, Mülleimer/Ortsrand.
Zufahrt: Von der D116 nach Cosqueville fahren und den Hinweisen zum Plage du Vicq ca. 900 m folgen.

(105) WOMO-Badeplatz: Fermanville, Fréval Plage

GPS: N 49°41'38.6" W 01°26'35.9"
Fréval **max. WOMOs:** 2 - 3
Ausstattung/Lage: Aussicht aufs Meer, 100 m zum Strand/Ortsrand, Häuser in der Nähe.
Zufahrt: Von der D116 in Fermanville hinter dem Campingplatz de la Plage rechts ca. 500 m nach Le Fréval abbiegen und ca. 500 m auf teils engem Sträßchen bis zum Stellplatz fahren.

Die Straße führt nun hinab ins **Vallée des Moulins**. Hier lockt ein etwa 8 km langer, bequemer **Wanderweg** ins Landesinnere, der im Tal der No an alten teils verfallenen, aber auch bewohnten Mühlen und einem Viadukt vorbeiführt. Weitere Informationen sind im direkt am Parkplatz gelegenen **Office de Tourisme** zu erhalten (April - Juni/Sept. Di - Fr 14 - 17 Uhr, in den Ferien bis 18 Uhr, Juli/Aug. Di - Fr 10 - 12/14 -18 Uhr, So 15 - 18 Uhr, Okt. 14 - 17 Uhr, www.tourisme-cotentinvaldesaire.fr).

(106) WOMO-Stellplatz: Fermanville, Vallée des Moulins

GPS: N 49°40'56.9" W 01°26'50.9"
An der D116
max. WOMOs: 3 - 5
Ausstattung/Lage: WC, Bänke, Gaststätte, freies WiFi am Office de Tourisme, Mülleimer/außerorts, Häuser in der Nähe.
Zufahrt: Von der D116 in einer Rechtskurve links auf den Parkplatz fahren.

Im Umfeld von FERMANVILLE gibt es jedoch noch weitere Stellplatzmöglichkeiten, die jede auf ihre Art und je nach Gusto zum Verweilen einladen. Die Zufahrtsstraßen sind zum Teil eng oder zugewachsen und in der Hauptsaison bzw. an den Wochenenden stehen unter Umständen bei Gegenverkehr schweißtreibende Ausweichmanöver bevor. Mit langen WOMOs würden wir die Fahrt zum Port Levi vorsichtig angehen lassen, da Mauern das Ausschwenken des Hecks empfindlich stören könnten!

(107) WOMO-Stellplatz: Fermanville, Aire de Camping-Car

GPS: N 49°41'23.8" W 01°28'01.3" 17 La Bordette **max. WOMOs:** 20
Ausstattung/Lage: Tische und Bänke, tolle Aussicht, Gebühr €, Mülleimer/außerorts.
Zufahrt: Im Ort ca. 1 km hinter vorgenanntem Stellplatz rechts Richtung Semaphore/Phare abbiegen und dem WOMO-Piktogramm ca. 2 km folgen.

(108) WOMO-Stellplatz: Fermanville, Phare Cap Lévi

GPS: N 49°41'48.1" W 01°28'21.8"
max. WOMOs: 2
Ausstattung/Lage: Wanderweg, Aussicht aufs Meer und bis nach Cherbourg/außerorts. Fast vom Meer umschlungen und bei schönem Wetter traumhaft!
Zufahrt: Wie zum vorherigen Stellplatz und der Straße etwa 1 km bis zum Leuchtturm folgen.

(109) WOMO-Stellplatz: Fermanville, Le Port-Lévi

GPS: N 49°41'15.1" W 01°28'20.9" Le Cap Levi **max. WOMOs:** 2-3
Ausstattung/Lage: Bänke, Mülleimer/Ortsrand, Häuser in der Nähe.
Zufahrt: Wie zu den vorgenannten Stellplätzen, jedoch am Abzweig zum Phare geradeaus der Straße zum Fort du Cap Levi/Le Port ca. 1,5 km folgen.

(110) WOMO-Badeplatz: Fermanville, Plage Mondrée

GPS: N 49°41'28.0" W 01°27'17.2" Inglemare **max. WOMOs:** 2-3
Ausstattung/Lage: Unbewachter Strand, Wanderweg/Ortsrand, direkt am Strand. Ebenfalls traumhaft!
Zufahrt: Wie zu den vorgenannten Stellplätzen, jedoch ca. 900 m hinter dem Abzweig von der D116 in einer Linkskurve rechts den Hinweisen Port Pignot und Plage Mondrée ca. 500 m folgen. Am Ende der Straße rechts und zum kleinen Parkplatz fahren.

Über den Küstenpfad führt ein wahrhaft aussichtsreicher **Spaziergang** vom **Fort du Cap Levi**, das Anfang des 19. Jh. auf Befehl Napoléons gebaut wurde, zum Leuchtturm am **Cap Levi** und weiter bis zur Plage Mondrée und verbindet die vorgenannten Stellplätze (einfache Strecke ca. 2,5 km).

Bei der Weiterfahrt haben wir CHERBOURG schon fest im Blick und empfehlen Freunden von Hünengräbern in BRETTEVILLE einen kurzen Abstecher Richtung MAUPERTUS-SUR MER/vers D901. Die D320 führt nach knapp 2 km zu einem kleinen Parkplatz links der Straße [N49°38'48.9"W01°30'36.5"]. Bei dem Megalithgrab **Allée couverte** handelt es sich um ein 16 m langes, 85 cm breites und etwa 4.000 Jahre altes Galeriegrab.

Hinter TOURLAVILLE verlassen wir die D116 und orientieren uns an den Hinweisen CITE DE LA MER/CAR FERRY, um über die N13 nach CHERBOURG-OCTEVILLE hineinzufahren.

Cherbourg ist sicher keine im klassischen Sinne als schön zu bezeichnende Stadt und eignet sich auch nicht unbedingt für einen langen WOMO-Urlaub. Sie ist eine typische große Hafenstadt mit Fährverbindungen nach Großbritannien und Irland, mit Containerschiffen sowie Hafendocks. Aus touristischer Sicht gibt es sehenswerte Museen und eine kleine, aber attraktive Altstadt, die einen Aufenthalt lohnenswert machen. Die genannten Stellplätze liegen zentral und sind im Allgemeinen gut belegt.

(111) WOMO-Stellplatz: Cherbourg-Octeville, Aire Municipale

GPS: N 49°38'33.1" W 01°37'04.0"
Allée du Président Menut
max. WOMOs: > 30
Ausstattung/Lage: V/E, Strom, Cite de la Mer in unmittelbarer Nähe, Mülleimer/im Ort, ca. 800 m ins Zentrum.
Zufahrt: Im Ort den Hinweisen zur Cite de la Mer bis zum Parkplatz folgen.

(112) WOMO-Stellplatz: Cherbourg-Octeville, Jachthafen

GPS: N 49°38'41.0" W 01°37'25.9" Place Chantereyne
max. WOMOs: 10
Ausstattung/Lage: Großparkplatz am Jachthafen, Restaurant, Mülleimer/im Ort, ca. 500 m ins Zentrum.
Zufahrt: Wie zum vorgenannten Stellplatz und dann Richtung Cherbourg Centre um das Hafenbecken herumfahren. Hinter einem Park rechts zum Port de Plaisance abbiegen und geradeaus zum Parkplatz am Sporthafen fahren.

Cherbourg-Octeville

Aufgrund der strategisch günstigen Lage ließen sich schon die Normannen in „Carisborc“ nieder und errichteten eine Burg. Während des Hundertjährigen Krieges war Cherbourg der letzte Ort, den die Engländer in der Normandie an Frankreich verloren. Die Nähe zum englischen Königreich war es wohl auch, die den Sonnenkönig Ludwig den XIV. und später Napoléon veranlassten, den Hafen zu einem gigantischen militärischen Stützpunkt auszubauen. Vor der Küste entstand in über 75-jähriger Bauzeit durch das Versenken von mit Bruchstein und Mörtel gefüllten Holzkegeln eine Art Deich, der sich jedoch im Laufe der Jahrzehnte durch die Naturgewalten des Meeres zum Teil wieder auflöste. Trotzdem entstand eine lang gestreckte künstliche Insel, die durch die Strömung eine leicht gebogene Form annahm und die als Basis für das Hafenaußenwerk diente. Noch heute wird der gewaltige Wellenbrecher gehegt und gepflegt und bietet einen hervorragenden Schutz gegen die von Stürmen aufgewühlte See. Im Ersten Weltkrieg war Cherbourg ein wichtiger Militärhafen und im Zweiten Weltkrieg war es wieder die strategisch günstige Lage, die für schwere Kampfhandlungen sorgte. Den Alliierten war daran gelegen, die Hafenanlagen so schnell wie möglich in ihren Besitz zu bekommen, die zerstörten Teile wieder aufzubauen und den künstlichen Hafen in Arromanche zu entlasten. Ab Dezember 1944 diente Cherbourg als größter Nachschubhafen der Alliierten. Noch

heute ist das militärische Interesse groß und Teile des Hafens sind daher Sperrgebiet.
Die 40.000 Einwohner zählende Stadt hat eine lebendige Innenstadt mit vielen Geschäften sowie Boutiquen und jeder Menge Kneipen, Cafés und Restaurants. Im Herzen der Fußgängerzone und unter Einheimischen lässt sich ein Stadtrundgang bestens im **Café de l'Etoile** bei Café au lait und Tarte Normand oder anderen Kleinigkeiten unterbrechen (So/Montagvormittag geschlossen, Rue des Portes/Ecke Rue du Château). Hier trifft sich die „Cherbourgeoise" und von der Terrasse können wir wunderbar vorbeieilende Justiziare in Robe, Studenten, Touristen und Hausfrauen mit ihren Markteinkäufen beobachten. Apropos **Märkte**: Diese finden rund um die Place Centrale und die Place de Gaulle (Do/Sa) sowie um die Plätze Rossel und Brèche du Bois (Mi) statt. Zuvor sollte man allerdings das **Office de Tourisme** in der Nähe der Hafenbrücke besuchen, um sich mit einem Stadtplan sowie den gewünschten Informationen über **Stadtführungen**, **Entdeckungsralley, Bootsfahrten** usw. zu versorgen (Mitte Juni - Mitte Sept. Mo - Sa 9.30 - 19 Uhr, So 10 - 17 Uhr, ansonsten Mo - Sa 10 - 12.30 Uhr, in den Ferien auch So 14 Quai Alexandre III, Telefon 0233935202, www.de.cherbourgtourisme.com). Hier startet auch der **Train Touristique** (Mitte April - Mitte Juli/Sept. Mo - Sa 14/15/16/17 Uhr, Mitte Juli - Aug. tägl. 10.30/11.30/14/15/16/17 Uhr, Gebühr). Die 45 Minuten dauernde Fahrt führt durch die Altstadt mit Fußgängerzone, den Hafen und die Gärten der Stadt.
Über Cherbourg thront **Fort du Roule**, welches das **Musée de la Libération** beherbergt. Das Museum widmet sich einmal mehr der Operation Overlord und der Befreiung Frankreichs (Di - Sa 10 - 12/14 - 18 Uhr, So 14 - 18 Uhr, Eintritt). Auch wenn der Besuch des 1852 - 1857 erbauten Forts sich wegen des grandiosen Ausblicks auf Cherbourg lohnt, sollte wohlüberlegt sein, ob man sich mit größeren WOMOs die Serpentinenfahrt auf den Berg zumuten möchte. Oben wartet nur ein Mini-Parkplatz und das Wenden könnte unter Umständen schwierig werden.
In der Stadt warten jedoch genug Alternativen, die zudem fußläufig gut erreichbar sind. Das **Musée Thomas Henry** präsentiert Gemälde aus der Zeit

vom 15. bis 19. Jh. und in der Nähe kann man bei einer 15-minütigen Führung in der **Manufacture des Parapluies** den Geheimnissen der Herstellung der Cherbourger Regenschirme nachspüren (Mo - Fr 10 - 12/14 - 19 Uhr, Sa 10 - 12 Uhr, Juli/Aug. auch Mo 14 - 18 Uhr, Eintritt). An der spätgotischen **Basilique Sainte Trinité** fällt der schöne Flamboyantstil des 15. und 16. Jh. auf und schräg gegenüber wacht Napoléon als Reiterstandbild über die mit Blumen geschmückte **Place Napoléon**. Unweit des Stadtzentrums befindet sich der **Parc Emmanuel-Liais** mit zwei Gewächshäusern und tropischen Pflanzen sowie Bäumen aus Südamerika und Asien. Inmitten der kleinen Oase liegt das **Musée Emmanuel Liais** mit einer ethnografischen, archäologischen und naturhistorischen Abteilung (Feb. - Dez. Di - Fr 10 - 12.30/14 - 18 Uhr, Sa/So 13 - 18 Uhr, Eintritt).

Bevor wir uns dem unbestrittenen Museums-Highlight Cherbourgs zuwenden, stärken wir uns in einer kleinen Gasse bei traditionell normannischer Küche im **Restaurant La Faitout** (Mittag- und Abendmenüs, So geschlossen, Telefon 0233042504, 25 Rue de Tour Carrée, www.restaurant-le-faitout.com).

Cherbourg besitzt Jacht-, Handels- Fischerei- und Militärhäfen. Die Stadt hatte (und hat) aber auch einen großen transatlantischen Hafen, von dem sowohl arme Einwanderer als auch reiche Aristokraten sowie etliche berühmte Persönlichkeiten den Weg über den Atlantik fanden. In der riesigen Art-déco-Halle des ehemaligen Transatlantischen Bahnhofs, dem Gare Maritime Transatlantique, ist heute die **Cité de la Mer** untergebracht. Der Eingangsbereich des Museums beherbergt neben einem Shop und einem Restaurant bereits mehrere kleine U-Boote. Im weiteren Verlauf des Museumsbesuchs erfahren wir Interessantes über die Tiefseeforschung und sind fasziniert von der artenreichen Flora und Fauna des riesigen **Meerwasseraquariums** mit über 3.000 Fischen und weiteren 16 Aquarien. Daneben machen viele interaktive Stationen das Meer

erlebbar und Groß wie Klein folgen gespannt dem virtuellen Spaziergang „unter dem Meer“. Auch Themen wie Unterwasserarchäologie und Tauchsport bleiben nicht unbeachtet. Ein weiterer Höhepunkt ist die Besichtigung der **Le Redoutable**, das nicht nur das erste französischen Atom-U-Boot, sondern auch das größte U-Boot der Welt ist. Der Atomreaktor ist selbstverständlich nicht mehr vorhanden, aber ansonsten ist die gesamte Originalausstattung an seinem Platz. Bei einer **Audioführung (auch in deutscher Sprache!)** können das U-Boot sowie die Lebens- und Arbeitsverhältnisse individuell erkundet und eindrucksvoll nachempfunden werden. Der dritte Schwerpunkt des Museums liegt bei der europäischen **Auswanderungsgeschichte**. Zwischen 1869 und 1969 suchten von Cherbourg aus über vier Millionen Menschen ihr Glück in der Neuen Welt. Im Gepäcksaal der ehemaligen Abfertigungshalle wird auf ungewöhnliche Weise deren Schicksal virtuell aufbereitet. Genau 100 Jahre nachdem die **Titanic** Cherbourg als letzten kontinentalen Hafen vor ihrem Untergang anlief, wurde 2012 dieser Museumsbereich eröffnet. In einer multimedialen Inszenierung erfahren wir vom Leben an Bord und erleben den Untergang des Ozeanriesen auf eindrucksvolle, fast gespenstige Weise.

Unser Resümee dieses abwechslungsreichen, interessanten und spannenden Museumsbesuchs: Ein Abenteuer für die ganze Familie, das man sich auf gar keinen Fall entgehen lassen sollte!

Für den Besuch sollte wenigstens ein halber, je nach Intensität ein ganzer Tag eingeplant werden. Um in der Hochsaison den Warteschlangen an den Kassen zu entgehen, kann das Ticket bereits einen Tag vorher erworben werden. Es ist übrigens den ganzen Tag gültig und der Besuch kann zwischendurch unterbrochen werden (April - Juni/Sept. 9.30 - 18 Uhr, Juli/Aug. 9.30 - 19 Uhr, in den übrigen Monaten teilweise erst ab 10 Uhr geöffnet, Eintritt, Schließtage im Jan. und in anderen Monate sind auf der Homepage ersichtlich. www.citedelamer.com).

Cap de la Hague
117
116
Point Jardeheu
115
114
113
P
Auderville
S
Omonville-la-Rouge
Eculleville
Landemer
P
Jobourg
118
Nez de Jobourg
S
Gréville-Hague
D45
Cherbourg Octeville
D901
D901
D901
Tour 6
W
S
Vauville
119
Biville
S
120
Vasteville
121
Siouville-Hague
D37
D650
N13
D900
Flamanville
P
S
Les Pieux
122
D900
Bricquebec
S
123
D66
Surtainville
D650
Parc naturel
124
Hatainville
Barneville-Carteret
D650
125
S
126
Portbail
régional
des Marais du Cotentin
B
St.-Remy-des-Landes
127
128
D650
et du Bessin
Bretteville-sur-Ay
129
St.Germain-sur-Ay-Plage
130
131
Havre St.-Germain-s-Ay
Lessay
132
133
135
Créances
134
136
D650
Pirou-Plage
137
S
15 km
N
Gouville-sur-Mer
138
D650
139
Tour 8
B
Agon-Coutainville
TOUR 7

Tour 7 — 260 km

Gréville-Hague - Goury - Biville - Bricquebec - Barneville-Carteret - Saint-Germain-sur-Sy - Lessay - Agon-Coutainville

Stellplätze:	Gréville-Hague, Eculleville, L'Anse Saint-Martin, Goury, Jobourg, Biville, Siouville-Hague, Bricquebec, Surtainville, Hatainville, Carteret, Portbail, Saint Rémy La Mer, Lieu-dit-la Mielle, Bretteville-sur-Ay, Saint-Germain-sur-Ay, Lessay, Le Haut Dy, Créance Plage, Pirou, Gouville-sur-Mer, Agon-Coutainville.
Campingplätze:	Omonville-la-Rogue Camping du Hâble, Vauville Camping Municipal de Vauville, Hatainville Aire Naturelle de Camping Les Ronds Duval.
Ver- u. Entsorgen:	Cherbourg, Gréville-Hague, Siouville-Hague, Les Pieux, Bricquebec, Surtainville, Hatainville, Portbail, Lessay, Créances, Gouville-sur-Mer, Agon-Coutainville.
Besichtigen:	Gréville-Hague Maison Natal de Jean-François Millet; Eculleville Manoir de Tourp; Vauville Megalithgrab Pierres Pouquelées, Jardin Botanique; Bricquebec Château de Bricquebec; Lessay Église Abbatiale; Pirou Château de Pirou.
Wandern:	Landemer, Eculleville, L'Anse Saint-Martin, Cap de la Hague, Nez de Jobourg, Biville, Carteret, Le Haut Dy.
Radfahren:	Gréville-Hague.
Baden:	Vauville, Biville, Lindbergh-Plage, St. Rémy, Lieu-dit-la-Mielle, Bretteville-sur-Ay, Saint-Germain-sur-Ay, Créances Plage, Pirou Plage, Gouville-sur-Mer, Agon-Coutainville.
Essen:	Auderville Restaurant La Malle aux Épices; Bricquebec Restaurant Le Donjon; Carteret Restaurant La Marine, Restaurant Le Cap.

In dieser Tour werden wir zu weiten Teilen auf der **Route des Caps** die Küste erkunden und in eine der urwüchsigsten

Regionen der Normandie vordringen. Immer wieder werden sich fantastische Ausblicke auf das Meer ergeben und inmitten von Heide sowie Stechginster kuscheln sich die geduckten Steinhäuser in kleinen charmanten Weilern zusammen. Hin und wieder bieten Minihäfen den Booten Schutz vor aufschäumender Gischt und zwischen den Klippen locken einsame Sandstrände. Die Landschaft um das Cap de la Hague ist herb, aber atemberaubend schön und lädt entlang von Steinmauern, die so typisch für das auch schon mal als „Klein-Irland" genannte Gebiet sind, zu ausgedehnten Wanderungen ein.

Bevor wir Cherbourg vorbei am Militärhafen auf der D901 Richtung ÉQUEURDREVILLE verlassen, vermerken wir eine **Ver- und Entsorgungsstation** hinter einem Supermarkt [N 49°39'18.4" W 01°39'04.1"; Rue Jean Bart]. Um sich mit Frischwasser zu versorgen, müssen Jetons am nahen **Campingplatz** erworben werden.

Die D45 führt nach QUERQUEVILLE und wir erreichen über die **Route des Caps** zunächst URVILLE-NACQUEVILLE. Die abwechslungsreiche Fahrt führt uns mal kurvig durch Wäldchen oder auf dem Plateau und immer wieder eröffnen sich neue Blicke über Gärten und Wiesen auf das Meer. Von einem Picknickplatz bei LANDEMER lässt sich die Aussicht über die Küstenlinie vom Cap Lévi bis zum Pointe de Jardeheu in Ruhe genießen [N 49°40'46.0" W 01°46'11.1"]. Im grün bewachsenen Hang ist der **Sentier du Littoral GR 223**, der vom Marsch-land bei Carentan entlang der Küste bis in die Bucht des Mont St. Michel auf 430 km Länge führt, sehr gut auszumachen. In früheren Zeiten wurde der **Zöllnerweg** von Zollbeamten began-

gen, um die an der Küste agierenden Schmuggler bei ihrem Schwarzhandel zwischen dem Kontinent und den Inseln zu überwachen. Aus der Sicht des Wanderers kann man nur sagen, dass es, zumindest bei schönem Wetter, wahrlich schlechtere Arbeitsplätze gibt! Auch wenn die Parkmöglichkeiten am Picknickplatz nicht übernachtungstauglich und eher nur für WOMOs bis 7 m Länge zu empfehlen sind, so kann man von hier zur Erkundung einer Etappe des Weitwanderweges starten. Aber keine Bange, auch die Besatzungen von großen WOMOs können von einigen der folgenden Stellplätze in den Wandergenuss kommen.
Im malerischen Ort GRÉVILLE-HAGUE sind jedoch zunächst die ambitionierten **Radfahrer** an der Reihe, die auf einem mit der Nr. 43 ausgeschilderten **33,5 km langen Rundkurs** die Heckenlandschaft und Strände der Umgebung erradeln können.

(113) WOMO-Stellplatz: Gréville-Hague, Aire de Camping-Car

GPS: N49°40'32.0"W01°48'04.3"
max. WOMOs: 3 - 5
Ausstattung/Lage: V/E, Bäcker, Radweg/im Ort. Mo - Fr 9 - 18 Uhr ist das Parken auf dem hinteren Parkplatz verboten!
Zufahrt: Im Ort am Kreisverkehr rechts fahren und dem WOMO-Piktogramm folgen.

Am Kreisverkehr „blickt" übrigens der als Landschaftsmaler berühmt gewordene Jean-François Millet von seinem Denkmal auf den Verkehr. Das Geburtshaus des im 19. Jh. geborenen Millets liegt im etwa 1 km entfernten kleinen Ort Gruchy. Das **Maison Natal de Jean-François Millet** kann besichtigt werden und vermittelt einen Eindruck des bäuerlichen Lebens, das Millet in seinem künstlerischen Schaffen geprägt hat (April - Juni/Sept. Di - So 14 - 18 Uhr, Juli/Aug. tägl. 11 - 18 Uhr, Eintritt).

Wir bleiben der D45 treu und folgen nur wenig später dem Hinweis nach ECULLEVILLE und landen an einem hübschen Picknick- bzw. Wanderparkplatz. Ein schmaler Treppenpfad führt hinab zur kleinen wunderschönen

Bucht und der **Sentier du Littoral** spricht Wanderer an. Einziges, aber zu erwähnendes Manko ist die teils enge, nur mit einigen Ausweichstellen versehene Zufahrtsstraße, die am Ende mit 18% Gefälle zum Parkplatz hinabführt und unserer Meinung nach nur mit WOMOs bis 7,50 m Länge gut zu befahren ist.

(114) WOMO-Picknickplatz: Eculleville, Baie de Quervière

GPS: N 49°41'24.5" W 01°49'25.6"
max. WOMOs: 2 - 3
Ausstattung/Lage: Tisch und Bänke, Wanderweg, Mülleimer/außerorts, einsam.
Zufahrt: Von der D45 den Hinweisen zur Baie de Quervière ca. 2 km folgen.

Bei der Bergauffahrt wird der Motor des WOMOs tüchtig gefordert und dann hat uns auch die D45 schon wieder.
Am Wegesrand streifen wir das **Manoir de Tourp** [N 49°41'21.3" W 01°50'18.1"]. In dem alten, einem Landsitz ähnelnden Bauernhof aus dem 16. Jh. finden Ausstellungen und Kulturveranstaltungen statt. Die Dauerausstellung „La Hague à tous points de vue" beschäftigt sich mit der Geologie, der Fauna und Flora sowie der Geschichte rund um La Hague und wird durch eine Mediathek und einen Shop ergänzt. Auf dem Gelände befindet sich weiterhin ein Restaurant und es ist einfach nett, das gepflegte Umfeld zu erkunden (Juli/Aug. 10.30 - 19 Uhr, www.letourp.com).

Taubenhaus am Maison de Tourp

Wenig später laufen wir den hübschen, kleinen Hafen von OMONVILLE-LA-ROGUE an. Port le Hâble galt in früheren Zeiten unter Seefahrern als bester Liegeplatz des Cotentins, da er niemals trocken wurde. Normannische Piraten suchten hier Unterschlupf und stachen anschließend von hier gegen ihre Feinde in See. Heute bietet der Hafen den Schiffen einiger Berufsfischer und Sportsegler Schutz. Auf dem Hafen-

Port le Hâble

parkplatz ist das Parken für WOMOs verboten, doch der kleine städtische **2-Sterne-Campingplatz Camping du Hâble** ist eine ansprechende Alternative [**115:** N 49°42'15.9" W 01°50'27.4"; 4 Route de la Hague, Telefon 0233528615, www.omonvillelarogue.fr, April - Sept./€€].

Auf der **Route des Caps** eröffnen sich immer wieder Ausblicke auf Sand- und Kiesbuchten und wir sehen zerklüftete Felsen oder Landzungen wie die **Pointe Jardeheu** mit dem Sémaphore in die blaue See hineinragen. Landeinwärts trennen Böschungen, Hecken und Steinmauern die Wiesen und wir durchfahren kleine Weiler. Deren traditionelle, mit Schiefer eingedeckten robusten Häuser schmiegen sich in Talmulden aneinander, um den Unbilden des Winters oder den Winden vom offenen Meer zu trotzen und tragen zum Charme der Gegend bei. Dazwischen führen immer wieder schmale Sträßchen ans Wasser, die jedoch für ausgewachsene WOMOs mit Vorsicht zu genießen sind. Oft enden sie in engen Schotterwegen und das Wenden wird fast unmöglich. Bei DIGULLEVILLE werden wir jedoch fündig und rollen erfreut aufs Meer und die **Bucht Saint Martin** zu.

(116) WOMO-Wanderparkplatz: Digulleville, Sentier Littoral

GPS: N 49°42'37.0" W 01°52'05.4"
max. WOMOs: 3 - 5
Ausstattung/Lage: Wanderweg, Sand-/Kiesstrand, Mülleimer/ außerorts, direkt am Meer.
Zufahrt: Von der D45 am Abzweig nach Digulleville (weiterer Hinweis „5 km nach St. Germain des Vaux") rechts der D245 und dem Hinweis Sentier Littoral ca. 350 m folgen.

Blick zum Pointe Jardeheu

Bald haben wir den kleinsten Hafens Frankreichs erreicht, der nach einem der letzten unter Napoléon dienenden Korsaren benannt ist. Damals wählte François-Médard Racine den nur 800 m² großen Hafen als Zufluchtsort, während heute die Boote der Freizeitfischer und -segler im **Port Racine** an Tauen ver-

ankert sind [N 49°42'42.0" W 01°53'50.2"; WC, Restaurant].
Über SAINT-GERMAIN-DES-VAUX steuern wir den nordwestlichsten Punkt der Cotentin-Halbinsel an.
In AUDERVILLE wenden wir uns nach GOURY und folgen den Hinweisen CAP DE LA HAGUE. Die Stellplatzsituation am „Ende der Welt“ ist ganz klar geregelt: Keine WOMOs an der Landspitze von La Hague! Das macht aber gar nichts, denn vom Stellplatz vor Goury hat man eine wunderbare Aussicht auf den 48 m hohen **Phare de Goury**.

(117) WOMO-Stellplatz: Auderville - Goury

GPS: N 49°42'50.4" W 01°56'04.8"
max. WOMOs: 15
Ausstattung/Lage: Wanderwege, Aussicht, empfehlendes Restaurant La Malle aux Épices in Auderville, Mülleimer/außerorts, ca. 500 m Fußweg nach Goury oder Auderville.
Zufahrt: An der D901 ca. 500 m vor Goury links der Straße gelegen.

Der auch als **Phare de la Hague** dem Land vorgelagerte Leuchtturm weist den Schiffen seit 1837 den Weg. Das ist auch bitter nötig, denn an der Landspitze gibt es eine der stärksten Gezeitenströme der Welt. Der **Raz Blanchard** verdankt seinen Na-

men der weißen Farbe der Schaumkronen, die sich aufgrund der schnellen Fließbewegung des Wassers durch die starke Strömung und der großen Tiefe zwischen dem **Cap de la Hague** und den Kanalinseln bilden.
Die Einsamkeit und die tollen Natureindrücke rund um das Cap sind am besten bei einer **Wanderung** zu erkunden. Entsprechende Informationen und Karten sind beim **Office de Tourisme** am Hafen in Goury erhältlich (1. - 14. Juni/15. - 30. Sept. 14 - 18 Uhr, 15. - 30. Juni/1. - 15. Sept. 10 - 13/14 - 18 Uhr, Juli/Aug. 10 - 13/14 - 19 Uhr).
Durch Auderville geht es ein Stück auf der D901 Richtung JOBOURG und dann auf der D401 zum NEZ DE JOBOURG. Im Licht der untergehenden Sonne wirkt das zerklüftete Felsenkap noch beeindruckender und nach Möglichkeit sollte man die traumhafte **Panoramaaussicht** über die Baie d'Écalgrain und die Kanalinseln Alderney, Guernsey sowie Sark von einem Picknickplatz mit Parkbucht am Straßenrand unbedingt etwas ausgiebiger genießen [N 49°41'53.1" W 01°56'19.6"]. Sollte der Seitenstreifen belegt sein, so können wir nur die nachfolgende und hier vorbeiführende Wanderung empfehlen, bei der sich weitere fantastische Aussichten bieten.
Auch wenn das Cap de la Hague vom Namen her bekannter sein mag, so empfinden wir das **Nez de Jobourg** doch als imposanter und sehr viel reizvoller. Im kleinen Weiler HAMEAU SAMSON tasten wir uns vorsichtig durch eine Straßenengstelle, um anschließend auf dem großen Parkplatz an der „Nase von Jobourg" unser Nachtquartier zu beziehen.

(118)
WOMO-Wanderparkplatz: Jobourg, Nez de Jobourg

GPS: N 49°40'41.5" W 01°56'19.2"
max. WOMOs: 30
Ausstattung/Lage: Wander- und Radwege, Tisch und Bänke, Imbissbude, Restaurant in der Nähe, WC, Busverbindung nach Cherbourg, Mülleimer/außerorts, mit Aussicht bis zum Cap de la Hague. Parkplätze auf Asphalt oder auf einer Wiese.
Zufahrt: Den Hinweisen zum Nez de Jobourg folgen.

WOMO-Wandertipp: Rund um Nez de Jobourg

Wegen der Höhenunterschiede als mittelschwer einzustufende Wanderung von ca. 12 km mit grandiosen Ausblicken. Wegweisend sind vorwiegend die weiß-roten und gelben Markierungen.
Vom Parkplatz gehen wir Richtung Meer und wenden uns hinter der **Auberge des Grottes** rechts auf den Zöllnerpfad GR223. Auf dem Wiesenplateau gehen wir Richtung Norden, bevor es bergab und nach der

Blick vom Picknickplatz über die Baie d´Ecalgrain

Überquerung eines Bächleins wieder bergauf geht. Nach etwa 2 km erreichen wir den Parkplatz an der schönen **Baie d'Écalgrain**. Der GR223 verläuft mal auf, mal neben der D401 hinauf bis zu einem **Picknickplatz**, von dem wir den bereits erwähnten grandiosen Panoramablick genießen können. Hier biegen wir rechts hinter der Picknickbank auf einen Schotterweg ab und wandern zwischen Weiden und mit einer guten Aussicht bis zu einer Weggabelung, an der wir uns rechts halten. Auch an der folgenden Möglichkeit wenden wir uns rechts und erreichen Merquetot. Der Weiler wird nach rechts auf der Durchgangsstraße passiert und wir schwenken kurz hinter den letzten Häusern rechts in einen Feldweg ein. Leicht abwärts, zwischen Hecken gehend, gelangen wir zur D401, die wir nach links einschlagen. Der Straße durch Hameau Samson folgend, kommen wir nach Hameau Dannery und richten uns nach dem Hinweis Nez de Jobourg. Hinter der **Crêperie La Gavelette** verlassen wir die Straße und gehen links erst auf einem breiten Feldweg, dann auf schmaler werdendem Weg und in Bögen hinab Richtung Meer. Im felsigen Uferbereich treffen wir wieder auf den Zöllnerpfad GR223 und folgen ihm rechts mit einigem Auf und Ab. Hoch über der Bucht von Pivette haben wir bald das **Nez de Jobourg** im Blick. Die 128 m hochragenden Felsklippen gehören zu den höchsten auf dem europäischen Kontinent. Die Felsnase ist als Vogelschutzgebiet ausgewiesen und mit ein bisschen Glück kann man Kormorane, Kolkraben und Sturmvögel beobachten. Oberhalb der Bucht von Seninval erreichen wir das Nez des Voidries und damit den Ausgangspunkt dieser abwechslungsreichen Wanderung.

Bei all diesen wunderbaren Naturschönheiten vergisst man leicht die nur wenige Kilometer entfernt errichtete atomare Wiederaufbereitungsanlage, in der auch deutsche Atomabfälle entsorgt werden. Bisher blieb sie unseren Blicken verborgen, doch spätestens bei der Weiterfahrt auf der D901 Richtung BEAUMONT-HAGEAU ist die Anlage sehr präsent und nicht mehr zu übersehen. Wir schauen geflissentlich zur anderen Seite, erfreuen uns lieber an den weidenden Kühen sowie dem dahinter in der Sonne funkelnden Blau des Meeres

Blick vom Aussichtspunkt Treize Vents

und versuchen, die umstrittene Anlage einfach auszublenden. Das gelingt uns zumindest optisch ganz schnell, denn wir zweigen nach HERQUEVILLE ab. Die D403 fällt steil ab und im weiteren Verlauf gilt unsere Aufmerksamkeit der enger werdenden Straße und dem **Aussichtspunkt Treize Vents** [N 49°39'39.6" W 01°52'56.5"]. Alternativ zu dieser schmalen, kurvigen, aber landschaftlich reizvollen Strecke, kann die D901 bis Beaumont-Hague genommen werden. Je nachdem welche Strecke gewählt wurde, hält man sich vor bzw. am dortigen Kreisverkehr nach VAUVILLE. Vor dem Ort kann von einem Parkplatz das etwa 700 m entfernte, fast verfallene **Megalithgrab Pierres Pouquelées** mit schönen Ausblicken erwandert werden [N 49°38'45.6" W 01°51'02.2"; An der D318].

Das pittoreske Vauville, das mit einer Kirche aus dem 12. Jh., den Resten einer Festung und einem Herrenhaus aus dem 17. Jh. aufwarten kann, liegt eingebettet in eine Heidelandschaft. An den Steinmauern gedeihen Blumen und ein durch den Ort fließendes Bächlein trägt zusätzlich zum idyllischen Touch bei. Um dem Kiesstrand, der bei Ebbe sandige Abschnitte hat, einen Besuch abzustatten, kann das WOMO auf einem Tagesparkplatz geparkt werden oder man logiert gleich auf dem daneben liegenden kleinen städtischen Campingplatz.

(119) WOMO-Campingplatztipp: Vauville, Camping Municipal de Vauville**

GPS: N49°37'59.4" W01°50'58.1"
1 rue de la Grande Vallée
Kontakt: Telefon 0233526469
Öffnungszeit/Preis: April - Sept./€€. **Ausstattung/Lage:** Wander- und Radwege, Waschmaschine, Wäschetrockner, empfehlenswertes Restaurant Tamarins im Ort/außerorts, direkt am Meer, ca. 500 m in den Ort.
Zufahrt: Im Ort den Hinweisen zum Campingplatz folgen.

Dem milden Klima des nahen Golfstroms verdankt Vauville den **Jardin Botanique**, an dessen Besuch Gartenfreunde einfach nicht vorbeikommen [N 49°38'02.7" W 01°50'46.1"]. Der außergewöhnliche botanische Garten entpuppt sich als tropische Oase mit über 1.000 Pflanzenarten. Farne, Bambus und gigantische Palmen gedeihen auf dem 40.000 m² großen Areal nur 100 m vom Meer entfernt. Nach einem Rundgang durch verschiedene Themengärten kann man im Salon de Thé entspannen oder in einem kleinen Shop Pflanzen erstehen (April - Sept. 14 - 18 Uhr, Juli/Aug. bis 19 Uhr, Okt. Sa/So 14 - 18 Uhr, Eintritt. www.jardin-vauville.fr).

Die **Route des Caps** führt nun nach BIVILLE, doch zuvor erlauben wir uns einen Blick vom **Belvédère du Thot** auf die **ausgedehnte Dünenlandschaft** [N 49°37'08.2" W 01°50'06.6"].

Von den rund 700 ha steht ein knappes Drittel unter Naturschutz und darf aufgrund der empfindlichen Flora nicht betreten werden. In den Dünen leben Füchse, Dachse und Unmengen an Kaninchen.

Wenn das WOMO in der Ortsmitte geparkt wird, sind die **Kirche von Biville**, die als Wallfahrtsstätte des Umlandes gilt, und der **Calvaire des Dunes** nach etwa 100 bzw. 700 m über einen Fußweg zu erreichen. Vom Kalvarienberg eröffnet sich ein eindrucksvoller Rundblick vom Nez de Jobourg über die Bucht von Vauville bis hin zu den Klippen von Flamanville – das Spiel „Wie blenden wir ein Atom-

kraftwerk am besten aus?" beherrschen wir mittlerweile ganz gut, sodass das von Flamanville fast gar nicht mehr ins Gewicht fällt.
Es gibt wirklich Schöneres und dazu gehört auch die hinter den Dünen liegende, recht einsame und schier endlos gezogene Bucht mit einem sehr schönen Sandstrand. Bei Ebbe muss man allerdings einen längeren Fußmarsch zum Wasser in Kauf nehmen.

(120) WOMO-Badeplatz: Biville, Les Dunes

GPS: N49°36'34.9"W01°50'28.5"
max. WOMOs: 3 - 5
Ausstattung/Lage: Wanderweg bergauf zum Kalvarienberg nicht zu verfehlen, Strand ca. 100 m hinter den Dünen, Mülleimer/außerorts, einsam. **Bitte im Hinblick auf das Naturschutzgebiet kein Campingverhalten, Zelten verboten!**
Zufahrt: Im Ort den Hinweisen Dunes de Bilville ca. 2 km folgen.

Nach einem ausgedehnten **Strandspaziergang** in südlicher Richtung gehen wir über die Dünen landeinwärts und treffen auf ein Schottersträßchen, das uns zurück zum Parkplatz bringt. Hierbei sollte man das eine oder andere Mal den Blick gen Boden richten, denn in der entsprechenden Jahreszeit säumen wilde, wunderschön blühende Orchideenarten und andere Pflanzen den Wegesrand.
Von Biville fahren wir über VASTEVILLE durch die stark landwirtschaftlich geprägte Region nach HELLEVILLE und über die D4 nach SIOUVILLE-HAGUE. Hier werde die Herzen von Surfern einen Freudensprung machen, denn der lange, sanft abfallende Strand des Badeortes ist an diesem Küstenabschnitt der **Surfspot** schlechthin.

Sommerwurz

(121) WOMO-Stellplatz: Siouville-Hague, Aire Communale

GPS: N 49°33'49.7" W 01°50'41.8"; Avenue de Peupliers **max. WOMOs:** 30
Ausstattung/Lage: V/E, Strom gegen Gebühr, ansonsten kostenfrei, max. Aufenthalt 48 Std., Bäcker, Restaurants, Café in der Nähe, Mülleimer/im

Ort, ca. 200 m zum Strand. **Zufahrt:** Im Ort zunächst den Hinweisen zum Campingplatz folgen und nach einer Rechtskurve links auf den ausgewiesenen Stellplatz fahren.

Die D4 führt uns über DIÉLETTE mit einem kleinen Hafen nach FLAMANVILLE. Am Ortsende liegt ein **Château** aus dem 17. Jh., das von einem frei zugänglichen, 24 ha großen **Landschaftspark** im englischen Stil umgeben ist. Ein Spaziergang auf verschlungenen Wegen ist durchaus lohnenswert [N 49°31'35.8" W 01°52'02.4"; Rue du Château]. Wenn man die Nähe zum Kernkraftwerk nicht scheut, folgt man am nächsten Kreisel zunächst den Hinweisen zu selbigem (EDF CNPE/Centre nucléaire de production d'électricité de Flamanville), um kurz danach links den Weg zum SÉMAPHORE/GÎTE D'ETAPPE einzuschlagen. Hinter einer Gaststätte lädt ein schön gelegener Picknickplatz hoch über den bis zu 90 m hohen Klippen zur Rast ein [N 49°31'22.3" W 01°52'55.8"].

Über LES PIEUX, wo es eine **Ver- und Entsorgungsstation** an einem Supermarkt zu erwähnen gibt [N 49°31'00.7" W 01°47'54.9"], fahren wir nun noch einmal ins Landesinnere nach BRICQUEBEC. Über die D900 nähern wir uns der lebendigen Kleinstadt, die eine der **größten und besterhaltenen Burganlagen** des Département Manche hat und einen schönen Stellplatz besitzt. Die Ortsdurchfahrt ist für Fahrzeuge über 3,5 t Gesamtgewicht gesperrt. Obwohl dies jedoch keinen Menschen zu interessieren scheint, erwähnen wir es der guten Ordnung halber und nennen zusätzlich einen Parkplatz in der Stadt [N 49°28'13.4" W 01°37'51.4"; Place Sainte Anne].

(122) WOMO-Stellplatz: Bricquebec, Aire de Camping-Car

GPS: N49°28'24.7" W01°38'48.6"
Le Bas de Cattigny
max. WOMOs: 20
Ausstattung/Lage: V/E, Strom gegen Gebühr, ansonsten kostenfrei, max. 72 Std. Aufenthalt, Tische und Bänke/außerorts, ca. 1 km ins Zentrum, nahe der Straße an einem See gelegen.
Zufahrt: Von der D900 ca. 400 m vor dem Ortseingang rechts dem WOMO-Piktogramm zum Etang de Pêche abbiegen.

Das **Château de Bricquebec** aus dem 12. Jh. wurde auf einem künstlichen Erdhügel (Motte) errichtet, um den sich die aufstrebende Handelsstadt entwickelte. Die Wehranlagen wurden später mehrfach umgebaut und der große Burghof wird von mehreren Türmen und Mauern aus dem 14. Jh. umschlossen. Der Burghof ist frei zugänglich, während die Burg im Rahmen einer Führung besichtigt werden kann (Juli/Aug. tägl. außer Di 14/16 Uhr, Gebühr). Nähere Informationen sind im **Office de Tourisme** erhältlich (flexible Öffnungszeiten, Telefon 0233522165, Place Sainte Anne, www.bricquebec.fr).

Bekannt ist Bricquebec für seinen bunten **Montagsmarkt** auf der Place Sainte Anne, der Besucher aus dem ganzen Cotentin anlockt! Diesem Treiben kann man von der Terrasse des netten **Restaurants Le Donjon** zuschauen oder man genießt einfach nur den Blick auf das Schloss (Mittag- und Abendmenü, Telefon 0233522315, www.hotel-le-donjon.fr).
Durch die grüne und waldreiche Landschaft der Normandie fahren wir auf der D66 nach SURTAINVILLE und zurück ans blaue Meer. 200 m vom Strand kann man sich auf dem städtischen **3-Sterne Campingplatz Les Mielles** einquartieren oder davor den dazugehörigen Stellplatz anfahren.

(123) WOMO-Stellplatz: Surtainville, Aire Camping-Car

GPS: N 49°27'50.3" W 01°49'40.8"
Route des Laguettes
max. WOMOs: 6
Ausstattung/Lage: V/E, Strom gegen Gebühr, ansonsten kostenfrei, Bäcker, Restaurants, Supermarkt in der Nähe/Ortsrand, Häuser in der Nähe.
Zufahrt: Im Ort den Hinweisen zum Campingplatz und zum Stellplatz folgen.

Die **Route des Caps** hat uns wieder und wir folgen ihr etwas verschlungen landeinwärts, dann wieder am Wasser entlang nach BAUBIGNY und erreichen auf der D242 schließlich HATAINVILLE. In ländlicher Umgebung erspähen wir den Hinweis zu einem einfachen Campingplatz, der auf relativ großen Parzellen eine schöne Aussicht über das tiefer liegende Meer bis hin zu den Kanalinseln bietet.

(124) WOMO-Campingplatztipp: Hatainville, Aire Naturelle de Camping Les Ronds Duval

GPS: N 49°24'12.0" W 01°48'17.6"
10 Impasse des Ronds Duval
Kontakt: 0661497061, www.camping-lesrondsduval.fr
Öffnungszeit/Preis: April - Sept./ € - €€.
Ausstattung/Lage: Waschmaschine, Brötchenservice/Ortsrand, ca. 1,5 km zum Strand.
Zufahrt: Im Ort den Hinweisen zum Campingplatz folgen.

Wir befinden uns inmitten des unter Naturschutz stehenden **Dünenmassivs von Hatainville**, das sich an der Küste bis zu 60 m Höhe über dem Meeresspiegel erhebt. Auf unserer Weiterreise nach BARNEVILLE-CARTERET streifen wir einige der höchsten Dünen und erreichen, der **Route des Caps** bis zu ihrem Ende folgend, den Parkplatz in der Nähe des Leuchtturmes am **Cap de Carteret** [N 49°22'29.4" W 01°48'12.2"; Rue du Cap. Parken von 7 - 22 Uhr erlaubt]. Von hier kann die Dünenlandschaft rund um die Landspitze erwandert werden. Wir nisten uns jedoch auf dem zweckmäßigen Parkplatz an der Hafeneinfahrt ein, da dort die Übernachtung geduldet wird, der Badeort Carteret gut zu Fuß erreichbar ist und wir zudem unsere Wanderung auch von hier starten können. Weitere Parkplätze befinden sich im Zentrum an der Place Flanders Dunkerque [N 49°22'44.7" W01°47'07.7"] und am Bahnhof [N 49°22'51.4" W 01°46'48.4"].

(125) WOMO-Stellplatz: Carteret, Le Port

GPS: N 49°22'19.9" W 01°47'25.3"
Rue du Port **max. WOMOs:** 15
Ausstattung/Lage: Gaststätten in der Nähe, direkter Zugang zu einem Sandstrand, Mülleimer/ Ortsrand, ca. 700 m ins Zentrum.
Zufahrt: Im Ort den Hinweisen „Le Port", später Port de Commerce folgen und an der Uferpromenade ca. 600 m bis zum linker Hand liegenden Parkplatz fahren.

Barneville-Carteret

Die ursprünglich eigenständigen Gemeinden Barneville und Carteret verdanken ihren Zusammenschluss einer Verwaltungsreform. Während Barneville einen im Sommer äußerst beliebten Badestrand vorweist, ist Carteret das touristisch attraktivere Städtchen. Im Hafen herrscht besonders beim Einlaufen der Fischerboote reger Betrieb und der Freizeithafen sowie der Schiffsanleger für die **Fährverbindung zu den Kanalinseln Jersey und Guernsey** sorgt für zusätzliche Aktivitäten. Auch hier befindet sich ein bewachter Strandabschnitt, während der naturbelassene und wunderschöne Sandstrand nördlich des Cap Carteret aufgrund der starken Küstenströmung zum Schwimmen viel zu gefährlich ist. Zudem pendelt der **Train Touristique du Cotentin** zwischen Barneville-Carteret und Portbail, sodass man z. B. zu den jeweiligen **Märkten** (Do in Carteret, Place de Gare/Di in Portbail) fahren kann (Juli/Aug. in der Regel tägl. 2 Verbindungen, sonst nur Di/Do, Gebühr. www.train-touristique-du-cotentin.com). Hierüber und über vieles mehr informiert das **Office de Tourisme** von Barneville-Carteret, das mit reduzierten Öffnungszeiten auch in Carteret vertreten ist (April - Juni/Sept. So 15 - 18 Uhr, Juli/Aug. Mo/Di/Do/Sa 10 - 13/15 - 19 Uhr, Mi/Fr/So 15 - 19 Uhr, Place Flanders Dunkerque, www.otcdi.com). Naturgemäß gibt es in Badeorten ein reiches gastrono-

misches Angebot. Das erste Haus am Platze ist wohl das mit einem Michelin-Stern ausgezeichnete **Restaurant La Marine** (Mittag- und Abendmenüs, Rue de Paris, Telefon 0233538331, www.hotelmarine.com). Uns haben es aber auch die Fischgerichte, besonders der gegrillte Hummer, im **Restaurant Le Cap** angetan (Mittag- und Abendmenüs, Rue du Port, 0233538589, www.hotel-le-cap.fr).

WOMO-Wandertipp: Cap Carteret und die Dünen von Hatainville

Leichte Wanderung von ca. 10 km mit leichten An- und Abstiegen und fantastischen Ausblicken. Wegweisend sind die weiß-roten und gelben Markierungen.

Vom Stellplatz gehen wir an der Uferpromenade Richtung Zentrum und zweigen hinter dem Restaurant La Corserie links ab. Auf der Route de la Corniche folgen wir der rot-weißen Markierung bergauf und wenden uns an der „Chemin des Douaniers“ links. Der Zöllnerpfad (Sentier des Douaniers) führt nach etwa 900 m an der Felsküste zum Cap Carteret. Vor uns sehen wir den langen Strand von Vieille Église und die weite Dünenlandschaft von Hatainville. Nur wenig später stoßen wir auf die alte Kirchenruine und dann auf eine Straße, der wir rechts folgen. An einem Parkplatz halten wir uns links auf der Route de la Vieille Èglise und schwenken ca. 250 m später mit rot-weißer und gelber Markierung links auf einen Feldweg. Erst zwischen Hecken, dann leicht hügelig durch die Dünen und mit gelegentlichen Meerblicken erreichen wir nach etwa 2,5 km die ersten Häuser von Hatainville. Wir gehen weiter in den Ort und treffen auf die D201, der wir rechts mit gelber Markierung aus dem Ort

heraus folgen. In einer Linkskurve führt die etwas schwer zu erkennende gelbe Markierung leicht rechts auf einen Feldweg. Wir passieren eine Picknickbank, überqueren ein kleines Bächlein, steigen eine Düne hinauf und wieder hinab. Die gelbe Markierung bringt uns wieder bis zur D201, der wir rechts nach Carteret folgen. Durch eine schöne Kastanienallee gehen wir immer geradeaus in den Ort bis zur Uferpromenade. Dort halten wir uns rechts und sind nach ca. 700 m wieder am WOMO-Stellplatz zurück.

Die D902 bringt uns Richtung BRICQUEBEC/VALOGNES zur D650 Richtung CARENTAN/COUTANCE. Von hier lohnt sich ein Abstecher nach PORTBAIL. Das an der Mündung der Ollonde liegende Städtchen kann einen einfachen, zweckmäßigen Stellplatz an der Zufahrtsstraße vorweisen.

(126) WOMO-Stellplatz: Portbail, Aire de Camping-Car

GPS: N49°20'14.8"W01°42'03.5" Rue Lechevalier
max. WOMOs: 10
Ausstattung/Lage: V/E bei der Feuerwehr [N 49°20'15.7" W 01°41'33.9"; Rue Robert Asselin], Mülleimer/Ortsrand, ca. 500 m ins Zentrum. **Zufahrt:** An der D50 kurz hinter dem Ortseingang an der rechten Straßenseite gelegen.

Um zu den langen Sandstränden zu gelangen, muss die steinerne Brücke mit 13 Bögen nahe der romanischen Kirche überquert werden. Portbail ist eines jener Hafenörtchen, die einfach nett sind und sich zur Hauptreisezeit in eine beliebte, lebendige Sommerfrische verwandeln.

Die „Pfunde" dieser Region sind die schier endlosen Sandstrände, die sich in südlicher Richtung bis zur Bucht von Saint Michel erstrecken. Einige sind erstaunlich wenig besucht, an anderen „steppt der Bär". Eines ist an allen Stränden gleich: Bei Ebbe muss man mit einem gehörigen Fußmarsch rechnen, um das Wasser zu erreichen.

Von der ansonsten unspektakulären D650 zweigen immer wieder schmale Stichstraßen zum Meer ab und wir haben im Folgenden einige der Parkplätze am Wasser angefahren und als „womotauglich" eingestuft. Zusätzlich bieten sich zahlreiche, ausgeschilderte **Campingplätze** für einen längeren Aufenthalt an.

Der erste Abzweig führt uns zum LINDBERGH-PLAGE [N 49°18'57.0" W 01°42'08.4"]. Der Strand ist, wie alle anderen, sehr schön und lädt zu langen Strandspaziergängen ein. Jedoch aus einem unerklärlichen Gefühl heraus, vielleicht liegt es an der etwas schmuddeligen Umgebung während unserer Recherche, würden wir ihn nicht als Übernachtungsplatz wählen. Möglicherweise empfinden das unsere Leser jedoch ganz anders und wir würden uns über eine diesbezügliche Rückmeldung an unsere vorn im Buch genannte Email-Adresse oder in der entsprechenden Rubrik im **Forum des WOMO-Verlages** (www.forum.womoverlag.de) sehr freuen.

(127) WOMO-Badeplatz: St. Rémy, La Mer

GPS: N49°17'46.5"W01°41'23.5"
max. WOMOs: 2 - 3
Ausstattung/Lage: Ca. 120 m zum Strand/außerorts, einsam.
Zufahrt: Gegenüber dem Hinweis nach St. Remy ca. 2,5 km hinter der Zufahrt zum Lindbergh-Plage rechts der C6 ca. 1,2 km Richtung La Mer bis zum Parkplatz folgen.

(128) WOMO-Badeplatz: Lieu-dit-la-Mielle, La Mer

GPS: N49°16'37.3"W01°40'22.5"
max. WOMOs: 2 - 3
Ausstattung/Lage: Ca. 150 m zum Strand/außerorts, Häuser in der Nähe.
Zufahrt: Gegenüber dem Hinweis nach Surville ca. 3 km hinter vorgenanntem Stellplatz rechts der D526 ca. 1,3 km Richtung La Mer bis zum Parkplatz folgen.

(129) WOMO-Badeplatz: Bretteville-sur-Ay, La Mer/Plage

GPS: N 49°14'30.7" W 01°39'11.6"; Rue de la Mer **max. WOMOs:** 3 - 5
Ausstattung/Lage: Infotafel, Bänke mit Strandblick, WC, Mülleimer/

Ortsrand, ca. 50 m zum Strand, Häuser in der Nähe. Gegebenfalls Trubel durch Strandsegler.
Zufahrt: Gut 3 km hinter vorgenanntem Stellplatz von der D650 rechts nach Bretteville-sur-Ay/Plage ca. 1,8 km Richtung La Mer bis zum rechts gelegenen Parkplatz fahren.

Der Ferienort SAINT-GERMAIN-SUR-AY hat neben Geschäften für den täglichen Bedarf und einigen Bars sowie Restaurants gleich mehrere Stellplätze im Angebot. Offiziell kann man im Ort auf einem Parkplatz mit einer Höhenbegrenzung von 2,70 m stehen ... irgendwie muss das doch zu umgehen sein, denken wir uns! In den äußeren Bereichen scheint der Begrenzungsbalken etwas höher zu sein, sodass wir den Selbstversuch wagen. Die Beifahrerin steigt also aus, behält das WOMO-Dach sowie die Aufbauten im Auge und der Fahrer fährt ganz vorsichtig am äußeren (!) Rand unter dem Höhenbalken hindurch. Geschafft, nix passiert und sogar noch 10 - 20 cm Luft nach oben! Für niedrigere WOMOs als das unsrige ist das demnach überhaupt kein Problem – trotzdem raten wir zur Vorsicht und geben diesen Tipp natürlich ohne Gewähr auf Unversehrtheit des WOMOs!
Wer es lieber einsam mag und zudem ein Freund des Nacktbadens ist, der findet einen Parkplatz an einem der beliebtesten FKK-Strände der Normandie. Ein Schild weist darauf hin, dass man sich seiner Kleidung erst am Strand entledigen darf! Insofern bieten sich dieser und der darauf folgende, ebenso einsam gelegene Parkplatz auch für Textilträger an.

(130) WOMO-Badeplatz: Saint-Germain-sur-Ay, Plage I

GPS: N49°14'10.0"W01°38'55.5"
max. WOMOs: 2 - 3
Ausstattung/Lage: Ca. 100 m zum Strand, Mülleimer/Ortsrand.
Zufahrt: Von der D650 in den Ort und aufs Meer zufahren. Die letzte Straße (Rue de Semaphore) vor dem Strandzugang rechts ca. 550 m bis zum Parkplatz in den Dünen fahren.

(131) WOMO-Badeplatz: Saint-Germain-sur-Ay, Aire de Camping-Car

GPS: N49°13'52.1"W01°38'48.8"
Route de la Mer
max. WOMOs: 10
Ausstattung/Lage: Gaststätten und Geschäfte in der Nähe, max. Aufenthalt 48 Std. von Juni - Mitte Sept., Campingverhalten und Grillen nicht gestattet, Mülleimer/im Ort.
Zufahrt: Wie zum vorgenannten Stellplatz, jedoch vor dem Strandzugang links auf den Parkplatz fahren. **Höhenbegrenzung 2,70 m**!

(132) WOMO-Badeplatz: Saint-Germain-sur-Ay, Plage Naturiste

GPS: N49°12'50.4"W01°37'43.6"
Rue des Carriéres
max. WOMOs: 2 - 3
Ausstattung/Lage: Ca. 5 Min. zum Strand, Mülleimer/außerorts, einsam.
Zufahrt: Wie zum vorgenannten Stellplatz, jedoch vor dem Parkplatz links abbiegen und der Straße bis ans Ende folgen. Dort rechts und parallel zum Meer (Boulevard Maritime), später links (Rue des Mouettes) und dann rechts (Avenue de la Pointe du Banc) haltend aus dem Ort herausfahren. Die Straße wird zum Schotterweg, der nach ca. 600 m am Parkplatz endet. Gesamte Strecke vom Stellplatz im Ort ca. 2,6 km.

(133) WOMO-Badeplatz: Saint-Germain-sur-Ay, Plage II

GPS: N49°12'58.4"W01°37'33.5"
max. WOMOs: 2 - 3
Ausstattung/Lage: Ca. 100 m zum Strand, Mülleimer/außerorts, einsam.
Zufahrt: Wie zum vorgenannten Stellplatz, jedoch ca. 100 m bevor der Schotterweg beginnt links weitere 700 m auf einem Schotterweg bis zum Parkplatz fahren. Gesamtstrecke vom Stellplatz im Ort ca. 2,7 km.

Die beiden letztgenannten Parkplätze liegen an der Mündung der Ay. Zuvor durchströmt der Fluss die weite Bucht von Saint-Germain-sur-Ay, um sich dann ins Meer zu ergießen. Je nach Tidenzeit zieht sich das Wasser fast vollständig zurück und es entsteht ein gigantischer „Sandkasten".
Bevor wir uns der anderen Seite der Bucht, die hier „Havre" genannt wird, zuwenden, fahren wir zur D650 zurück und peilen LESSAY an. Die D652, später die D72 führt uns in die 2.000 Einwohner zählende Stadt, die einen sehr schönen und zudem kostenfreien WOMO-Stellplatz anbietet.

(134) WOMO-Stellplatz: Lessay, Aire Communale

GPS: N49°13'05.2"W01°32'10.9" An der D72
max. WOMOs: 15 - 20
Ausstattung/Lage: V/E, Infotafel, Geschäfte, Restaurants ca. 300 m entfernt, Mülleimer/Ortsrand.
Zufahrt: Kurz hinter dem Ortseingang an der D72 am Kreisel rechts zum Stellplatz fahren.

Hauptanziehungspunkt der Stadt ist die **Église Abbatiale** aus dem 11. Jh., die den romanischen Baustil normannischer Sakralbauten am besten bewahrt hat. Am zweiten Septemberwochenende platzt Lessay anlässlich des traditionellen Jahrmarktes drei Tage lang aus allen Nähten. Die **Foire de la Sainte-Croix** wurde bereits im 12. Jh. von Benediktinermönchen ins Leben gerufen und heute kommen alljährlich mehr als 400.000 Besucher auf einen der größten Märkte

Frankreichs. Es werden Lebensmittel und Kleidung, aber auch Ziegen, Geflügel, Esel, Pferde sowie Haushaltgeräte angeboten. In der „Allée des Rôtisseurs“ stehen allein mehrere Dutzend mobiler Grillstationen bereit, um die hungrigen Jahrmarktsbesucher zu verköstigen. Ein Spektakel, bei dem das Verkehrschaos vorprogrammiert ist und bei dem eine rechtzeitige Anreise angeraten wird.
Zurück an der D650 schlagen wir kurzzeitig die Richtung CRÉANCES ein, um nur wenig später rechts dem Hinweis SENTIER DE DÉCOUVERTE zu folgen. In LE HAUT DY gelangen wir auf die andere Seite der bereits bekannten Bucht von Saint-Germain-sur-Ay und richten uns zusätzlich nach dem Hinweis LE HAVRE. Hier erwartet uns ein wunderschönes Fleckchen Erde, das stellplatztechnisch sehr pfleglich behandelt werden möchte. Soll heißen: Bitte kein Campingverhalten, denn sonst ist es nur eine Frage der Zeit, wann WOMOs unerwünscht sind!

(135) WOMO-Wanderparkplatz: Le Haut Dy, Entdeckungspfad

GPS: N 49°13'01.9" W 01°36'16.9"
max. WOMOs: 1 - 2
Ausstattung/Lage: Wanderweg mit franz. Erklärungstafeln, Aussicht auf Wiesen, Strand ca. 300 m entfernt/außerorts.
Zufahrt: Von der D650 ca. 1,7 km den Hinweisen Sentier de Découverte folgen, dann links über einen Schotterweg ca. 1,2 km bis zum Parkplatz fahren. Etwa 500 m später gibt es einen weiteren kleinen Parkplatz.

WOMO-Wandertipp: Sentier de Découverte und der Dünenweg nach Créances

Bocksriemenzunge (Himantoglossum hircinum)

Am Parkplatz startet ein **2,5 km langer Erkundungspfad** mit neun Informationstafeln, der die Flora und Fauna der Salzwiesen sowie der Dünen in französischer Sprache erklärt. Dabei wird die **Pointe du Becquet** mit einem fantastischen Blick über die Bucht umwandert. Wendet man sich an der Station 7 südwärts auf dem Küstenpfad, öffnet sich bald der Ausblick auf die **Pointe de Banc** auf

der anderen Seite der Bucht. Im weiteren Verlauf wird nach etwa 2 km Créances Plage und damit der folgende Stellplatz erreicht.
Wo auch immer die Wanderung begonnen wird bzw. welchen Umfang sie hat, zwischendurch sollte sich der Blick vom Horizont auf den Boden richten, damit die dort gedeihenden seltenen Orchideen Beachtung finden.

Wir trennen uns von dem besonders für Naturliebhaber geeigneten Ort, fahren zurück zur D650 und nach CRÉANCES PLAGE.

(136) WOMO-Badeplatz: Créances Plage

GPS: N49°11'50.1" W01°36'20.1" Boulevard de la Mer
max. WOMOs: 3 -5
Ausstattung/Lage: V/E an einem Supermarkt am Kreisverkehr an der D650, Strand ca. 80 m entfernt, Tische und Bänke, Mülleimer/Ortsrand.
Zufahrt: Von der D650 den Hinweisen zum Campingplatz folgen. Der Parkplatz liegt direkt gegenüber an der linken Straßenseite.

Die D650 führt uns nun weiter nach PIROU. Auch hier locken ein lang gestreckter Sandstrand, Campingplätze und ein offizieller Stellplatz, der zwar nett, aber direkt neben der D650 und zudem 1 km vom Meer entfernt angelegt ist [N 49°09'56.2" W 01°35'22.5"; Chemin des Matelots]. Bevor wir uns auf die Suche nach etwas Gefälligerem machen, statten wir **Château de Pirou** einen Besuch ab [N 49°09'46.0" W 01°34'23.2"].

Château de Pirou

Die im 12. Jh. erbaute Burg liegt verwunschen hinter Wassergräben in einem Park und gehört zu den ältesten normannischen Burganlagen. Der Legende nach nahmen die Bewohner die Gestalt von Gänsen an, um den angreifenden Wikingern zu entfliehen. Durch drei hintereinander gelegene Tore wird das Gelände betreten und die zahlreichen Wirtschaftsgebäude sowie die Kapelle können besichtigt werden. Von Mitte Mai bis September zeigt die **Tapisserie de Pirou**, ähnlich dem Wandteppich in Bayeux, den Feldzug der Normannen gegen Sizilien.

Ein Spaziergang über die Burgmauern ist besonders für Kinder ein Erlebnis (Mitte/Ende März - Sept. Mi - Mo 10 - 12 /14 - 18.30 Uhr, Eintritt. www.chateau-pirou.org).

Wieder der D650 folgend, finden wir hinter Pirou die erhoffte Alternative zum offiziellen Stellplatz der Stadt. Es ist sicher Geschmackssache, ob er tatsächlich schöner ist, aber auf jeden Fall ist der Strand flotter zu erreichen.

(137) WOMO-Badeplatz: Pirou, Dunes de Pirou

GPS: N 49°09'04.9" W 01°35'36.7"
max. WOMOs: 2 - 3
Ausstattung/Lage: Strand ca. 200 m entfernt, Mülleimer/außerorts, hinter einer Gewerbezone.
Zufahrt: Von der D650 den Hinweisen „Dunes de Pirou" folgen und ca. 500 m zum rechts gelegenen Wiesenparkplatz fahren.

Im weiteren Verlauf der D650 steht nun GOUVILLE-SUR-MER auf der Roadmap. Der Badeort besticht einmal mehr durch einen langen Strand, den kleine Badehäuser mit bunten Dächern säumen. Ein besonderes Erlebnis ist eine **Spazierfahrt im Pferdewagen** durchs Watt bis **zu den Muschel- und Austernbänken**. Bei einer Pause können die Austern mit einem Glas Wein verkostet werden (Gebühr). Detaillierte Informationen erteilt das **Office de Tourisme**, das im Hauptort zu finden ist (Juli/Aug. Mo - Sa 10 - 13/14.30 - 18.30 Uhr, So/Feiertage 9 - 13 Uhr, Juni/Sept. Di - Sa 10 - 12.30/15 -18 Uhr, Okt. - Mai Di - Sa 9.30 - 12.30 Uhr, 1 Rue du Nord, Telefon 0233478433, www.ot.gouvillesurmer.free.fr).

(138) WOMO-Badeplatz: Gouville-sur-Mer, La Plage

GPS: N 49°06'01.7" W 01°36'31.9"
Rue du Beau Rivage
max. WOMOs: 40
Ausstattung/Lage: V/E, Strom, Gebühr €€/19 - 10 Uhr, max. Aufenthalt 72 Std., Gaststätten in der Nähe, Mülleimer/Ortsrand, Strand ca. 50 m entfernt, Ortszentrum ca. 2 km entfernt. **Zufahrt:** Von der D650 den WOMO-Piktogrammen ca. 800 m folgen.

Bevor wir zu einem weiteren Abstecher ins Landesinnere aufbrechen, wollen wir uns ein letztes Mal den Badefreuden an der **Côte des Havres** hingeben. Wir unterbrechen damit das Band der feinen Sandstrände und Naturhäfen, die aus Flussmündungen

zwischen Land und Meer bestehen. Der in der Bucht von Mont-Saint-Michel herrschende enorme Tidenhub macht sich um AGON-COUTAINVILLE schon bemerkbar und das Meer zieht sich bei Ebbe weit zurück. Ein Eldorado für Muschel- und Krebssucher! Doch nicht nur dann ist ein Spaziergang auf der Deichpromenade oder ein Bad am langen Sandstrand ein Vergnügen. Agon-Coutainville ist der traditionsreichste Bade- und Ferienort im Département Manche und wurde unter der Herrschaft von Napoléon III gegründet. Häuser aus Naturstein säumen die Straßen und am südlichen Ende befindet sich an der Mündung der Sienne eine große sandige Landzunge, die unter Naturschutz steht. Um Ort und Strand zu erkunden bietet sich ein Tagesparkplatz [N 49°02'12.8" W 01°35'45.7"; Place Edouard Leroux] nahe des zentralen Strandes und in der Nähe des **2-Sterne Campingplatzes Les Mouettes** an. Der offizielle Stellplatz ist zwar nett angelegt, aber dafür auch etwas weiter von Zentrum und Strand entfernt. In unmittelbarer Nähe sind die städtischen **2-Sterne Campingplätze Le Marais** und **Le Martinet** nicht nur für den längeren Aufenthalt eine echte Alternative. Das **Office de Tourisme** befindet sich ca. 1 km entfernt am Kreisel in Coutainville (Mo - Fr 10 - 12.30/14 - 17.30 Uhr, Sa 9.30 - 13 Uhr, Place du 28 juillet 1944, Telefon 0233766730, www.coutainville.com). An gleicher Stelle findet Dienstag- und Samstagvormittag der **Markt** statt.

(139) WOMO-Stellplatz: Agon-Coutainville, Aire de Camping-Car

GPS: N 49°03'12.5" W 01°35'29.2" Boulevard Lebel-Jéhenne
max. WOMOs: 40
Ausstattung/Lage: V/E, Strom, Gebühr €€, Geschäfte und Restaurants ca. 1 km entfernt/ Ortsrand, ca. 1 km zum Strand.
Zufahrt: Von der D650 auf die D651 wechseln und im Ort links Richtung Agon/Hippodrome halten. An einem Kreisverkehr dem Womo-Piktogramm/Aire d'Accueil folgen und vorbei an den Campingplätzen bis zum Stellplatz fahren.

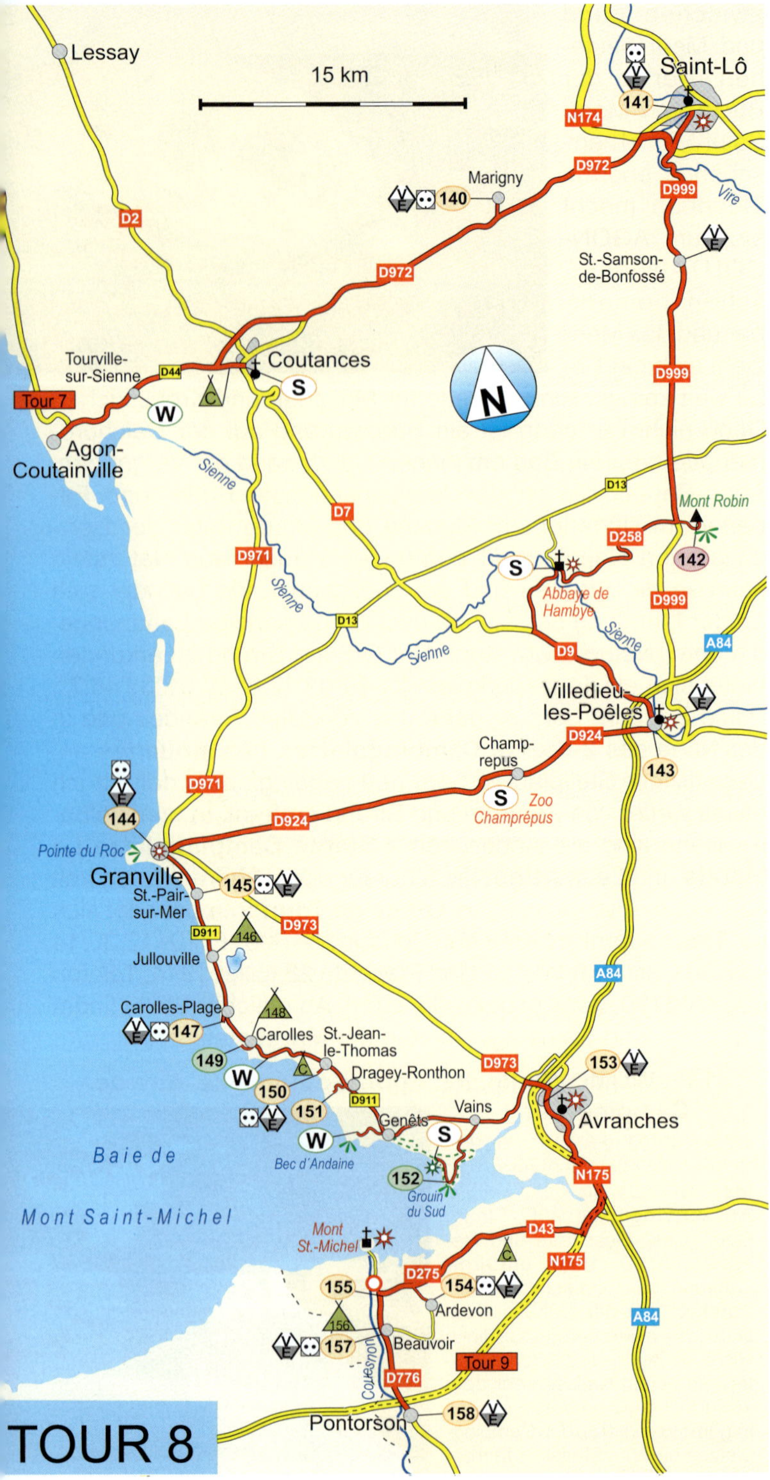

TOUR 8
15 km
Lessay
Saint-Lô
141
N174
D972
D999
Vire
Marigny
140
D2
St.-Samson-
de-Bonfossé
Coutances
Tourville-
sur-Sienne
D44
Tour 7
Agon-
Coutainville
Sienne
D7
D971
D13
Mont Robin
D258
142
Abbaye de
Hambye
A84
D9
Villedieu-
les-Poêles
D924
Champ-
repus
143
Zoo
Champrépus
144
Pointe du Roc
Granville
St.-Pair-
sur-Mer
145
D911
146
D973
Jullouville
Carolles-Plage
148
147
Carolles
St.-Jean-
le-Thomas
149
150
151
Dragey-Ronthon
153
Avranches
Genêts
Vains
Bec d´Andaine
152
Grouin
du Sud
N175
Baie de
Mont Saint-Michel
Mont
St.-Michel
D43
D275
155
154
Ardevon
156
157
Beauvoir
Couesnon
Tour 9
D776
158
Pontorson

Tour 8 220 km

Tourville-sur-Sienne - Coutances - Saint-Lô - Villedieu-les-Poêles - Granville - Avranches - Mont-Saint-Michel - Pontorson

Stellplätze:	Marigny, Saint-Lô, Percy, Villedieu-les Poêles, Granville, Saint-Pair-sur-Mer, Carolles, Saint-Jean-le-Thomas, Dragey, Genêts, Saint-Leonard, Avranches, Le Mont-Saint-Michel, Beauvoir, Pontorson.
Campingplätze:	Jullouville Camping Municipale Dr. Lemonnier, Carolles Camping Municipal La Guérinière, Beauvoir Camping Aux Pommiers.
Ver- u. Entsorgen:	Marigny, Saint-Lô, Saint-Samson-de-Bonfossé, Granville, Saint-Pair-sur-Mer, Jullouville, Carolles Plage, St.-Jean-le-Thomas, Avranches, Beauvoir, Pontorson.
Besichtigen:	Coutances Cathédrale Notre-Dame, Musée Quesnel-Morinière, Jardin des Plantes; Saint-Lô Église Notre-Dame, Musée des Beaux-Arts, Musée du Bocage normande, Haras National de Saint-Lô; Percy Abbaye de Hambye; Percy Auberge de l'Abbaye; Villedieu-les-Poêles Musée de la Dentellière et Musée de la Poeslerie, Musée du Meuble Normand, Fonderie de Cloches Cornille-Havard; Champre pus Parc Zoologique; Granville Musée et Jardin Christian Dior, Le Roc des Harmonie, Musée du Vieux Granville, Musée d'Art moderne Richard-Anacréon; Saint-Leonard Écomusée de la Baie du Mont-St-Michel; Avranches Musée des Manuscrits du Mont-Saint-Michel, Musée Municipal, Basilique Saint-Gervais et St-Protais, Jardin des Plantes; Le-Mont-Saint-Michel.
Wandern:	Tourville-sur-Sienne, Abbaye de Hambye, Carolles, Dragey, Genêts, Saint-Leonard.
Baden:	Granville, Saint-Pair-sur-Mer, Carolles Plage, Saint-Jean-le-Thomas, Dragey.
Essen:	Coutances Restaurant Côte Saint-Pierre; Saint-Lô Brasserie Les Capucines, Restaurant Intuition; Villedieu-les-Poêles Restaurant L'Atelier; Granville Restaurant La Phare, Restaurant La Citadelle; Saint-Jean-le-Thomas Restaurant La Grange de Tom; Mont-Saint-Michel Restaurant La Mére Poulard.

Unsere Reise verläuft vorläufig im Landesinneren und wir verlassen die Strände von Agon-Coutainville auf der D44 Richtung COUTANCES.

In TOURVILLE-SUR-SIENNE reiben wir uns beim Anblick eines bombastischen Denkmals verdutzt die Augen und bringen das WOMO auf einem Parkplatz zum Stehen [N 49°02'42.4" W 01°32'42.0"; Rue de l'Amiral]. Von weit oben schaut der steinerne Admiral Tourville auf uns hinunter und erinnert an heldenhafte Seeschlachten im 17. Jahrhundert. Das ist lang her und heute freuen sich Wanderer, wenn sie zu Füßen des Herrn Admiral den knapp 3-stündigen **Rundwanderweg** „Baie et Campagne“ beginnen können. So steht es jedenfalls auf einem wegweisenden Schild – wir sind den Weg nicht gegangen

Comte de Tourville

und können nur noch anfügen, dass das Parken für WOMOs exakt auf die Wanderzeit begrenzt ist.
Schon vom Weitem sind die Türme der auf der höchsten Erhebung von COUTANCES stehenden Kathedrale zu sehen. Gleich hinter dem Ortseingang rechts kann auf dem kleinen, städtischen **2-Sterne Campingplatz Les Vignettes** übernachtet werden. Auch wenn das Stadtzentrum ca. 1 km entfernt bergauf liegt, scheint der Parkplatz am danach folgenden Sportpark die einzig sinnvolle Möglichkeit für einen Tagesbesuch zu sein, da die Straßen und Parkgelegenheiten in der Innenstadt eng sowie begrenzt sind [N 49°03'04.9" W 01°27'19.0"; Rue de Saint-Malo].

Coutances

Die lebendige 9.400 Einwohner zählende Stadt wurde bereits zur Römerzeit besiedelt und von den Wikingern fast völlig zerstört. Den Normannen ist der Bau der **Cathédrale Notre-Dame** im 11. Jh. zu verdanken, die sich bald zum geistlichen Mittelpunkt der Region entwickelte. Nach einem Brand im 13. Jh. neu errichtet und erweitert, gehört die Kathedrale heute zu den schönsten gotischen Gotteshäusern in Frankreich. Beeindruckend sind sowohl im äußeren wie im inneren Bereich die klare Linienführung, die sich z. B. in den Türmen der Westfassade widerspiegelt. Die graziösen Säulen im Inneren streben im gotischen Sinn nach Licht und finden ihren Abschluss in einem würdevollen Kreuz-

rippengewölbe. Die Überreste des Vorgängerbaus sind noch unter dem gotischen Bau zu sehen und können bei einer Führung besichtigt werden. Dabei gelangt man auch in die oberen Galerien des Längsschiffes und des Chors sowie in den Laternenturm und ins Innere der romanischen Türme (tägl. 9 - 19 Uhr, cathedralecoutances.free.fr). Führungen und vieles mehr vermittelt das **Office de Tourisme** (Mo/Mi/Fr 9.30 - 12.30/14 - 18 Uhr, Di/Do bis 17 Uhr, So 10 - 12.30/14 - 17 Uhr, Juli/Aug. Mo - Sa 9.30 - 18 Uhr, So/Feiertage bis 13.30 Uhr, Place Georges Leclerc, Telefon 0233190810, www.tourisme-coutances.fr). Unweit der Kathedrale befindet sich das **Musée Quesnel-Morinière**, das außer einer Gemäldegalerie auch archäologische Fundstücke, mittelalterliche Skulpturen, Trachten und normannische Keramik präsentiert (Juli/Aug. 10 - 12/14 - 18 Uhr, Sept. - Juni 10 - 12/14 - 17 Uhr, Sonntagmorgen/Di geschlossen, Eintritt). Direkt an das Museum schließt sich der **Jardin des Plantes** an, der tagsüber frei zugänglich ist. Der botanische Garten ist Mitte des 19. Jh. terrassenförmig angelegt worden und besitzt zahlreiche subtropische Pflanzen und Bäume. Wer an einem Donnerstagvormittag in Coutances Station macht, sollte auf keinen Fall den in der gesamten Region wegen seines guten Angebotes bekannten **Markt** auf der Place Général-de-Gaulle nahe der Kathedrale verpassen.
Für eine Stärkung auf dem Rückweg zum Camping- bzw. Parkplatz, ist man in der Nähe der Kirche Saint-Pierre im **Restaurant Côte Saint-Pierre** bei qualitativ sehr guter Küche zu angemessenen Preisen prima aufgehoben (Mittag- und Abendmenüs, So/Mo geschlossen, 55 Rue Geoffroy-de-Montbray, Telefon 0233479478, www.cote-saint-pierre.fr).

Die nächsten 30 km führen über die D972 durch das Grün der Bocage und die landwirtschaftlich geprägte Gegend nach SAINT-LÔ. Für eine Unterbrechung sorgt der einfache, aber gepflegte Stellplatz in MARIGN .

(140) WOMO-Stellplatz: Marigny, Aire municipale

GPS: N 49°05'59.0" W 01°14'50.1"
Rue du Douyt St. Pierre
max. WOMOs: 15
Ausstattung/Lage: V/E, Strom gegen Gebühr, ansonsten kostenfrei, Tische und Bänke, Bäcker, Restaurants, Geschäfte ca. 300 m entfernt/im Ort. **Zufahrt:** Von der D972 in den Ort fahren. Vor der Kirche links Richtung St. Sauveur Lendelin abbiegen und an der nächsten Kreuzung dem WOMO-Piktogramm rechts bis zum Stellplatz folgen.

Kurz vor Saint-Lô richten wir uns nach den Hinweisen CAEN/SAINT-LÔ und sind auf der N174, die wir an der Ausfahrt 5 auch schon wieder nach SAINT-LÔ verlassen und auf der D999 in die Stadt hineinrollen.

(141) WOMO-Stellplatz: Saint-Lô, Aire Intercommunale

GPS: N 49°06'49.7" W 01°06'11.0"; Place de la Vaucelle **max. WOMOs:** 12
Ausstattung/Lage: V/E, Strom gegen Gebühr, ansonsten kostenfrei, Mülleimer/im Ort, an der Vire unter Bäumen gelegen. Ortszentrum ca. 1 km.

Zufahrt: Auf der D999 ca. 2 km Richtung Centre Ville fahren, dann links dem WOMO-Piktogramm/Euro-Relais bis zum Stellplatz folgen.

Saint-Lô

Die 20.000 Einwohner-Stadt ist das Verwaltungs- und Wirtschaftszentrum der Region und galt bereits in früheren Zeiten als Verkehrsknotenpunkt. Dieser Umstand wurde ihr während des Zweiten Weltkrieges zum Verhängnis, als im Juni 1944 etwa 90% von Saint-Lô in Schutt und Asche gelegt wurden. Als eine der am schwersten zerstörten Städte in der Normandie erhielt sie den traurigen Beinamen „Hauptstadt der Ruinen". Noch heute sind die Kriegsschäden an der Fassade der **Église Notre-Dame** zu sehen. Der Südturm überstand das Bombardement gerade noch, während der zerstörte Nordturm als Mahnmal nicht mehr aufgebaut wurde. Im Inneren der Kirche fällt der unregelmäßige Grundriss auf und die Mitte des Hauptschiffs des vom 13. - 17. Jh. erbauten Sakralbaus wird durch schöne Glasfenster erhellt. Das Äußere schmückt eine Außenkanzel an der Nordwand, von der die Bischöfe von Coutances ihre Rechtsurteile verkündet haben sollen. An die mittelalterliche Bedeutung der Stadt erinnern ansonsten nur noch einige

Festungsmauern. Diese erreicht man vom Stellplatz entlang der Vire kommend nach etwa 400 m. An der Brücke über den Fluss befindet sich das **Office de Tourisme** (Juli/Aug. Mo - Fr 9.30 - 18.30, Sa 9.30 - 12.30/15 - 18 Uhr, So 10 - 13 Uhr, April - Juni/Sept. Mo 14 - 18 Uhr, Di - Fr 9.30 - 12.30/14 - 18 Uhr, Sa bis 17 Uhr, Okt. - März Mo 14 - 18 Uhr, Di - Fr 9.30 - 12.30/14 - 17 Uhr, 60, Rue de la Poterne, Telefon 0214290017, www.ot-saintloagglo.fr). Zum Besuch der „Oberstadt" steigen wir den Fußweg an der Festungsmauer empor und haben vom Felsvorsprung einen schönen Blick über das Vire-Tal. Auf dem Fluss wurden seit dem Mittelalter die unterschiedlichsten Handelsgüter transportiert. Hiervon zeugen die Treidelpfade entlang der Vire, die heute zum Spaziergang, Radfahren oder zum Joggen einladen. Sehenswert ist das **Musée des Beaux-Arts** in der ansonsten etwas monoton wirkenden, neu erbauten Stadt. Das Kunstmuseum präsentiert eine Gemäldesammlung von Künstlern des 19. Jh. sowie eine Ausstellung der Stadtgeschichte. Eine Besonderheit stellen die Tapisserien aus dem 16.- 20. Jahrhundert dar (Hochsaison Di - So 13.30 - 18.30 Uhr, Nebensaison Di - So 14 - 18 Uhr, Place du Champs de Mars, Eintritt ermäßigtes Kombi-Ticket für beide Museen möglich).

Auf dem Rückweg zum Stellplatz kann man ruhigen Gewissens am Kreisverkehr in der **Brasserie Les Capucines** einkehren. Die Küche bietet, in etwas „abgespeckter" Version und in legerer Atmosphäre die gleiche perfekte Küche wie das dazugehörende, hochpreisigere **Restaurant Intuition** (Les Capucines: Mittag- und Abendmenüs, außer Sonntagabend, Telefon 0233051536, www.brasserie-les-capucines.com. Restaurant Intuition: tägl. Mittag- und Abendmenüs, Sa nur abends, Mo/So geschlossen Telefon 0233051491, www.restaurant-intuition.com).

Etwas außerhalb der Stadt befindet sich das **Musée du Bocage normande** in den Gebäuden eines restaurierten Bauernhofs aus dem 17. Jahrhundert. Das Landleben der Bocage wird auf interaktive Weise erlebbar und ausgestellte bäuerliche Geräte sowie ein Film runden die Besichtigung ab (Hochsaison Di - So 13.30 - 18.30 Uhr, Nebensaison Di – So 14 - 18 Uhr, Mitte Dez. - April geschlossen, Eintritt, ermäßigtes Kombi-Ticket für beide Museen möglich).

Pferdefreunde wird es an den Stadtrand zum **Haras National de Saint-Lô** ziehen. Nach den Zerstörungen im Zweiten Weltkrieg wurde das von Napoléon gegründete Gestüt originalgetreu wieder aufgebaut und besitzt eine große Anzahl Zuchthengste, die in der Zucht von Trabrennpferden und französischen Reitpferden eingesetzt werden. Über das Office de Tourisme können Führungen gebucht werden und in der Hauptsaison findet jeden Donnerstag eine Hengstparade statt (April tägl. 14.30/15.30/16.30, Mai/Juni tägl. 14.30/16 Uhr, Juli/Aug. tägl. 11/14/15/16/17 Uhr, Sept. nur an wenigen Tagen, Eintritt).

Saint-Lô wird auf der D999 Richtung VILLEDIEU-LES-POÊLES verlassen und in SAINT-SAMSON-DE-BONFOSSÉ notieren wir vor der Kirche links abbiegend eine **Ver- und Entsorgungsstation** [N 49°02'56.8" W 01°07'37.8"; Rue des Écoliers].

Fast schnurgerade rauschen wir durch die Landschaft und staunen aufs Neue über die vielen unterschiedlich gefärbten Kühe mit prall gefüllten Eutern.

Einen guten Überblick über die Bocage-Landschaft erhalten wir von einem der höchsten Geländepunkte des Départements Manche, dem 276 m hohen **Mont Robin**. Über eine Wiese gelangen wir zum etwas versteckten Kalvarienberg neben einer Relaisstation. Bei klarem Wetter soll von hier der Blick in nordwestliche Richtung über das Meer bis zu den Kanalinseln reichen. Doch heute können wir noch nicht einmal die Türme der Kathedrale von Coutances ausmachen. Vom wesentlich einfacher zu erreichenden Belvédère können wir aber die Aussicht über die wunderschöne Heckenlandschaft der Bocage bis hin zur Normannischen Schweiz genießen.

(142) WOMO-Picknickplatz: Percy, Le Mont Robin

GPS: N48°55'43.0"W01°09'37.9"
max. WOMOs: 2
Ausstattung/Lage: Tische und Bänke, WC, Spielplatz, Mülleimer/außerorts, einsam.
Zufahrt: Von der D999 links auf die D258 abbiegen und den Hinweisen zum Mont Robin ca. 1,5 km bis zum links liegenden Parkplatz fahren.

Auf den Weiden treffen wir diesmal nicht nur auf Kühe, sondern auch auf den **Cotentin-Esel**. Die eigenständige lokale Rasse gehört zu den Großeseln und zeichnet sich durch einen Aalstrich sowie einem Schulterkreuz aus. Erstmals wird die Existenz dieser Esel Mitte des 11. Jh. erwähnt und die heutige Zucht wird durch das französische Nationalgestüt überwacht.

Gegenüber der Zufahrt zum Mont Robin erreichen wir nach der Überquerung der D999 über die schmale und kurvige D258 LA HALLE ÉS MONNIERS. Am Ende der Straße links und gleich wieder rechts liegt nach insgesamt 9 km

die **Abbaye de Hambye** im beschaulichen Tal der Sienne vor uns [N 48°55'24.3" W 01°16'00.1"]. Das fast trutzig wirkende Benediktinerkloster aus dem 12./13. Jh. gehörte zu den angesehensten Abteien der Normandie und wurde nach der Französischen Revolution aufgelöst. Die Ruinen der Abteikirche sind im Alleingang zu besichtigen und ein kleines Museum erläutert die Geschichte (April - Juni/Sept. Mi - Mo 10 - 12/14 - 18 Uhr, Juli/Aug. 10 - 18 Uhr, Eintritt). Um das Klostergelände herum sind **Wanderwege** von 1,5 - 4,2 km Länge ausgeschildert. Nach einer dieser Kurzwanderungen bietet sich die Einkehr in der nahen **Auberge de l'Abbaye** bei bodenständiger Kost an (Mittag- und Abendmenüs, Telefon 0233614219, www.aubergedelabbayehambye.com).

Der Weg nach VILLEDIEU-LES-POÊLES ist gar nicht zu verfehlen und schon bald kommen wir in der kleinen Stadt mit dem eigenartigen Namen an.

(143) WOMO-Stellplatz: Villedieu-les-Poêles, Aire de Camping-Car

GPS: N 48°50'13.0" W 01°13'27.8"
max. WOMOs: < 5
Ausstattung/Lage: V/E am Parkplatz beim Krankenhaus [N 48°50'30.8" W 01°13'21.7"; Rue Jean Gasté], Tische und Bänke, WC, Geschäfte, Restaurants in der Nähe/Ortsrand, ca. 200 m ins Zentrum. **Zufahrt:** Im Ort auf der D924 dem Hinweis Centre Ville und dem Womo-Piktogramm folgen.

Villedieu-les-Poêles

Der knapp 4.000 Einwohner zählende Ort vermittelt beim Anblick der Granitfassaden der ersten Häuser bereits einen mittelalterlichen Charme, der sich in einem gewachsenen Stadtbild samt schmuckem Marktplatz fortsetzt. Der Name geht zum einen auf den Verwaltungssitz der Malteser zurück, die der Stadt um 1530 den Namen Villedieu (Stadt Gottes) gaben und weist zum anderen auf die traditionsreiche Herstellung von Geräten aus Kupfer, insbesondere von Pfannen (Poêles) hin, die um 1750 ihren Höhepunkt erreichte. Zudem war die Stadt für ihre Glockengießereien bekannt und die hergestellten Glocken schlagen in vielen Kirchen Nordfrankreichs. Durch die laute Arbeit wurden die Handwerker oft taub oder schwerhörig und so erhielten die Einwohner den wenig schmeichelhaften Beinamen „les Sourdins" (französisch „sourd": taub).

Das **Musée de la Dentellière et Musée de la Poeslerie** zeigt die Kupferbearbeitung an Pfannen sowie Kesseln und informiert über die regionale Tradition der Spitzenklöppelei (April - Nov. Mo - Sa 10 - 12.30/14 - 18 Uhr, Juli/Aug. Mo - Sa 10 - 18 Uhr, So Nachmittag, Eintritt, ermäßigtes Kombiticket mit dem Möbelmuseum möglich). Das **Musée du Meuble Normand** zeigt hingegen eine Sammlung mit rund 150 Möbelstücken aus allen Regionen der Normandie vom 15. bis zur Mitte des 19. Jahrhunderts (Mitte Mai - Mitte Sept. Mo - Sa 14 - 18 Uhr, Eintritt, ermäßigtes Kombiticket mit dem Kupfer- und Spitzenklöpplerei-Museum möglich).

In der **Fonderie de Cloches Cornille-Havard** kann den Glockengießern in der aus dem 19. Jh. stammenden Werkstatt bei der Arbeit zugeschaut werden. Bei einer Führung wird der Herstellungsprozess der Glocken in Verbindung von überlieferter Fingerfertigkeit und modernster Technologie anschaulich dargestellt. Der Besuch ist empfehlenswert und in der Boutique sind Souvenirs in Form von Glocken sowie Kupfergeschirr erhältlich (Mitte Feb. - Mitte Nov. Di - Sa 10 - 12.30/14 - 17.30 Uhr, Mitte Juli - Mitte Aug. tägl. 9.30 - 18.30 Uhr, Eintritt. www.cornille-havard.fr).

Ansonsten ist es einfach erfreulich, durch den lebhaften Ort mit der im spätgotischen Stil errichteten **Église Notre-Dame** zu schlendern und hier und da einen Blick in die hübschen Hinterhöfe zu werfen. Vielleicht ist gerade Dienstagvormittag, dann kann man den großen **Markt** rund um die Place de la République besuchen (Fr kleiner Markt) oder man bewundert die blitzblank geputzten Kupfertöpfe und -pfannen in den zahlreichen Geschäften. Bei unserem Besuch wurde auf der Place des Costils gerade ein großes Boule-Turnier neben

dem **Office de Tourisme** veranstaltet (Okt. - März Mo - Sa 9.30 - 12/14 - 17.30 Uhr, April - Sept. tägl. 10 - 13/14 -18 Uhr, Telefon 0233610569, www.tourisme-villedieu.com). Hier befindet sich auch das **Restaurant L'Atelier**, das preislich angemessene Mittag- und Abendmenüs anbietet (Telefon 0233905103, www.le-fruitier.com).

Im Verlauf der D924 nach GRANVILLE streifen wir in CHAMPREPUS den **Parc Zoologique de Champrépus** [N 48°50'02.6" W 01°19'32.6"; Rue St-Gaud]. In einer üppigen Pflanzen elt leben hier Löwen, Tiger, Giraffen, Lamas, Affen neben exotischen Vögeln und vielen anderen Tieren. Kleine Besucher dürfen Ziegen und Schafe streicheln, sich in einem Kinderpark austoben oder bei der Fütterung von diversem Getier assistieren (April - Aug. 10 - 19 Uhr, Sept. 11 - 19 Uhr, Okt. Sa/So 11 - 18 Uhr, franz. Herbst- u. Winterferien 11 - 18 Uhr, Eintritt. www.zoo-champrepus.com).
Mit GRANVILLE erreichen wir unsere letzte Etappe entlang der Küste, bevor es vom Höhepunkt eines jeden Besuches in der Normandie, dem Mont-Saint-Michel endgültig ins Landesinnere gehen wird. Der Stellplatz liegt ohne Aussicht hoch über dem Meer und abseits des im Ort herrschenden Trubels in der Oberstadt. Tagsüber können WOMOs, wenn es nicht ausdrücklich verboten ist, an der Zufahrtsstraße zum Stellplatz kostenfrei parken.

(144) WOMO-Stellplatz: Granville, Aire de Camping-Car

GPS: N 48°50'05.7" W 01°36'36.3" Rue du Roc **max. WOMOs:** 20
Ausstattung/Lage: V/E, Strom, Gebühr €€, max. Aufenthalt 24 Std., Mülleimer/Ortsrand, ca. 500 - 1000 m ins Zentrum.
Zufahrt: Im Ort Richtung Centre Ville fahren, dort der Beschilderung Commisariat/Les Ports oder Pointe du Roc/Aquarium und den WOMO-Piktogrammen bis zum Stellplatz folgen.

Granville

Ähnlich wie das Fürstentum im Süden Frankreichs, thront die Altstadt von Granville auf einem Felssporn über dem Meer und wurde einst als „Monaco des Nordens" beschrieben. Freilich fehlt heute das Mondäne und die **Oberstadt** (haute ville) wirkt trotz ihres mittelalterlichen Flairs besonders am Abend eher wie ausgestorben. Die moderne **Unterstadt** (basse ville) bietet zwar keine historischen Sehenswürdigkeiten, doch laden mehrere Geschäftsstraßen und Restaurants zum Bummeln und Verweilen ein. Direkt am **Casino** beginnt der bei Flut schmale **Strand**, an dem bei Ebbe ein mit Meerwasser gefülltes Felsenbecken dem Schwimmvergnügen dient. Auf dem Cours Jonville findet Samstagvormittag ein großer **Markt** statt, während auf einem kleineren am Mittwochnachmittag auf der Place du 11-Novembre Waren angeboten werden. Entlang des Strandes sind **Musée et Jardin Christian Dior** nach etwa 800 m zu erreichen. Der bekannte Couturier fühlte sich seiner Heimatstadt stets verbunden und beim Anblick der mit Erkern geschmückten Villa über den Klippen ist das durchaus nachzuvollziehen. Wechselnde Ausstellungen bewahren das Andenken an den Modeschöpfer und im öffentlich zugänglichen Garten kann man wie einst Dior zwischen üppigen Blumenrabatten, unter schattigen Laubengängen oder durch den Rosengarten wandeln (Museum: Mai - Sept. 10 - 18.30 Uhr, Eintritt. Garten: Nov. - Feb. 9 - 17 Uhr, März/Okt. 9 - 18 Uhr, April/Mai/Sept. 9 - 20 Uhr, Juni - Aug. 9 - 21 Uhr, Hunde nicht gestattet. www.musee-dior-granville.com).

In der Oberstadt

Seit den Zeiten als Kabeljauhafen und der Fischerei vor Neufundland bis zur Umwandlung zum Seebad ab Ende des 19. Jh., ist Granville mit dem Meer eng verbunden. Heute liegt hier der **Dreimastschoner Le Marité**, der zum Kabeljaufang eingesetzt wurde und als letztes segeltüchtiges Holzschiff der Neufundlandflotte im Hafen vor Anker. Etwas ganz Besonderes sind die Ausfahrten mit dem Segelschiff oder mit Schnellbooten zu den Îles de Chausey oder bis zur Kanalinsel Jersey. Auch wenn wir diesmal nicht selbst unter die Seefahrer gegangen sind, so soll die Fahrt zu den **Îles de Chausey** ein spektakuläres Naturerlebnis sein. Bei Flut sind gerade einmal 52 Inselchen des Archipels zu sehen, während weitere 300 bei Ebbe aus dem Meer auftauchen. Einst wurden die Granitfelsen der Inselgruppe als Baumaterial für den Mont-Saint-Michel verwendet und nur eine Insel wird heute von ein paar Fischern bewohnt. Ansonsten gelten die Eilande mit einer paradiesischen Landschaft als Rückzugs-

Ausblick vom Pointe du Roc

Aussicht vom Jardin Christian Dior

gebiet für viele Vogelarten. Auskünfte über Bootsfahrten und unzählige andere Freizeitaktivitäten erteilt das **Office de Tourisme** in der Unterstadt von Granville (April - Juni/Sept. Mo - Sa 9 - 12.30 Uhr/14 - 18 Uhr, Juli/Aug. Mo - Sa 9 - 18.30 Uhr, So/Feiertage 10 - 13/14 - 17 Uhr, Nebensaison Mo/Mi/Do/Fr 9 - 12.30/14 - 17.30 Uhr Di 10 - 12.30/14 - 17.30 Uhr, 4 Cours Jonville, Telefon 0233913003, www.ville-granville.fr).

Wir begeben uns vom Stellplatz auf einen der ausgewiesenen Rundwege durch die Oberstadt (blau 3 km, rot 1,4 km), die sich meist an den alten Befestigungsmauern orientieren und zahllose schöne Aussichten über Stadt und Meer garantieren. Ohne Orientierungsprobleme starten wir an der von mächtigen Wällen umschlossenen **Pointe du Roc**, von der schon die Normannen, später die Engländer während des Hundertjährigen Krieges und dann die Franzosen ihre Feinde herankommen sahen. In der Nähe können Meeres- und Süßwasserfische im **Le Roc des Harmonie** in Aquarien bewundert werden. Hinzu kommen eine Insektenabteilung sowie eine Sammlung außergewöhnlicher Exponate aus Muscheln (Okt. - März 10 - 12.30/14 - 18.30 Uhr, April - Sept. 10 - 19 Uhr, Eintritt. www.aquarium-du-roc.com). In der Oberstadt befinden sich weiterhin das stadtgeschichtliche Museum **Musée du Vieux Granville**, das jedoch während unseres Besuches in Granville vorübergehend wegen Sanierungsmaßnahmen geschlossen war und das **Musée d'Art moderne Richard-Anacréon**. Die wertvolle Sammlung eines Pariser Bibliothekars umfasst moderne Kunst und literarische Dokumente (Juni - Sept. Di - So 11 - 18 Uhr, ansonsten eingeschränkte Öffnungszeiten, Eintritt). Über Treppen und kleine Gassen gelangen wir in die Unterstadt und suchen nach einem Rundgang durch die lebhaften Straßen am Hafen nach etwas Essbarem. Die Auswahl an Restaurants ist groß und bei einem ersten Besuch in Granville genossen wir die einfache, aber qualitativ gute Küche im **Restaurant La Phare**, dessen Schwerpunkt natürlich Fischgerichte sind (Mittag- und Abendmenüs, außerhalb der Saison Mi/Do geschlossen, Telefon 0233501294, www.restaurant-le-phare-granville.com). Diesmal lassen wir uns die hochpreisigere, aber dem Angebot angemessene Gourmetküche im **Restaurant La Citadelle** munden (Mittag- und Abendmenüs, Mi Ruhetag, Telefon 0257546173, www.restaurant-la-citadelle.fr).

In südlicher Richtung erreichen wir über die D911 SAINT-PAIR-SUR-MER. Die **Route de la Baie** führt in das wegen seines 5 km langen Sandstrandes beliebten Seebades, das ansonsten mit einer Deichpromenade und einer Dorfkirche aufwarten kann.

(145) WOMO-Stellplatz: Saint-Pair-sur-Mer, Aire de Camping-Car

GPS: N 48°49'03.0" W 01°34'12.4" **max. WOMOs:** 30
Ausstattung/Lage: V/E, Strom, Gebühr €€/24 Std., Geschäfte und Restaurants in der Nähe, WC, Mülleimer/Ortsrand, ca. 300 zum Strand. Durch eine Schranke gesichert. **Zufahrt:** Im Ort am Kreisverkehr dem WOMO-Piktogramm bis zum Stellplatz folgen.

Die Küste ist für ihre langen Strände bekannt, aber unter WOMO-Fahrern auch für ihre „Teppichstangen" an den Parkplätzen, sodass uns nichts anderes übrig bleibt, als auf die am Wegesrand ausgeschilderten Campingplätze zu verweisen. Einer davon ist der kleine, städtische **2-Sterne Campingplatz Camping Municipale Dr. Lemonnier** im Badeort JULLOUVILLE [**146:** N 48°46'40.3" W 01°33'58.3"; 14 Avenue du Docteur Lemonnier, 50610 Jullouville, Telefon 0233514260,www.ville-jullouville.fr, März/April - Mitte/Ende Sept. € - €€].

Je näher wir dem Mont-Saint-Michel kommen, desto mehr bezieht sich der Himmel und der erste Blick auf den Klosterberg bleibt uns diesmal versagt. Während dicke Regenwolken über die aufgewühlte See treiben, arbeiten wir uns nach CAROLLES vor. Der Strand des Familienbades liegt am Fuß einer 60 m hohen Klippe, die gleichzeitig die letzte nennenswerte Anhöhe des westlichen Cotentins ist.

So viel Platz wünscht man sich bei Sonnenschein

(147) WOMO-Stellplatz: Carolles Plage, Aire de Camping-Car

GPS: N48°45'33.9"W01°34'13.0"
max. WOMOs: 10
Ausstattung/Lage: V/E, Strom Gebühr €€, Restaurant in der Nähe, Mülleimer/im Ort, ca. 100 m zum Strand.
Zufahrt: Von der D911 Richtung Carolles-Plage auf der D61E3 abbiegen und den Hinweisen zum Stellplatz folgen.

Wenig später sind wir auf der D911 in den Hauptort gerollt, der einen kleinen, ordentlichen **2-Sterne Camping Municipal La Guérinière** zu bieten hat [**148:** N 48°44'59.8" W 01°33'24.6",

Rue des Jaunets, 50740 CAROLLES, Telefon 0233619375, www.ville-carolles.fr, April - Okt./€€]. Unmittelbar daneben befindet sich das **Office de Tourisme** (Juli/Aug. Mo - Sa 9 - 12.30/14 - 18.30 Uhr, So 9.30 - 12.30 Uhr, außerhalb der Schulferien Mo - Fr 9 - 12.30/14 - 17.30 Uhr).

Eigentlich wollten wir von hier zu einer **Wanderung** durch schattige Täler und über steile Klippen aufbrechen, aber bei strömendem Regen nehmen wir von diesem Plan Abstand und verweisen lediglich auf einen schön gelegenen Wanderparkplatz. Von hier führen unterschiedlich lange, markierte Strecken u. a. durch das wilde **Vallée du Lude** oder das **Vallée des Peintres** und dann über den Küstenweg zum ehemaligen Beobachtungsposten **Cabane Vauban**.

(149) WOMO-Wanderparkplatz: Carolles, Vallée du Lude

GPS: N48°44'53.2" W01°33'50.6"
max. WOMOs: 2 - 3
Ausstattung/Lage: Wanderwege, Infotafel, Tische und Bänke, Aussicht über Wald und Wiesen, Mülleimer/Ortsrand, ca. 400 m in den Ort. **Zufahrt:** Im Ort direkt hinter dem Tabakladen rechts dem Hinweis La Vallée du Lude/Les Fontenelles gut 300 m folgen und dann links zum Parkplatz fahren. **Auf gar keinen Fall im Ort in einer Linkskurve den Hinweisen zum Parkplatz folgen – das Sträßchen wird sehr, sehr eng!**

Der Küstenstraße nach SAINT-JEAN-LE-THOMAS folgend, passieren wir einen weiteren Wanderparkplatz am **Restaurant La Grange de Tom**, der im vorderen Bereich ohne Höhenbegrenzung ist [N 48°44'01.8" W 01°32'34.5"; An der D911]. Den ansonsten wundervollen Panoramablick über die Bucht zum Mont-Saint-Michel haben wir leider immer noch nicht und etwas schmollend rollen wir weiter in den Ort hinab. Vor dem städtischen **2-Sterne Campingplatz** versöhnt uns der schön angelegte Stellplatz ein wenig mit der mangelnden Aussicht. Auch hier ist es der Strand, der für Furore sorgt und bei Ebbe schier endlos erscheint.

(150) WOMO-Stellplatz: Saint-Jean-le-Thomas, Aire de Camping-Car

GPS: N48°43'31.5" W01°31'22.7"
Boulevard Stanislas
max. WOMOs: 17
Ausstattung/Lage: V/E, Strom, Gebühr €€, Mitte März - Mitte Nov. kostenfrei, Tische und Bänke,

Mülleimer/Ortsrand, ca. 300 m zum Strand.
Zufahrt: Im Ort den Hinweisen zum Strand und zum Campingplatz sowie den WOMO-Piktogrammen folgen.

Der nächste endlose Strand lässt nicht lange auf sich warten und in DRAGEY verlassen wir die D911 aufs Neue, um einen nett gelegenen Stellplatz vorzufinden.

(151) WOMO-Stellplatz: Dragey, Aire de Camping-Car

GPS: N 48°42'36.4" W 01°30'39.2" Route de Plage **max. WOMOs:** 8
Ausstattung/Lage: Wanderweg, Pizzeria am Strand, max. 24 Std. Aufenthalt/außerorts, Strand ca 300 m, an Wiesen gelegen.
Zufahrt: Von der D911 den Hinweisen „Plage" ca. 1,2 km auf der D143 folgen.

Mittlerweile haben wir uns mit dem bescheidenen Wetter arrangiert und steigen gegenüber des Stellplatzes in den bereits bekannten **Weitwanderweg GR223** mit der rot-weißen Markierung ein. Nach etwa 3,5 km gelangen wir teilweise mit Aussicht aufs Meer, dann etwas weiter im Landsinneren zur Landspitze des **Bec d'Andaine**. Unser kleiner Ausflug hat sich gelohnt, denn wir bekommen endlich unseren Willen und können über die grasbewachsenen Dünen und die Salzwiesen den Blick auf den Mont-Saint-Michel auskosten. Obwohl das Ziel fast aller Normandie-Reisenden noch knapp 6 km entfernt ist, liegt der Klosterberg zum Greifen nah vor uns. Nachdem wir uns satt gesehen haben, marschieren wir auf gleichem Weg zurück zum WOMO.

Wer dem Mont-Saint-Michel wie einst die Pilger zu Fuß entgegengehen möchte, sollte das auf keinen Fall auf eigene Faust versuchen! **Die Wanderung birgt wegen des enormen Tidenhubs in der Baie du Mont-Saint-Michel viele Gefahren und man sollte sich einer geführten Wattwanderung anschließen!** Die Flut kommt mit bis zu 30 Kilometern pro Stunde angerauscht, Priele laufen innerhalb kürzester Zeit voll und schneiden Wanderern den Rückweg zum Ufer ab. Der Seenebel, der eben urplötzlich verschwand und uns den Blick auf den Berg freigab, kann genauso blitzartig wieder auftreten und zur Orientierungslosigkeit im Watt führen.

Bei der Weiterfahrt auf der D911 kommen wir nach GENÊTS. Der Ort bietet sich als idealer Ausgangspunkt für eine der geführten Wanderungen an und wir folgen im Ort den Hinweisen LA PLAGE/BEC D'ANDAINE. Es gibt mehrere Anbieter und wir möchten stellvertretend die Firma **Chemins de la Baie** nennen [N 48°41'16.4" W 01°29'48.9"; 34 Rue de l'Ortillon, Telefon 0233898088, Reservierung empfohlen, www.cheminsdelabaie.com). Der Tourenbeginn richtet sich nach den Gezeiten und die Berechnung erfolgt aufgrund des Verlaufes der Wanderung. Je nach Angebot ist ein Rücktransport mit dem Bus möglich.

In VAINS verlassen wir die D911 und folgen den Hinweisen zum ÉCOMUSÈE. Dabei streifen wir den **Bio-Bauernhof Cara Meuh**, der aus der Milch der eigenen Kühe leckere Karamelbonbons in den unterschiedlichsten Geschmacksrichtungen herstellt (Di/Do/Fr 10 - 12/14 - 16 Uhr, Mo/Mi/Sa 14 - 16 Uhr, Führungen möglich, www.cara-meuh.com). Wir richten uns nach der Fahrstrecke für Busse und parken an der Straße an einem Picknickplatz mit grandioser Aussicht.

(152) WOMO-Wanderparkplatz: Saint-Leonard, Le Grouin du Sud

GPS: N48°39'23.7"W01°26'42.1"
max. WOMOs: 2 - 3
Ausstattung/Lage: Tische und Bänke, Aussicht/außerorts, am Straßenrand.
Zufahrt: Wie im Text beschrieben. Der Parkplatz befindet sich nach dem Abzweigen von der D911 in Vains etwa 5 km später auf der linken Seite.

WOMO-Wandertipp: Naturerlebnis an den Salzwiesen

Leichte Wanderung von ca. 13 km mit vielen Aussichten auf den Mont-Saint-Michel. Wegweisend sind die weiß-roten und gelben Markierungen. Vom o. g. Parkplatz gehen wir am Zaun entlang und zum **Le Grouin du Sud**, von dem wir eine herrliche Aussicht über die Bucht haben. Wir umrunden die Landzunge und folgen dem GR223 in östliche Richtung, um ihn an einem Abzweig links ins Landesinnere zu verlassen. Nach

etwa 100 m erreichen wir die Landstraße und folgende dieser rechts ca. 200 m. Die gelbe Markierung bringt uns von hier über einen Feldweg nach Saint-Leonhard. Wir durchlaufen den Ort und wenden uns auf der D591 dem Wasser zu. Hinter einem Gatter folgen wir dem GR223 nach rechts und wandern, immer der Küstenlinie folgend, vorbei an La Grand Port nach Les Porteaux. Am dortigen Parkplatz nehmen wir rechts leicht bergauf die Straße, bis links ein Feldweg abzweigt. Über Wiesen kommen wir an eine Straße in Genêts, der wir links ohne Markierung bis zum GR223 ans Meer folgen. Auf dem Küstenweg geht es nun links weiter und an den Salzwiesen, leicht bergauf gelangen wir an den Hochuferbereich. Üppige Vegetation begleitet unseren weiteren Weg und immer wieder eröffnen sich Panoramablicke über die Bucht zum Mont-Saint-Michel sowie dem vorgelagerten Mont Manet. Auf dem bereits bekannten Weg wandern wir nun bis zum kleinen Hafen von Saint-Leonhard. Dort halten wir uns links in den Ort und dann auf der Küstenstraße rechts bis zum **Écomusée de la Baie du Mont-St-Michel** [N 48°39'50.7" W 01°26' 44.5"] Bei einem Besuch im traditionellen Steinhaus erfährt man viel über die Landschaft und die Geologie, über seine Flora und Fauna sowie das Leben der Menschen in dieser Region (April - Juni 14 - 18 Uhr, Juli/Aug. 10 - 19 Uhr, Sept. 10 - 18 Uhr, Eintritt). Entweder man folgt nun der Straße bis zum Ausgangspunkt unserer Wanderung oder geht zurück bis zum GR223 und schlägt von dort den Weg in südliche Richtung zurück zum WOMO ein.

Nach diesem interessanten und schönen Abstecher in die Natur geht es zurück zur D911 und dann über die D973 nach AVRANCHES.

(153) WOMO-Stellplatz: Avranches, Aire Communale

GPS: N 48°41'11.2" W 01°22'05.3"
Boulevard Léon Jozeau-Marigné
max. WOMOs: 15
Ausstattung/Lage: V/E, sehr schräg, aber mit schöner Aussicht, Mülleimer/Ortsrand, ca. 400 m ins Zentrum.
Zufahrt: Im Ort den Hinweisen Centre Ville und den WOMO-Piktogrammen folgen.

Avranches

Die hübsche Kleinstadt verlieren Durchreisende auf dem Weg zum Mont-Saint-Michel oft aus den Augen. Das ist jedoch ein Fehler, denn der auf einem Hügel gelegene 8.000-Einwohner zählende Ort überrascht mit einigen netten Straßenzügen und einer frei zugänglichen **Burg**.

An dem Zusammenfluss von Sée und Sélune siedelten bereits die Gallier und nach der Christianisierung entwickelte sich die Stadt schnell zum Bischofssitz. Kurzzeitig zur Bretagne gehörend, wurde Avranches im Jahr 933 zum Teil des normannischen Herzogtums. Im Zweiten Weltkrieg durchbrach der amerikanische General George S. Patton die deutschen Linien bei einer Panzerschlacht und leitete damit den Vorstoß der Alliierten in die Basse-Normandie und zur Bretagne ein. Das **Monument Patton** am südlichen Stadtrand erinnert an dieses Ereignis.
Im Zentrum befindet sich das **Office de Tourisme**, bei dem u. a. ein kostenloser, informativer Stadtplan erhältlich ist (Sept. - Juni Mo - Sa 9.30 - 12.30/14 - 18 Uhr, Feiertage 10 - 12.30/14 - 17 Uhr, 2 rue du Général de Gaulle, Telefon 0233580022, www.avranches.fr).
Bei einem Rundgang durch die verkehrsberuhigte Altstadt mit Geschäften und Cafés stoßen wir auf die historische Vergangenheit der Stadt. Im **Musée des Manuscrits du Mont-Saint-Michel** werden seit der Französischen Revolution rund 4.000 Bücher und 200 Handschriften aufbewahrt, die aus der Klosterbibliothek des Mont-Saint-Michel stammen. Interaktiv und multimedial aufbereitet werden jeweils einige der Manuskripte unter Panzerglas präsentiert und wechselnde Ausstellungen runden die interessante Sammlung ab (Okt./Nov./Feb./März 14 - 18 Uhr, So/Mo geschlossen, April - Juni/Sept. 10 - 13/14 - 18 Uhr, Juli/Aug. 10 - 13/14 - 19 Uhr, Eintritt, **Audioguide in deutscher Sprache**, www.scriptorial.fr). In den Nebengebäuden des alten Bischofspalastes befindet sich das **Musée Municipal**, in dem Gemälde und Skulpturen sowie städtische Wohnkultur und Handwerksstuben gezeigt werden (Juni - Sept. Mi - So 10 - 12.30/14 - 18 Uhr, Eintritt bzw. im Eintritt des Scriptorial enthalten). Die **Basilique Saint-Gervais et Saint-Protais** ist im 19. Jh. im Stil des Historismus errichtet und birgt einen wertvollen Kirchenschatz. Darunter befindet sich die Reliquie des heiligen Aubert, dem die Gründung des Mont-Saint-Michel zu verdanken ist. Ganz in der

Nähe des Stellplatzes liegt der **Jardin des Plantes**. Der botanische Garten erstreckt sich auf dem Areal des ehemaligen Kapuzinerklosters und bietet neben exotischen Pflanzen und Büschen eine herrliche Aussicht über die Bucht und den Klosterberg.

Nachdem wir uns bisher an der Baie de la Mont-Saint-Michel bewegt haben, wollen wir nun endlich der meistbesuchten Sehenswürdigkeit der Normandie an der Grenze zur Bretagne einen Besuch abstatten.
Von Avranches aus ist der beschilderte Weg über die D7, die N175 und die D43 zum MONT-SAINT-MICHEL nicht zu verfehlen. Der **Mont-Saint-Michel**, dessen Abtei vom goldenen Erzengel Michael gekrönt ist, gehört seit 1979 zum **Weltkulturerbe der Unesco** und zieht jährlich drei Millionen Besucher aus aller Welt an. Seit 2015 hat er nach jahrelangen Renaturierungsmaßnahmen seinen maritimen Charakter zurückerhalten und der Straßendamm wurde durch eine Stelzenbrücke ersetzt. Diese kann man mit einem kostenfreien **Shuttle-Bus** oder zu Fuß überqueren (keine Fahrräder!). An einigen Tagen im Jahr wird der Berg aufgrund des Tidenhubs gar zur richtigen Insel und der Zugang ist für etwa eine Dreiviertelstunde nicht möglich. Einen Überblick über diese Tage sowie eine Gezeitentabelle und vieles andere mehr, findet sich auf der Internetseite des **Office de Tourisme**, das sich innerhalb der Mauern am Eingang des Klosterberges befindet (tägl. 9 - 19 Uhr, Garde des Bourgeois, Telefon 0233601430, www.ot-montsaintmichel.com). Auch das **Centre d'Information** am Parkplatz auf dem Festland ist eine gute Anlaufadresse. Hier kann man sich über den Klosterberg, die Bucht und das angrenzende Gebiet ausführlich informieren (derzeit tägl. 9 - 19 Uhr, www.bienvenueaumontsaintmichel.com, auch in deutscher Sprache).

Im Rahmen des Renaturierungsprozesses wurden die Anfahrten sowie die Parkplatzsituation neu geordnet und wenigstens zwei der uns bekannten freien Stellplatzmöglichkeiten sind ersatzlos gestrichen bzw. mit dicken Felsbrocken blockiert. Im Folgenden stellen wir eine Auswahl der offiziellen Übernachtungsplätze der Reihe nach vor und sind davon überzeugt, dass jeder seinen Lieblingsplatz in der Nähe, der auch als „Wunder des Abendlandes“ bezeichneten Abtei, findet.
Obwohl wir den Mont-Saint-Michel als einen der Höhepunkte dieser Reise betrachten und uns jedes Mal aufs Neue gar nicht genug an der aus dem morgendlichen Dunst ragenden oder

vom milden Abendlicht beschienen Silhouette des Klosterberges satt sehen können, läuft hier ein gigantischer Touristenrummel ab, der teilweise sogar mit dem Begriff „Abzocke" umschrieben werden könnte. Wer sich halbwegs ungestört durch den gleichnamigen Ort bewegen und die magische Aura des Berges spüren möchte, sollte sich am frühen Morgen oder am späten Abend auf den Weg durch die ansonsten mit Besuchern vollgestopften, engen Gassen begeben.

Für den Tagesbesuch bietet sich das Parken auf dem Parkplatz P8 an, dessen Gebühr immer für 24 Std. zu entrichten ist und für WOMOs während unserer Recherche bei 17,20 € liegt (die ersten 30 Min. sind frei). Wenn man auf die Beförderung mit dem kostenfreien Pendelbus zum Klosterberg verzichtet, dann bleibt nur der etwa 1 Std. dauernde Fußweg oder die beschauliche Fahrt mit dem Pferdewagen – Hunde sind übrigens im Bus und auf dem Pferdewagen nicht gestattet und können, falls gewünscht, gegen eine Gebühr im Touristeninformationszentrum betreut werden.

Nun aber genug der Vorrede und schnell wieder zur D43, auf der wir COURTILS erreichen und einen **4-Sterne Campingplatz** passieren. Wenig später folgen wir links der D275 und haben nun den „Mont" stets gut im Blick.

(154) WOMO-Stellplatz: Ardevon, La Bidonnière

GPS: N 48°36'12.9" W 01°28'36.8", Rue de la Rive **max. WOMOs:** 45
Ausstattung/Lage: V/E, Strom, Gebühr €€, WiFi, Brötchenservice, Blick über die Wiesen zum Mont-Saint-Michel/Ortsrand, ca. 3 km bis zum Shuttle-Bus.
Zufahrt: Von der D275 nach Ardevon abbiegen und auf der D280 ca. 1,5 km dem WOMO-Piktogramm bis zum Ortseingang folgen.

(155) WOMO-Stellplatz: Mont-Saint-Michel, Parkplatz P8

GPS: N48°36'30.2" W01°30'28.1"
max. WOMOs: 200
Ausstattung/Lage: Gebühr €€€/24 Std., kostenloser Shuttle bis ca 1 Uhr in unmittelbarer Nähe, Mülleimer, beleuchtet/außerorts.
Zufahrt: Von der D275 den Hinweisen zum Parkplatz am Mont-Saint-Michel folgen.

(156) WOMO-Campingplatztipp: Beauvoir, Camping Aux Pommiers****

GPS: N 48°35'46.5" W 01°30'44.8"; Route du Mont-Saint-Michel
Kontakt: Telefon 0233601136, www.camping-auxpommiers.com/
Öffnungszeit/Preis: Mitte März - Mitte Nov./€€€.
Ausstattung/Lage: Pool, Bar, Shop, Waschmaschine, Wäschetrockner, Fahrradverleih, Shuttle-Service zum Mt.-St.-Michel/im Ort, ca. 2 km zum Shuttle-Bus. **Zufahrt:** Von der D275 auf die D 776 Richtung Pontorson abbiegen und ca. 1,5 km bis zum Campinplatz fahren.

(157) WOMO-Stellplatz: Beauvoir, Aire de Beauvoir

GPS: N 48°35'39.5" W 01°30'45.0" Route du Mont-Saint-Michel
max. WOMOs: 150
Ausstattung/Lage: V/E, Strom, Gebühr €€€, WiFi, Tische und Bänke, Gaststätten im Ort, Busverbindung (letzter Bus vom Mt.-St.-Michel ca. 18.40 Uhr/Fr 20.40 Uhr) zum Shuttle-Bus, Mülleimer/Ortsrand, ca. 2 km zum Shuttle-Bus.
Zufahrt: Von der D275 auf die D 776 Richtung Pontorson abbiegen und ca. 1,5 km bis zum rechts gelegenen Stellplatz am Ortsende fahren.

(158) WOMO-Stellplatz: Pontorson, Carrefour

GPS: N 48°33'30.2" W 01°30'26.8"; Route du Mont-Saint-Michel
max. WOMOs: 20 - 30
Ausstattung/Lage: V/E an der Tankstelle, Mülleimer/Ortsrand, ca. 6 km bis zum Shuttle-Bus.
Zufahrt: Auf der D776 nach Pontorson folgen und auf den Parkplatz des Supermarktes Carrefour fahren. Die ausgewiesenen Stellplätze befinden sich im hinteren rechten Parkplatzbereich.

Mont-Saint-Michel

Im Jahr 708 soll der Erzengel Michael Bischof Aubert von Avranches dreimal erschienen sein und diesen beauftragt haben, auf dem aus dem Meer ragenden Granitkegel eine Kapelle zu errichten. Die Kirche wurde 709 geweiht und zwei Jahrhunderte später wurde anstelle der Kirche ein Benediktinerkloster gegründet. Im Laufe der folgenden Jahre wurde erweitert sowie angebaut, sodass der gesamte Berg tempelhaft aus

Grande Rue

den Fluten stieg. Während des Hundertjährigen Krieges wurde das Kloster festungsartig verstärkt und trotz langjähriger Belagerung, gelang es den Engländern nicht, es zu erobern. Nach der Französischen Revolution wurde das Kloster aufgelöst und zum ausbruchsicheren Gefängnis umgestaltet, das 1863 wieder geschlossen wurde. Erst seit 1969 leben wieder Mönche auf dem Klosterberg, deren Anwesenheit dem Berg trotz des Touristenansturms seinen klerikalen Anspruch erhalten.

Um die eigentliche Abtei zu erreichen, steigen die Besucher die steil ansteigende Hauptstraße, die weiter oben in eine Treppenanlage übergeht, empor. Zu beiden Seiten der Grande Rue reihen sich Souvenirläden sowie Restaurants aneinander und beim Geschiebe durch die enge Gasse sollte man sich bemühen, zumindest einmal den Blick hoch zu den Fassaden der aus dem 15. - 16. Jh. stammenden Häuser zu werfen. Um die Grande Rue zu umgehen, kann man sich auch auf der äußeren Wehrmauer mit fantastischen Ausblicken hinauf zur Klosterpforte bewegen oder man wählt den Weg über Treppchen und verschlungene Wege auf dem inneren Wehrgang nach oben. Unterwegs stößt man auf vier private Museen, kleine Gärten und die Pfarrkirche Saint-Pierre, in der Ausstattungsgegenstände der Abteikirche, wie z. B. eine versilberte Statue des Erzengels Michael zum Inventar gehören. Um das eigentliche Kloster zu betreten, muss die stufenreiche und beschwerliche Abteitreppe zur Klosterpforte erklommen werden. Hier beginnen die Führungen durch die Räumlichkeiten des Klosters, die jedoch auch auf eigene Faust erkundet werden können. Hierfür lohnt es sich, einen **Audioguide in deutscher Sprache** dabeizuhaben. Die Besichtigung führt durch ein Labyrinth von Gängen und Treppen der ursprünglich im romanischen Stil erbauten und nach dem Hundertjährigen Krieg im Flamboyant-Stil erneuerten Abtei, die sich dreistöckig an den Granitfelsen schmiegt. Die Abteikirche strahlt mit ihren Türmchen und Balustraden eine zum Himmel strebende Leichtigkeit aus und der eine Rasen äche mit Brunnen umrahmende Kreuzgang scheint zwischen Himmel und Meer zu schweben. Daran schließen sich die gotischen Gebäude des Refektoriums, des Kapitelsaals und andere Säle sowie Räumlichkeiten an, die aufgrund ihrer architektonischen Besonderheit als „La Merveille“ (das Wunder) bezeichnet werden. Auf der Kirchturmspitze glänzt über allem die goldene Statue des heiligen Michael und scheint symbolisieren zu wollen, dass der Besuch des Klosterberges einfach unumgänglich ist und sich lohnt (Mai - Aug. 9 - 19 Uhr, letzter Einlass 18 Uhr, Sept. - April 9.30 - 18 Uhr, letzter Einlass 17 Uhr, Eintritt. Führungen möglich, Audioguide)!

Von einer der zahlreichen Terrassen erleben wir auf sehr beeindruckende Weise das tägliche Wechselspiel von Ebbe und Flut. Der größte Tidenhub Europas sorgt für eine Differenz von bis zu 15 m und lässt das Wasser mit bis zu 30 km/h um den Klosterberg ansteigen. Die Durchschnittsgeschwindigkeit liegt jedoch bei rund 4 km pro Stunde, was jedoch immer noch dem Tempo eines gehenden Menschen entspricht und, wie bereits erwähnt, beim Betreten des Watts nicht zu unterschätzen ist!
Es fällt uns schwer, in diesem touristisch geprägten, von gastronomischen Angeboten nur so wimmelnden Umfeld eine Restaurantempfehlung abzugeben. Wir wollen nur berichten, dass wir das angeblich beste, aber wohl auch teuerste Omelette der Welt im **Restaurant La Mére Poulard** in unmittelbarer Nähe des einzigen Eingangstores zum Saint-Mont-Michel gegessen haben. Sieht man mal vom wirklich leckeren Omelette in süßer oder salziger Form ab, so ist die Küche als durchschnittlich zu bewerten. Ab 35 € (!) sollte man sich die zugegebenermaßen riesigen und luftigen Wunderwerke besonders lange auf der Zunge zergehen lassen. Die Omelettes werden seit 1888 nach gleichem Rezept von livrierten Köchen gekonnt (und ausgesprochen fotogen) in Kupferkesseln geschlagen und auf offenem Feuer zubereitet ... aber ganz unter uns: Den Blick in die offene Küche kann man auch von der Straße aus riskieren!

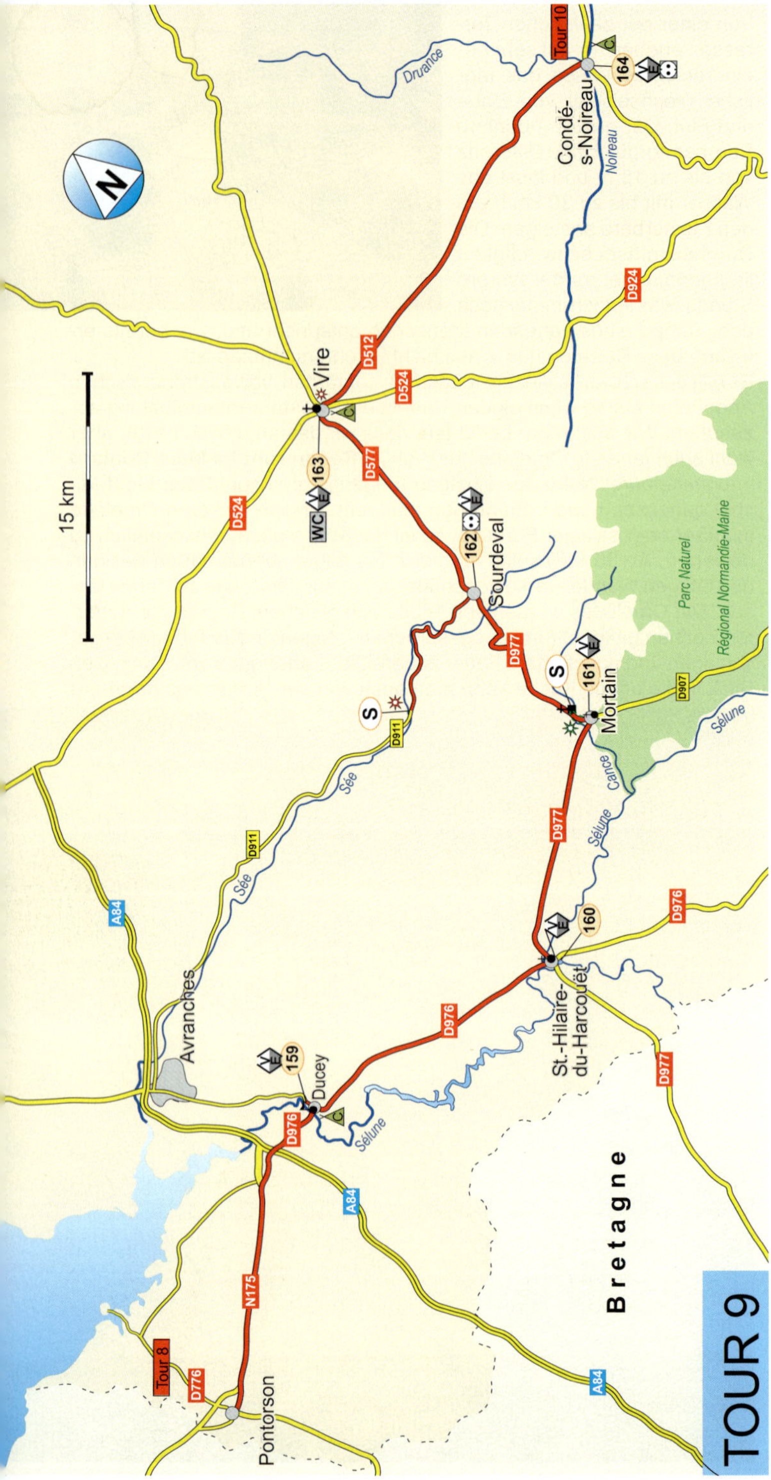
TOUR 9
15 km
Tour 10
Druance
Condé-s-Noireau
164
Noireau
D924
Vire
163
WC
D512
D524
D577
D524
Sourdeval
162
Parc Naturel
Régional Normandie-Maine
D977
S
161
Mortain
D907
Sélune
Cance
S
D911
Sée
D911
Sée
A84
Avranches
159
Ducey
D976
Sélune
St.-Hilaire-du-Harcouët
160
D976
D977
D977
Bretagne
A84
N175
Tour 8
D776
Pontorson
A84

Tour 9 120 km

Ducey - Saint-Hilaire-du-Harcouët - Mortain - Sourdeval - Vire - Condé-sur-Noireau

Stellplätze:	Ducey, Saint-Hilaire-du-Harcouët, Mortain, Sourdeval, Vire, Condé-Sur-Noireau.
Ver- u. Entsorgen:	Ducey, Saint-Hilaire-du-Harcouët, Mortain, Sourdeval, Vire, Condé-Sur-Noireau.
Besichtigen:	Ducey Château des Montgommery, Mortain Abbaye Blanche, Sourdeval Écomusée; Vire Musée de Vire.
Wandern:	Ducey, Mortain.
Essen:	Brouains Auberge du Moulin, Vire Restaurant De France, Paul Danjou.

Am Mont-Saint-Michel verabschieden wir uns von der normannischen Küste und werden unsere Reise ab jetzt im Binnenland fortsetzen. Zunächst fahren wir mitten hinein in die **Mortainais-Region**, die im südlichen Teil des Départements Manche zu finden ist.

Wir verlassen Pontorson auf der D776 Richtung RENNES und gelangen über die N175 sowie die D976 nach DUCEY. Für den längeren Aufenthalt empfiehlt sich der städtische **2-Sterne Campingplatz** im Grünen, während der einfache, sehr rustikale Stellplatz etwas für die Durchreise ist.

(159) WOMO-Stellplatz: Ducey, Parking du Domaine

GPS: N 48°37'30.0" W 01°17'38"
Route de St Quentin
max. WOMOs: 15
Ausstattung/Lage: V/E, Wander- und Radwege, Tische und Bänke, WC, Mülleimer/Ortsrand, neben Boulodrome, ca. 500 m in den Ort. Der Parkplatz wird mit LKW geteilt.
Zufahrt: Im Ort nach dem Überqueren des Flusses links dem WOMO-Piktogramm ca. 500 m bis zum Stellplatz folgen.

Im 2.500 Einwohner zählenden Ducey am Ufer der Sélune bieten im Sommer zahlreiche Blumenbepflanzungen ein farbenfrohes Schauspiel. Im **Office de Tourisme** ist ein Plan in französischer und englischer Sprache für den **Stadtrundgang** erhältlich (Nebensaison Mo - Fr 9.30 - 12.30/14 - 18 Uhr, Sa 10 - 12.30 Uhr, Mi Nachmittag geschlossen, Juli/Aug. Mo - Fr 9 - 12 /13.30 - 18.30 Uhr, Sa 10 - 12.30/14 - 17 Uhr, So 10 - 12.30 Uhr, Rue de Gen Leclerc, Telefon 0233602153, www.ducey-tourisme.com). Bei einer Besichtigung des direkt daneben liegenden Schlosses, dem **Château des Montgommery** aus dem 17. Jh., beeindrucken die Deckenmalereien und eine mo-

Château Montgommery

numentale Treppe (Juli/Aug. Di/Do/Sa Führung 15 Uhr, Eintritt). In Ducey und seinem Umland gibt es zahlreiche Wander- und Radwege, von denen z. B. der 7 km lange **Rundwanderweg** „Au fil de l'eau, la Sélune" erwähnenswert ist. Von der alten Brücke an der Sélune gelangt man entlang des für seine Lachse gerühmten Flusses in den Bois d'Ardenne und zurück in die Stadt (ein Wanderplan ist im Fremdenverkehrsbüro erhältlich). Auf der D976 brausen wir nach SAINT-HILAIRE-DU-HARCOUËT und werden schon von Weitem von den Türmen der im neogotischen Stil errichteten Kirche begrüßt. In der lebendigen Stadt findet jeden Mittwochvormittag ein **Markt** auf der Place Delaporte statt, auf welchem im Juli und August auch traditionelles Handwerk vorgestellt wird. Über weitere Veran-

Plan d'eau du Prieuré in Saint-Hilaire-du-Harcouët

staltungen und Freizeitmöglichkeiten in der abwechslungsreichen Umgebung informiert das **Office de Tourisme** an der Hauptdurchgangsstraße (Juli/Aug. 9.30 - 13/14 - 18.30 Uhr, So/ Feiertage 10 - 12.30 Uhr, ansonsten Mo 13.30 - 17.30 Uhr, Di - Fr 9.30 - 12.30/13.30 - 17.30 Uhr, Sa 9.30 - 12.30 Uhr, Place du Bassin, Telefon 0233793888, www.st-hilaire.fr).
Für uns WOMO-Fahrer ist das Terrain am **Plan d'eau du Prieuré** besonders schön. Rund um zwei Seen kann man im Stadtpark die Seele baumeln lassen und findet zudem einen gut angelegten WOMO-Stellplatz im Grünen.

(160) WOMO-Stellplatz: Saint-Hilaire-du-Harcouët, Plan d'Eau

GPS: N 48°34'22.1" W 01° 5'17.1" Le Prieuré
max. WOMOs: 8
Ausstattung/Lage: V/E an der Kirche [N 48°34'33.7" W 01°05'26.8"], Tische und Bänke, Grillmöglichkeit, Schwimmbad, WC und Bouleplatz in der Nähe, Infotafel, Stadtplan/Ortsrand, Zentrum ca. 500 m entfernt.
Zufahrt: Im Ort der D977 Richtung Fougères folgen und am Kreisel gleich wieder links abbiegen. Am Parkplatz an der Kirche rechts und dann links den Hinweisen Plan d'eau/Piscine ca. 800 m bis zum Stellplatz folgen.

Durch eine zunehmend hügelig werdende Landschaft steuern wir auf der D977 nach MORTAIN, das auf einer lang gestreckten Anhöhe liegt. Unter den Normannen entwickelte sich der Ort, der im Mittelalter ein wichtiger Verkehrsknotenpunkt war, und mit der **Stiftskirche Saint-Évroult** entstand ein damals bedeutender Sakralbau.
Vor dem unter Bäumen liegenden, städtischen kleinen **1-Sterne Campingplatz** befindet sich ein Parkplatz, an dessen Rand Stellplatzbuchten für Wohnmobile ausgewiesen sind. Ansonsten nicht besonders anheimelnd, eignet er sich jedoch hervorragend als Ausgangspunkt für einen Spaziergang.

(161) WOMO-Stellplatz: Mortain, Aire de Camping-Car

GPS: N 48°38'35.9" W 00°56'42.6" Place du Château
max. WOMOs: 8

Ausstattung/Lage: V/E, Infotafel mit Wanderwegen, Tische und Bänke, WC, Spielplatz, Geschäfte und Restaurants, **Office de Tourisme** an der D977 (Juli/Aug. 9.30 - 12.30/14 - 18.30 Uhr, So bis 17 Uhr, Nebensaison So geschlossen, www.mortainais-tourisme.org)/im Ort, Zentrum ca. 200 m entfernt.
Zufahrt: Im Ort Richtung Centre Ville fahren und von der D977 rechts den Hinweisen zum Campingplatz folgen. Der Stellplatz liegt unmittelbar davor.

WOMO-Wandertipp: Die Wasserfälle und die weiße Abtei

Auch wenn der Hin- und Rückweg nur etwa 3 km misst, so hat er es insofern in sich, als dass er mit ziemlichen An- und Abstiegen verbunden ist. Wir sind etwa 2 Stunden unterwegs gewesen.
Vom Stellplatz gehen wir die Straße hinab und folgen den Hinweisen zur

Petite Cascade. Bergab erreichen wir zunächst am Flüsschen Cance einen hübschen Picknickplatz und wandern dann über Stege sowie Treppen ansteigend an einem Nebenarm der Cance durch eine wildromantische Schlucht. Nach insgesamt etwa 500 m stehen wir vor dem Wasserfall, der aus mehreren Stufen besteht. Wir folgen dem Weg weiter aufwärts bis zu einem alten Waschhaus, schwenken rechts bis zur Rue du Pont Bossard und schlendern links leicht bergauf durch den Weiler Le Neufbourg. Hinter der Kirche folgen wir der zweiten Möglichkeit rechts. Auf dem Schotterweg mit der rot-weißen Markierung des Wanderwegs GR22, gelangen wir durch einen Wald zum größten Wasserfall im westlichen Frankreich. Die **Grande Cascade** wird von der Cance gespeist und ist rund 20 m hoch. Dem Weg weiter bergauf folgend, erreichen wir die D977 und damit einen Parkstreifen, von dem man wesentlich bequemer an das wässrige Naturschauspiel der großen Kaskade gelangen kann [N 48°39'20.6" W 00°56'33.0"] Da wir schon einmal hier sind, lassen wir uns den zweiten bedeutenden Sakralbau Mortains natürlich nicht entgehen und gehen an der Straße und entlang der Klostermauer etwa 200 m nach links. Das Kleinod **Abbaye Blanche** aus dem späten 12. Jh. ist eine ehemalige Zisterzienserinnenabtei, die heute teilweise bewohnt ist. Sehenswert sind der frei zugängliche romanische Kreuzgang sowie der Kapitelsaal und die Abteikirche. Auch wenn das einstige bedeutende Gemäuer nicht unbedingt in die Kategorie der Hauptsehenswürdigkeiten fällt, so strahlt es doch einen morbiden Charme aus, dem wir uns nicht entziehen können. Wer von hier nicht an der Landstraße zurück in den Ort gehen möchte, der nimmt den gleichen Weg an den Kaskaden vorbei zurück zum Stellplatz.

Grande Cascade

Der D977 durch den Ort folgend, streifen wir den bereits erwähnten Parkstreifen an der Abbaye Blanche und erreichen durch die hügelige Bocage SOURDEVAL mit einem kostenfreien und ruhigen Stellplatz am Rande des Parc Saint-Lys.

An der Zufahrt in der Nähe des Friedhofs zeugen die Mauerreste eines alten Schlosses von einer Schlacht im Hundertjährigen Krieg. Eine stillgelegte Bahntrasse lädt zum **Radfahren** ein und über die vielen **Wandermöglichkeiten** wird man bestens im **Office de Tourisme** unterrichtet (Juli/Aug. Mo - Fr 9.30 - 12.30/14.30 - 18 Uhr, Sa 10.30 - 12.30 Uhr, ansonsten Mo/Di/Do/Fr 9.30 - 12.30/14.30 - 17.30 Uhr, Mi 9.30 - 12.30 Uhr, 2 Place Charles de Gaulle, Telefon 0233793561, www.mortainais-tourisme.org).

Abbaye Blanche

(162) WOMO-Stellplatz: Sourdeval, Aire de Camping-Cars

GPS: N48°43'33.5" W00°55'23.6"
Rue Jean-Baptiste Janin
max. WOMOs: 10
Ausstattung/Lage: V/E, Strom, max. Aufenthalt 72 Std., Tische und Bänke, Geschäfte und Restaurants in der Nähe, Mülleimer/ Ortsrand, ca. 300 m ins Zentrum.
Zufahrt: Im Ort von der D977 auf die D 82 Richtung Gathemo abbiegen und vor dem Friedhof rechts dem WOMO-Piktogramm folgen.

Sourdeval

In der Talniederung fließt die Sée, ein Fluss, der in die Bucht von Mont-Saint-Michel strömt und an dessen Ufer früher zahlreiche Wassermühlen betrieben wurden. Das in Sourdeval ausgeschilderte, etwa 7 km entfernte **Écomusée Maison de l'Eau et de la Riviére** befindet sich in der alten Papiermühle von BROUAINS [N 48°34'27.1" W 00°58'59.3"]. Es informiert über das Ökosystem Wasser und dokumentiert dessen Bedeutung bei der industriellen und handwerklichen Entwicklung der Gegend (April - Nov. Sa/So/Feiertage 14 - 18 Uhr, Juli - Sept. Di - Fr 10 - 12/14 - 18 Uhr, Sa/So/Feiertage 14 - 18 Uhr, Eintritt). Am Parkplatz sind mehrere **Wanderwege** ausgeschildert und die Einkehr in der an Wochenenden und Feiertagen gut besuchten **Auberge du Moulin** ist nicht nur wegen der ausgewogenen Preise empfehlenswert (Mittag- und Abendmenüs, Mi - So, So Abend geschlossen, 4 Le Moulin de Brouains, Telefon 0233595060, aubergedumoulin.net).

Écomusée Maison de l'Eau et de la Riviére

Auf der D977 verlassen wir Sourdeval und wenig später auch das Département Manche. Von einer Anhöhe reicht der Blick weit ins Département Calvados, das wir bereits vor einiger Zeit bereist haben. Mit dem Überschreiten der unsichtbaren Grenze in den nächsten Verwaltungsbezirk ändert sich die Straßenbezeichnung und auf der D577 rollen wir nach VIRE. Alternativ zum Stellplatz auf einem gewöhnlichen Parkplatz ist der etwas abseits gelegene städtische, kleine **Campingplatz** zu erwähnen.

(163) WOMO-Stellplatz: Vire, Champ de Foire

GPS: N48°50'26.8" W00°53'20.7" Place du Champ de Foire
max. WOMOs: 10
Ausstattung/Lage: V/E, WC, Mülleimer/im Ort, ca. 200 m ins Zentrum. Ausgewiesener Teil im hinteren Bereich eines Großparkplatzes mit Busverkehr.
Zufahrt: Im Ort dem WOMO-Piktogramm bis zum ausgeschilderten Parkplatz folgen.

Vire

Auf halber Strecke zwischen Caen und Mont-Saint-Michel liegt der lebhafte 13.000 Einwohner-Ort, Hauptstadt des Bocage-virois, auf einem Felsvorsprung am gleichnamigen Fluss. Von Heinrich I., Sohn von Wilhelm dem Eroberer, im 12. Jh. gegründet, wurde die Burg in den Religionskriegen geschleift. Aus dieser Zeit ist die Ruine des **Donjon** (Wehr- und Wohnturm) an der Place du Château erhalten und an das Mittelalter erinnern weiterhin einige Abschnitte der Stadtmauer. In der Nähe des Donjon ragt die **Église Notre-Dame** mit einem mächtigen Haupt-und

Église Notre-Dame

Querschiff in die Höhe und zeigt den für die Normandie typischen Flamboyant-Stil. Das Wahrzeichen der Stadt ist jedoch der **Tour de l'Horloge** aus dem 15. Jh., der sich über dem Stadttor aus dem 13. Jh. erhebt. Das **Musée de Vire** im ehemaligen Hospiz Hôtel-Dieu aus dem 18. Jh. dokumentiert mit normannischen Möbeln und Trachten sowie anhand von alten Werkstätten die stadtgeschichtliche Entwicklung (Mai - Okt. Mi - So 10 - 12.30/14 - 18 Uhr, Eintritt).
Wer sich länger in Vire und seiner Umgebung aufhalten möchte, sollte zum einen das nahe des Stellplatzes liegende **Office de Tourisme** besuchen (Nov. - Ostern Mo - Fr 9.30 - 12.30/13.30 - 18 Uhr, Mo Vormittag/Di Nachmittag geschlossen, Ostern bis Halloween Mo - Sa 9.30 - 12.30/13.30 - 18 Uhr, Sa bis 17 Uhr, Square de la Résistance, Telefon 0231662850, www.bocage-normand.com).
Zum anderen sollte man die lokale Spezialität **Andouille** probieren, die auch in den übrigen Landesteilen Frankreichs äußerst beliebt ist. Die würzige Wurst wird ausschließlich aus Innereien hergestellt und mehrere Wochen über Buchenholz geräuchert. Die durch das Räuchern entstandene schwarze Farbe ist ein typisches Merkmal für die Echtheit der Wurst, die sicher Geschmackssache ist. Seit 120 Jahren wird die Andouille bei **Paul Danjou** nach alter Tradition hergestellt und kann im Ladengeschäft käuflich erworben werden (5 Rue Andé-Halbout, www.paul-danjou.fr).

Für den Erwerb dürfte es jedoch auch auf dem großen **Markt** am Freitagvormittag im Stadtzentrum Gelegenheit geben. Wer sich zum Wurstverzehr lieber an den gedeckten Tisch setzt oder andere regionale Köstlichkeiten genießen möchte, findet im **Hotel-Restaurant De France** eine gute Anlaufadresse (Mittag- und Abendmenüs, Mo Mittag/So, Fr Abend geschlossen, 4 Rue d'Aignaux, Telefon 0231680035, www.hoteldefrancevire.com).

Tour de l´Horloge

Über die D524 und später die D512 fahren wir auf schnurgerader Straße durch die bekannte landwirtschaftlich geprägte Bocage nach CONDÉ-SUR-NOIREAU. In der Ferne können wir schon die Höhenzüge der Normannischen Schweiz erkennen, die wir in der nächsten Tour erkunden wollen.
Am Zusammenfluss von Noireau und Druance liegt die im 18. Jh. für ihre Herstellung von Leinen und Flachs bekannte kleine Stadt, die im Zweiten Weltkrieg zu 95% zerstört wurde. Der Stellplatz in Condé ist zwar nachts sehr ruhig, jedoch stören uns die sehr tief hängenden Bäume und es wird schwierig ein entsprechendes Plätzchen für das WOMO zu fingen. Alternativ kann der von Mai bis September geöffnete städtische **Mini-Campingplatz** in der Nähe des Sportplatzes an der Rue de Vire angefahren werden.

(164) WOMO-Stellplatz: Condé-sur-Noireau, Mairie

GPS: N 48°51'03.5" W 00°33'11.5"; Rue des Près Gullet **max. WOMOs:** 2 - 3
Ausstattung/Lage: V/E, Strom gegen Gebühr, Hallen- und Freibad in der Nähe, Mülleimer/im Ort, unter tief hängenden Bäumen. Während des Marktes am Do 6 - 14 Uhr gesperrt!
Zufahrt: Im Ort den Hinweisen Centre Ville/Mairie und dem WOMO-Piktogrammen folgen.

D562
Orne
St.-Rémy
167
168
169
165
St.-Omer
Clécy
D133
Pierrefitte-en-Cinglais
166
Orne
173
Trépel
D43
D562
Druance
D511
D511
170
171
Falaise
N158
Tour 9
Pont d´Ouilly
Noireau
172
D18
D25
Condé-s-Noireau
174
D43
D301
Ménil-Hermei
A88
D909
D15
D239
Orne
Rabo-danges
175
W
Putanges Pont-Ecrepin
D15
Ménil-Gondouin
S
176
Rouvre
D924
D909
Orne
D924
D916
D19
Parc
177
D916
D908
Naturel
La Ferté-Macé
179
180
D916
D908
Carrouges
D908
Bagnoles-de-l´Orne
S
Régional
178
Normandie-
D909
Maine
D34
15 km
N12
N12
D536
St.-Anne
181
N
182
D121
Pays de la Loire
St.-Pierre-des-Nids
Tour 11
N12
D144
D121
St.-Céneri-le-Gérei
183
Sarthe

TOUR 10

Tour 10 195 km

Clécy - Saint Remy - Falaise - Pont d'Ouilly - Putanges-Pont-Ecrepin - La Ferté-Macé - Bagnols-de-l'Orne - Saint-Céneri-le-Gérei

Stellplätze:	Clécy, St. Remy, Falaise, Pont d'Ouilly, Putanges-Pont-Ecrepin, La Ferté-Macé, Bagnols-de-l'Orne, Sainte Anne, St.-Pierre-des-Nids, Saint-Céneri-le-Gérei.
Campingplätze:	Clécy Les Rochers des Parcs, Falaise Camping du Château, Pont d'Ouilly Camping Municipal, Putanges-Pont-Ecrepin Camping Municipal Le Val d'Orne, Bagnols-de-l'Orne Camping Municipal de la Vée.
Ver- u. Entsorgen:	Clécy, Falaise, Pont d'Ouilly, Putanges-Pont-Ecrepin, Bagnols-de-l'Orne, St.-Pierre-des-Nids.
Besichtigen:	Clécy Chemin de fer miniature; Falaise Château Guillaume-le-Conquérant, Mémorial des Civils dans la Guerre, Automates Avenue, Rabodanges Château de Rabodanges; Mênil-Godouin Église de Mênil-Godouin; La Ferté-Macé Musée du Jouet; Bagnoles-de-l'Orne Stadtbild, Eisenbahn-Draisine, Kletterwald; Carrouges Château Carrouges, Maison du Parc; Saint-Céneri-le-Gérei Ortsbild, Dorfkirche, Jardins de la Mansonnière.
Wandern/Rad- u. Kanufahren:	Clécy, Saint-Remy, Pont D'Ouilly, Roche d'Oëtre, Rabodanges, La Ferté-Macé, Bagnoles-de-l'Orne, Sainte-Anne.
Baden:	Rabodanges, Bagnoles-de-l'Orne.
Essen:	Clécy Restaurant Au Site Normand, La Suisse Gourmande; Saint-Omer Restaurant La Gavotine; Pont D'Ouilly Restaurant Relais du Commerce; Putanges-Pont-Ecrepin Restaurant Le Lion Verd; Bagnoles-de-l'Orne Restaurant Ô Gayot; Saint-Céneri-le-Gérei Auberge des Peintres.

In dieser Tour werden wir uns in den Départements Calvados und Orne bewegen. Das **Département Orne** ist der einzige der fünf Verwaltungsbezirke, der keinen Zugang zum Meer hat und sehr ländlich geprägt ist. Mit dem **Parc Naturel Régional Normandie-Maine**, der sich auch über das Pays d la Loire erstreckt, und dem **Parc Naturel Régional du Perche** besitzt das Département gleich zwei unter Naturschutz stehende Gebiete. Naturliebhaber dürfte die abwechslungsreiche Landschaft begeistern, die im Norden von den Ausläufern der ansonsten im

Calvados liegenden Normannischen Schweiz sowie des Pays d'Auge und im Süden von ausgedehnten Wäldern geprägt ist. Von Condé-sur-Noireau fahren wir auf der D562 Richtung CAEN und erspähen auf dem Weg nach CLÉCY die ersten bewachsenen Felshänge der Suisse Normande.

Suisse Normande

Auch wenn der Name hohe Berge vermuten lässt, befinden sich in dieser Region nicht die höchsten Erhebungen der Normandie. Der Begriff beschreibt eher die Landschaftsform mit Schluchten und steilen Ufern, die der Fluss Orne in den Gesteinssockel des Armorikanischen Gebirges gegraben hat. Der Fluss mäandert reizvoll und durchaus malerisch an hoch aufragenden Felsformationen vorbei und vom Plateau bieten sich weite Blicke in die schier endlos wirkende Bocage. Die herrliche Gegend ist besonders bei Wanderern sowie Radfahrern beliebt, aber auch Ang-

ler, Reiter oder Gleitschirmflieger finden hier ein tolles Revier. Zwischen Clécy und Pont d'Ouilly kann die Orne mit dem Kanu erkundet werden. Ein beliebtes Ausflugsziel und unbedingt einen Besuch wert ist der Roche d'Oëtre. Der markante Felsvorsprung fällt 118 m tief zu einem bewaldeten Tal hin ab und bietet einen Ausblick auf die Rouvre-Schlucht (www.suisse-normande-tourisme.com).

Den besten Überblick erhält man, wenn man die Normannische Schweiz zunächst bei einer Rundfahrt mit dem WOMO oder Fahrrad erschließt und sich dann für die eine oder andere Wanderung entscheidet bzw. je nach Neigung einer anderen Freizeitbeschäftigung nachgeht.

Die Höhenstraße **Route des Crêtes**, auch als **Route de la Suisse Normand** bezeichnet, verläuft meist oberhalb der Täler durch hübsche Dörfer und bietet auf der gesamten Strecke von rund 65 km schöne Aussichten auf die landschaftliche Postkartenidylle.

Es gibt verschiedene Fahrstrecken, die im Allgemeinen gut beschildert, aber für WOMOs nicht immer geeignet sind. Wir haben eine exemplarische Tour zusammengestellt, mit der Fahrer der meisten WOMO-Größen klar kommen sollten und nicht Gefahr laufen, in allzu engen Sträßchen mit entgegenkommenden Traktoren oder Mähdreschern auf Tuchfühlung zu gehen. Nichtsdestotrotz sollte man sich immer auf Gegenverkehr einstellen und entsprechend achtsam unterwegs sein!

Als Ausgangspunkt für unsere Rundfahrt empfiehlt sich das über dem Orne-Tal thronende CLÉCY, die kleine „Hauptstadt der Normannischen Schweiz", die wir von der D562 abbiegend über die D133A erreichen. Nahe des Ortszentrums befindet sich ein offizieller Stellplatz mit Aussicht und unten im Tal, direkt an der Orne liegend, der sehr empfehlenswerte und wohl schönste Campingplatz der Gegend. Der Betreiber bietet u. a. eine geführte ca. 8 km lange **Wandertour mit anschließender Kanufahrt** an.

(165) WOMO-Stellplatz: Clécy, Aire de Camping-Car

GPS: N 48°55'07.9" W 00°28'50.6"
Rue du Stade **max. WOMOs:** 5
Ausstattung/Lage: V/E, Tische und Bänke, Aussicht, Geschäfte und Gaststätten im Ort, Mülleimer/ Ortsrand, ca. 300 m ins Zentrum.
Zufahrt: Von der D133A an einem Kreisel links Richtung Centre Ville abbiegen und hinter der Kirche rechts den WOMO-Piktogrammen folgen.

(166) WOMO-Campingplatztipp: Clécy, Les Rochers des Parcs***

GPS: N 48°54'50.1" W 00°28'26.4"; La Cour
Kontakt: Telefon 02 31 69 70 36, www.camping-normandie-clecy.fr
Öffnungszeit/Preis: Mitte April - Sept./€€ - €€€, Rabatte nach Saison.
Ausstattung/Lage: Separate WOMO-Stellplätze am Fluss, Waschmaschine, Wäschetrockner, WiFi, Kinderspielplatz, Beachvolleyball, Bouleplatz, Tischtennis, Fahrradverleih, Grillmöglichkeit, geführte Wander- und Kajak-Touren, Shop, Imbiss, Cidre-Verkostung, Brötchenservice, Rad- und Wanderwege/Ortsrand, ca. 1 km in den Ort, Gaststätten am gegenüberliegenden Ufer. Die netten Betreiber sprechen auch Englisch und halten viele Tipps bereit!
Zufahrt: Auf der D133A bis ins Tal der Orne hinab und den Hinweisen zum Campingplatz über die Brücke auf der anderen Seite des Flusses folgen.

Clécy

Der hübsche Ort mit seinen Granithäusern entlang der ruhigen Gassen liegt unweit der wohl schönsten Stellen des Flusstales der Orne und ist **ein Mekka für sportlich ambitionierte Urlauber**. MTB-Strecken, Kletterfelsen mit unterschiedlichen Schwierigkeitsgraden oder Paragliding sowie Tret- und Elektrobootfahren oder eine Sommerrodelbahn – für jeden ist etwas dabei. Kanus können ausgeliehen werden und die Verleiher befördern erfahrene und weniger geübte Wassersportler per Bus ein Stück flussaufwärts, damit die Landschaft bei einer gemütlichen Fahrt zurück nach Clécy vom ruhigen Wasser aus genossen werden kann. Eine andere Form der Landschaftsbetrachtung er-

möglicht das Areal der Miniatureisenbahn **Chemin de fer miniature** [N 48°55'02.4" W 00°28'40.5"] Auf gut 300 m² fahren kleine Lokomotiven mit angehängten Waggons durch französische Landstriche und erfreuen nicht nur kleine Gäste (Juli/Aug. tägl. 10.30 - 18.30 Uhr, April - Juni Di - So 10 - 12/14 - 18 Uhr, Sept./Okt. eingeschränkte Öffnungszeiten, Eintritt. www.chemin-fer-miniature-clecy.com). Über all dieses und noch viel mehr informiert das **Office de Tourisme** (April Di - Sa 10 -12.30/14.30 - 17 Uhr, Mai/Juni/ Sept. Di - Sa 10 - 12.30/14 - 18 Uhr, So/Feiertage 10 - 12.30 Uhr, Juli/Aug. Mo - Sa 10 - 12.30/14 - 18 Uhr, Sa/Feiertage 10 - 12.30 Uhr, Place du Tripot, Telefon 0231797045, www.suisse-normande-tourisme.com). Bei all diesen Aktivitäten an frischer Luft stellt sich mit Sicherheit ein ordentlicher Hunger ein, dem man bestens im **Hotel-Restaurant Au Site Normand** direkt im Ort mit regionalen Speisen begegnen kann (Mittag- und Abendmenüs, 2 rue des Châtelets, Telefon 0231697105, www.hotel-clecy.com).
Im kleinen Laden **La Suisse Gourmande** mitten im Ort kann die Normannische Schweiz „geschmeckt“ werden. Im Angebot befinden sich u. a. Limonaden oder Obstsäfte, verschiedene Käse- sowie Fleischsorten und im Sommer können auf einer kleinen Terrasse Cidre, Pommeau und nicht weniger als 15 normannische Biersorten verkostet werden (April - Sept. Di - So 9.30 - 13/15.30 - 19 Uhr).

Wie bereits erwähnt, befinden wir uns in einem herrlichen Wandergebiet, das es auf vielen Wegen zu erkunden gilt und wir lassen es uns nicht nehmen, eine der reizvollen Strecken anzugehen.
Die Wanderung kann am Campingplatz in Clécy oder von den folgenden Picknickplätzen an der Route des Crêtes begonnen werden.

WOMO-Wandertipp: Steile Felsen im Herzen der Suisse Normand

Mittelschwere Wanderung von ca. 12 km Länge mit herrlichen Aussichten und einigen An- und Abstiegen.

Am Campingplatz gehen wir auf der Straße mit rot-weißer Markierung Richtung Brücke, um uns in Le Vey rechts zu wenden. Hinter der Bahnunterführung halten wir uns an der Kirche links bergauf und biegen nach etwa 200 m links in einen Feldweg ein. Auf dem Wanderweg GR36 gehen wir ca. 1,7 km durch den Wald stetig bergauf, um uns zu einem lohnenswerten Abstecher nach links zu orientieren. Der kurze steile Anstieg zum Aussichtspunkt am **Pain du Sucre** wird mit einer wundervollen Aussicht über das Orne-Tal und Clécy belohnt. Wieder zurück, setzen wir unseren Marsch nur wenige Meter auf dem GR-Weg fort, biegen rechts mit gelber Markierung und nur wenig später mit weißer Markierung nochmals rechts ab. Der folgende Wanderabschnitt erfordert Trittsicherheit und ggf. Schwindelfreiheit, denn es geht auf schmalem Pfad, an einigen Stellen recht steil an der senkrecht abbrechenden Felskante nach oben. Wer diese etwas kniffelige Passage umgehen möchte, folgt der zuvor erwähnten gelben Wegmarkierung bergauf bis zur Straße und hält sich dort ca. 350 m rechts bis zu einem Parkplatz, auf den auch der andere Pfad mündet. Von hier sollte unbedingt ein Abstecher zum Startplatz der Paraglider gemacht werden. Vom Aussichtspunkt **Rochers de la Houle** mit Picknickbänken bietet sich ein grandioses Panorama. Wir marschieren gegenüber des Parkplatzes über die Wiese bis zu einem Sträßchen, halten uns rechts und an der nächsten Kreuzung im spitzem Winkel auf einem Feldweg wieder rechts. Über die leicht hügelige Hochebene gelangen wir nach ca. 800 m an einen Abzweig, dem wir links folgen und die D133 erreichen, auf der wir rechts nach Saint-Omer gehen. Hier besteht die Möglichkeit zur Einkehr im **Restaurant La Gavotine** (Mitte Juni - Mitte Sept. tägl. außer Mo, ansonsten Fr - So, Mitte Nov. - 1. Feb. Wochenende geschlossen, Telefon 0231697783, www.restaurantlagavotine.fr).

Nach einer ordentlichen Stärkung folgen wir zunächst der D133 für ca. 700 m bis nach Les Hautes Planches und zweigen dort mit gelb-roter Markierung rechts in einen Feldweg ab, der uns über eine Wiese mit Bäumen bis zu einem Querweg führt. Dort gehen wir links und an der nächsten Gabelung rechts mit schönem Fernblick bergab bis zur D133A. Hier biegen wir links ab und erreichen am nächsten Abzweig rechts bergab gehend den Weiler Le Corps du Sel. Hinter den ersten Häusern führt uns rechts ein Feldweg über Wiesen zu einer weiteren Straße, die wir für etwa 250 m rechts einschlagen, um dann mit gelb-roter Markierung kurz links auf einem Feldweg und keine 100 m weiter erneut links weiterzugehen. Im Wald geht es nun in mehreren Kurven leicht bergauf um eine Hügelgruppe und anschließend bergab zu einem Parkplatz. Die folgende Straße wird überquert und kurz danach schlagen wir rechts den Wanderweg GR36 mit der rot-weißen Markierung ein. Der Weg verläuft leicht hügelig zwischen Ginsterbüschen und lichtem Wald entlang der oberen Felsen der Rochers des Parcs und bietet immer wieder herrliche Aussichten auf die typische Landschaft der Normannischen Schweiz mit der sich im Tal windenden Orne. Der Höhenweg dreht nach einem guten Kilometer rechts ab und bergab erreichen wir die Eisenbahnunterführung hinter der wir bald wieder am Campingplatz angekommen sind.

Nach dieser abwechslungsreichen und schönen Wanderung genießen wir den Aufenthalt auf dem gepflegten Campingplatz bei einer abendlichen Cidre-Verkostung und wenden uns am nächsten Morgen der Erkundung der Normannischen Schweiz mit dem WOMO zu.

Von Clécy fahren wir zurück zur D562 und gelangen nach SAINT-REMY. Mitten im Ort folgen wir den Hinweisen **La Suisse Normande** bzw. **Route des Crêtes** und auf schmaler werdender, aber gut zu befahrender Straße geht es stetig nach oben. Von der Hochebene eröffnen sich Aussichten über Felder, bewaldete Hügelketten und weit hinab ins Tal. Es ist einfach schön bei der geruhsamen Fahrt die Landschaft zu genießen oder auf einem der folgenden Picknickplätze eine Rast einzulegen. Wer keine Lust auf eine Wanderung hat, sollte allerdings nicht versäumen, auf dem zweiten Parkplatz anzuhalten und wenige Meter bis zum **Aussichtspunkt Rochers de la Houle** zu gehen.

Der Panoramablick ist atemberaubend! Wenn nicht die Höhenangst überwiegen würde, könnten wir glatt den Gleitschirmfliegern nacheifern, die sich mit Anlauf von Startrampen in die Tiefe stürzen, um anschließend fast schwerelos die Landschaft aus der Vogelperspektive zu betrachten.

(167) WOMO-Picknickplatz: Saint-Remy, Route des Crêtes I

GPS: N 48°56'01.1" W 00°28'35.9" **max. WOMOs:** 2

Ausstattung/Lage: Tische und Bänke, Rad- und Wanderwege/außerorts, einsam. Folgt man der Straße ca. 700 m, ergibt sich vom nächsten Picknickplatz der Einstieg zu o. g. Wanderung.

Zufahrt: Von Saint-Remy aus den Hinweisen Route des Crêtes folgen und ca. 2 km hinter dem Ortsausgang zum rechts gelegenen Parkplatz fahren (Foto rechts).

(168) WOMO-Picknickplatz: Saint-Remy, Route des Crêtes II

GPS: N48°55'48.4" W00°28'12.2"
max. WOMOs: 2 -3
Ausstattung/Lage: Tische und Bänke, Rad- und Wanderwege, Infotafel/ außerorts, einsam. Von hier bietet sich der Einstieg in die vorgenannte Wanderung an. **Zufahrt:** Wie zum vorherigen Stellplatz, jedoch ca. 700 m weiterfahren. Der Parkplatz liegt auf der rechten Straßenseite.

(169) WOMO-Picknickplatz: Saint-Remy, Route des Crêtes III

GPS: N48°55'31.5" W00°27'52.8"
max. WOMOs: 2 - 3
Ausstattung/Lage: Tische und Bänke, Rad- und Wanderwege/ außerorts, einsam. Geht man die Straße ca. 750 m zurück, ergibt sich vom nächsten Picknickplatz der Einstieg zu o. g. Wanderung.
Zufahrt: Wie zum vorherigen Stellplatz, jedoch ca. 750 m weiterfahren. Der Parkplatz liegt auf der rechten Straßenseite.

Mit weiteren schönen Blicken fahren wir durch die friedlich wirkende Gegend und gelangen nach SAINT-OMER, das wir nebst Gaststätte bereits von unserer Wanderung kennen. Dies-

mal schlagen wir die D133 Richtung PONT-D'OUILLY ein und verabschieden uns von der Route des Crêtes. Wir bleiben vorerst auf dem Bergrücken und biegen hinter SAINT-CLAIR nach PIERREFITTE-EN-CINGLAIS ab. Vor der **Église Saint-Pierre et Saint-Paul** aus dem 17. Jh. mit einem barocken Hochaltar geht es nach TRÉPEL und von dort auf der D43 Richtung PONT-D'OUILLY bis zur D511.
An dieser Kreuzung wenden wir uns zunächst FALAISE zu, um später weiter in die andere Richtung aufzubrechen.
In Falaise können wir direkt an der Schlossmauer parken oder aber die nette kleine Anlage des städtischen Campingplatzes unterhalb des Schlosses nutzen.

(170) WOMO-Stellplatz: Falaise, Château

GPS: N48°53'33.5" W00°12'14.4"
max. WOMOs: 3 - 5
Ausstattung/Lage: V/E hinter dem Carrefour-Supermarkt Richtung Alençon [N 48°53'48.0" W 00°11'24.7"], Tische und Bänke, Bäcker und Café in der Nähe /im Ort, ca. 300 m ins Zentrum. Ggf. Geräusche durch die nahe Straße.
Zufahrt: Im Ort Richtung Centre Ville halten und zum Parkplatz am nicht zu übersehenden Schloss fahren.

(171) WOMO-Campingplatztipp: Falaise, Camping du Château**

GPS: N48°53'44.2" W00°12'17.0"
Rue du Val d'Ante
Kontakt: Telefon 0231901655, http://www.camping-falaise.com
Öffnungszeit/Preis: Mai - Sept./€€, Rabatte je nach Saison.
Ausstattung/Lage: Spielplatz, Tischtennis, Tennis, WiFi, Waschmaschine, Wäschetrockner, Schwimmbad ca. 10 Min. entfernt/ Ortsrand, ca. 300 m ins Zentrum.
Zufahrt: Im Ort den Hinweisen zum Campingplatz folgen.

Falaise

Umgeben von fruchtbarer Natur liegt die 8.500 Einwohner zählende Stadt, deren Name von Felsvorsprüngen (franz.: Falaise = Klippe) stammt, im grünen Tal der Ante. Wie mit den Felsen verwachsen, erhebt sich das **Château Guillaume-le-Conquérant** seit dem Mittelalter mit einem mächtigen Donjon über der Stadt. Damals war dieser Name natürlich noch nicht bekannt, denn als Wilhelm (franz. Guillaume) 1027 aus der unehelichen und nicht standesgemäßen Beziehung von Robert, jüngster Sohn des Normannenherzogs Richard II., und der Gerbertochter Arlette hervorging, wurde er kurz als „der Bastard" bezeichnet. Wie wir bereits wissen, sollte er jedoch später in Ermangelung eines legitimen Nachfolgers als Herzog der Normandie in die Geschichte eingehen und zu-

dem als Eroberer von England den Beinamen „le Conquérant“ erhalten. Beim Betreten der Burganlage fallen neben den alten auch neue Gebäudeteile aus Stahl und Beton auf. Dieser Kontrast wurde bei der Sanierung bewusst geschaffen und soll einen Spannungsbogen zwischen Alt und Neu herstellen. Schaut man durch die frei zugänglichen Sichtgeräte im Innenhof wird deutlich, wie großartig die ehemalige Burg gewesen sein muss. Im Inneren widmet sich eine Dauerausstellung mit Audioführung dem Leben Wilhelms und auf bereitgestellten Tablets mit Touchscreen erscheinen Räumlichkeiten mit historischer Möblierung, Szenen werden lebendig und Gegenstände oder Hintergrundinformationen erläutert. Ein eindrucksvolles, faszinierendes und interessantes Besuchserlebnis für die ganze Familie, das auf keinen Fall ausgelassen werden sollte (tägl. 10 - 18 Uhr, Juli/Aug. bis 19 Uhr, letzter Einlass jeweils 1 Std. vor Schließung, Führungen möglich, Eintritt. www.chateau-guillaume-leconquerant.fr)! Unter Wilhelms Herrschaft wuchs und gedieh Falaise und heute erinnert eine Reiterstatue vor der Burg an den siegreichen Normannenführer. Bei der Befreiung der Normandie von den Nationalsozialisten kam es südöstlich der Stadt zu einer letzten großen Schlacht, die als „Kessel von Falaise“ in die Geschichte einging und wobei die Stadt zu 80% zerstört wurde. Der Wiederaufbau erfolgte behutsam und der historische, überschaubare Stadtkern konnte erhalten bleiben. An der Place Guillaume le Conquérant neben dem **Reiterstandbild** erinnert das **Mémorial des Civils dans la Guerre** als eines weniger Museen an das Schicksal der Zivilbevölkerung, die aufgrund des bewaffneten Konfliktes aus ihrem täglichen Leben herausgerissen wurde. Im Gegensatz zu den übrigen Kriegsmuseen in der Normandie, die sich vorwiegend mit der Geschichte der Soldaten und

Widerstandskämpfer auseinandersetzen, werden hier die Beziehungen der Zivilisten zu den Besatzungstruppen, der Vichy-Regierung sowie den Alliierten beleuchtet und das Leid während des Krieges sehr anschaulich dokumentiert (Anfang Feb. - Anfang Juli/Sept. 10 - 18 Uhr, Anfang Juli/Aug. bis 19 Uhr, Eintritt. www.memorial-falaise.fr). Direkt gegenüber befindet sich das **Office de Tourisme**, in dem u. a. ein Stadtplan erhältlich ist (Juni - Sept. Mo - Sa 9.30 - 12.30/13.30 - 18.30 Uhr, So 10.30 - 12.30/14 - 16 Uhr, Okt. - Mai bis 17.30 Uhr, So geschlossen, Telefon 0231901726, www.falaise-tourisme.com). Daran schließt sich **Église de la Trinité** an, an der trotz der Umwelteinflüsse immer noch der üppige Fassadenschmuck und mächtige Wasserspeiher zu erkennen sind. Durch die Rue de Trinité gelangen wir an die Place Belle Croix, auf der samstags der **Markt** stattfindet, und wenig später sehen wir die **Église Saint-Gervais**. Ihr Bau dauerte fünf Jahrhunderte und spiegelt deshalb sehr schön die romanischen und gotischen Stile der jeweiligen Epochen wider. In südöstlicher Richtung spazieren wir auf das Museum **Automates Avenue** zu. Was bereits zwischen 1920 - 1950 in den Schaufenstern der weihnachtlich geschmückten Pariser Kaufhäuser für glänzende Kinderaugen sorgte, wird auch heute noch so manchen erstaunen und erfreuen. Mehr als 300 funktionstüchtige Spielzeugautomaten werden gezeigt und erwecken Geschichten aus dem Fabel- und Feenland zum Leben (Juli/Aug. tägl. 10 - 18 Uhr, Okt./Nov./Jan. - März Sa/So/Feiertage 10 -12.30/13.30 - 18 Uhr, April - Juni/Sept./Okt. tägl. 10 - 12.30/13.30 - 18 Uhr, Eintritt. www.automates-avenue.fr). Eine wunderschön präsentierte Zauberwelt, die zusammen mit dem Burgbesuch einen Abstecher nach Falaise wert ist!

Auf der D511 gelangen wir von unserem erfreulichen Besuch in Falaise flott zurück an die bereits bekannte Kreuzung und rollen nun PONT D'OUILLY entgegen. Begleitet von der schönen und hügeligen Landschaft geht es mit 10% Gefälle mitten hinein ins Herz der Normannischen Schweiz. Der kleine charmante Ort an der Mündung des Flüsschens La Noireau in die Orne liegt an der Grenze der Départements Calvados und Orne. Als Basislager eignen sich der schön gelegene Stellplatz am Wasser oder der kleine, einfache städtische Campingplatz.

(172) WOMO-Campingplatztipp:
Pont d'Ouilly, Camping Municipal**

GPS: N 48°52'17.2" W 00°24'39.6"; Rue du Stade René Vallée
Kontakt: Telefon 0231694612, www.pont-douilly.com
Öffnungszeit/Preis: April - Sept./€€.
Ausstattung/Lage: Vor dem Campingplatz ist das Übernachten auf dem Parkplatz gestattet, Gebühr €€/im Ort, ca. 500 m ins Zentrum.
Zufahrt: Im Ort den Hinweisen zum Campingplatz folgen.

(173) WOMO-Stellplatz: Pont d'Ouilly, Aire de Service du Moulin Neuf

GPS: N48°52'40.5" W00°24'45.2" Rue de la Liberation
max. WOMOs: 40
Ausstattung/Lage: V/E, Strom, Gebühr € - €€, max. Aufenthalt 48 Std., Grillmöglichkeit, Bouleplatz, Tisch und Bänke, Geschäfte und Gaststätten im Ort, Mülleimer, mit Schranke gesichert/Ortsrand, ca. 500 m ins Zentrum, direkt an der Orne gelegen.
Zufahrt: Vor der Brücke rechts den WOMO-Piktogrammen ca. 500 m folgen.

Die Umgebung bietet sich für Ausflüge aller Art an und die **Base de Plein Air de Pont d'Ouilly** hilft bei der Entdeckung der Suisse Normande. So kann z. B. nach der Anmietung von Kanus oder Mountainbikes die Gegend mit oder ohne Begleitung erkundet werden (Rue du Stade René Vallée, www.pontdouilly-loisirs.com).

Obwohl im Inland gelegen, hat uns, neben der regionalen Küche, die Zubereitung von Meeresfrüchten im **Restaurant Relais du Commerce** überzeugt (Mittag- und Abendmenüs, Rue de Falaise, Telefon 0257546269, www.relaisducommerce.fr).

An der Brücke fahren wir zunächst Richtung LES MESNIL auf der D167 und folgen den Hinweisen zum **La Roche d'Oëtre**. Rechts begleitet uns die träge dahinfließende Orne, während links der Straße der an den Felswänden blühende Ginster gelbe Akzente im grün bewachsenen Hang setzt. Langsam, aber stetig geht es nach oben und in PONT-DES-VERS wechseln wir rechts auf die D18/D43, um die Orne zu überqueren. Die Straße führt nun bergauf und bietet hin und wieder Ausblicke auf die tief im Tal mäandernde Rouvre.

In ROUVROU zweigen wir links ab und nach Verlassen des mit Wiesen unterbrochenen Waldes finden wir auf der Hochebene einen Parkplatz am **Informationszentrum**.

(174) WOMO-Wanderparkplatz: Roche d'Oëtre, Informationszentrum

GPS: N48°49'48.0" W00°22'53.4" An der D301
max. WOMOs: 3 - 5
Ausstattung/Lage: Wanderwege, Infotafeln, Picknickplatz in der Nähe, Mülleimer/außerorts, nachts einsam.
Zufahrt: Stets den Hinweisen La Roche d'Oëtre bis zum Parkplatz folgen.

Roche d'Oëtre

Im Informationszentrum sind das **Office de Tourisme**, ein Restaurant, eine Boutique sowie eine Dokumentation der Gebirgsregionen der Normandie untergebracht (März Di - Fr 14 - 17 Uhr, April - Sept. tägl. 10 - 18 Uhr, Juli/Aug. bis 19 Uhr, Okt. Di - So 10 - 17 Uhr, Telefon 0231591313, www.roche-doetre.fr). Durch das Gebäude hindurch gelangen wir mühelos zum Aussichtspunkt am Roche d'Oëtre. Die Normannische Schweiz wirkt hier am „gebirgigsten" und von einem weiteren Aussichtspunkt etwas unterhalb an der Abbruchkante können wir einen zerklüfteten Felsen sehen. Es scheint fast so, als ob ein in Stein gemeißeltes menschliches Profil den fantastischen Blick über die bewaldeten Hänge hinab ins knapp 120 m tiefer liegende Tal der Rouvre Tag für Tag aufs Neue genießen möchte.

Vom Plateau führen mehrere gut beschilderte **Wanderwege** in Längen von 600 m bis 9 km zu den Naturschönheiten der Suisse Normand (kostenfreies Faltblatt im Info-Zentrum). Bis zum „Mann aus Stein" kann man noch in Sandalen gehen, ansonsten ist im Hinblick auf die Höhenunterschiede festes Schuhwerk angeraten. Ganz in der Nähe lockt außerdem der Kletterpark **Orne Adventure** mit unterschiedlichen Parcours in verschiedenen Schwierigkeitsgraden (April - Sept. Eintritt. www.orneaventure.fr).

Bei der Weiterfahrt durchqueren wir MÉNIL-HERMEI, kurven auf landschaftlich schöner Strecke rauf und runter, aber letztendlich hinab nach RABODANGES. Bereits vor dem Ort empfängt uns das **Château de Rabodanges** aus dem 17. Jahr-

hundert. Vom Park, der besichtigt werden kann, bietet sich ein schöner Blick ins Orne-Tal (Juli - Sept. Mo - Fr 10 - 12/14 - 17 Uhr, Eintritt).
Im kleinen Örtchen orientieren wir uns an den Hinweisen zum **Lac de Rabodanges**. Auf der mit 95 ha größten Wasserfläche der Basse-Normandie verkehren Ausflugsboote und diverse Freizeitangebote sowie gastronomische Betriebe laden zum Verweilen ein. Der erste am See gelegene, einfache Parkplatz hat Übernachtungspotential, während am zweiten vor der Brücke zwei **MTB-Strecken** von 25 bzw. 31 Kilometer ausgeschildert sind, die mit anderen Touren kombiniert werden können [N 48°46'59.4" W 00°17'07.6"].

(175) WOMO-Badeplatz: Rabodanges, Lac de Rabodanges

GPS: N 48°47'12.7" W 00°17'17.9"; An der D121 **max. WOMOs:** 2-3
Ausstattung/Lage: Tische und Bänke, Wander- und Radwege, Gaststätten, WC, Bouleplatz, Wasserski, Bademöglichkeit/außerorts.
Zufahrt: Von Rabodanges den Hinweisen zum See folgen. Der einfache Parkplatz liegt an der rechten Straßenseite am See.

Vom See der aufgestauten Orne geht es Richtung LES ROTOURS und über die D909 nach PUTANGES-PONT-ECREPIN. Das **Office de Tourisme** an der Orne-Brücke der netten Kleinstadt informiert u. a. über **Kanu- oder Ausflugsfahrten** auf der Orne und die umfangreichen **Wander-und Radsportangebote** (Mai - Aug. Mo - Sa 9.30 - 12.30/14 - 18 Uhr, So/Feiertage 9 - 13 Uhr, Sept. - April Mo - Sa 9.30 - 12.30/14 - 18 Uhr, 1 Grande Rue, Telefon 0233358657, www.office-tourisme-putanges.com). Im Ortskern kann man sich mit den notwenigen Dingen

des Alltags versorgen und am Donnerstagvormittag findet zusätzlich der **Markt** statt. Von den gastronomischen Angeboten gefiel uns das **Restaurant Le Lion Verd** mit einer hübschen Terrasse am Orne-Ufer am besten (Mittag- und Abendmenüs, Place de l'Hôtel de Ville, Telefon 0233350186, www.lionverd.fr).

(176) WOMO-Campingplatztipp: Putanges-Pont-Ecrepin, Camping Municipal Le Val d'Orne

GPS: N48°45'39.0" W00°14'44.2" Chemin de Friche
Kontakt: Telefon 0233350025, www.office-tourisme-putanges.com
Öffnungszeit/Preis: April - Sept./€.
Ausstattung/Lage: Tische und Bänke, Spielplatz, einfaches Sanitärgebäude, großzügige Stellplätze unter Bäumen durch Hecken unterteilt/Ortsrand, ca. 500 m in den Ort, direkt an der Orne. V/E und separate WOMO-Stellplätze vor dem Campingplatz (1. Nacht gratis, dann €€). **Zufahrt:** Im Ort den WOMO-Piktogrammen und dem Hinweis zum Campingplatz folgen.

Bevor wir auf der D909 weiterfahren, besuchen wir am Ortseingang von MÊNIL-GONDOUIN eine kleine, aber ganz besondere Kirche [N 48°45'15.8" W 00°17'32.3"; An der D15] Als Abbé Victor Paysant 1873 seinen Dienst als Gemeindepfarrer in der **Église de Mênil-Gondouin** aufnahm, gefiel ihm das kleine schmucklose Gotteshaus nicht. Um dem Kirchlein neue Anziehungskraft zu verleihen und die katholische Religion anschaulich zu transportieren, dekorierte der Abbé sie mit Pinsel, Farbe und viel Fantasie sowohl im Innen- als auch im Außenbereich mit lateinischen und französischen Bibelzitaten, Szenen aus dem Leben von Heiligen und religiösen Motiven – seine Kirche sollte zu den Menschen „sprechen". Nach dem Tod des Abbé im Jahr 1921 ließ der zuständige Bischof die Kirche tünchen, doch nachdem der Putz nach Jahren von den Wänden fiel, kamen die bunten Malereien und Dekorationen wieder zum Vorschein. Die Kirche wurde restauriert und heute ist das mittlerweile als Gesamtkunstwerk geltende, ungewöhnliche Sakralgebäude einen Abstecher wert (April - Okt. Sa 15 - 17 Uhr, So bis 18 Uhr, ansonsten kann im benachbarten Café nach dem

Schlüssel gefragt werden). Auf der Rückfahrt nach Putanges sind wir uns einig, dass es nicht etwa die etwas unbeholfene Art der künstlerischen Arbeit ist, die diese Kirche so anziehend macht, sondern vielmehr der Ausdruck des tiefen Glaubens, der sich in den Werken des Abbé zeigt.

Auf der D909, später auf der D19 fahren wir LA FERTÉ MACÉ entgegen und in den **Parc Naturel Régional Normandie-Maine**. Während unserer Reise im Juni schimmern die unterschiedlichsten Grüntöne in der Sonne, Blumen stehen in voller Blüte und der Aufenthalt an einem Badesee würde den Frühsommertag auf angenehme Weise komplettieren.

(177) WOMO-Stellplatz: La Ferté-Macé, Lac Base de Loisirs

GPS: N 48°35'38.3" W 00°22'22.4" La Brochardière

max. WOMOs: 3 - 5

Ausstattung/Lage: Infotafel, Tische und Bänke, 2,5 km langer Rundweg um den See, Picknickflächen, Angel- u. Grillmöglichkeiten, Minigolf, Bademöglichkeit, Tretboot- und Kanufahren, Kletterwand usw./außerorts, ca. 1km ins Zentrum. V/E auf dem Parkplatz an der Kirche [N 48°35'25.5" W 00°21'19.5"].

Zufahrt: Von der D19 kommend an zwei Kreisverkehren den Hinweisen Base de Loisiers auf der D916 folgen. Ca. 600 m hinter dem 2. Kreisel rechts auf die C5 abbiegen und ca. 500 m bis zum links liegenden Parkplatz fahren.

Die ca. 60 ha große Freizeitanlage **Base de Loisiers** mit dem großen künstlichen See bietet fast grenzenlose Sport- und Freizeitmöglichkeiten (April - Juni Sa/So, Juli/Aug. tägl. von 14 - 19 Uhr, www.laferte-stmichel.fr). In der Stadt präsentiert das Spielzeugmuseum **Musée du Jouet** eine Sammlung von Spielen und Spielzeug aus dem 19. - 20. Jh. (April - Dez. Mi 14 - 17.30 Uhr, Sa 9 - 12 Uhr, Schulferien zusätzlich Do 9 – 12 Uhr, www.tourisme-lafertemace.fr).

Wir wollen jedoch nach BAGNOLES-DE-L'ORNE und erreichen die im **Forêt des Andaines** gelegene Kurstadt über die D916 und die D235. Der außerhalb des Zentrums gelegene, großzügige städtische Campingplatz ist eine gute Adresse, zumal es einen Pendelbusverkehr in den Ort gibt. Die weiteren offiziellen Stellplätze sind zweckdienlich, wobei uns der zweitgenannte im Wohngebiet besser gefällt und der Stellplatz hinter dem **Office de Tourisme** nachts ruhig sein dürfte (Mo 14.30 - 19 Uhr, Di - Fr 10 - 12.30/14.30 - 19 Uhr, Sa 10 - 12.30 Uhr, Place du Marché, Telefon 0233378004, **Stadtplan/Info-Broschüre in deutscher Sprache** erhältlich, www.bagnolesdelorne.com).

(178) WOMO-Campingplatztipp: Bagnoles-de-l'Orne, Camping Municipal de la Vée***

GPS: N 48°32'52.4" W 00°25'11.6"; 5 Avenue du Président Coty
Kontakt: Telefon 0233378745, www.campingbagnolesdelorne.com
Öffnungszeit/Preis: Anfang März - Mitte Nov./€€ - €€€.
Ausstattung/Lage: Snackbar, Brötchenservice, Bouleplatz, Tischtennis, Spielplatz, Waschmaschine, Wäschetrockner, Pendelbus ins Zentrum und den Thermalbädern, Animationsprogramm/Ortsrand, ca. 1,5 km ins Zentrum.
Zufahrt: Von der D916 den Hinweisen zum Campingplatz folgen.

(179) WOMO-Stellplatz: Bagnoles-de-l'Orne, Aire de Camping-Car

GPS: N 48°33'30.8" W 00°24'48.1"
max. WOMOs: 6
Ausstattung/Lage: WC, Picknickfläche in der Nähe, Mülleimer/Ortsrand, ca. 200 m in den Ort. V/E am Supermarkt an der D916 [N 48°32'59.0" W 00°24'07.5"].
Zufahrt: Von der D916 auf der D235 in den Ort zum Office de Tourisme fahren und hinter dem Fremdenverkehrsbüro rechts bis zum Stellplatz fahren.

(180) WOMO-Stellplatz: Bagnoles-de-l'Orne, Aire de Camping-Car

GPS: N 48°33'20.3" W 00°24'35.7"; Avenue Docteur Paul Lemuet
max. WOMOs: 6
Ausstattung/Lage: Parken am Straßenrand/im Ort, ca. 200 m ins Zentrum, schräg, V/E siehe vorheriger Stellplatz.
Zufahrt: Wie zum vorherigen Stellplatz, jedoch bereits vor dem Schwimmbad links dem Hinweis „P Golf Miniature/Musée des Pompiers“ folgen und an der nächsten Straßenkreuzung rechts auf den Parkplatz fahren.

Bagnoles-de-l'Orne

Obwohl die Thermalquellen bereits zur Römerzeit bekannt gewesen sind, verhalf erst der Bau der Eisenbahnlinie im Jahr 1869 der 2.500 Einwohner-Stadt zum renommierten Kurbad-Image. Der Legende nach soll es ein Pferd gewesen sein, das alt und lahm die Quellen entdeckte und mit jugendlichem Elan zu seinem Besitzer zurückkehrte. Das gehobene Pariser Bürgertum sowie andere Kurgäste ließen in der Hoffnung auf Linderung ihrer Gebrechen nicht lange auf sich warten und es entstanden prächtige Belle Époque Villen mit Türmchen und Erkern. Die knapp 26° Grad warmen Thermalquellen in der im Tal der Vée-Schlucht gelegenen Kuranlagen helfen gegen Kreislaufstörungen sowie Venenleiden und sprudeln mit 50.000 l täglich aus dem Erdreich (www.bo-resort.com).
Heute ist Bagnoles der bedeutendste Kurort im Nordwesten Frankreichs.

Es gibt einen **Kurpark** mit über 150 verschiedenen Baumarten und im **Casino** können sich die Gäste beim Glücksspiel versuchen. Das Ortsbild prägen außerdem Dutzende Hotels, Cafés, Restaurants und Ladengeschäfte, eine Tennisanlage, ein Schwimmbad sowie ein Golfplatz.
Das Office de Tourisme bietet diverse **geführte Rundgänge** an und wer auf eigene Faust losziehen möchte, kann sich von einem **Audioguide** auf den 20 Etappen eines **Erkundungsweges** begleiten lassen. Der Spaziergang streift u. a. den **Roc au Chien**, den Hundefelsen, von dem man einen schönen Blick auf die Stadt hat oder das Château, in dem sich die Stadtverwaltung befindet. Ein eigenständiger Rundgang führt zu den **Villen der Belle Époque** und wir lassen uns per Faltblatt die unterschiedlichsten Gebäude, die teilweise schon bessere Zeiten gesehen haben, erklären.
Direkt am Fremdenverkehrsbüro findet Dienstag- und Samstagvormittag ein **Markt** statt und in der Allée des Anciens-Combattants kann man am Mittwoch- und Freitagvormittag zwischen den Ständen entlangbummeln. Ebenfalls in der Nähe des Touristenbüros bietet das **Restaurant Ô Gayot** eine respektable Küche und von der Terrasse kann man dem Treiben auf der Straße zuschauen (Mittag- und Abendmenüs, Do geschlossen, 2 avenue de la Ferté Macé, Telefon 0233384401, www.ogayot.net).
Sportlich Ambitionierte finden in der Nähe des Fremdenverkehrsbüros im **Kletterwald** eine Herausforderung und mit der **Eisenbahn-Draisine** kann man auf einem stillgelegten Streckenabschnitt zu einer 5 km langen beschaulichen Tour aufbrechen (Parcours Acrobatiques: April - Sept.

Sa/So/Feiertage/Schulferien 13 - 19 Uhr, außer Mo, Gebühr; Vélo-Rail: Mitte Feb. - April/Okt. - Mitte Nov. je nach Wetterlage 14 - 18 Uhr, Mai - Sept. 10 - 18 Uhr, Gebühr).
Die herrliche Umgebung des **Fôret des Andaines** mit lichten Laubwäldern, Kletterfelsen und Trimm-Dich-Pfad ist etwas für Outdoor-Aktivisten, denn rund um die Stadt erschließen sich 250 km Wanderwege und Pfade, die Wanderer und Radfahrer begeistern.
Zusammengefasst ist zu bemerken, dass sich Bagnoles-de-l'Orne durchaus für einen längeren Aufenthalt eignet und die Zeit nicht langweilig werden dürfte.

Unsere Reise führt zunächst auf der D916 zurück Richtung LA FERTÉ-MACÉ, um dann jedoch auf die D402 abzubiegen und die Stadt weiträumig zu umfahren. Das nächstes Ziel heißt CARROUGES, das wir über die D908 Richtung ALENÇON erreichen. Nach dem Durchfahren des Ortes folgen wir den Hinweisen zum **Château Carrouges** [N 48°33'41.0" W 00° 09'12.6"].

Château Carrouges und Maison du Parc

Bei der Anfahrt zum Schloss fällt als erstes das elegante Torhaus aus dem 16. Jh. auf, das von vier Rundtürmen flankiert wird. Dahinter befindet sich das von Wassergräben umschlossene, imposante Schloss aus dem 14. - 16. Jh. mit einer für die Gegend typischen Backsteinfassade, dessen Gebäudeflügel einen großen Innenhof umschließen. Die Räumlichkeiten mit kostbarem Mobiliar und die Küche mit altem Kupfergeschirr können während einer Führung besichtigt werden. Der große Schlosspark ist frei zugänglich (Jan. - März/Okt. - Dez. 10 - 12/14 - 17 Uhr, April bis Mitte Juni 10 - 12/14 - 18 Uhr, Mitte Juni - Aug. 9.30 - 12/14 - 18.30 Uhr, Sept. 10 - 12/14 - 18 Uhr, Eintritt, **Führungen auch in deutscher Sprache**, Hunde an der Leine im Außenbereich gestattet. www.chateau-carrouges.fr).

Nur wenige Schritte entfernt empfiehlt sich der Besuch des **Maison du Parc**, das als **Office de Tourisme** und Eingangstor zum **Parc Naturel Régional de Normandie-Maine** fungiert. Der Regionalpark umfasst über 235.000 ha und weist eine große landschaftliche Vielfalt vom Wald über Heideland bis zu Torfmooren sowie Kalkfelsen mit entsprechend vielfältiger Tier- und Pflanzenwelt auf. Im Haus wird über zahlreiche Aktivitäten wie z. B. MTB-Touren, Wander- und Radstrecken sowie Kanufahrten informiert und es können Karten oder Wanderführer erworben werden. Ein **Natur-Lehrpfad** beschäftigt sich mit dem Obstanbau und führt zur Flora und Fauna der Region (April - Okt. 10 - 13/14 - 18 Uhr, Juli/Aug. bis 18.30 Uhr, www.parc-naturel-normandie-maine.fr).

Von Carrouges rutschen wir auf der D909 Richtung ALENÇON weiter bis zur N12, halten uns links und wenig später rechts auf der D536 Richtung CHAMPFRÉMONT. Kurzzeitig befinden wir uns nicht mehr in der Normandie, sondern in der Region Pays de la Loire und im Département de la Mayenne. Die Fahrt durch den **Forêt de Multonne** gestaltet sich jedoch auch hier angenehm und wird, auch wenn sich die Landschaft verändert hat und die normannische Bocage fehlt, mit schönen Aussichten belohnt. Zudem treffen wir auf zwei erwähnenswerte Haltepunkte.

Im Marktflecken SAINTE-ANNE bietet sich ein Parkplatz neben dem Kirchlein aus dem 17. Jh. als Ausgangspunkt für **Wanderungen und Radtouren** an. Das Kirchengebäude wurde übrigens multifunktionell genutzt, denn im 18. Jh. befand sich hier auch ein Polizeiposten.

(181) WOMO-Wanderparkplatz: Sainte-Anne

GPS: N48°26'16.5"W00°05'43.9"
max. WOMOs: 2 - 3
Ausstattung/Lage: Infotafel, Wander- und Radwege (4 - 23 km), Tische und Bänke, Mülleimer/Ortsrand, Häuser in der Nähe. Ggf. wegen Viehmarkt gesperrt!
Zufahrt: Kurz hinter dem Ortseingang links an der Straße gelegen.

Bei Erreichen der D121 notieren wir in SAINT-PIERRE-DES-NIDS am Kreisverkehr einen zweckmäßigen Stellplatz.

(182) WOMO-Stellplatz: Saint-Pierre-des-Nids, Étang du Tour

GPS: N48°24'08.6"W00°05'17.8"
Route de l'Étang du Tour
max. WOMOs: 5
Ausstattung/Lage: V/E, Strom, Tisch und Bänke am nahen Weiher, Mülleimer/Ortsrand, ca. 800 m in den Ort, direkt an der Straße und somit ggf. laut.
Zufahrt: Bei Erreichen des Kreisverkehrs, diesen an der zweiten Ausfahrt verlassen und links zum Stellplatz fahren.

Auf der Durchgangsstraße schlängeln wir uns durch den Ort und an der Kirche vorbei, um uns dann über die D144 nach SAINT-CÉNERI-LE-GÉREI zu begeben.
Durch den Wald und in Kurven gelangen wir wieder in die Normandie und erreichen im südwestlichsten Zipfel im Tal der Sarthe die „kleine Stadt mit Charakter“ – keine Bange, das Schild mit der 2 m-Begrenzung tangiert uns nicht!

(183) WOMO-Stellplatz: Saint-Céneri-le-Gérei

GPS: N48°22'47.2"W00°03'13.8"
Le Bourg
max. WOMOs: 3 - 5
Ausstattung/Lage: Tische und Bänke, Spielplatz, Mülleimer /im Ort, direkt an der Sarthe gelegen.
Zufahrt: Im Ort dem Hinweis zum Parkplatz folgen.

Saint-Céneri-le-Gérei

In der Ursprünglichkeit der mit Heide und Ginster bedeckten Landschaft der **Alpes Mancelles** liegt der kleine Ort, der zu den **100 schönsten Dörfern Frankreichs** gehört. Die alten, mit Weinlaub und Blumen berankten Steinhäuser in den kleinen Winkeln und Gassen, eine malerische Brücke über die Sarthe und die auf einem Hügel liegende Kirche machen den Charme dieses Kleinods aus. Ein Bilderbuchdorf, dessen authentische Ausstrahlung so manchen Künstler inspirierte und ihn ansässig werden ließ. Die romanische **Dorfkirche** mit einem hölzernen Tonnengewölbe ist mit schönen Fresken aus dem 14. Jh. versehen und hinter der Kirche bietet sich ein wunderschöner Blick auf das pittoreske Dorf. Wir schlendern ein Stück weiter und erblicken auf einer Lichtung eine kleine aus dem 14. Jh. stammende **Kapelle**. Hier soll der italienische Mönch Céneri im 6. Jh. eine Einsiedelei gegründet haben, die namensgebend für den kleinen Ort wurde.
Am nördlichen Ortsausgang liegen die **Jardins de la Mansonnière**, die von den Eigentümern nach einer Entdeckungsreise durch englische Gärten angelegt wurden. Mit Vergnügen spazieren wir durch verschiedene Themengärten und lassen es uns anschließend unter den Sonnenschirmen im Salon de Thé gut gehen (Mitte April - Mai Fr - So/Feiertage 14.30 - 18.30 Uhr, Juni - Aug. Di - So 14.30 - 18.30 Uhr, 1. - 18. Sept. Sa/So 14.30 - 18.30 Uhr, Eintritt. www.mansoniere.fr).
Mitten im Dorf lädt die **Auberge des Peintres** zur Einkehr bei ehrlicher Hausmannskost zu zivilen Preisen oder einem abendlichen Wein auf der Straßenterrasse ein (Mittag- und Abendmenüs, Telefon 0233264918).

Tour 11 — 120 km

Alençon - Radon - Argentan - Chambois - Le Pin-au-Haras - Le Merlerault

TOUR 11

Stellplätze:	Alençon, Radon, Croix de Médavy, Argentan, Pin-au-Haras, Le Merlerault.
Campingplätze:	Alençon Camping de Guéramé, Radon Camping d'Ecouves, Argentan Camping Municipal de la Noë.
Ver- u. Entsorgen:	Alençon, Argentan, Le Merlerault.
Besichtigen:	Alençon Maison d'Ozé, Èglise Notre-Dame, Maison Famille Martin u. Chapelle Sainte-Thérèse, Halle au Blé, Musée des Beaux-Arts et de la Dentelle, Radon Nécropole des Gateys, Mortrée Château d'Ô, Saint Christophe le Jajolet Château de Sassy, Argentan Église Saint-Martin, Église Saint-Germain, Maison des Dentelles, Le Bourg Saint Léonard Château, Chambois Donjon, Mont-Ormel Mémorial de Mont-Ormel, Le Pin-au-Haras Haras National du Pin.
Wandern:	Forêt d'Écouves, Mont-Ormel.
Essen:	Alençon Restaurant Au Petit Vatel, Argentan Bistrot de l'Abbaye.

Aus dem schönen Saint-Cénerei-le-Gérei geht es über die D101/D1 und D112 in das nicht minder schöne ALENÇON. Die einstige Residenzstadt der Herzöge der Normandie besitzt mit ihren lauschigen Uferstraßen an den Flüssen Sarthe und Briante sowie hübschen Plätzen in der Fußgängerzone ein fast südländisches Flair.

Als Ausgangspunkt für eine Stadtbesichtigung bietet sich der einfache, städtische Campingplatz an, von dem man allerdings etwa eine viertel Stunde ins Stadtzentrum geht. Alternativ gibt es in der Altstadt hinter dem Office de Tourisme einen kleinen, tagsüber gebührenpflichtigen Parkplatz unter Bäumen, auf dem eine Übernachtung geduldet wird [**184:** N 48°25'47.9" E 00°05'25.6"; Place du Plénitre]. Der Parkplatz ist ausgeschildert, am Donnerstag wegen des Marktes gesperrt und leider nichts für „Dickschiffe". Ansonsten bleibt einem nur Geduld und Glück, um in der verkehrsreichen Innenstadt einen Parkplatz am Straßenrand zu finden (am ehesten vielleicht noch an der Place Foch vor dem Hôtel de Ville).

(185) WOMO-Campingplatztipp: Alençon, Camping de Guéramé

GPS: N 48°25'33.2" E 00°04'20.8"; 65 Rue de Guéramé
Kontakt: Telefon 0233263495, www.paysdalencontourisme.com
Öffnungszeit/Preis: April - Sept./€€.
Ausstattung/Lage: Spielplatz, Kanu-Station in der Nähe/Ortsrand, ca. 1,5 km ins Zentrum, V/E und einfache Stellplatzmöglichkeit vor dem Campingplatz.
Zufahrt: Von der D112 den Hinweisen zum Campingplatz folgen.

Alençon

Unser Stadtrundgang beginnt im **Maison d'Ozé**, dem schönsten Profanbau von Alençon. In dem 1449 erbauten und 1530 renovierten mächtigen gotischen Gebäude residiert das **Office de Tourisme** (Jan - März/Sept. - Dez. Mo - Sa 9.30 - 12.30/14 - 18 Uhr, April - 5. Juli Mo - Fr 9.30 - 12.30/13.30 - 18.30, Sa 9.30 - 12.30/14 - 18.30 Uhr, 6. Juli - Aug. Mo - Sa 9.30 - 19 Uhr, So 10 - 12.30/14 - 16.30 Uhr, Place de la Madeleine,

Maison d´Ozé

Telefon 0233806633, www.paysdalencontourisme.com). Hier wird uns ein Stadtplan in englischer Sprache mit 30 beschriebenen Sehenswürdigkeiten ausgehändigt und schon kann unser Spaziergang beginnen. Wir beschränken uns an dieser Stelle nur auf einige der Hauptanziehungspunkte und starten auf der zentralen Place de la Madeleine, auf der Donnerstag- und Samstagvormittag der **Markt** abgehalten wird (weitere Märkte Di/Fr Vormittag Place de la Paix). Die Südfront des Platzes wird von der **Église Notre-Dame** aus dem 15. Jh. mit einem wunderschönen Portalvorbau im Flamboyantstil dominiert. Im Inneren sind es die Buntglasfenster aus dem 16. Jh., die den Blick auf sich ziehen und in einer der Seitenkapellen wurde Thérèse Martin getauft, die später als Heilige Thérèse verehrt wird und uns bereits aus Lisieux bekannt ist.

Ihr Geburtshaus erreichen wir durch die Grand Rue, die von ansehnlichen Bürgerhäusern gesäumt ist. Das Museum im **Maison Famille Martin** zeigt das Leben der Familie Martin und über einen direkten Zugang gelangt man in die benachbarte **Chapelle Sainte-Thérèse**, die 1925 errichtet wurde und das Schlafzimmer der Familie zeigt (April - Okt. Di - So 9 - 12/14 - 18 Uhr, sonst Di - So 10 - 12/14 - 17 Uhr, Eintritt. Kapelle 9 - 18.30 Uhr). Wir bummeln durch die ansehnliche Fußgängerzone, schauen in die Auslagen der Geschäfte und kehren in einem der zahlreichen Straßencafés ein. Die **Halle au Blé**, ein kreisrunder, von einer Glaskuppel überspannter Rundbau, diente früher als Getreidespeicher und wird heute als Büro- und Ausstellungsgebäude genutzt. An der Place Foch sehen wir die Rundtürme des ehemaligen herzöglichen Schlosses **Château des Ducs** aus dem 14./15. Jh., das an die klassizistische Fassade des Justizpalastes grenzt. Nur ein paar Schritte nördlich befindet sich das **Musée des Beaux-Arts et de la Dentelle**. Der wirtschaftliche Aufschwung der heute 28.000 Einwohner zählenden Stadt begann ab Mitte des 17. Jh. als hier eine Spitze hergestellt wurde, die der berühmten venezianischen Spitze sehr ähnelte, jedoch wesentlich günstiger war. Schon bald waren 8.000 Näherinnen mit der Anfertigung der feinen Nadelspitze beschäftigt. Die Nachfrage der begehrten Ware konnte kaum gestillt werden und so wurde der Import kurzerhand unter-

bunden und in Alençon eine königliche Spitzenmanufaktur gegründet. Es entstand ein eigener Stil, bei dem zarte Motive in symmetrisch angeordneten Mustern auf ein gitterartiges, helles Gewebe gestickt wurden. Im Laufe des 19. Jh. verlor die Spitzenherstellung an Bedeutung und es kam zum wirtschaftlichen Niedergang der Branche. Das Museum der schönen Künste und Spitzen im ehemaligen Jesuitenkolleg widmet sich der Malerei vom 17. bis zum 19. Jh. und natürlich der Tradition der hiesigen Spitzenmanufaktur. Die Spitzensammlung zeigt außerdem wertvolle grazile Exponate der wichtigsten italienischen Manufakturen und aus Brüssel (Sept. - Juni Di - So 10 - 12/14 - 18 Uhr, Juli/Aug. tägl. 10 - 12/14 - 18 Uhr, Eintritt). Wir umrunden die Jesuitenkirche, gehen über einen Parkplatz und durch eine Passage. In einem adretten Steinhaus an der Place Lancrel erwartet uns die traditionelle Küche im **Restaurant Au Petit Vatel** mit stimmigem Preis-/Leistungsverhältnis (Mittag- und Abendmenüs, Di/So Abend/Mi geschlossen, 72 Place du Commandant Desmeulles, Telefon 0233262378, www.aupetitvatel.fr).

Wir verlassen das Innenstadtgebiet auf der D112 und richten uns in nördlicher Richtung auf der D26 nach den Hinweisen zum **Forêt d'Ecouves**. Bevor wir in das größte Waldgebiet der Normandie eintauchen, notieren wir den **3-Sterne Campingplatz Camping d'Écouves** [**186:** N 48°29'43.2" E 00°04'06.8"; 61250 Radon, Telefon 0233287502, www.ecouves.net, April - Okt./€€].
Der Wald von Écouves ist wie geschaffen zum Wandern.
Auf der folgenden Strecke werden wir aber einmal mehr durch einen kleinen **Soldatenfriedhof** im Wald und einen Sherman-Panzer an der Straßenkreuzung **Croix de Médavy** an die schweren Kämpfe während der Schlacht um die Normandie im Jahr 1944 erinnert.

(187)
WOMO-Wanderparkplatz: Radon, Nécropole des Gateys

GPS: N 48°30'27.0" E 00°03'47.5"
max. WOMOs: 2 - 3
Ausstattung/Lage: An der Zufahrt gibt es eine Infotafel mit ausgewiesenen Wanderwegen/außerorts, Haus in der Nähe, ggf. Geräusche von der Straße.
Zufahrt: Von der D26 ca. 2 km hinter dem Campingplatz links den Hinweisen zur Nekropole folgen und einem Schotterweg ca. 400 m bis zum Parkplatz fahren.

(188)
WOMO-Wanderparkplatz: Croix de Médavy

GPS: N 48°33'0.9" E 00°02'56.8"
max. WOMOs: 2
Ausstattung/Lage: Infotafeln, Wanderwege, Tische und Bänke/außerorts, an der Straße gelegen.
Zufahrt: Ca. 7 km hinter dem Campingplatz an der Kreuzung D26/D226 im Wald rechts der Straße.

WOMO-Wandertipp:
Durch den Forêt d'Écouves zum Signal d'Écouves

Leichte Wanderung von ca. 12 km Länge durch den Wald mit leichten An- und Abstiegen. Teilbar in zwei Runden von ca. 7 und ca. 5 km Länge. Vom Croix de Médavy gehen wir die D26 ein Stück in südöstliche Richtung, um diese nach gut 200 m links zu verlassen. Der Wanderweg GR22 führt ca. 2,4 km erst bergab und dann eben immer geradeaus bis zu einer geteerten Forststraße, auf der wir links im spitzen Winkel an einen Picknickplatz gelangen. Auf dem wenig befahrenen Sträßchen streifen wir nach ca. 1,4 km einen Parkplatz an der D226, die wir geradeaus überqueren und leicht bergab und mit leichtem Bogen zum Carrefour du Chêne Bossu gelangen. Im spitzen Winkel links abbiegend, wandern wir auf einer Forststraße mit gelber Markierung durch den dichten Wald und wenden uns nach gut 2 km links zurück zur Kreuzung Croix Médavy.

Jetzt starten wir zur zweiten Etappe unserer Wanderung und marschieren gegenüber von unserem Parkplatz auf dem rechten Sträßchen zwischen der D26 und D226. Die Route Forestière de Carrouges führt nach rund 800 m in westlicher Richtung zum Carrefour de la Verrerie. Dort biegen wir rechts auf den Wanderweg GR36 ab und spazieren im Wald leicht bergab bis zu einer Lichtung mit einem Gehöft. Der Wanderweg führt zunächst links am Hang zwischen Wiesen und dem Wald entlang. Am Ende der Lichtung verschwenkt der GR36 links und wieder links in den Wald, den wir nach etwa 250 m links verlassen. Auf gelb markiertem Weg steigen wir gut 700 m bergauf bis zur bekannten Route Forestière de Carrouges. Der gelb markierte Weg führt kurz rechts und dann links leicht bergab durch den Wald. Nach rund 500 m wechseln wir auf den Wanderweg GR22 scharf links. Immer bergauf stehen wir bald auf der höchsten Erhebung der Normandie, dem **Signal d'Écouves**. Leider bleibt die erhoffte Aussicht vom 413 m hohen „Gipfel“ durch den dichten Wald eingeschränkt und wir folgen dem GR22 hinab zum Carrefour de la Verrerie. Von hier bringt uns der GR36 rechts unter Bäumen bis zur D226, der wir links bis zum Ausgangspunkt unserer Wanderung folgen.

Von der höchsten Erhebung der Normandie rollen wir in Kurven der D26 folgend erst hinab durch den lichten Wald und dann in die später von Landwirtschaft geprägte Region.
In MORTRÉE ist das an der D26 gelegene **Château d'Ô** ausgeschildert [N 48°38'50.8" E 00°05'21.4"; Parken am Straßenrand]. Mit seinen Erkern wirkt das vorwiegend im Stil der Renaissance errichtete Schloss aus dem 15. Jh. wie einem Märchen entliehen. Es ist von Wassergräben umgeben, in denen sich Dächer sowie elegante Türmchen spiegeln und bei einer der Schlossbesichtigungen können die Küche und Salons mit Mobiliar aus dem 17. und 18. Jh. angeschaut werden (Aug. - An-

Château d'Ô

fang Sept. 10 - 16 Uhr, eingeschränkte Besichtigungszeiten sind vor Ort zu erfragen).

Auf dem Weg nach ARGENTAN lohnt sich von der D958 für uns ein Abstecher nach SAINT CHRISTOPHE LE JAJOLET auf der D219 in doppelter Hinsicht.

Den Eingang der **Dorfkirche** schmücken naive Darstellungen des **Heiligen Christopherus**, Schutzpatron der Reisenden, der über die Insassen eines Flugzeuges und eines Wagens wacht [N 48°39'55.0" E 00°00'20.0"]. Am letzten Juli und am ersten Oktobersonntag umrunden Wagenkolonnen die große Statue des Heiligen und erbitten seinen Segen. Als Reisende im WOMO tun wir es ihnen selbstverständlich gleich und steuern gut beschützt das etwa 2 km entfernte **Château de Sassy** an [N 48°39'20.2" E 00°00'15.0"]. In dem idyllisch am Rand des Waldes von Écouves, inmitten eines herrlichen Parks gelegenen Schloss aus dem 18. Jh. residierte 1967 Elisabeth II. von England bei einer ihrer Reisen in die Normandie. Wir begnügen uns mit einer Besichtigung der mit Mobiliar aus dem 17. Jh. und wertvollen Wandteppichen ausgestatteten Salons und blicken von den Terrassen zu den auf Wiesen grasenden Pferden (Ostern bis Mitte Juni/Mitte bis Ende Sept. Sa/So 15 - 18 Uhr, Mitte Juni - Mitte Sept. tägl. 10.30 - 12.30/14 - 18 Uhr, Eintritt).

Château de Sassy

Das **Pays d'Argentan** ist eine Region der Schlösser und Pferde. Doch auch der Zweite Weltkrieg ist hier wieder sehr präsent, wurde doch ganz in der Nähe im August 1944 die letzte Schlacht in der Normandie geschlagen.
Zunächst erreichen wir über die D958 und die D158 ARGENTAN, das sich in eine Senke im Tal der Orne schmiegt. Die 15.000 Einwohner zählende Stadt bietet den von uns favorisierten kleinen, adretten Campingplatz sowie auf einem davor gelegenen Parkplatz ausgewiesene Stellplätze etwas außerhalb des Zentrums. Wer es zentraler mag, der findet vor dem Hôtel de Ville eine weitere Stellplatzmöglichkeit **[189:** N 48°44'39.5" W 00°01'01.7"; Place du Docteur Couinaud].

(190) WOMO-Stellplatz: Argentan, Aire Camping-Car

GPS: N 48°44'24.8" W 00°01'2.8"; Rue Charlotte Corday **max. WOMOs:** 4
Ausstattung/Lage: V/E, Strom, Jetons auf dem Campingplatz, Mülleimer/ Ortsrand, ca. 500 m ins Zentrum. Enge Stellplätze, nicht für lange WOMOs geeignet! **Zufahrt:** Von der D158 Richtung Centre Ville und den Hinweisen zum Campingplatz folgen. Die Stellplätze liegen vor dem Campingplatz.

(191) WOMO-Campingplatztipp: Argentan, Camping Municipal de la Noë

GPS: N 48°44'23.6" W 00°01'00.1"; 34 Rue de la Noë
Kontakt: Telefon 0233360569, www.argentan.fr
Öffnungszeit/Preis: April - Sept./€. **Ausstattung/Lage:** Spielplatz, Waschmaschine, Wäschetrockner, WiFi/Ortsrand, ca. 500 m ins Zentrum, im Grünen an einem See gelegen. **Zufahrt:** Von der D158 Richtung Centre Ville den Hinweisen zum Campingplatz folgen.

Argentan

Nach Alençon galt Argentan im 17. Jh. als bedeutendstes Zentrum der Spitzenherstellung in Frankreich. Besonders zu Zeiten von Marie-Antoinette erfreute sich die lokale Nadelspitze mit der Bezeichnung „Pointe d'Argentan" großer Beliebtheit. Direkt am Campingplatz befindet sich in einer hübschen Parkanlage das kleine, aber feine **Maison des Dentelles**.

Das Haus der Spitzen zeigt eine einzigartige Sammlung von Nadelspitzen, Klöppelspitzen und Automatenstickereien aus dem 16. - 20. Jahrhundert. Ein in französischer Sprache gehaltener Film erläutert die verschiedenen Herstellungstechniken, doch spätestens das Betrachten der feinen Spitzenarbeiten lässt die außergewöhnliche Fingerfertigkeit der Näherinnen auch ohne Sprachkenntnisse erkennen (April - 15 Okt. Di - Sa 9 - 11.30/14 - 17.30 Uhr, So 15 - 17.30 Uhr, Eintritt). Vom Campingplatz gehen wir immer geradeaus ins Zentrum und suchen das **Office de Tourisme** in der einstigen Schlosskapelle **Chapelle Saint-Nicolas** aus dem 14 Jh. auf (Juli/Aug. Mo 9.30 – 12.30/14 - 18 Uhr, Di - Sa 9 - 13/14 - 18 Uhr, ansonsten Mo/Di/Do/Fr 9.30 - 12.30/14 - 18 Uhr,

Église St.-Germain in der Abendsonne

Mi 10.30 - 12.30/13.30 - 17.30 Uhr, Place du Marché, Telefon 0233671248, www.argentan.fr). Die Altstadt kann im Sommer bei einer Kutschfahrt erkundet werden oder man spaziert, mit einem **deutschsprachigen Stadtplan** versorgt, zu allen Jahreszeiten auf eigene Faust los. Um die 13 Stationen des **Stadtrundganges** zu erreichen, sollten etwa 1,5 Stunden eingeplant werden. Während der letzten Kämpfe zwischen den Alliierten und der Deutschen Wehrmacht im Zweiten Weltkrieg wurden fast 90% von Argentan zerstört. Auch wenn heute noch immer einige Baulücken zu erahnen sind, überwiegen doch die angenehmen Stadtansichten. Prägnant sind die **Église Saint-Germain** im schönsten Flamboyantstil aus dem 15. - 18. Jh., die Elemente der Gotik und der Renaissance vereint und im Inneren mit 15 Kapellen beeindruckt sowie das ehemalige herzögliche **Château des Ducs** aus dem 14. Jh., in dem heute der Justizpalast untergebracht ist. Bei unserem Rundgang streifen wir einige Fachwerkhäuser, eine alte Mühle an der Orne und sehen am Nordportal der Kirche Saint-Germain eine über der Straße angebrachte Uhr, die dem Legionärskreuz der französischen Ehrenlegion nachempfunden ist. Nördlich des Zentrums befindet sich die im Krieg unversehrt gebliebene **Église Saint-Martin** mit bunten Kirchenfenstern aus dem 16. Jahrhundert. Ganz in der Nähe empfiehlt sich die Einkehr im

Bistrot de l'Abbaye, in dem sich die Einheimischen treffen und eine regionale Küche zu angenehmen Preisen angeboten wird (Mittag- und Abendmenüs, Mo/Di Abend/So Ruhetag, 23-25 Rue Saint Martin, Telefon 0233393742). Auf dem weiteren Weg vermerken wir mit dem **Tour Marguerite** eines der letzten Relikte der Stadtbefestigung und stehen schon bald vor dem **Hôtel de Ville**, dem aus der Zeit des Wiederaufbaus stammenden Rathaus der Stadt.
Über das Jahr verteilt gibt es verschiedene Jahrmärkte, während die **Wochenmärkte** am Dienstag- (Place Mahé, Place du Marsché, Place Saint Germain) sowie Freitag- und Sonntagvormittag (Place Saint Germain) zum geselligen Einkaufsbummel einladen.

Wir wuseln uns durch das Stadtzentrum Richtung SAINT-MICHEL und verlassen Argentan in östlicher Richtung auf der D926 Richtung DREUX/L'AIGLE.
Die vielen Gestüte (franz. Haras) und Pferdeweiden weisen darauf hin, dass diese Region des Département Orne als Wiege

der in ganz Europa anerkannten französischen Pferdezucht gilt. Doch bevor wir uns näher auf dieses Thema einlassen, zweigen wir zunächst in LE BOURG SAINT-LÉONARD links auf die D16 ab und parken wenig später am **Château du Bourg Saint Léonard** aus dem 18. Jahrhundert [N 48°45'58.7" E 00°06'15.4"]. Zu dem eleganten und harmonisch wirkenden Schloss, das unter Ludwig XV. erbaut wurde, gehören eine Orangerie sowie Stallungen. Die Räumlichkeiten sind mit wunderschönen Möbeln sowie Tapisserien des 18. Jh. eingerichtet und der weitläufige Park im englischen Stil lohnt einen Besuch (Mai - Mitte Sept. Sa/So/Feiertage 14.30 - 16.30 Uhr, Juli/Aug. tägl. 14.40 - 17.30 Uhr, Eintritt).
Durch eine weite fruchtbare Ebene folgen wir der D16 nach CHAMBOIS und den Hinweisen zum **Mémorial de Mont-Ormel,** das an die entscheidende und letzte Schlacht in der Normandie erinnert [**192:** N 48°50'16.6" E 00°08'33.2"].

Nachdem wir besonders an den Landungsstränden und im Osten des Cotentins mit der Invasion der Alliierten konfrontiert waren, schließt sich hier bei Chambois für uns der Kreis der Kriegsgeschichte in der Normandie.

Das Ende der Schlacht um die Normandie

Die Operation Overlord war bereits seit dem 6. Juni 1944 voll im Gange und die Alliierten hatten die Deutsche Wehrmacht auf breiter Front zurückgedrängt. Seit der erfolgreichen Panzerschlacht unter General Patton bei Avranches und einer misslungenen Gegenoffensive der Deutschen zeichnete sich eine Einkesselung der deutschen Verbände ab. Deutsche Panzereinheiten wurden von Norden her durch vorrückende britische Einheiten, die Kanadische Armee und eine polnische Panzerdivision bedrängt und zogen sich zwischen Falaise und Argentan zusammen. Von Süden stieß General Patton vor und nachdem sich die Armeen der Alliierten bei Chambois vereinigt hatten, gelang es ihnen, die Deutschen im „Kessel von Falaise“, der korrekter Weise „Kessel von Chambois“ heißen müsste, einzuschließen. Lediglich die Ostflanke am Mont Ormel bot sich der Deutschen Wehrmacht zum Ausbruch an, doch die strate-

gisch wichtige Anhöhe wurde trotz hoher Verluste durch die 1. Polnische Panzerdivision erobert und gehalten. Fast 100.000 deutschen Soldaten gelang es, dem Kessel zu entkommen, doch blieben mehr als Tausend deutsche Panzer und Geschütze zurück. Die deutsche Kampfkraft war dadurch erheblich geschwächt und am 21. August 1944 beendete die deutsche Kapitulation im nahen Tournai-sur-Dives den „Kessel von Falaise“ und trug zum Ende der Schlacht um die Normandie bei.
Nach diesen letzten verlustreichen Kämpfen gingen 50.000 Wehrmachtssoldaten in Gefangenschaft und mehr als 10.000 Soldaten aller Seiten verloren ihr Leben.
Ein von Panzern flankiertes, frei zugängliches Monument auf dem Mont Ormel erinnert an die blutige und entscheidende Schlacht. Im Ausstellungsgebäude des **Mémorial de Mont-Ormel** wird das Kampfgeschehen anhand eines Geländemodells dargestellt und multimediale Inszenierungen ermöglichen es den Besuchern, die Kämpfe nachzuvollziehen. Unterstützend wirken Ausstellungsgegenstände, Fotodokumente und Berichte von Zeitzeugen (April/Sept. - Okt. 10 - 17 Uhr, Mai - Aug. 9.30 - 18 Uhr, Nov. - März Mi/Sa/So 10 - 17 Uhr, Eintritt. www.memorial-montormel.org).
Unterhalb der Gedenkstätte breitet sich die Ebene aus, auf der die Schlacht stattgefunden hat und der am Mémorial beginnende Rundweg **Circuit AOÛT 1944** führt auf 8,5 km zu zehn markanten Punkten des einstigen Schlachtfeldes.

Bei der Rückfahrt durch die friedvolle und harmonische Landschaft zur D926 ist es kaum vorstellbar, welches Grauen vor mehr als 70 Jahren hier geherrscht haben muss.
In Chambois wartet in der Ortsmitte mit dem wohl mächtigsten **Donjon** der Normandie jedoch schon eine Ablenkung von den trüben Gedanken. Der Bergfried mit seinen vier Ecktürmen ist ein typischer Vertreter der Wehrbauten aus dem Mittelalter.
An unserem nächsten Ziel in LE PIN-AU-HARAS können wir uns dann in das Königreich der Pferde begeben [N 48°44'24.8" E 00°08'42.2"].

Le Haras National du Pin

Ausnahmsweise ist es diesmal nicht das ansehnliche Schloss, welches in den Jahren 1715 - 1736 von keinem Geringeren als dem Sonnenkönig Ludwig XIV. in Auftrag gegeben wurde, sondern es sind die Stallungen, die unsere Aufmerksamkeit auf sich ziehen.
Das als „Versailles der Pferde“ bekannte königliche Gestüt wurde bewusst aus der Region der Île-de-France in die Normandie verlegt, da diese über die besten und saftigsten Weiden in ganz Frankreich verfügte. Das Konzept bewährte sich und nach über 300 Jahren gehört das Nationalgestüt zu den renommiertesten in Europa. In den Stallungen stehen Zuchthengste zehn verschiedener Rassen vom feurigen Araber,

über das Französische Reitpferd bis zum walisischen Welsh-Pony. Ein Hauptaugenmerk liegt auf der Zucht des Percheron, einer aus der Region Perche stammenden, schweren Kaltblutrasse.

Bei einer Führung durch die ehemals königliche Anlage werden die Stallungen, Kutschen und die Sattlerei gezeigt. Anschließend lädt ein Entdeckungsparcours im Stall Nr. 1 auf eigene Faust zum besseren Verständnis der Welt der Pferde ein und dürfte besonders bei kleinen Pferdefreunden und -freundinnen für Begeisterung sorgen. Ein Höhepunkt ist die sommerliche Hengstparade, bei der sich Gespanne, Reiter, Hengste und Stuten mit ihren Fohlen im Ehrenhof des Schlosses präsentieren. (April - Sept. 10 - 18 Uhr, Sommerferien 10.30 - 12/14 - 17 Uhr, außerhalb der Schulferien 14 - 17 Uhr, Hengstparade Juni - Sept. Do 15 Uhr, Eintritt. www.haras-national-du-pin.com).

Nachdem wir bei einem Spaziergang rund um das Gestüt Pferden sowie Reitern ein bisschen beim Training zugeschaut und einen letzten Blick auf das königliche „Versailles der Pferde“ geworfen haben, lassen wir die Pferdestärken des WOMOs auf der D926 munter „galoppieren“. In LE MERLEAULT notieren wir wenig später einen einfachen Stellplatz am Sportplatz.

(193) WOMO-Stellplatz: Le Merlerault, Aire Communale

GPS: N 48°42'01.3" E 00°16'47.0" Route de Granville
max. WOMOs: 3 - 5
Ausstattung/Lage: V/E, Strom, Tische und Bänke, Mülleimer/im Ort, ca. 400 m ins Zentrum.
Zufahrt: Ca. 700 m hinter dem Ortseingang auf der linken Seite der D926 gelegen.

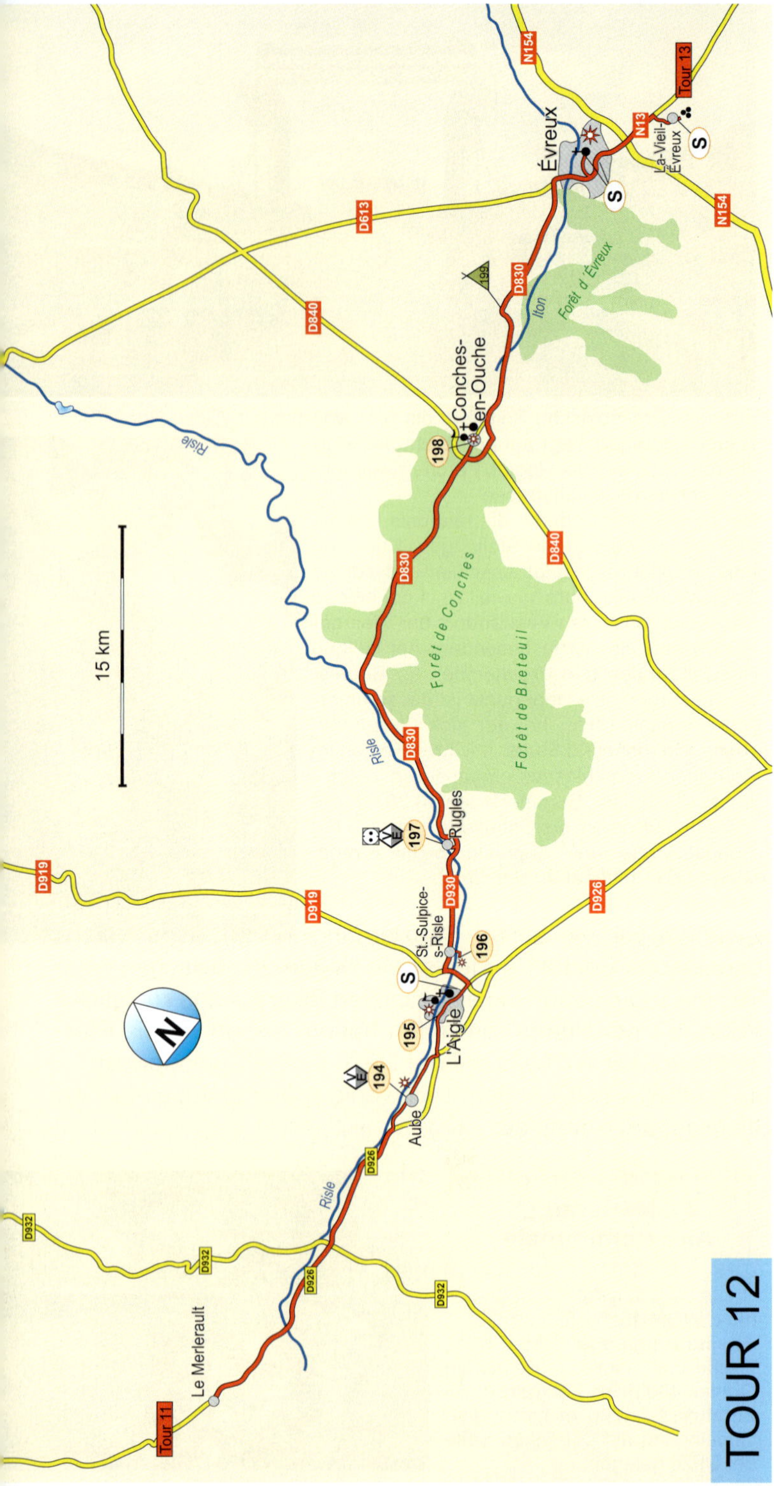
TOUR 12
15 km
N
Tour 11
Le Merlerault
D932
D926
Risle
Aube
194
L'Aigle
195
S
St.-Sulpice-s-Risle
196
D930
D919
D926
Rugles
197
D830
Risle
Forêt de Conches
Forêt de Breteuil
D840
198
Conches-en-Ouche
D613
199
Iton
Forêt d'Évreux
Évreux
S
N154
N13
Tour 13
La-Vieil-Évreux
S

Tour 12 — 105 km

Aube - L'Aigle - Rugles - Évreux

Stellplätze:	Aube, L'Aigle, Saint-Sulpice-sur-Risle, Rugles, Conches-en-Ouche.
Campingplätze:	La Bonneville-sur-Iton Camping le Sapins.
Ver- u. Entsorgen:	Aube, Rugles.
Besichtigen:	Aube La Grosse Forge; L'Aigle Musée Juin 44, Musée de la Météorite, Église Saint-Martin; Saint-Sulpice-sur-Risle Manufacture Bohin; Conches-en-Ouche Église Sainte-Foy , Musée du Terroir Normand , Musée du Verre; Évreux L'Abbatiale Saint-Taurin, Parc François Mitterand, Cathédrale Notre-Dame, Musée d'Art, Histoire et Archéologie, Tour de l'Horloge, Site Archéologique de Gisacum.
Essen:	L'Aigle Brasserie La Renaissance; Conches-en-Ouche Restaurant Grand' Mare; Évreux Le Grande Café, Restaurant La Gazette.

In dieser Tour erreichen wir das breite Tal am oberen Flusslauf der Risle, der wir vor einiger Zeit in Pont-Audemer begegnet sind und die sich nach 145 km Länge in den Mündungstrichter der Seine ergießt. Wir werden aber auch wieder in das **Département Eure** reisen, das nordwestlich des Pariser Beckens liegt und in dem wir uns bereits am Südufer der Seine befunden haben. Eure wird vor allem durch eine Hochebene geprägt, deren Mittelpunkt die alte Bischofsresidenz Évreux als Hauptstadt des Regierungsbezirkes bildet.

Noch sind wir jedoch im Département Orne, tingeln auf der D926 Richtung L'AIGLE und durchfahren kleinere Dörfer mit langen, anspruchsvollen Ortsbezeichnungen. Manchmal bestehen die örtlichen Wochenmärkte nur aus zwei oder drei Verkaufswagen, die jedoch von Obst oder Gemüse aus dem Umland überquellen und immer von einer Traube Kaufinteressenten umgeben sind.

Im kurznamigen AUBE verlassen wir die D-Straße, um das Industriedenkmal **La Grosse Forge** zu besuchen. In der alten Schmiede aus dem frühen 16. Jh. wird die traditionelle Eisenproduktion anschaulich dokumentiert (Mitte Juni - Mitte Sept. Mi 14 - 18 Uhr, Eintritt). In unmittelbarer Nähe bietet sich ein

Parkplatz am Ufer der aufgestauten Risle an einer Wiese auch zum Übernachten an.

(194) WOMO-Stellplatz: Aube, Aire Communale

GPS: N 48°44'30.5" E 00°33'4.2"
Route de Paris
max. WOMOs: 2 - 3
Ausstattung/Lage: V/E, Geschäfte und Gaststätten in der Nähe, Mülleimer/im Ort, ca. 400 m ins Zentrum.
Zufahrt: Im Ort dem WOMO-Piktogramm folgen.

Der Durchgangsstraße folgend, sind wir bald im Marktstädtchen L'AIGLE angekommen, dessen Ortsbild von einigen hübschen Plätzen und einem **Schloss** geprägt wird. In einem Nebengebäude befindet sich das **Office de Tourisme** (Mo - Sa 9 - 12.30/14 - 18.30 Uhr, Place Fulbert de Beina, Telefon 0233241240, www.ouche-normandie.fr). Außerdem beherbergt das Schloss einen Museumskomplex. Zum einen werden die Invasionsereignisse im **Musée Juin 44** anhand eines Wachsfigurenkabinetts dargestellt und zum anderen befasst sich das **Musée de la Météorite** mit einem Meteoritenregen, der 1803 über der Stadt niederging (April - Sept. Di/Mi/Sa/So 14 - 18 Uhr, Eintritt).

Sehenswert ist die Stadtkirche **Église Saint-Martin**, deren prächtiger Flamboyant-Turm die historische Altstadt überragt und an einem Dienstagvormittag bringt der **drittgrößte Markt Frankreichs** an mehreren Punkten der Altstadt ordentlich „Leben auf die Gass".

Eine ordentliche und preislich angemessene Küche finden wir in der **Brasserie La Renaissance** (Mittag- und Abendmenüs, Place de la Halle, Telefon 0233841800, www.hotel-dauphin.fr). Fehlt nur noch ein Übernachtungsplätzchen, das mangels offiziellem Stellplatz gar nicht so leicht zu finden ist. Wenn man vom zweckdienlichen Parkplatz an der Place de Verdun absieht, können wir noch auf den Parkplatz hinter dem Château mit dem Fremdenverkehrsbüro verweisen [N 48°45'53.5" E 00°37'45.6"].

(195) WOMO-Stellplatz: L'Aigle, Place de Verdun

GPS: N 48°45'50.2" E 00°37'23.1" Place de Verdun
max. WOMOs: 3 - 5
Ausstattung/Lage: Bänke, Geschäfte und Gaststätten in der Nähe, Mülleimer/im Ort, ca. 300 m ins Zentrum.
Zufahrt: Von Aube kommend im Ort links Richtung Vimoutiers bis zu einem Kreisel fahren. Dort und am nächsten Kreisel rechts abbiegen und nach dem Überqueren der Risle rechts auf den Parkplatz fahren.

Damit wir die für unsere WOMO-Größe recht enge Altstadt vermeiden, richten wir uns nach den Hinweisen für LKW Richtung ÉVREUX, landen auf der D918 und wechseln auf die D930 nach SAINT-SULPICE-SUR-RISLE. Hier erwartet uns nicht nur das Firmenmuseum der **Manufacture Bohin**, sondern auch ein angenehmer Stellplatz.

(196) WOMO-Stellplatz: Saint-Sulpice-sur-Risle, Manufacture Bohin

GPS: N 48°46'38.6" E 00°39'28.7"
max. WOMOs: 2 - 3
Ausstattung/Lage: Tische und Bänke in der Nähe/außerorts, zwischen einer Wiese und der Bahnlinie gelegen. **Zufahrt:** Im Ort auf der D293 rechts den Hinweisen zur Manufaktur Bohin folgen. Nach der Überquerung der Risle rechts zum Parkplatz fahren.

In dem unter Denkmalschutz stehendem Fabrikgebäude am Ufer der Risle, das zum Teil für Besucher zugänglich ist, werden seit 1833 Metallnadeln produziert. Bei einem Rundgang sieht man historische Maschinen und da sich die Herstellungstechniken seit Jahrzehnten nicht verändert haben, darf einigen Angestellten bei ihrer Arbeit über die Schulter geschaut werden. Im angrenzenden Museum wird die Nadelproduktion und die Verwendung der pieksenden Metallstifte erklärt. Eine interessan-

te Besichtigung, die nicht nur Näherinnen und Schneider anspricht (März - Okt. Di - Fr 10 - 18 Uhr, Sa/So/Feiertage 14 - 18 Uhr, Eintritt. www.lamanufacturebohin.fr). Dass wir das Département Eure erreicht haben, bemerken wir lediglich an der Straßenumbenennung – aus der D930 wird die D830 – ansonsten rollen wir weiter durch die von Landwirtschaft geprägte Region.

Wer die Ruhe liebt, wird im netten, überschaubaren Ort RUGLES einen adäquaten Stellplatz neben einem kleinen Park an der Risle finden.

(197) WOMO-Stellplatz: Rugles, Aire Communale

GPS: N 48°49'26.6" E 00°42'40.3"
max. WOMOs: 10
Ausstattung/Lage: V/E, Strom, Tische und Bänke, Geschäfte und Gaststätten im Ort, Schwimmbad in der Nähe/Ortsrand. **Zufahrt:** Von der D830 an einem Kreisel links erst dem Hinweis La Poste, dann Piscine/Salle des Fêtes in den Ort folgen und anschließend dem WOMO-Piktogrammen folgen.

Der weitere Verlauf der D830 Richtung ÈVREUX führt uns in das waldreiche **Pays d'Ouche**, von dem gesagt wird, dass dort in früheren Zeiten mehr Zauberer als Schäfer lebten. Am Nordrand des „Zauberwaldes" liegt auf auf einer Anhöhe der 5.000-Seelenort CONCHES-EN-OUCHE.

(198) WOMO-Stellplatz: Conches-en-Ouche, Markt

GPS: N 48°57'44.4" E 00°56'23.8"
Rue de l'Hôtel Dieu **max. WOMOs:** 2 - 3
Ausstattung/Lage: Bänke, Geschäfte und Gaststätten ca. 200 m entfernt, Mülleimer/im Ort. Ggf. wegen Jahrmarkt gesperrt. Es gibt viele Ausweichmöglichkeiten, z. B. auch am Donjon.
Zufahrt: Von der D830 geradeaus Richtung Centre Ville fahren. Ca. 200 m hinter einem Teich links auf den Parkplatz fahren.

Conches-en-Ouche

In Conches sticht sofort das lang gestreckte, von Bäumen bewachsene Areal auf, das dem freundlichen Ort eine ganz eigene Ausstrahlung gibt. Weiter östlich fällt der Hang steil hinab ins Flusstal der Rouloir und dazwischen reihen sich einige hübsche Fachwerkhäuser aneinander. Der Ort verdankt seinen Namen dem Lehnsherren des Gebietes Roger de Tosny, der im 11. Jh. aus dem südwestfranzösischen Wallfahrtsort Conques von einer Pilgerreise zurückkam. Im Gepäck hatte er Reliquien des Heiligen Foy, die ihm Ansehen verleihen sowie weitere Pilger in seinen Heimatort ziehen sollten. In Erinnerung an die Herkunft der Reliquien taufte er „sein" prosperierendes Städtchen Conches. Für den passenden Rahmen der Gebeine des Heiligen wurde eine erste Kirche gebaut, die Ende des 15. Jh. als **Église Sainte-Foy** neu errichtet wurde und heute schon von Weitem auszumachen ist. Im Inneren der mit einer schönen Fassade versehenen Kirche beeindrucken wertvolle Renaissancefenster aus dem 16. Jh., die das Leben Christi und des Hl. Foy zeigen. Südlich der Kirche schließt sich ein Garten an, den man durch das gotische Rathausportal erreicht, das einst den Eingang zur Burganlage aus dem 12. Jh. markierte. Von dieser ist nur der von außen zu besichtigende **Donjon** erhalten, in dessen Nähe sich das **Office de Tourisme** befindet

(März - Okt. Di - Fr 14 - 17.30 Uhr, Sa 9.30 - 12.30/14 - 17.30 Uhr, Nov. - Feb. Mo - Fr 14 - 17.30 Uhr, Place Aristide Briand, Telefon 0232307642, www.conches-en-ouche.fr). Westlich der Kirche wird die Place Carnot an Donnerstag- und Sonntagvormittagen zum **Wochenmarkt** und für die gepflegte Einkehr sowie eine traditionelle Küche empfiehlt sich das **Restaurant Grand' Mare** am Dorfteich (Mi - Sa Mittag- und Abendmenüs, Di/So nur mittags geöffnet, Mo geschlossen, 13 avenue de la Croix de Fer, Telefon 0232302330, www.lagrandmare.com).
Am nördlichen Stadtrand liegt das **Musée du Terroir Normand** inmitten eines öffentlich zugänglichen Parks, in dem das bäuerliche Leben des 19./20. Jh. beleuchtet wird oder z. B. Geräte zur Cidreherstellung gezeigt werden (Juni - Sept. Mi - So 14 - 18 Uhr, Eintritt). Einen weiteren interessanten Museumsbesuch verspricht das südlich gelegene **Musée du Verre**. Das Glasmuseum präsentiert nicht nur moderne Glaskunst, sondern auch eine Fossiliensammlung sowie wertvolle Bücher und Handschriften (März - Nov. Mi - So 14 - 18 Uhr).

Die D830 begleitet uns auch auf der weiteren Fahrt nach ÉVREUX. Um es vorweg zu nehmen: Die Stadt ist sehenswert und umso enttäuschter sind wir, dass sich die Suche nach einem geeigneten Parkplatz als schwierig herausstellt. Fündig werden wir erstens Richtung ROUEN/PARIS/GARE SNCF auf einem gebührenpflichtigen, mit Schranke gesicherten Parkplatz am Bahnhof [N 49°01'07.3" E 01°08'55.7"; Boulevard Gambetta] und zweitens hinter der Kathedrale auf einem ebenfalls gebührenpflichtigen Parkplatz [N 49°01'27.4" E 01°09'11.7"; Allée des Soupirs]. An eine Übernachtung ist schon gar nicht zu denken und so bleibt uns nur der Hinweis auf einen einfachen Campingplatz an der Strecke zwischen Conches-en-Ouche und Èvreux, den wir jedoch nicht selbst genutzt haben.

(199) WOMO-Campingplatztipp: La Bonneville-sur-Iton, Camping le Sapins**

GPS: N 48°59'59.3" E 01°02'05.3"; Rue de la Mare Hue
Kontakt: Telefon 0232371103, www.camping-les-sapins.com
Öffnungszeit/Preis: März - Okt./€€.
Ausstattung/Lage: Stellplätze auf Wiese, ca. 6 km bis Évreux/außerorts.
Zufahrt: Von der D830 links den Hinweisen zum Campinplatz folgen.

Évreux

Die Geschichte der heute gut 50.000 Einwohner zählenden Stadt beginnt vor mehr als 2.000 Jahren, als der gallische Volksstamm der Eburoviken ganz in der Nähe siedelte. Nachdem die Stadt von den Barbaren heimgesucht wurde, war es im 5. Jh. der hier missionarisch wirkende Taurin, der erster Bischof von Évreux wurde. Seine Reliquien befinden sich in der etwas außerhalb des Stadtzentrums gelegenen Abteikirche **L'Abbatiale Saint-Taurin**. Im Laufe der Jahrhunderte kamen Wandalen, Normannen, Engländer sowie Franzosen und alle hatten nichts Besseres zu tun, als Évreux zu verwüsten. In der jüngeren Geschichte waren es dann die Zerstörungen des Zweiten Weltkrieges, die die Stadt am härtesten trafen.
Beim Wiederaufbau wurden die mittelalterlichen Straßenzüge berücksichtigt und die vom Krieg verschonten Gebäude sowie das sich durch

Cathédrale Notre-Dame

den Ort schlängelnde Flüsschen Iton prägen das reizvolle Stadtbild.
Wir beginnen unseren Stadtrundgang am Bahnhof und gehen in den schräg gegenüberliegenden **Parc François Mitterand**. Der 3,5 ha große botanische Garten besteht aus einem Barockgarten sowie einem englischen Landschaftsgarten und ist die grüne Lunge der Stadt. Am Ende des Parks stoßen wir auf das ehemalige Kapuzinerkloster, in dem sich heute eine Musikschule befindet. Von hier schlendern wir die von Geschäften gesäumte Rue Jean Jaurès, später die Rue de la Harpe weiter bis zum **Le Grande Café** mit großer Straßenterrasse. Von hier haben wir einen schönen Blick auf die **Cathédrale Notre-Dame**. Die im Jahr 1076 begonnene Kathedrale wurde mehrfach von Bränden heimgesucht und weist durch mehrfache Um- und Anbauten ein Stilgemisch von der Romanik bis zur Renaissance auf. Trotzdem wirkt das Erscheinungsbild sehr harmonisch, was zusätzlich vom 78 m hohen imposanten Vierungsturm und

Hôtel de Ville

Tour de l'Horloge

schönem Fassadenschmuck im Flamboyantstil unterstrichen wird. Das Innere beleuchten Buntglasfenster aus dem 13. - 16. Jh. und schmiedeeiserne Gitter, ein Reliquienschrein sowie eine Kanzel aus dem 17. Jh. gelten als besondere Kostbarkeiten (8.30 - 19 Uhr). Im angrenzenden ehemaligen Bischofspalast aus dem 15. Jh. befindet sich das **Musée d'Art, Histoire et Archéologie**. Die umfangreichen Sammlungen dokumentieren die Geschichte der Stadt sowie des Départements, zeigen im Untergeschoss einen freigelegten Teil der gallo-römischen Stadtmauer und sakrale Kunst vom Mittelalter bis zur Renaissance. Zu den Exponaten gehören weiterhin eine bronzene Jupiterstatue, Fayencen, Gemälde und Mobiliar aus dem 17./18. Jh. sowie moderne Kunst aus dem 20. Jh. (10 - 12/14 - 18 Uhr, Eintritt).

Durch die Rue de l'Horloge gelangen wir an die Place du Général-de-Gaulle. Den Platz dominieren ein Brunnen, das repräsentative **Hôtel de Ville** und der im Historismus gehaltene Theaterbau. Wir überschreiten einen Kanal und stehen vor dem **Office de Tourisme** (Mitte Juni - Mitte Sept. Mo - Sa 9.30 - 18.30 Uhr, So 10 - 12.30 Uhr, Mitte Sept. - Mitte Juni Mo - Sa 9.30 - 18 Uhr, Place du Général de Gaulle, 0232240443, www.grandevreuxtourisme.fr, **Stadtbroschüre in deutscher Sprache** erhältlich). Nordwestlich des Fremdenverkehrsbüros sind auf der Place Clémenceau Mittwoch- und Samstagvormittag die **Marktstände** zu fin-

den. Von hier spazieren wir die Rue du Docteur Oursel in südwestlicher Richtung weiter und gelangen an die Rue St Sauveur. Nur ein Stückchen in die Straße einbiegend befindet sich in einem Fachwerkhaus das **Restaurant La Gazette**. In trendigem, doch gemütlichem Ambiente munden die ausgefallenen Gerichte zu einem stimmigen Preis hervorragend (Mittag- und Abendmenüs, Samstagmittag/Mo/So geschlossen, 7 Rue Saint Sauveur, Telefon 0232334340, www.restaurant-lagazette.fr).
Wir wenden uns nun an der Place du Général de Gaulle dem 44 m hohen markanten Uhrenturm **Tour de l'Horloge** zu, der zwischen 1490 - 1497 errichtet wurde und dessen Glocke stündlich ertönt. Von hier wählen wir den schönen Promenadenweg, der sich im Bogen am Iton entlangzieht. Ein Stück der alten Stadtmauer und alte Waschhäuser begleiten unseren Weg, der in der Nähe der Kathedrale endet. Von hier gehen wir zurück zum WOMO und wenden uns einer außerhalb der Stadt gelegenen weiteren Sehenswürdigkeit zu, die besonders Archäologie-Interessierte ansprechen dürfte.

Wir verlassen Évreux ostwärts Richtung PARIS auf der N13, um nach nur wenigen Kilometern auf die D67 nach SAINT AUBIN/LE VIEIL-ÉVREUX abzubiegen. Der Straße folgend erreichen wir die archäologische Ausgrabungsstätte **Gisacum**, mit einem nur zu den Öffnungszeiten zu nutzenden Parkplatz [N 49°00'07.5" E 01°14'05.4"].

Site Archéologique de Gisacum

An dieser Stelle siedelte der Volksstamm der Aulerques Eburovices vor 2.000 Jahren und errichtete im 1. Jh. eine religiöse Weihestätte. Im Laufe der nächsten zwei Jahrhunderte entstand eine Stadt von 230 ha Größe mit Tempeln, einer Thermenanlage, einem Forum sowie einem großen Theater. Erstaunlich ist, dass die Wohngebäude an einer 5,6 km langen Straße an der Peripherie des eigentlichen Zentrums lagen. Der in besonderen Winkeln angelegte Straßenverlauf ermöglichte allen Bewohnern einen uneingeschränkten Blick auf das Zentrum mit dem großen Heiligtum. Eine wohldurchdachte Architektur, die allerdings plötzlich aufgegeben wurde, verfiel und auf dessen Grundmauern Jahrhunderte später das Dorf Vieil-Évreux entstand. Bereits Anfang des 19. Jh. fanden erste archäologische Grabungen statt, die bis heute sehr bedachtsam fortgeführt werden, sodass viele Ruinen weiter unter der Erde ruhen.
Neben dem **Informationszentrum** mit einer 3D-Rekonstruktion des Geländes und vielen Ausgrabungsgegenständen, zieht der archäologische Garten die Besucher in seinen Bann. Hier wird der Aufbau der Thermenanlage anschaulich vor Augen geführt und mit Dialogen imaginärer Badender untermalt (März/Okt. - 15. Nov. 13 - 17 Uhr, April - Juni/Sept. 13 - 18 Uhr, Juli/Aug. 10.30 - 18.30 Uhr, Eintritt. www.gisacum-normandie.fr).

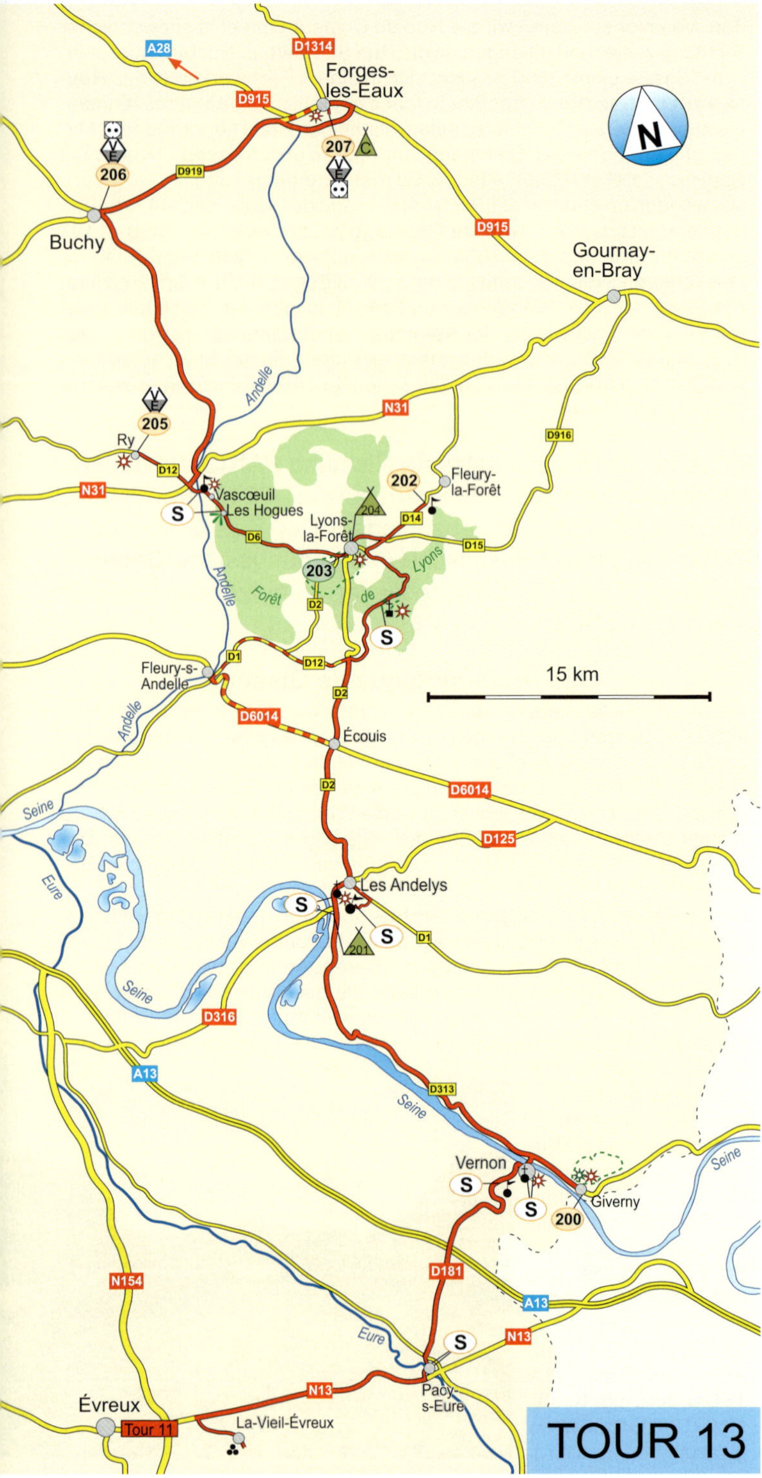

A28
D1314
Forges-les-Eaux
D915
D919
206
207
C
Buchy
D915
Gournay-en-Bray
Andelle
N31
D916
205
Ry
D12
N31
Vascœuil
Les Hogues
S
202
Fleury-la-Forêt
204
Lyons-la-Forêt
D14
D6
D15
203
Andelle
Forêt de Lyons
D2
S
D1
D12
Fleury-s-Andelle
15 km
D2
D6014
Écouis
Andelle
D2
D6014
Seine
D125
Eure
Les Andelys
S
S
D1
201
Seine
D316
A13
D313
Seine
Vernon
S
S
Giverny
200
Seine
D181
N154
A13
Eure
S
N13
N13
Pacy-s-Eure
Évreux
Tour 11
La-Vieil-Évreux
TOUR 13

Tour 13 155 km

Vernon - Giverny - Les Andelys - Lyons-la-Forêt - Ry - Buchy - Forges-les-Eaux

Stellplätze:	Fleury-la-Forêt, Lyons-la-Forêt, Ry, Buchy, Forges-les-Eaux.
Campingplätze:	Les Andelys Camping L´Île des Trois Rois, Lyons-la-Forêt, Camping Municipal Saint Paul.
Ver- u. Entsorgen:	Ry, Buchy, Forges-les-Eaux.
Besichtigen:	Vernon Château de Bizy, Stadtbild, Musée de Vernon; Giverny Fondation Claude Monet, Musée des Impressionismes; Les Andelys Musée Nicolas Poussin, Château Gaillard; Écouis Église Notre-Dame; Lisors Abbaye de Mortemer; Fleury-la-Forêt Château de Fleury-la-Forêt; Lyons-la-Forêt Stadtbild; Vascœuil Château de Vascœuil, Musée Michelet; Forges-les-Eaux Parc de l'Epinay, Collection de Faïnces, Musée 2nde Guerre Mondiale, Parc de l'Hotel de Ville.
Wandern/ Radfahren:	Giverny, Lisors, Lyons-la-Forêt, Ry Forges-les-Eaux.
Essen:	Giverny Café-Restaurant La Capucine, Restaurant-Musée Baudy; Les Andelys Restaurant La Chaine d'Or; Fleury-la-Forêt Château de Fleury-la-Forêt; Lyons-la-Forêt Restaurant La Licorne Royale, Bistro du Grand Cerf; Ry Restaurant Au Puits d'Antan; Forges-les-Eaux Restaurant La Paix, Bistrot Le 235.

In unserer letzten Tour bereisen wir die abwechslungsreiche Region östlich der Seine. Es erwarten uns Monets Seerosenteich in Giverny, beschauliche Fachwerkdörfer, der schönste Buchenwald Frankreichs, eindrucksvolle Burg- und Klosterruinen sowie herrschaftliche Schlösser. Kurzum, kunstinteressierte wie naturverbundene Reisende werden auf dieser Route viele Höhepunkte erleben.

Wir sind auf der N13 und verlassen diese an der Ausfahrt PACY-CENTRE auf der D141 nach PACY-SUR-EURE.
Das lebhafte Städtchen liegt im Herzen des Eure-Tals und zeigt sich von einer charmanten Seite. Idyllisch ist es am träge dahinfließenden Fluss auf der **Mühleninsel**, die direkt von einem für große WOMOs unter Umständen engen Parkplatz zu erreichen ist [N 49°00'47.9" E01°22'41.4"; Rue Isambard. Gleich hinter der Eure rechts durch eine Toreinfahrt]. Die Place Dufay bietet sich ebenfalls als Parkmöglichkeit an, sofern nicht am Donnerstagmorgen der **Markt** abgehalten wird [N 49°00'49.5" E 01°22'54.2"]. Hier befindet sich auch das im Ort beschilderte **Office de Tourisme** (April - Sept. Di - Sa 10 - 12.30/14 - 17.30 Uhr, Okt. - März Di - Fr 10 - 12.30/14 - 17 Uhr, Telefon 0232261821, www.cape-tourisme.fr). Von Pacy aus kann man zu einer nostalgischen Reise mit der Eisenbahn aus den Jahren 1930 - 1950 durch die wunderschöne Landschaft des Eure-Tals aufbrechen. Auf der **Train Touristique de la Vallée de l'Eure** können einfache oder themenbezogene Zugfahrten gebucht werden (Termine beim Fremdenverkehrsbüro oder unter www.cfve.org).
Über die D181 sind wir flott in VERNON und legen am Ortseingang einen Halt am **Château de Bizy** ein [N 49°05'02.7" E 01°27'49.1"]. Das in der Mitte des 18. Jh. vom Enkel des königlichen Finanzministers Fouquet erbaute Schloss im klassizistischen Stil liegt inmitten eines ausgedehnten Parks. Bei einer Führung gelangen wir in die elegant eingerichteten Innenräume mit wertvollen Gobelins und Objekten aus der Epoche Napoléon I. sowie Erinnerungsstücken an Familienangehörige. Der Park mit Wasserspielen, Statuen, Brunnen und Kaskaden kann individuell erkundet werden (April - Okt. Di - So 10 - 18 Uhr, Führungen 10.30/11.15/14.30/15.30/16.30/17.15 Uhr, Eintritt, Hunde an der Leine im Park gestattet. www.chateaudebizy.com).

Ehrenhof im Château de Bizy

Durch exakt gestutzte Lindenalleen fahren wir hinab ins Seine-Tal nach Vernon. Hier bieten sich zwei gebührenpflichtige Parkplätze zur Stadtbesichtigung an, die zur Not auch zur Übernachtung dienen könnten. Allerdings sei erwähnt, dass der Stellplatz im nahen Giverny wesentlich einladender ist [N 49°05'32.3" E 01°29'21.3"; Boulevard du Maréchal Leclerc und N 49°05'25.8" E 01°29'07.0"; Place de la République].

Vernon

Die 25.000 Einwohner zählende Stadt wurde im 10. Jh. von Rollo, dem ersten Herzog der Normandie zum Sichern seines neuen Hoheitsgebietes gegründet und fiel im 13. Jh. an die französische Krone. Wer hier herrschte, hatte die Kontrolle über die Schifffahrt auf der Seine und damit über den Zugang zur Normandie und zur Île de France. Die begehrte Stadt war häufig Ziel kriegerischer Auseinandersetzungen und heute ist nur noch wenig der einstigen Fachwerkpracht erhalten. Nahe der Stadtkirche ist in einem sehr hübschen Fachwerkhaus aus dem 15. Jh. das **Office de Tourisme** untergebracht (Mai - Sept. Mo - Sa 10 - 13/14 - 18 Uhr, So/Feiertage 10 - 13 Uhr, Nov. - März Mo - Sa 10 - 12.30/14 - 17 Uhr, April/Okt. Mo - Sa 10 - 12.30/14 - 17.30 Uhr, 36 Rue Carnot, Telefon 0232513960, www.cape-tourisme.fr).

In den **Altstadtgassen** um die harmonisch wirkende Stiftskirche **Église Notre-Dame**, deren Bau vom Ende des 11. Jh. bis zum 16. Jh. dauerte, befinden sich etliche der alten Bauten. Das Haus Nr.3/5 aus dem 15. Jh. in der Rue du Chapitre wurde von den Domherren bewohnt und einige der schiefen, der Straße zugeneigten Fassaden in der Rue Potard sollen noch vor dem 12. Jh. entstanden sein. In der Rue Bourbon Penthièvre befinden sich der einstige Salzspeicher aus dem 17. Jh. und das ehemalige Haus des Herzogs von Bourbon, dem letzten Lehnsherrn von Vernon. Das **Musée de Vernon** am Rand der Altstadt befasst sich mit

der Stadtgeschichte, doch der Schwerpunkt liegt bei einer Sammlung von über 300 Tiermalereien sowie impressionistischen Gemälden und Zeichnungen (Jan. - März Di - Fr 14 - 17.30 Uhr, Sa/So ab 14.30 Uhr, April - Okt. Di - So 10.30 - 18 Uhr, Eintritt). Zur bunten Seite Vernons tragen auch die bunten Stände des **Marktes** bei, die sich ganztägig auf drei Plätzen im Zentrum verteilen (Mi/Sa).

Ein malerisches Bild zeigt sich auf der gegenüberliegenden Seite der Seine. Hier stehen die Überreste der verfallenen Pfeiler einer mittelalterlichen Brücke, auf der das kleine Haus der einstigen Mühle die Zeiten überdauert hat. Daneben erhebt sich im Grünen das **Château Tourelles**, das zu den Wehranlagen der alten Brücke gehörte, die Vernon und den Seine-Übergang absicherten.

Die alte Brücke inspirierte auch den Maler Claude Monet zu einem seiner Gemälde. Der Weg nach GIVERNY, das man durchaus auch als „Monet-Ville“ bezeichnen könnte, ist am rechten Ufer der Seine nicht zu verfehlen.

Vermutlich würde es heute kaum jemanden in das kleine Örtchen Giverny am Ufer der Epte verschlagen, wäre der Impres-

sionist nicht vom Licht in der Normandie und von der schönen Landschaft um Giverny derart begeistert gewesen, dass er beschloss, sich hier niederzulassen. Neunzig Jahre nach seinem Tod zieht es mehr als 630.000 Besucher jährlich in das Anwesen des Künstlers, das nach dem Mont-Saint-Michel zur am zweithäufigsten besuchten Sehenswürdigkeit der Normandie avancierte. Deshalb an dieser Stelle unser Tipp:

Blick aus Monets Schlafzimmer

Wenn möglich, nicht am Wochenende und entweder morgens um 9.30 Uhr mit den ersten oder gegen 16 - 17 Uhr mit den letzten Gästen das Anwesen besuchen! Ansonsten muss man sich tagsüber Haus und Garten mit Scharen anderer, mit Bussen „angekarrter“ Monet-Liebhaber und Flusskreuzfahrer teilen. Das ist dann wirklich kein Vergnügen! Sollte sich der Tagesbesuch nicht vermeiden lassen, dann kann mit der Voraus-Bestellung von Online-Tickets zumindest die schier endlose Warteschlange an einer (!) Kasse der **Fondation Claude Monet** umgangen werden. Wir hatten das Gefühl, dass man mit der Kanalisierung der Besucherströme an die Grenzen des Zumutbaren bei Besuchern sowie Angestellten gerät und es wäre wünschenswert, wenn sich in Zukunft etwas daran ändern würde. Nichtsdestotrotz ist der Besuch ein Muss für alle Kunstinteressierten sowie Gartenliebhaber und absolut empfehlenswert!

Nur wenige Schritte entfernt liegt das **Musée des Impressionismes**, das sich mit dem Ursprung und der Vielfältigkeit des Impressionismus beschäftigt. Jährlich werden zwei bis drei Wechselausstellungen gezeigt und in einem Garten gedeihen unterschiedliche Blumen, die auf den Reichtum der Natur hinweisen, die den Impressionisten so wichtig war (Ende März - Okt. 10 - 18 Uhr, letzter Einlass 17.30 Uhr, Eintritt. www.mdig.fr).

(200) WOMO-Stellplatz: Giverny, Parking La Prairie

GPS: N 49°04'22.6" N 01°31'47.00"; An der D5 **max. WOMOs:** > 20
Ausstattung/Lage: Infotafel, Fahrradweg Vers Velo nach Vernon, Gaststätten im Ort, Mülleimer/Ortsrand, ca. 200 m in den Ort, ca. 500 m zur Fondation C. Monet. Kein Campingverhalten erwünscht! Der Parkplatz ist durch eine Schranke gesichert, die in der Zeit von 20 - 9 Uhr geschlossen ist, sie kann jedoch per Hand geöffnet werden. **Zufahrt:** Von Vernon aus der D5 nach Giverny folgen. Am Kreisverkehr links auf den hinteren, für WOMOs ausgewiesenen Teil des Busparkplatzes fahren.

Claude Monet und sein lebendiges Meisterwerk

Claude Monet wurde am 14. November 1840 in Paris geboren und zog als Fünfjähriger mit seiner Familie nach Le Havre. Während der Schulzeit fertigte er erste Karikaturen an, die ihm zu einer gewissen Berühmtheit verhalfen. Eugéne Boudin, der als erster Freilichtmaler wie wohl kein anderer die lichterfüllten Himmel seiner Heimatstadt Honfleur einfing, wurde auf Monet aufmerksam. Boudin ermutigte den jungen Künstler, sich nicht mit Zeichnungen zu begnügen, sondern Landschaften zu malen. 1860 reiste Monet nach Paris, knüpfte Kontakte zu Gleichgesinnten und besuchte die Académie Suisse. Hier begegnete er unter anderem Paul Cézanne, Camille Pissarro, Auguste Renoir und Alfred Sisley, die gemeinsam als Begründer der impressionistischen Malerei gelten. Erst noch nach der Tradition der realistischen Vorgaben malend, fingen die Künstler bald das Spiel von Licht und Schatten ein. Dazu setzten sie gekonnt die unvermischten Grundfarben Punkt für Punkt nebeneinander, sodass sich leuchtende Farb- und Lichtreflexe ergaben. Das 1872 entstandene Gemälde „Impression, soleil levant“ (Impression, Sonnenaufgang) von Monet gilt als Namensgeber dieser neuen Stilrichtung – dem Impressionismus.

Claude Monet zog es immer wieder zum Malen an die Küste nach Étretat oder an die Ufer die Seine. Bei einer dieser Reisen von Paris in die Normandie entdeckte er aus dem Eisenbahnabteil heraus das von Getreidefeldern und Obstwiesen umgebene, in eine sanfte Hügellandschaft eingebettete Giverny.

Im Jahr 1883 bezog der Künstler das rosarot verputzte Haus mit seinen zwei Söhnen, seiner zweiten Frau Alice – die erste, Camille, war verstorben – und deren sechs Kindern als Mieter. Nachdem sich seine wirtschaftlichen Verhältnisse verbessert hatten, erwarb er das Haus und lebte dort bis zu seinem Tod am 5. Dezember 1926.

Das Innere seines zweistöckigen Hauses mit grünen Fensterläden schmückte Monet mit eigenen Werken und denen seiner Künstlerfreunde, wie Renoir, Pissarro oder Edgar Degas. Sie sind noch heute vorhanden, ebenso wie eine wertvolle Sammlung japanischer Holzschnitte und die übrige Möblierung. Farbenfroh zeigen sich die blaue Küche und das sonnengelb gestrichene Esszimmer und es scheint fast so, als wäre

der Meister gerade von seiner Liege im Wohnzimmer aufgestanden, um im Garten nach neuen Inspirationen zu suchen.
In Monets Gartenanlagen explodieren die Farben in einer überwältigenden Blumen- und Blütenfülle, die vom Frühjahr bis zum Herbst wechseln. Sorgfältig abgesteckte Bögen mit Kletterpflanzen oder prachtvoll wuchernde Beete mit Schwertlilien und Fuchsien, Chrysanthemen und Hortensien, Rosen und Phlox – eine Farbenpracht, die die Sinne berauscht und an der wir uns nicht satt sehen können. Durch eine Unterführung gelangen wir in den von Monet selbst angelegten Wassergarten mit Seerosen und Weiden sowie der japanischen Holzbrücke, über die der Blauregen fällt – Motive zahlreicher Gemälde, die wohl jeder schon einmal gesehen hat.
Das einstige Atelier, in dem Claude Monet seine berühmten überdimensionalen Gemälde schuf, fungiert heute als Museumsshop (Ende März - Okt. 9.30 - 18 Uhr, letzter Einlass 17.30 Uhr, Hunde nicht gestattet. www.fondation-monet.com).

Nach diesem farbintensiven und duftenden Erlebnis spazieren wir durch das malerische Dorf Giverny mit einigen Galerien, vielen „Nippes-Läden" und Restaurants. Für erwähnenswert halten wir das **Café-Restaurant La Capucine** (Ende März - Okt. 10 - 18 Uhr, Mai - Mitte Aug. Sa 18.30 - 22 Uhr, Live-Musik mit Menü, 80 Rue Claude Monet, Telefon 0232517667, www.la-capucine.com) und das **Restaurant-Musée Baudy**. Hier verkehrten bereits die berühmten Impressionisten, deren Werke die Wände schmücken und die vielleicht schon damals im Sommer von der schönen, schattigen Terrasse den Rosengarten betrachten konnten (Mitte März - Anfang Nov. 11.30 - 16.30/18.30 - 21.30 Uhr, Salon de Thé mit Künstleratelier, 81 Rue Claude Monet, Telefon 0232211003, www.restaurantbaudy.com).
Neben dem Café La Capucine befindet sich das **Office de Tourisme**, in dem uns ein Wandervorschlag unterbreitet wird (Ende März - Okt. Mo - Fr 9.45 - 18 Uhr, Sa/So 10 - 18.30 Uhr, Telefon 0232644501, www.cape-tourisme.fr).

WOMO-Wandertipp: Auf den Spuren von Claude Monet

Mittelschwere Wanderung von ca. 5,5 km mit leichten An- und Abstiegen und netten Aussischten.

Vom Office de Tourisme halten wir uns auf der Rue Claude Monet links und wenden uns an der nächsten Straße (Rue Blanche Hoschedé Monet) rechts bis zur Mairie, an der wir rechts der Straße folgen und hinter dem Musée des Impressionismes entlanggehen. An der nächsten Kreuzung halten wir uns links, um gleich wieder links abzubiegen. In einem Rechtsbogen gehen wir zunächst auf Wiese, dann auf Asphalt hinter Häusern und später auf einem Feldweg immer geradeaus. Nach rund 220 m schwenken wir hinter einer Weide und vor den nächsten Häusern links und steigen den steilen Weg empor. 150 m später wenden wir uns rechts auf einen Pfad, der sich am Hang schlängelt und immer wieder schöne Blicke ins Tal der Epte zulässt. Nach rund 800 m wird eine Wegekreuzung erreicht, an der wir im Wald links bergauf gehen. Bei der nächsten Möglichkeit links und nur ca. 60 m später rechts. Wir gehen etwa 350 m längs des Waldrandes, knicken dann im spitzen Winkel links und nach ca. 180 m rechts ab und spazieren zwischen Felder hindurch. Am Waldrand rechts und dann links durch den Wald bis zu einer Straße. Dieser folgen wir links ca. 350 m hinab, bis wir rechts in einen Feldweg abzweigen.

Weiterhin leicht abwärts und mit schöner Aussicht gehen wir auch an der nächsten kleinen Wegekreuzung geradeaus. Der Weg beschreibt einen Rechtsbogen und nach ca. 350 m knicken wir links und nach 80 steilen Metern nochmals links ab. Oberhalb der Kirche wandern wir auf einem Feldweg bis zu einer Straße, der wir rechts zurück bis zur Rue Claude Monet folgen und unseren o.g. Parkplatz anvisieren. Bevor wir das WOMO erreichen, schauen wir noch in einem kleinen Wäldchen am Bronzebildnis Monets vorbei und bedanken uns beim Meister für diesen wundervollen Tag in Giverny.

Zurück in VERNON folgen wir der Seine stromabwärts auf der D181 Richtung BEAUVAIS und wechseln dann auf die D313. Durch das weite, landwirtschaftlich geprägte Flusstal rollen wir gemächlich nach LES ANDELYS, dessen im Plural genannter Name schon darauf schließen lässt, dass es sich um zwei zusammengefasste Orte handelt. Das malerische Petit Andely direkt an der Seine und das etwas östlich gelegene Grand Andely mit der **Église Notre-Dame** und dem **Musée Nicolas Poussin**. Das Museum in einem aus dem 18. Jh. stammenden Herrenhaus dokumentiert die Stadtgeschichte und ist dem Maler Nicolas Poussin gewidmet, der in der Nähe von Les Andelys 1594 geboren wurde und dessen Werke neben denen anderer Maler ausgestellt sind (Ende März - Okt. 14 - 18 Uhr, Eintritt, Kombiticket mit Château Gaillard möglich. www.museenicolaspoussin.fr). In Grand Andely findet auf der zentralen

Petit Andelys

Place Nicolas Poussin ganztägig am Samstag ein **Markt** statt und auch das **Office de Tourisme** ist im „großen" Ort zu finden (April/Mai Mo - Fr 10 - 12/14 - 18 Uhr, Sa 10 - 13 Uhr/14 - 18 Uhr, So 10 - 13 Uhr, Juni - Sept. zusätzlich So 10 - 12/14 - 17 Uhr, Okt. - März. Mo - Fr 14 - 18 Uhr, Sa 10 - 12 bzw. 10 - 13/14 - 18 Uhr, Rue Raymond Phélip, Telefon 23254419, www.lesandelys-tourisme.fr).

Um die Fachwerkgassen von Petit Andelys zu durchstreifen, wird das WOMO am besten auf dem Parkplatz vor dem Campingplatz oder am Straßenrand an der Seine geparkt [N 49°14'09.7" E 01°24'04.4"; Rue Gilles Nicolle/D313 oder N 49°14'27.1" E 01°23'59.6"; Quai Grimoult]. Für den längeren Aufenthalt bietet sich der Campingplatz an. Der Rundgang kann in einer ehemaligen Post- und Zollstation aus dem 18. Jh. im **Hotel-Restaurant La Chaine d'Or** eine kulinarisch anspruchsvolle, aber auch hochpreisige Unterbrechung finden (Mittag- und Abendmenüs Mitte April - Mitte Okt., Di/Mi/Sa Abend geschlossen, 25 Rue Grande, Telefon 0232540031, www.hotel-lachainedor.com).

(201) WOMO-Campingplatztipp: Les Andelys, Camping L´Île des Trois Rois***

GPS: N 49°14'08.7" E 01°24'01.2"; 1 rue Gilles Nicole
Kontakt: Telefon 0232542379; www.camping-troisrois.com
Öffnungszeit/Preis: Mitte März - Mitte Nov./€€€.
Ausstattung/Lage: Fahrradverleih, Angelmöglichkeit, beheizter Pool, Boule- u. Spielplatz, Bar, Waschmaschine, Wäschetrockner, Animationsprogramm/Ortsrand., ca. 600 m nach Petit Andely. Wenn der Campingplatz geschlossen ist, kann man auf dem o. g. Parkplatz übernachten.
Zufahrt: Am Kreisverkehr links den Hinweisen zum Campingplatz folgen.

Der Name des Campingplatzes weist auf drei Könige hin, deren Geschicke mit Les Andelys verbunden sind. Grund dafür ist das über allem thronende und weit ins Land blickende **Château**

Gaillard. Das Schloss ist zum einen mit dem WOMO von Grand Andelys aus, auf einem ausgeschilderten Weg über die D1 oder zum anderen über einen etwa halbstündigen Fußweg zu erreichen. Dieser beginnt rund 300 m hinter dem Kreisverkehr Richtung Petit Andelys, dort folgt man an der Rue-Richard-Coeur-de-Lion den Hinweisen [N 49°14'20.9" E 01°24'22.9"].

Château Gaillard und Richard Löwenherz

Der charismatische König Richard Löwenherz aus dem Geschlecht der Plantagenet, Sohn von Heinrich II. und Eleonore von Aquitanien, erbte nach dem Tod seines Vaters eine Länderkette von England, über die Normandie bis zu dem Pyrenäen. Er war damit mächtiger als der französische König Philipp II. August, was naturgemäß zu Spannungen führen musste. Zunächst zogen jedoch beide erst einmal zu Kreuzzügen ins Heilige Land. Während Philipp August relativ schnell den Nahen Osten wieder verließ, um sein Territorium zu vergrößern, focht Richard mit Erfolg weiter für das christliche Abendland. Im Jahr 1192 trat jedoch auch er die Heimreise an, wurde unterwegs vom österreichischen Herzog Leopold gefangen genommen und von diesem an den Stauferkönig Heinrich VI. ausgeliefert. Ohne weiter auf die Ränkespiele der damaligen Zeit einzugehen, sei gesagt, dass damals viel Zeit verging und große Mengen an Lösegeld flossen, damit König Richard 1194 endlich wieder frei kam. Der französische König nutzte indes die Jahre und verleibte sich das Herzogtum Vexin und einen Teil der Normandie ein.

Im Laufe der Rückeroberung ließ Richard Löwenherz im Jahr 1196 in der Rekordzeit von nur einem Jahr die mächtige Befestigungsanlage des Schlosses Gaillard auf einem steilen Kalkfelsen zur Sicherung der Normandie erbauen. So konnte er die Schifffahrt auf der Seine und den Zugang nach Rouen kontrollieren. Vermutlich von den Kreuzfahrerburgen im Heiligen Land inspiriert, ließ Richard die Hauptfestung in Dreiecksform von einem Graben, einem Vorwerk und zweifachen Ringmauern

schützen. Fünf Wehrtürme wurden erbaut und in der Mitte der Anlage stand der Bergfried mit fünf Meter dicken Außenwänden. Zur Wasserversorgung wurden drei Brunnen in den 120 m tiefen Kalkstein geschlagen. Ein gigantisches Bollwerk, dessen Erstürmung sich der französische König zunächst nicht zutraute.
Nachdem Richard Löwenherz verstorben war, fand Philipp II. August in Richards Bruder und Nachfolger König Johann Ohneland einen schwächeren Gegner, nutzte die Gelegenheit und eroberte die Burg mit einer List. Johann verlor nicht nur die Burg, sondern gleichzeitig die gesamte Normandie an den französischen König. In den kommenden Jahrhunderten gab es mehrere Eigentümerwechsel und nach den Religionskriegen wurde Château Gaillard auf Geheiß Kardinal Richelieus geschleift und verfiel. Noch heute sieht man der Ruine ihren mächtigen und wehrhaften Charakter an und vom Rand des Felsens bietet sich ein weiter Blick ins Seine-Tal, den Besucher auch ohne Besichtigung des einstigen Schlosses genießen können (Mitte März - Okt. tägl. außer Di 10 - 13/14 - 18 Uhr, Eintritt, Kombiticket mit Musée Nicolas Poussin möglich).
Ach ja, der kampferfahrene, aus der Robin-Hood-Legende bekannte und glorifizierte „gute“ König Löwenherz starb übrigens bei einer anderen Burgbelagerung im Südwesten Frankreichs durch einen vergleichsweise harmlosen Pfeiltreffer. Die Schulterverletzung entzündete sich und Richard starb im Jahr 1199 im Alter von nur 41 Jahren an Wundbrand. Obwohl auch englischer König, verbrachte er die meiste Zeit seines Lebens in Frankreich und der Normandie. Sein Leichnam wurde in der Abtei Fontevrault in der Nähe von Tours beigesetzt und sein Herz, in Verbundenheit zur Normandie, ruht in der Kathedrale von Rouen.

In Les Andelys verlassen wir das Tal der Seine endgültig und wenden uns auf der D1 bzw. der D2 LYONS-LA-FORÊT zu.
Im beschaulichen ÉCOUIS fällt sofort die wuchtige **Église Notre-Dame** aus dem 14. Jh. auf. Der gleichmäßig harmonische gotische Stil des Gotteshaus ist der kurzen Bauzeit von nur drei Jahren zu verdanken. Im Inneren fallen u. a. das wunderschöne Holzgewölbe der Chorkapellen sowie deren Chorgestühl aus dem 14. Jh. und der reiche, überaus sehenswerte Skulpturenschmuck aus dem 14. - 17. Jh. auf.

Fahrer von WOMOs über 3,60 m Höhe müssen von Écouis aus wegen einer Unterführung erst Richtung FLEURY-SUR-ANDELLE und dann Richtung LYONS-LA-FORÊT nach LISORS fahren! Alle anderen gelangen mit uns über die D2 durch das weite, hügelige normannische **Vexin** nach LISORS.

Wir befinden uns im **Forêt de Lyons**, dem mit knapp 11.000 ha größten, manch einer sagt auch im schönsten, Waldgebiet der Normandie mit einem großen Buchenbestand und folgen den Hinweisen zur **Abbaye de Mortemer** [N 49°22'08.3" E 01°28'45.6"]. Die ehemals mächtige Zisterzienserabtei aus dem 12. Jh. liegt im abgeschiedenen, mit Wiesen und Bäumen besäumten Tal des Fouillebroc. Von der einstigen Klosterkirche zeugen nur noch einige Mauerreste, doch das Taubenhaus aus dem 15. Jh. und das aus dem 17. Jh. stammende Klostergebäude sind erhalten. Im Rahmen einer Führung sind die Räumlichkeiten zu besichtigen. Das Klostermuseum beleuchtet mit audiovisuellen Effekten und Wachsfiguren die Geschichte der Abtei sowie die darum gewobenen Sagen und Legenden. Uns sagt der Rundgang durch den Garten sowie zwischen den Ruinen mehr zu und wer mag, kann mit einem Bähnchen durch den Park touren (Außengelände Mai - Aug. tägl. 11 - 18.30 Uhr/ab Sept. Mo - Fr 13.30 - 18 Uhr, Sa/So 11 - 18 Uhr, Führungen Mai - Aug. 14.30 - 17.30 Uhr, Eintritt, Picknick und Hunde an der Leine sind im Park gestattet. www.abbaye-de-mortemer.fr).

WOMO-Wandertipp: Zur Quelle von Sainte-Cathérine

Kleiner, netter Spaziergang von ca. 4 km Länge.
Zu Fuß folgen wir in der Verlängerung des o. g. Parkplatzes dem Weg über ein Brückchen und halten uns links. Hinter dem Klostergelände spazieren wir durch den Wald bis wir die Straße erreichen. Dort gehen wir rechts und gelangen an einen kleinen Parkplatz, an dem wir uns links wenden. Wir überqueren das Bächlein Fouillebroc und stehen nahe einer Quelle vor der kleinen Kapelle, die der Heiligen Katharina von Lisors gewidmet ist. An der Source de Ste-Cathérine de Lisors erbitten junge Mädchen auf der Suche nach dem richtigen Mann die Hilfe der Heiligen Katharina. Von hier führt der Weg entweder auf gleichem Weg oder auf der Straße zurück zum Parkplatz an der Abtei.

Auf zunächst schmaler Straße steuern wir nun FLEURY-LA-FORÊT an, streifen die Quelle des Fouillebroc und halten uns bei Erreichen der D6 links. Durch Felder und Wiesen kurven wir bis zur D14 und folgen rechts den Hinweisen zum **Château de Fleury-la-Forêt**.

Die Räumlichkeiten des ansehnlichen, im 17. Jh. aus rotem Ziegel- und Sandstein errichteten Schlosses können besichtigt werden. Neben der zum großen Teil original erhaltenen Einrichtung, lockt eine interessante Spielzeug- und Puppensammlung. Besonders schön ist die mit Kupfer und Zinn, Porzellan und Delfter Kacheln ausgestattete große Küche (April - Sept. Sa/So/Feiertage 14 - 18.30 Uhr, Juli/Aug. tägl. 14 - 18.30, Eintritt. www.chateau-fleury-la-foret.com).

In Verbindung mit einer Besichtigung darf nach vorheriger Absprache (!) am Schloss mit dem WOMO übernachtet werden. Das Schloss wird heute als Bed-and-Breakfast-Pension geführt und wer sich in die beeindruckende Küche verliebt hat, kann darin am Morgen sogar ein fürstliches Frühstück einnehmen.

(202)
WOMO-Stellplatz:
Fleury-la-Forêt,
Château de
Fleury-la-Forêt

GPS: N 49°24'49.7" E 01°32'38.8"; An der D14
max. WOMOs: 2 - 3
Ausstattung/Lage: Übernachtung nur auf Nachfra-

ge und in Verbindung mit einer Schlossbesichtigung gestattet, Frühstück einen Tag vorher persönlich, telefonisch oder per Email anmelden (Telefon 0232496391, Email: info@chateau-fleury-la-foret.com)/außerorts.
Zufahrt: Von Lyons-la-Forêt den Hinweisen zum Château folgen.

Nach diesem Abstecher geht es zurück, um inmitten des schönen Buchenwaldes das charmante LYONS-LA-FORÊT anzufahren. Den einfachen, unter Umständen staubigen Parkplatz am Ortsrand muss man sich mit Bussen sowie Pkw teilen und er bietet sich zur Ortsbesichtigung an, während man sich auf dem gut ausgestatteten, städtischen Campingplatz durchaus länger aufhalten kann.

(203)
WOMO-Wanderparkplatz: Lyons-la-Forêt, La Poste

GPS: N 49°23'58.0" E 01°28'45.9"
max. WOMOs: 3 - 5
Ausstattung/Lage: Wanderwege, Geschäfte und Restaurants in der Nähe, Mülleimer/Ortsrand, ca. 200 m ins Zentrum.
Zufahrt: Von der D6 kommend ca. 300 m hinter dem Ortseingang links zum ausgeschilderten Parkplatz fahren.

(204) WOMO-Campingplatztipp: Lyons-la-Forêt, Camping Municipal Saint Paul***

GPS: N 49°24'11.4" E 01°28'41.1"; 2 Route Saint Paul
Kontakt: Telefon 0232494202, www.camping-saint-paul.fr/
Öffnungszeit/Preis: April - Okt./€€.
Ausstattung/Lage: Beheizter Pool, Shop, Brötchenservice, Waschmaschine, Wäschetrockner, WiFi, Kinderspielplatz Boules-, Volleyball- u. Fußballplatz, MTB-Verleih/außerorts, ca. 600 m ins Zentrum. **Zufahrt:** Im Ort den Hinweisen nach Forges-les-Eaux und zum Campingplatz folgen.

Lyons-la-Forêt

Die 800 Einwohner des Ortes leben in einem der **100 schönsten Dörfer Frankreichs** und im zentral gelegenen **Office de Tourisme** erhalten wir alle Informationen über den kleinen malerischen Ort (April - Okt. Mo - Sa 9.30 - 12.30/14 - 18 Uhr, So/Feiertage 10 - 13/14 - 17.30 Uhr, ansonsten Mo - Sa 10 - 12/14 - 17 Uhr, So 10 - 13/14 - 16 Uhr, 25 bis Place Benserade, Telefon 0232493165, www.paysdelyons.com). Die von alten, mit Blumenschmuck geschmückten Fachwerk- und Backsteinhäusern gesäumten und mit Kopfstein gepflasterten Gassen wirken wie einem Bilderbuch entsprungen und gruppieren sich um die **historische Markthalle** aus dem 18. Jh. (**Markt** Do-, Sa-, Sonntagvormittag). Ein Bummel führt zu Kunst- und Töpfergalerien, Läden mit lokalen Produkten oder mit Antiquitäten und an jeder Menge Cafés sowie Restaurants vorbei. Das erste Haus am Platze ist wohl das mit einem Michelin-Sterne gekrönte **Restaurant La Licorne Royale**, dessen Preise entsprechend hoch, aber angemessen sind (in der Woche mittags und Mittwochabend geschlossen, 27 Place Isaac Benserade, Telefon 0232482424, www.hotel-licorne.com). Günstiger, jedoch preislich dem von Touristen gut frequentierten Ort angepasst, zeigt sich das **Bistro du Grand Cerf** (Mittag- und Abendmenüs, Mo/Di Ruhetag, Place Benserade, Telefon 0232495050, www.grandcerf.fr).

Die beschauliche Atmosphäre des Ortes wusste schon Maurice Ravel zu schätzen, der in dem heute als **Maison Maurice Ravel** bezeichneten stattlichen Anwesen seine Klavierkomposition „Tombeau de Couperin" schrieb und an der Orchesterfassung zu den „Bildern einer Ausstellung" von Musorgski arbeitete. Auch den Regisseuren Jean Renoir und Claude Chabrol gefiel der idyllische Ort, der in den jeweiligen Fassungen als Kulisse für ihre Madame-Bovary-Verfilmungen diente.

WOMO-Wandertipp: Kleine Runde um Lyons-la-Forêt

Leichte Wanderung von ca. 6,5 km, die am vorgenannten Wanderparkplatz mit Nr. 2 gelb markiert ist.

Vom Parkplatz an der Post halten wir uns links und gehen die Chemin de Croix Mesnil bergauf bis zum Wald, an dem wir rechts wenden und nach ca. 1 km die D2 erreichen. Die Landstraße wird überquert und geradeaus wandern wir auf einem Forstweg durch den lichten Buchen-

Historische Markthalle

wald bis zu einer Lichtung. Dort kurz links und dann marschieren wir auf einem Forstweg rechts und geradeaus bis zu einer Wegekreuzung. Dort wenden wir uns rechts und folgen dem Wanderweg in Kurven zur D 321. Hier halten wir uns links, zweigen nach wenigen Metern rechts auf ein Sträßchen ab, das wir rechts wieder nur ein paar Schritte begehen, um links durch den Weiler Villaine zu gehen. Wir überqueren das Flüsschen La Lieure und schwenken nur wenig später mit einer Rechtskurve in einen Hohlweg ein, der uns zurück nach Lyons-la-Forêt führt. Nach ca. 1,5 km stoßen wir auf die Rue de Église, der wir rechts bis zur D321 und dieser links in den Ort folgen. Nach rund 500 m verlassen wir die Landstraße und schwenken rechts in einem Linksbogen bis zur historischen Markthalle und von dort zurück zum Ausgangspunkt unserer kleinen Wanderung.

Das hübsche Lyons-la-Forêt verlassen wir auf der D321 Richtung FORGES-LES-EAUX, um kurz hinter dem Campingplatz auf die D6 abzubiegen. Durch den Forêt de Lyons erreichen wir LES HOGUES mit einer schönen **Aussicht** an

der Mairie [N 49°25'39.7" E 01°23'45.8"]. Von hier folgen wir den Hinweisen zum **Château de Vascœuil**, das am Rand des Waldgebietes im Tal der Andelle unweit des gleichnamigen Ortes VASCŒUIL liegt [N 49°26'50.1" E 01°22'35.2"].

Château de Vascœuil

Das normannische Herrenhaus stammt aus dem 12. - 17. Jh. und ist von einem Park in englischem und französischem Stil umgeben. 1965 wurde das Gelände von neuen Eigentümern übernommen, die die Gartenanlagen mit Wasserfall sowie einem prächtigen Taubenhaus zu einem anerkannten **Kunstzentrum** umwandelten. Im Château mit herrlichen Kaminen und im Taubenhaus finden Wechselausstellungen bedeutender moderner und zeitgenössischer Künstler sowie Konzerte statt, während zwischen den akkurat geschnittenen Hecken des Parks über 50 Skulpturen zu bewundern sind. Immer neue Blickachsen ermöglichen den Blick auf Werke von Braque, Cocteau, Coville, Dalí, Leger, Vasarely und vielen anderen – ein Kunsterlebnis der besonderen Art, das Kunstinteressierte auf keinen Fall versäumen sollten! Der ansprechende Rundgang durch Schloss und Park kann an der munter plätschernden Kaskade des Flüsschen Crevon im **Salon de Thé** auf angenehme Weise unterbrochen werden. Bei unserem Besuch steigen wir über eine Wendeltreppe im Inneren des Schlosses empor und sehen uns unvermittelt einem weißhaarigen Herren gegenüber. Die Wachsfigur mit der roten Schreibfeder stellt Jules

Michelet (1798 - 1874), einen in Frankreich bekannten Historiker dar. Er lebte von 1843 - 1860 in Vascœuil und arbeitete hier an seiner ab 1833 in mehreren Bänden erschienenen „Histoire de France" („Geschichte Frankreichs"). Er lobte vor allem die Errungenschaften der Französischen Revolution, hatte einen Lehrstuhl am renommierten Collège de France und genoss großes Ansehen. Das Turmzimmer ist ihm zu Ehren rekonstruiert worden und in einem kleinen Gartenhaus kann zusätzlich das **Musée Michelet** besichtigt werden (April - Juni/Sept. - Nov. Mi - So/Feiertage 14.30 - 18 Uhr, Juli/Aug. tägl. 10.30 - 13/14 - 18.30 Uhr, Eintritt. www.chateauvascoeuil.com).

Nach diesem anregenden Besuch rollen wir kurzzeitig auf der N31 Richtung GOURNAY, um nur wenig später auf der D12 zu einem Abstecher nach RY abzubiegen, um uns diesmal einer anderen Figur der Kunst und ihrem Schöpfer zu widmen.

(205) WOMO-Stellplatz: Ry, Office de Tourisme

GPS: N 49°28'20.7" E 01°20'40.8; Place Flaubert **max. WOMOs:** 2 - 3
Ausstattung/Lage: V/E, Wasser während der Öffnungszeiten des Office de Tourisme, Tische und Bänke, Wanderwege, Restaurant in der Nähe, Mülleimer/im Ort, weiterer Parkplatz hinter der Post.
Zufahrt: Im Ort bei Erreichen der D13 rechts Richtung Elbeuf abbiegen und ca. 150 m bis zum Parkplatz am Office de Tourisme fahren.

Ry, Gustave Flaubert und Madame Bovary

Vermutlich würde das kleine, verschlafen wirkende Dorf Ry mit einigen Fachwerkhäusern, dem bodenständigen, normannischen **Restaurant Au Puits d'Antan** (Di - So Mittag, Fr/Sa Abend) und einem gut sortierten **Office de Tourisme** (Di - Sa 10 - 12/14 - 17 Uhr, Telefon 0235231990, www.ot-ry-troisvallees.com) von kaum einem Reisenden beachtet werden … wäre da nicht der in Rouen geborene, französische Schriftsteller Gustave Flaubert (1821 - 1880), der am Anfang seiner Karriere im Stil der Romantik schrieb. Später wechselte er zu einer für die damalige Zeit neuartigen, realitätsnahen Erzählkunst. Seinen ersten und größten literarischen Erfolg hatte er mit der Veröffentlichung des Romans „Madame Bovary". Die Romanhandlung ist einem Zeitungsbericht entnommen, der über den Selbstmord der Arztgattin Delphine Delamare aus Ry berichtete. Flaubert lässt Madame Delamare zur tragischen Heldin Emma Bovary werden, in deren Name sich der Originalschauplatz der Geschichte versteckt und aus Ry wurde der imaginäre normannische Ort Yonville-l'Abbaye. Wie der Untertitel des Romans „Ein Sittenbild aus der Provinz" ausdrückt, beschreibt der Schriftsteller akribisch genau das Leben in der ländlichen Provinz, das der jungen, schönen Frau eines älteren Landarztes zu eng und langweilig wird. Just in diesem Moment kommt ihr ein Lebemann gerade recht, um neuen Schwung in ihr ödes Leben zu bringen. Doch schon bald verschwindet der Liebhaber und auf der Suche nach Aufmerksamkeit sowie einem neuen, aufregenden Leben stürzt sie von einer Liebschaft in die andere, leistet sich teure Kleider sowie Schmuck, macht Schulden und gerät von Depressionen geplagt in einen Teufelskreis. Als einzigen Ausweg sieht Emma den selbst gewählten Tod, mit dem wiederum ihr Mann nicht fertig wird und alsbald verstirbt. Die gemeinsame Tochter wird zu einer Tante gegeben und damit ist die traurige Geschichte beendet.

Galt der Roman bei seiner Veröffentlichung Mitte des 19. Jh. noch als skandalös, so faszinierten Flauberts objektiv detaillierte Beschreibungen von menschlichen Empfindungen und Schauplätzen sofort, sodass der Roman bis heute zur Weltliteratur gehört.
In Ry erinnert ein Denkmal an Gustave Flaubert und Erläuterungstafeln mit dem Konterfei von Madame Bovary weisen auf entsprechende Romanstellen im Ort hin. Zusätzlich können sich Interessierte auf eine 66 km lange Rundfahrt zu den Stätten und Landschaften des Romans begeben. Ausführliche Faltblätter sind im Fremdenverkehrsbüro erhältlich. Außerdem können Wanderer auf einem mit einer gelben 2 markierten, **9,5 km langen Rundwanderweg** mit der Landschaft der Emma Bovary auf Tuchfühlung gehen.

Zurück an der N31, halten wir uns links, um gleich wieder links nach ELBEUF-SUR-ANDELLE und BUCHY abzuzweigen. Auf der letzten Etappe unserer Reise fahren wir durch die

ländlich geprägte Region des **Pays de Bray**, die sich bis zur Picardie erstreckt. Das geologisch markant geprägte Gebiet entstand durch die Senkung eines Kalksteinplateaus, die pa-

Rathaus und Markthalle in Buchy

rallel zum Tal der Seine verläuft. Im Tal der Andelle, später im Héron-Tal sehen wir noch einmal die für die Normandie typische Bocage-Landschaft mit Feldern und dichten Hecken, die durch kleine Wälder und sanfte Hügel unterbrochen wird. Durch diesen dünn besiedelten Landstrich erreichen wir BUCHY, in dessen Zentrum die aus dem 17. Jh. stammenden Markthallen auffallen, in denen jeden Montag ein **Markt** stattfindet. Ganz in der Nähe befindet sich die empfehlenswerte **Creperie Aux Anciennes Halles** (Mittag- und Abendmenüs, Di geschlossen, 97 Place Persac, Telefon 0235343386).

(206) WOMO-Stellplatz: Buchy, Parking Collège

GPS: N49°35'09.4" E01°21'52.2"
max. WOMOs: 3 - 5
Ausstattung/Lage: V/E, Strom, Geschäfte und Restaurants im Ort, Mülleimer/Ortsrand, ca. 400 m in den Ort. Direkt neben einer Schule gelegen.
Zufahrt: Im Ort der D919 Richtung Forges-les-Eaux ca. 350 m folgen und links dem WOMO-Piktogramm folgen.

Über die D919 rollen wir flott dem ehemals traditionsreichen Thermalbad FORGES-LES-EAUX entgegen und gelangen von einem Kreisverkehr vor der Stadt entweder geradeaus oder über die Umgehungsstraße für den Schwerlastverkehr direkt ins Zentrum. Hier ist Richtung ARGUEIL der **2-Sterne Campingplatz La Minière** ausgeschildert, vor dem sich ein Stellplatz befindet.

(207) WOMO-Stellplatz: Forges-les-Eaux, Aire de Camping-Car

GPS: N49°36'21.1" E01°32'31.7"
Boulevard Nicolas Thiesse
max. WOMOs: 30
Ausstattung/Lage: V/E, Strom von Mitte März - Okt., dann ohne Wasser und Strom, Gebühr €€, max. Aufenthalt 48 Stunden, Tische und Bänke/Ortsrand, an Wiesen und Feldern gelegen., ca. 800 m in den Ort.
Zufahrt: Im Ort den Hinweisen zum Campingplatz folgen.

Forges-les-Eaux

Der Namensteil „Forges“ (Schmiede) weist darauf hin, dass in der 3.600-Einwohner-Stadt bis ins 15. Jh. Metall verarbeitet wurde. Nachdem jedoch eisenhaltige Quellen entdeckt wurden und sogar Ludwig XII. sowie Kardinal Richelieu von den Heilkräften des Thermalwassers überzeugt waren, wurde der einstige Ortsname Forges-en-Bray in For-

ges-les-Eaux verändert, um auf das eisenhaltige Quellwasser hinzuweisen. Das heutige **Kurzentrum** mit **Casino**, gepflegtem **Kurpark**, **Schwimmbad** sowie **Wellness-Bereich** befindet sich etwa 1 km westlich des Zentrums und muss seit 1980 allerdings ohne Thermalwasser auskommen.
Einen guten Überblick über alle Aktivitäten rund um den Ort vermittelt das **Office de Tourisme** (Okt. - März 9.30 - 12.30/14 - 17 Uhr, April Mo - Sa bis 18 Uhr, Mai - Sept. 9.30 - 12.30/14 - 18 Uhr, So/Feiertage 9 - 13 Uhr, Rue Albert Bochet, Telefon 0235905210, www.forgesleseaux-tourisme.fr). In Forges-les-Eaux verläuft beispielsweise die **Avenue Verte**, eine ehemalige Eisenbahntrasse, die bis zur Küste nach Dieppe führt und nur von Wanderern und Fahrradfahrern genutzt wird. **Radfahrer** können sich aber auch auf mehreren gekennzeichneten Rundtouren (35 - 44 km) ausstrampeln und **Wanderfreunde und Spaziergänger** finden schöne Wege durch den **Parc de l'Epinay** am Kurzentrum.
Bei einem Bummel durch das freundliche Städtchen können die Besucher die **Collection de Faïnces** bewundern. Das Fayence-Museum präsentiert eine Sammlung zarter, sehr unterschiedlicher und hochwertiger

Exponate, die bis zum 19. Jh. in Forges-les-Eaux hergestellt wurden (Di - Fr nach Vereinbarung beim Office de Tourisme, Eintritt). Sehr konträr dazu beleuchtet das **Musée 2nde Guerre Mondiale** anhand von Fotos und Originaldokumenten die Aktivitäten der französischen Résistancekämpfer und die Deportationen in der Normandie während des Zweiten Weltkrieges (tägl. 14 - 18 Uhr, Eintritt).
Um den Marktplatz finden sich einige Fachwerkhäuser aus dem 17./18. Jh. und auf der Place Brévière und der Place Général de Gaulle werden jeden Donnerstagvormittag sowie am Sonntagvormittag in der Halle Baltard **Markttage** abgehalten. An der Mairie gelangen wir durch einen Torweg in den kleinen idyllischen **Parc de l'Hotel de Ville**, der einen Ruhepol zwischen der doch recht verkehrsreichen Kreuzung im Zentrum bildet. Die Einkehr im nahen **Hotel-Restaurant La Paix** verspricht eine klassisch-zünftige Küche (Mittag- und Abendmenüs, So Abend/Mo Mittag geschlossen, 15 Rue de Neufchâtel, Telefon 0235905122, www.hotellapaix.fr), während im **Bistrot Le 235** eher neue und kreative Mahlzeiten auf den Tisch gebracht werden (Mittag- und Abendmenüs, Di/Mi geschlossen, 29 Rue de la République, Telefon 023590 5267).

An dieser Stelle beenden wir vorläufig unsere Reise durch die Normandie und werden über die 20 km entfernte Autobahn A28 unsere Heimreise nach Deutschland antreten.
Eine abwechslungsreiche Fahrt geht zu Ende, während der wir einen großen, jedoch bei Weitem nicht vollständigen Ausschnitt der Normandie erleben durften. Die vielfältige Region hat von den Küsten mit langen Sandstränden bis ins grüne Hinterland noch so viel landschaftlich sowie kulturell Schönes und Interessantes zu bieten, sodass der nächste Aufenthalt bereits geplant ist.
Wir verabschieden uns in der Hoffnung, dass es Ihnen mit uns gefallen hat, wünschen Ihnen eine gute Weiterreise und sagen „Auf Wiedersehen und bis bald in der Normandie!"

Au revoir et à bientôt en Normandie!

Adressen und Telefonnummern für den Notfall

Für den Fall, dass Ihnen Ihre Ausweispapiere verloren gegangen sind, Sie bestohlen wurden oder Sie aus irgendwelchen anderen Gründen in Frankreich in eine Notsituation geraten, helfen Ihnen die diplomatischen Vertretungen weiter. Bei Pannen, Unfällen und Erkrankungen können die unten angegebenen Telefonnummern hilfreich sein.

Botschaft der Bundesrepublik Deutschland
13/15 Avenue Franklin D. Roosevelt, 75008 Paris, Telefon: 0153834500,
Email: info@paris.diplo.de, www.paris.diplo.de
Honorarkonsul der Bundesrepublik Deutschland
8 Rue Blaise Pascal, 76100 Rouen, Telefon: 0235881652,
Email: rouen@hk-diplo.de
Das **Auswärtige Amt Berlin** bietet Ihnen zusätzlich die Möglichkeit, vor Reiseantritt oder während der Reise aktuelle Informationen über Ihr Urlaubsland in Erfahrung zu bringen. Alle Infos für eine sichere Auslandsreise sind auch in der **Reiseapp** des Auswärtigen Amtes für Android Smartphones und Tablets sowie für iPhone und iPad zusammengefasst. Weitere Infos unter www.auswaertiges-amt.de.

Botschaft der Republik Österreich
6 Rue Fabert, 75007 Paris, Telefon: 0140633063, Email: paris-ob@bmeia.gv.at, www.amb-autriche.fr

Ambassade de Suisse
142 Rue de Grenelle, 75007 Paris, Telefon: 0149556700,
Email: par.vertretung@eda.admin.ch, www.eda.admin.ch

Notrufe und Notfallnummern:
Allgemeiner Notruf 112
Polizei (police secours): 17
Feuerwehr (sapeurs-pompiers): 18
Rettungsdienst: 15
AIT-Assistance (Pannenhilfedienst): 00145004295
ADAC-Auslandsnotruf, München: +49 (0) 89222222 (bei Fahrzeugschaden) oder +49 (0) 89767676 (bei Erkrankung/Verletzung)
ÖAMTC-Schutzbrief-Nothilfe: +43 (1) 2512000
ACS-Pannendienst-Nummer: +41 44 648 88 99

Ärztliche Versorgung/Apotheken

Wir empfehlen dringend eine Auslandskrankenversicherung (bis zu 45 Tagen) abzuschließen. Sie sollte für jeden Wohnmobilreisenden eine Selbstverständlichkeit sein. Wer sich dazu nicht entschließen kann, benötigt für Frankreich eine europäische Krankenversichertenkarte (EHIC). Das Dokument im Scheckkartenformat kann direkt bei Ärzten und in Kliniken vorgelegt werden. Die Ausstellung der Karte ist kostenfrei und muss, falls nicht sowieso vorhanden, bei der eigenen Krankenkasse beantragt werden. Gewährt werden bei der Vorlage alle notwendigen Leistungen allerdings zu den Bedingungen, die vor Ort gültig sind. Wer die EHIC nicht vorweisen kann, wird zu entsprechenden Tarifen als Privatpatient behandelt und muss in Vorleistung treten. Gegen Rechnungsvorlage wird in der Heimat möglicherweise ein Teil wieder erstattet. Adressen deutschsprachiger Ärzte erhält man bei den Konsulaten oder z. B. vom ADAC, München (Tel. 0049/89222222), aber auch bei den örtlichen Touristenbüros oder beim Campingplatzverwalter.
Im schlimmsten aller schlimmen Fälle werden Sie, Ihre Familie und das WOMO, wenn Sie einen Auslandsschutzbrief haben, kostenlos nach Hause transportiert.

Wenn Sie einen Arzt benötigen, fragen Sie nach einem „Docteur“ oder „Médicin“, der Zahnarzt heißt „Dentiste“.
Französische **Apotheken** (Pharmacies) erkennen Sie an einem blinkenden grünen Kreuz. Sie haben nicht einheitlich geöffnet, vor allem montags sind die meisten Apotheken geschlossen. Normalerweise müsste dann ein gut sichtbares Schild auf die diensthabende Apotheke hinweisen (Pharmacie de Garde).

Baden/Wassersport

Bei einer Küste von über 600 km Länge kann die Normandie mit unzähligen Stränden punkten. Nordöstlich der Seine sind die Strände meist mit groben Kieselsteinen bedeckt und verstecken sich oft in kleinen Buchten. Westlich der Seine und rund um die Cotentin-Halbinsel erstrecken sich ausgedehnte Sandstrände, die bei Flut manchmal nur wie „ein Handtuch breit“ sind und bei Ebbe erfordert es einen ordentlichen Fußmarsch, um ans Wasser zu gelangen. Wer sich selbst im Hochsommer bei rund 18°C erfrischender Wassertemperatur nicht zu einem Bad im Meer überwinden kann, der muss mit einem Schwimmbad oder einem Stausee vorliebnehmen.

Baden/Schwimmen: Aufgrund der Strömungsverhältnisse sowie der Gezeiten sollte man sich grundsätzlich mit Vorsicht in die Fluten stürzen und an beaufsichtigten Stränden auf jeden Fall die Beflaggung beachten:
Rot: Badeverbot, **Orange**: Baden gefährlich, aber überwacht, **Grün**: Baden überwacht, keine besonderen Gefahren, **keine Flagge**: Strand nicht bewacht.
FKK: Freunde der Freikörperkultur gibt es in Frankreich häufig, allerdings finden sich nur wenige ausgewiesene Stellen in der Normandie, an denen man alle „Hüllen“ sorglos fallen lassen kann. „Oben ohne“ ist nirgends verboten, ansonsten sollte man sich am Verhalten der „Strandnachbarn“ orientieren. Einer der größten Nacktbadestrände liegt bei Saint-Germain-sur Ay im Westen der Cotentin-Halbinsel. Weitere Infos unter www.ffn-naturisme.com.
Kanu/Kajak: Die normannische Küste, aber auch die Flüsse, Seen und Stauseen bieten viele Möglichkeiten für diese Sportart. Wer nicht mit dem eigenen Boot unterwegs ist, kann an einer der zahlreichen Verleihstationen ein Kajak mieten und z. B. auf Orne, Dives, Bresle oder dem Meer paddeln.
Angeln und Fischen: Das Fischen im Meer bedarf keiner besonderen Erlaubnis. Wer jedoch seine Angel in einem der vielen Flüsse oder Seen auswerfen möchte, der muss bei den Gemeinden oder der „Association de Pêche et Pisciculture“ des jeweiligen Départements einen Angelschein erwerben. Weitere Infos unter www.federationpeche.fr.

Segeln und Surfen: Die guten Winde an der normannsichen Küste eignen sich hervorragend für diese Sportarten. Zahlreiche Segelschulen bilden Anfänger aus und wer sein Surfbrett zu Hause gelassen hat, der wird bei einer örtlichen Verleihstation fündig. Weitere Infos unter: www.station-nautique.com.

Campingplätze/offizielle Wohnmobil-Stellplätze

Campingplätze: Wir haben zahlreiche Campingplätze beschrieben und weisen in den Tourenkarten auf weitere hin. Die in ihrer Qualität sehr unterschiedlichen Plätze eignen sich für einen längeren Aufenthalt und bieten teilweise viele Freizeitangebote an. Oft verfügen sie über separate Stellplätze für Reisemobile, immer über eine Ver- und Entsorgungsmöglichkeit. Da wir an den Strecken jedoch ausreichend Stationen zum Ver- und Entsorgen aufführen, dürfte es in diesem Punkt ohnehin keine Defizite geben.
Wer häufig Campingplätze anfährt, kann sich den grünen Michelin-Führer, Camping Caravaning France oder den ADAC-Campingführer zulegen, die beide regelmäßig neu aufgelegt werden. Eine gute Alternative ist die Internetseite www.campingfrance.com, auf der registrierte Campingplätze aufgeführt sind. Die französischen Campingplätze sind mittels Sternchen in Kategorien eingeteilt. Die Anzahl der Symbole kennzeichnet den Standard der Ausstattung und sagt nichts über Flair oder Lage des jeweiligen Platzes aus.
Die sanitären Ausstattungen sind unterschiedlich. Am einfachsten sind sie in der Regel auf den städtischen Plätzen (Camping Municipal), die aber auch wiederum die preiswertesten sind und meist recht zentral liegen. Größere und private Campingplätze haben dagegen mehr Komfort, eine aufwändigere Ausstattung, verfügen teils über ein Schwimmbad und bieten ein Animationsprogramm. Hier gilt: Je aufwändiger und komfortabler, desto teurer. Grundsätzlich kann davon ausgegangen werden, dass die Preise in der Hochsaison emporschnellen, während sie in der Nebensaison deutlich darunterliegen.
Je früher am Tag Sie den Campingplatz anfahren, umso größer sind die Chancen auf Einlass. Die beste Zeit ist vormittags zwischen 11 und 12 Uhr, wenn andere Leute gerade aufgebrochen sind.
Mit einem Reisemobil schätzen wir wohl alle unsere Flexibiltät, doch während der Hauptsison empfehlen wir Ihnen dringend, den gewünschten Campingplatz vorab zu reservieren. Für diesen Fall geben wir im Text die Telefonnummern sowie deren Webseite an, auf der Sie einen Platz per Email vorbestellen können. Sinnvoll ist das Mitführen des Campingausweises „Camping Card International", der eine Camping-Haftpflichtversicherung einschließt. Auf Vorlage der „ADAC Camp Card" oder der „ACSI Card" werden auf etlichen Campingplätzen, meist außerhalb der Hauptsaison, Nachlässe gewährt.
Die meisten Campingplätze sind von Mitte/Ende März bis Oktober geöffnet, in der Nähe von großen Städten meist das ganze Jahr. Wir haben die aktuellen Öffnungszeiten für Sie notiert, können jedoch nicht dafür garantieren, ob diese sich nicht verändern. Manchmal kommt es auch vor, dass ein Platz in der Nebensaison mangels Nachfrage vorzeitig schließt.
Hunde sind im Allgemeinen an der Leine erlaubt, doch auch in diesem Fall hat der Platzbetreiber das letzte Wort und kann z. B. in der Hauptsaison ein Hundeverbot beschließen.
Viele Campingplätze bieten behindertengerechte Einrichtungen und auf offiziellen Stellplätzen stehen oft ausgewiesene, breitere Parkbuchten für Wohnmobile von Menschen mit Handicap zur Verfügung.
Offizielle Stellplätze: Wenn wir im Text die Zufahrten zu Stellplätzen beschreiben, benutzen wir häufig die Formulierung „WOMO-Piktogramm". Dieses kann sehr unterschiedlich ausfallen. Vom bekannten WOMO-Symbol mit oder ohne Ver- bzw. Entsorgungszeichen über Schriftzüge von „Camping-Cars" bis „Aire de Camping" oder „Aire de Service" in unterschiedlichen Farben und Formen auf Holz- oder Blechschildern.
Die Normandie ist auf Wohnmobilreisende eingerichtet und heißt sie willkommen! Allerdings sind die Park- und Übernachtungsmöglichkeiten oft regle-

mentiert. Dies bedeutet nicht, dass WOMOs verboten sind, sondern dass diese an den dafür vorgesehenen Stellen abgestellt werden müssen.

Die offiziellen Wohnmobil-Stellplätze reichen vom separaten WOMO-Bereich auf einem Parkplatz bis zum voll ausgestatteten Stellplatz mit Ver- und Entsorgung, Strom, Sanitärbereich, Abfallbehälter und meist Platz für Tisch und Stühle vor dem WOMO. Die kommunalen Stellplätze sind zumeist kostenlos, für die Ver- und Entsorgung und Strom müssen Sie jedoch in den meisten Fällen bezahlen. Die Gebühren hierfür (1 - 5 €) sind genauso unterschiedlich wie die Art der Bezahlung. Das gilt auch für privat betriebene Stellplätze, deren Gesamtkosten ebenfalls in der Höhe sehr unterschiedlich ausfallen. Manche Stellplätze setzen auf Jetons, die man in nahen Geschäften oder dem Office de Tourisme erwerben kann oder favorisieren den Einwurf von Euromünzen, andere sind nur per Kreditkarte zahlbar. Auf einigen Plätzen erscheint der Platzwart zum Kassieren, bei den nächsten gibt es einen schlichten Parkscheinautomat, der entweder mit Münzen gefüttert werden möchte oder nur die Kreditkartenzahlung akzeptiert. Es gibt Schranken, freie Zufahrten, Ketten zum Ab- und wieder Einhängen und Poller, die nach der Bezahlung und der Einfahrt im Boden versinken und wieder hochfahren. Am Utah Beach und in Carentan wartet ein für uns neues System. Dort muss man bei der Einfahrt auf die mit einer Schranke gesicherten Stellplätze zusätzlich zur Stellplatzgebühr einmalig eine aufladbare Zugangskarte für 4 € erwerben. Sie gilt lebenslang, berechtigt den Inhaber zur Nutzung etlicher über Frankreich verteilter Stellplätze und inkludiert die Ver-/und Entsorgung. Weitere Infos unter www.camping-car-park.com.

Letztendlich können wir Ihnen nur empfehlen, immer 1 und 2 €-Münzen und ggf. etwas Bargeld in Form von Scheinen sowie eine Kreditkarte dabei zu haben. Außerdem gilt, wie bei den Campingplätzen in der Hauptsaison, den gewünschten Stellplatz nie zu spät anzufahren, damit tatsächlich noch ein Plätzchen für Sie frei ist.

Während der sehr frühen oder sehr späten Nebensaison, aber auch in den Wintermonaten kann die Ver- und Entsorgung schwierig werden, da V/E-Anlagen möglicherweise geschlossen sind. Zusätzlich möchten wir darauf hinweisen, dass einige der beschriebenen Stell- und Parkplätze bei Veranstaltungen und Festen gesperrt sein können.

Häufig gibt es auf den Stellplätzen nur einen Stromanschluss direkt an der V/E-Station, der zudem nicht mit Bargeld, sondern mit Jetons betrieben wird. Zur Stromversorgung sollte immer ein ausreichend langes Kabel dabei sein, da es unter Umständen über den halben Platz zum WOMO verlegt werden muss. Außerdem gibt es auf Stell- und Campingplätzen hin und wieder immer noch Stromanschlüsse, in die nicht die dicken, blauen CE-Stecker passen, sondern haushaltsübliche Stecker, die in Frankreich allerdings mit einem Loch ausgestattet sein müssen, da das Gegenstück für den Schutzleiter einen Stift entgegenstreckt. Diese Stecker erhält man bei uns in jedem Baumarkt. Notfalls funktionieren auch – allerdings ohne Schutzleiter – sogenannte Reisestecker, die ggf. auch auf einem Campingplatz notwendig sind.

Einreise- und Zollbestimmungen

Frankreich ist Mitglied der Europäischen Union und hat das Schengener Abkommen unterzeichnet, sodass Bürger aus der Bundesrepublik Deutschland, aus Österreich und aus der Schweiz für die Einreise nur einen gültigen Reisepass oder Personalausweis bzw.eine Identitätskarte benötigen. Kinder benötigen ein eigenes Ausweisdokument.

Als Wohnmobilfahrer haben Sie natürlich einen Führerschein und den Fahrzeugschein dabei. Zu erwähnen ist, dass die deutsche Fahrerlaubnis mit 17 Jahren in Frankreich nicht gilt.

EU-Bürger dürfen Gegenstände und Güter für den privaten Gebrauch ohne Weiteres ein- und ausführen. Einschränkungen gibt es bei folgenden Produkten: 800 Zigaretten oder 400 Zigarillos oder 200 Zigarren oder 1 kg Rauchtabak; 10 l Spirituosen oder 10 l Alkopops, 20 l Zwischenerzeugnisse wie Portwein o. ä., 90 l Wein (davon 60 l Schaumwein), 110 l Bier; 10 kg Kaffee. Für Nicht-EU-Bürger gilt: 200 Zigaretten oder 100 Zigarillos oder 50 Zigarren oder 250 g Rauchtabak; 1 l Spirituosen oder 2 l alkoholische Getränke unter 22% Alkoholgehalt oder 4 l nicht schäumenden Wein oder 16 l Bier. Weitere Infos gibt es auf den Webseiten der Zollbehörden in Deutschland und Frankreich.

Essen und Trinken/Restaurants

Zunächst sei erwähnt, das Frankreich als Land der Gourmets bekannt ist.
Diese Erkenntnis beeinhaltet, dass in Lebensmittelgeschäften, Bäckereien, auf Märkten und in großen Supermärkten alles angeboten wird, was der Mensch zum Überleben benötigt und alles, was Herz, Seele und Magen zusätzlich begehren. Haben wir früher noch Vollkornbrot auf Reisen mitgenommen, so versorgen wir uns heute damit ab und zu auf den Märkten, um eine

zusätzliche Abwechslung zum ansonsten großen Angebot der verschiedensten Brotsorten zu erhalten. Dabei geht nach wie vor nichts über ein frisches französisches Baguette oder herrlich luftige Croissants! In einem Landstrich, in dem angeblich mehr Kühe als Menschen leben, gehören natürlich Sahne, Rahm, Butter und die unterschiedlichsten Rohmilchkäse in den Einkaufskorb und auf den Tisch. Die Normandie ist aber auch ein Apfelland, sodass neben Calvados und Cidre viele Speisen mit Äpfeln verfeinert oder ergänzt werden. Die Gerichte sind bodenständig, herzhaft und vor allen Dingen in den meisten Fällen sehr gut!

Ob man sich mit Kutteln (geschnittener Pansen von Widerkäuern) oder mit anderen Innereien anfreunden kann, ist sicher Geschmackssache. Die übrigen Wild-, Fleisch- oder Geflügelgerichte sind jedoch ein Gedicht. Vom Ochsen- oder Kalbskotelett über das würzige Fleisch der Salzlämmer bis zu den mit kleinen Zwiebeln gebratenen Enten gilt es eine große Anzahl genussreich zubereiteter Köstlichkeiten auszuprobieren. Meeresfrüchte und Fisch spielen traditionell eine große Rolle in der normannischen Küche. Fast überall sind die für deutsche Verhältnisse preisgünstigen und hervorragenden Austern (Huîtres) zu genießen. Sie werden meist mit einer Sauce aus Schalotten und Apfelessig oder mit Zitrone gereicht, können aber auch überbacken serviert werden. Auch die Preise für Miesmuscheln (Moules), Garnelen (Crevettes), Taschenkrebse (Tourteaux), Jakobsmuscheln (Coquilles Saint-Jacques), Hummer (Homard) und andere Schalentiere sind, ob im WOMO zubereitet oder im Restaurant genossen, erfreulich günstig. Meeresfrüchte werden meist mit Roggenbrot, leicht gesalzener Butter und einem trockenen Cidre begleitet. Die vielen anderen Fischarten wie Seezunge (Sole), Rochen (Raie), Petersfisch (Saint-Pierre), Steinbutt (Turbot) oder Makrele (maquereau) werden meistens in einer leckeren mit Sahne, Créme fraîche oder Cidre verfeinerten Sauce serviert. Im Landesinneren werden auch fangfrische Forellen (Truite) angeboten und in den meisten Restaurants steht mindestens ein vegetarisches Gericht auf der Karte. Besonders in den größeren Städten finden sich Restaurants mit internationaler Küche, wobei die vietnamesischen, thailändischen und nordafrikanischen Lokale überwiegen. Daneben lohnt sich die Einkehr in teilweise richtig gute Pizzerien, Crêperien oder Bistros.

Seit 2010 gehört die französische Küche zum immateriellen Weltkulturerbe der Unesco. Dabei ist nicht die Küche pauschal beurteilt worden, sondern u. a. die Verwendung von vorzugsweise lokalen Produkten, die gekonnte Auswahl der Speisen, die die Vielfalt der französischen Regionen widerspiegelt, die Ästhetik der Tafel und die Speisefolge. Diese besteht aus einem Ritual, das mit einem Aperitif beginnt und mit einem Digestif endet. Dazwischen gibt es mindestens vier Gänge (Vorspeise, Hauptspeise, Käse, Dessert). Auch wenn die Normandie keine Weinanbauregion ist, gehört hier trotzdem ein Glas Wein zu einem guten Essen. Wer möchte, kann natürlich auch einen Cidre, ein Bier oder etwas Antialkoholisches ordern.
Ein durchschnittliches 3-Gänge-Menü schlägt mit mindestens 15 - 20 € pro Nase zu Buche. Hierbei ist zu erwähnen, dass diese Angabe in den meisten Fällen für ein Mittagsmenü gilt. Im Allgemeinen ist das abendliche Menü teurer und ein edleres Ambiente sorgt für einen weiteren Preisaufschlag. Dann können Sie locker das Doppelte rechnen, in Gourmetrestaurants mit einer nach oben fast offenen Skala. Das Preisgefüge liegt an der Küste und in Ferienorten erwartungsgemäß insgesamt höher als im Landesinneren. Selbstverständlich wird kein Gast zu einem Menü gezwungen, doch ein à la carte-Essen lohnt nur, wenn es unter dem Strich tatsächlich günstiger als ein vollständiges Menü ausfällt. Ein Lichtblick ist die Kinderfreundlichkeit, denn viele Gastronomen bieten ein günstiges Menü für Kinder an, wenn diese gerade mal nicht auf Pommes oder Crêpes stehen. Wer mittags nur eine Kleinigkeit zu sich nehmen

möchte, ist in einem Café, einem Bistro, einer Crêperie oder einer Boulangerie sicher besser aufgehoben.
Sollten Sie nicht gleich mit Öffnung des Restaurants am Tisch sitzen wollen, dann empfiehlt sich besonders am Abend und in der Hauptsaison eine Reservierung. In Frankreich ist die Bedienung im Preis inbegriffen, doch zwischen fünf und zehn Prozent Trinkgeld sind je nach Zufriedenheit durchaus angemessen. Wir haben dies nach unseren Restaurantbesuchen gern zurückgelassen, wurden wir doch in unseren Erwartungen an Küche und Service meist nicht enttäuscht. Bis auf wenige Ausnahmen hat uns alles geschmeckt, aber die unglaubliche Vielfalt der Zubereitungsarten und das Arrangement der Speisen hat uns jedesmal überrascht.
Wenn Ihnen unsere Restaurantauswahl nicht zusagt oder zu gering erscheint, empfehlen wir Ihnen den roten Michelin-Restaurantführer. Die Anschaffung ist nicht gerade kostengünstig und die darin favorisierten Lokale auch nicht. Wenn er Sie jedoch vor einem kulinarischen Reinfall bewahrt, dann hat sich die Investition bereits gelohnt. Alternativ bevorzugen wir die Michelin-App, die auch offline genutzt werden kann und im online-Modus den Weg zum gewünschten Restaurant aufzeigt sowie eine Tischreservierung aus dem Programm heraus möglich macht.

Feiertage

Banken, Behörden und die meisten Geschäfte, aber auch fast alle Sehenswürdigkeiten und Museen haben an lokalen Festtagen sowie an folgenden Tagen geschlossen:
1. Januar Neujahr, Ostermontag, 1. Mai Tag der Arbeit, 8. Mai Tag des Waffenstillstandes 1945, Christi Himmelfahrt, Pfingstsonntag und -montag, 14. Juli Nationalfeiertag, 15. August Maria Himmelfahrt, 1. November Allerheiligen, 11. November Tag des Waffenstillstandes 1918, 25. Dezember 1. Weihnachtsfeiertag.
Karfreitag und der 2. Weihnachtsfeiertag gehören nur im Elsass zu den Feiertagen, der 6. Januar (Heilige Drei Könige) und Fronleichnam sind in Frankreich keine Feiertage.

Freies Übernachten/Parken

Das einmalige Übernachten auf öffentlichen Plätzen ist in Frankreich erlaubt. Natürlich sind örtliche Einschränkungen zu beachten und ein campingähnliches Verhalten, wie z. B. Markise ausfahren, Tisch und Stühle aufstellen, Grillen und Wäsche aufhängen, zu unterlassen.
Soweit die Theorie – in der Praxis stellt sich eher die Frage, ob Sie von der örtlichen Obrigkeit behelligt oder gar zur Kasse gebeten werden. Uns ist das allerdings nicht ein einziges Mal passiert! Die generelle Legalität spielt in der Praxis also keine Rolle. Nach unseren Erfahrungen kann man mit etwas Sensibilität überall stehen, wo es nicht ausdrücklich verboten ist, oder wo man wegen des berüchtigten Balkens in 2 m Höhe erst gar nicht hinkommt.
Für längere Aufenthalte empfehlen wir die offiziellen Stell- und Campingplätze. Wir haben bei den „freien" Plätzen bei der Angabe von max. WOMOs stets die Anzahl angegeben, die wir für verträglich halten, um niemanden durch eine zu große Ansammlung von Reisemobilen zu verärgern oder zu stören. Auch haben wir die Plätze im Allgemeinen sauber und ordentlich

Klare Sache: Wohnmobile verboten

vorgefunden und diese auch so wieder verlassen. Es wäre schön, wenn das so bleiben würde und wir bitten deshalb alle Leser und vor allen Dingen die Nutzer der freien Stellplätze ganz herzlich, sich so zu verhalten, dass niemand uns Wohnmobilisten zürnen kann! Es wäre schade, wenn WOMOs in Zukunft auf freien Stellplätzen in der Normandie nicht mehr gern gesehen würden.

JA: Parken u. Übernachten
NEIN: Campingverhalten

Bei einigen der genannten Parkplätze werden Sie bemerken, dass das Parken nur für Pkw zulässig bzw. für Lkw verboten ist. Auf Nachfrage bei den zuständigen Stellen haben wir regelmäßig die Auskunft erhalten, dass mit den jeweiligen Schildern lediglich das Abstellen von Lkw unterbunden werden soll und Wohnmobile dort parken dürfen (s. auch unter „Straßenverkehr“).

Das beruhigte uns sehr, denn sonst hätten wir den einen oder anderen Ort mit dem WOMO gar nicht besuchen können! Wir empfehlen denjenigen, die diese Auskunft als zu vage oder nicht gesetzeskonform ansehen, bei den entsprechenden Fremdenverkehrsbüros gezielt nachzufragen und sich zu vergewissern, ob das Parken mit dem Wohnmobil erlaubt ist.

Lassen Sie sich nicht von der Nähe einiger unserer Plätze zu den Straßen abschrecken! Meist ruht der Straßenverkehr nachts völlig und wir haben dort störungsfreie Nächte verbringen können. Sollte eine Geräuschbelästigung nicht auszuschließen sein, dann weisen wir im Text gesondert darauf hin.

Es kann sein, dass sich ein Stellplatz im Sommer anders darstellt als in den übrigen Jahreszeiten. Da wir uns in der freien Natur aufhalten, sollten Unterlegkeile zum Ausgleich von Bodenunebenheiten immer dabei sein!

Gas/Tanken

Mittlerweile verfügen fast alle Wohnmobile über zwei 11 kg Flaschen Gas, mit denen man ohne zu heizen beinahe einen ganzen Sommer lang verreisen kann. Bei Gasknappheit hilft eine französische Gasflasche. Zum Beispiel die teure, blaue Camping-Gaz Flasche, die auf vielen Campingplätzen, in Supermärkten und in Eisenwarengeschäften erhältlich ist und in Ihren Gasflaschenkasten passen sollte. Für den Einsatz wird ein spezielles Anschlussstück benötigt, das möglichst schon zu Hause gekauft werden sollte, damit man sich mit der Handhabung vertraut machen kann.

Wohnmobilbesitzer mit fest eingebautem Gastank oder Gastankflasche sind in Frankreich vergleichsweise gut dran, da das Gas-Tankstellennetz relativ dicht ist. Für das Betanken ist ein Adapter notwendig, der bereits zu Hause im Campingfachhandel erworben werden kann. Gas-Tankstellen sind am Schild G.L.P. zu erkennen.

Nach dem 1.1.2007 erstmals zugelassene Fahrzeuge müssen in der EU mit einer Schlauchbruchsicherung oder dem Strömungswächter Monocontrol oder Duocontrol CS, beide von Truma und Nachfolger von SecuMotion, ausgerüstet sein oder serienmäßig eine Schlauchbruchsicherung bzw. einen Crashsensor enthalten. Dieser Regler ist am Fahrzeug montiert, und Sie benötigen, falls Sie eine ausländische Gasflasche einsetzen, passende Anschlussschläuche. Infos unter www.truma.com.

Das französische **Tankstellennetz** ist als dicht zu bezeichnen. Beachten sollte man allerdings, dass viele Tankstellen an Sonn- und Feiertagen geschlossen haben und an denen mit dem „24/24“- Zeichen nur per Automat und mit Kreditkarte getankt werden kann. Häufig werden EC-Karten nicht akzeptiert (s. auch unter „Geld). Das Preisgefüge zwischen einzelnen Tankstellen schwankt gewaltig. So ist das Tanken an der Autobahn am teuersten, während die normalen Tankstellen im Schnitt 10 Cent günstiger sind und die Zapfsäulen an großen Supermärkten den Dieselpreis (gazole) nochmals um rund 10 Cent unterbieten.

Geld

Offizielles Zahlungsmittel in Frankreich ist der Euro. Es gibt überall Geldautomaten, an denen Sie, unter Umständen gegen eine Gebühr, mit der EC/Giro- oder Kreditkarte Bargeld abheben können. In Frankreich ist es, im Gegensatz zu Deutschland, üblich, auch kleinere Geldbeträge mit der Kreditkarte zu zahlen, vorwiegend Euro- oder VisaCard, wobei die VisaCard noch größere Akzeptanz besitzt.
Vorsicht ist bei dem Begriff „carte bancaire" geboten, denn oft meinen die Franzosen mit diesem Ausdruck die Kreditkarte und nicht die EC-Karte. Ein weiterer Unterschied besteht darin, dass französische Kreditkarten mit einem Chip versehen sind (so wie die deutschen EC-Karten). Eigentlich sollten auch mittlerweile alle deutschen Kreditkarten auf dieses System umgestellt worden sein. Einige deutsche Kreditkarten besitzen diesen Chip noch nicht und daher können beim Zahlen mit Kreditkarte ohne Chip Probleme auftreten.
Bargeld kann überall mit der EC/Giro-Karte an Bankautomaten gezogen werden. Mit dieser Karte können Sie inzwischen auch häufig Ihre Zeche im Restaurant oder Ihren Einkauf in verschiedenen Geschäften begleichen, Ihren Dieseltank füllen und in seltenen Fällen auch die Autobahnmaut bezahlen. Dummerweise funktioniert sie aber nicht flächendeckend, weshalb wir Ihnen unbedingt zu einer VISA-Karte raten.
Streng genommen ist die Visa-Karte für Frankreich unverzichtbar, weil Sie zahlreiche Zahlungsvorgänge sonst gar nicht (z.B. an Stellplätzen) oder nur schlecht (an Autobahnen) vornehmen können!
In der Regel werden beim Abheben von Bargeld am Automaten zwei Prozent des Betrages bzw. mindestens 5 € Gebühr berechnet. Inhaber von Postsparbüchern können mit der Postbank SparCard zehnmal im Jahr gebührenfrei Geld im Ausland abheben.
Für den Fall, dass Ihre EC/Giro- oder Kreditkarte abhanden kommt, melden Sie den Verlust umgehend telefonisch bei der kartenausgebenden Bank und lassen Sie die Karte sperren. In Deutschland gibt es zudem für Kartensperrungen eine zentrale **Sperrhotline**, die für fast alle deutschen Banken zuständig ist. Unter der Telefonnummer 0049/116116 können Sie Tag und Nacht anrufen und den Verlust somit umgehend melden. Das ist insofern wichtig, weil nur dann die im Kredit- oder EC-Kartenvertrag enthaltene Versicherung zahlt, falls ein Spitzbube mit ihrer Karte Missbrauch treibt! Weitere Infos unter www.sperr-notruf.de.

Geschichte

Auf unserer Reise durch die Normandie werden wir oft genug an ihre Geschichte erinnert. Für den besseren Überblick führen wir nachstehend die wichtigsten Daten und Ereignisse auf:

Um 3.000 v. Chr.	Erste Ansiedlungen.
Um 1.000 v. Chr.	Kelten besiedeln die Normandie.
58 - 51 v. Chr.	Eroberung durch die Römer. Erste römische Stadtgründungen in Rouen, Lisieux, Lillebonne und Èvreux.
2. Jh. n. Chr.	Beginnende Christianisierung, Rouen wird erster Bischofssitz, Sachsen und andere Germanen fallen ein.
3. Jh. n. Chr.	Das Bistum Rouen wird gegründet, erste Einfälle aus dem skandinavischen Raum.
5. - 7. Jh. n. Chr.	Die Franken unter König Chlodwig dringen nach Nordfrankreich ein. Zahlreiche Kloster- und Kirchengründungen. 709 entsteht Mont-Saint-Michel.
8. Jh. n. Chr.	„Nordmannen" überfallen die Normandie. Städte und Land werden geplündert sowie verwüstet und die Christenverfolgung im Cotentin beginnt.
911	Wikingerführer Rollo erhält das Land als Lehen und übernimmt dessen Verteidigung. Nach seiner Taufe wird er

	unter seinem neuen Namen Robert erster Herzog der heutigen Haute Normandie.
933	Wilhelm I. (genannt Langschwert) verleiht dem Herzogtum seine endgültige Form.
10. - 11. Jh.	Wiederaufbau der Abteien und Gründung neuer Klöster, es kehrt eine Zeit der Ruhe ein.
1027	Geburt von Wilhelm dem Bastard, später der Eroberer genannt, in Falaise.
1066	Wilhelm der Eroberer siegt bei Hastings und wird König von England.
1087	Wilhelm der Eroberer stirbt in Rouen.
1087 - 1135	Erbfolgestreitigkeiten unter den Nachkommen Wilhelms. Henri I. Beauclerc wird Herzog der Normandie und später englischer König.
1120	Schiffbruch der „Blanche Nef“ bei Barfleur, Henri I. verliert seinen Sohn und Erben.
1152	Henri II. Plantagenet heiratet Eleonore von Aquitanien und erhält Südwestfrankreich. Bis 1189 ist er König von England.
1196	Richard Löwenherz errichtet das Château Gaillard zum Schutz gegen Frankreich.
1202	Johann Ohneland, König von England verliert seine normannischen Besitzungen.
1204	Das Herzogtum Normandie zerfällt und geht an die französische Krone.
1315	Die Charta der Normandie gewährt dem Herzogtum seine Unabhängigkeit, die bis zur Französischen Revolution bestehen bleibt.
1339 - 1453	Hundertjähriger Krieg zwischen Frankreich und England.
1431	Jeanne d'Arc wird in Rouen verbrannt.
1437	Gründung der Universität von Caen durch Henri VI.
1469	Die Grenzen des Herzogtums werden verändert, die Normandie wird Krongut und von Beamten des französischen Königs Ludwig XI.verwaltet.
1562 - 1598	Religionskriege, die zwischen den von der Lehre Calvins beeinflussten Hugenotten und den Katholiken ausgetragen werden.
1789 - 1799	Französische Revolution, die für die Normandie mit einem Aufstand in Caen beginnt und mit der Ernennung Napoléons zum Ersten Konsul der Französischen Republik endet.
1. Sept. 1939	Ausbruch des 2. Weltkrieges.
1940 -1944	Besetzung Frankreichs durch deutsche Truppen, Bau des Atlantikwalls.
2. Juni 1944	Invasion der Alliierten an der normannsichen Küste.
8. Mai 1945	Ende des 2. Weltkrieges.

Danach beginnt die Zeit des Wiederaufbaus und die Normandie kann sich in aller Ruhe zu dem Landstrich Frankreichs entwickeln, den wir während unserer Rundreise zu schätzen gelernt haben.

GPS/Navigation

Inzwischen gehört die Navigation per GPS-Gerät zum Alltag und wird nahezu in jedem WOMO genutzt. Auf unseren Recherchetouren haben uns die Garmin-Navigationsgeräte sicher zu unseren Zielen geführt. Wir empfehlen trotz aller Technik, bei der gelegentlich Ungenauigkeiten einkalkuliert werden müssen, die Mitnahme einer Straßenkarte und ggf. einer Wanderkarte. Die GPS-Koordinaten aller Plätze haben wir in der Schreibweise Grad° Minuten' und Sekunden", z. B. N 50°36'38.2" E 10°07'55.6" angegeben. Diese können

manuell in ein Navigationsgerät eingegeben oder bequem mithilfe der im WOMO-Verlag erhältlichen „GPS-CD zum Buch“ übertragen werden. Gegebenenfalls muss das Eingabeformat in den Grundeinstellungen Ihres Gerätes verändert werden, sonst weicht die anvisierte Örtlichkeit deutlich vom eigentlichen Ziel ab. Beachten Sie bitte, dass der Nullmeridian durch die Normandie verläuft. Deshalb wechseln die Längenangaben manchmal von E (East) auf W (West).
Mit dem für alle gängigen und GPS-fähigen Smartphones und Tablets kostenlosen Programm **maps.me**, für das Sie kostenfreie Karten downloaden können, besteht die Möglichkeit nach Eingabe von Koordinaten bzw. Adressen offline (ohne eine Datenverbindung) zu navigieren. Die vom WOMO-Verlag bezogenen Koordinaten können im kml-Format auf den Geräten eingelesen werden. In der App klickt man in der Rubrik „Lesezeichen“ auf das gewünschte Ziel und startet die Navigation. Die Kartendarstellung ist etwas verzögert, und die Navigation funktioniert ohne Ton, aber nach unseren bisherigen Erfahrungen recht zuverlässig. Weitere Infos unter www.maps.me/de/.

Haustiere

Wenn Ihr Hund oder Ihre Katze Sie in den Urlaub begleiten sollen, beachten Sie bitte, dass diese nicht jünger als 3 Monate sein dürfen, mittels eines Mikrochip und durch einen Europäischen Heimtierausweis (Ausstellung bis zum 29.12.2014: gemäß der EU-Entscheidung Nr. 2003/803 – Ausstellung nach dem 28.12.2014: gemäß EU-Verordnung Nr. 577/2013) identifizierbar sein müssen. Vor dem 3.7.2011 tätowierte Tiere dürfen auch weiterhin einreisen. Die 3 Jahre gültige Tollwutimpfung wird auch in Frankreich, soweit der Impfstoff explizit angegeben ist, anerkannt. Ansonsten gelten die für Deutschland gesetzlich vorgeschriebenen Impfregelungen.
Sowohl die Mitnahme als auch die reine Durchreise von Kampfhunden der 1. Kategorie (Typus Pittbull, Mastiff und Tosa) ist verboten und wird als Straftat bewertet. Gleiches gilt für Hunde der 2. Kategorie (Typus American Staffordshire Terrier, Rottweiler, Tosa) und zahlreiche Bedingungen sind erforderlich, die einen kurzen Aufenthalt in Frankreich quasi unmöglich machen, da Hund und Halter die verschiedenen Eignungsnachweise, Verhaltensbegutachtungen, Besitzgenehmigungen (diese sind mit einem Wohnsitz in Frankreich verbunden) in Frankreich vorlegen müssen.
Hunde der Rassen (und nicht Typ) Dobermann, deutsche Dogge und Staffordshire Bull Terrier gehören nicht zu der 1. oder 2. Kategorie und ihre Mitnahme ist erlaubt. Das Tragen eines Maulkorbes und die Leinenführung durch eine volljährige Person werden aber empfohlen. Hunde der 1. und 2. Kategorie sind auf den meisten Campingplätzen nicht erlaubt!
In öffentlichen Verkehrsmitteln müssen Hunde angeleint sein und man sollte vorsichtshalber einen Maulkorb für Hunde dabei haben. Je nach Größe des Tieres muss ein Ticket zum halben Preis gelöst werden.
An den Stränden und im Landesinneren haben wir mit unserer Hündin unterschiedliche Erfahrungen gemacht. Es gibt keine allgemeine und verbindliche Regelung, jede Stadt/Gemeinde entscheidet hier individuell. Im Allgemeinen sind Hunde am Strand nicht gestattet, dies ist jedoch abhängig von der Saison. Während der Hauptsaison sind Hunde an Stränden verboten, außerhalb der Hauptsaison sind unsere vierbeinigen Freunde jedoch an vielen Stränden gestattet. Da es in jedem Ort jedoch andere Vorschriften gibt, sollten Sie nach entsprechenden Schildern in Strandnähe Ausschau halten. Am Strand muss der Hund an der Leine gehalten werden, doch auch das wird vielfach missachtet. Im Zweifelsfall sollten Sie sich beim örtlichen Fremdenverkehrsamt bzw.

im Rathaus erkundigen oder an explizit ausgewiesene Hundestrände ausweichen. Kurzum: Immer dann, wenn sich andere Menschen oder Tiere durch unsere Hündin hätten belästigt fühlen können, haben wir sie angeleint. Für die Hinterlassenschaften unserer Hunde gibt es zahlreiche „Beutel-Spender“ und ansonsten hat man so ein Beutelchen eigentlich immer in der Hosen- oder Jackentasche dabei – aber das wissen Sie als erfahrener Hundebesitzer schließlich selbst! Insgesamt haben wir festgestellt, dass die Franzosen Hunden in der Regel sehr aufgeschlossen begegnen und auch die Mitnahme unserer vierbeinigen Begleiterin in ein Restaurant nie verwehrt wurde. Weitere Infos unter www.ambafrance-de.org/Haustiere-Einreisebestimmungen.

Internet/Telefon

Internet: Wir sind in den vergangenen Jahren mit einer Prepaid-Daten-Karte von Simly, die in verschiedenen Ländern zu nutzen ist und von Deutschland, Österreich oder der Schweiz problemlos bestellt werden kann, gut zurecht gekommen. Die Simly-Karte gibt es mit 1 - 12 GB Datenvolumen und unterschiedlich langer Gültigkeitsdauer. Die Laufzeit beginnt, wenn man die Karte in das Gerät eingelegt hat und dies sollte somit erst im Urlaubsland erfolgen. Wir haben die Karte getestet und hatten in unserem Zielgebiet nur vereinzelt kein Netz bzw. geringen Empfang. Sie können die Karte über www.simlystore.com/de/ bestellen, die Lieferung erfolgt prompt und mit deutscher Bedienungsanleitung.
Sinnvollerweise kaufen Sie sich einen portablen WLAN-Router (= UMTS-Router oder MIFI), damit Ihr Smartphone ohne Kartenwechsel weiter zum Telefonieren zur Verfügung steht. Empfehlenswert sind unserer Erfahrung nach die mobilen Hotspots des Herstellers HUAWEI (etwa 50 €). Damit können nach Eingabe des Kennworts bis zu fünf Teilnehmer gleichzeitig surfen. Sie müssen nur das kleine Teil immer dabei haben und natürlich einschalten. Wir empfehlen, die Einstellungen für automatische Software-Updates an Ihren Endgeräten zu deaktiveren, da ansonsten das gebuchte Datenvolumen schnell aufgebraucht ist. Mittlerweile scheinen sich ab Mitte 2017 die Gesetze für Roaming-Gebühren zu verändern, sodass ein günstigeres Surfen und Telefonieren möglich ist. **Bei Drucklegung dieses Buches waren diese jedoch noch nicht endgültig beschlossen. Sie sollten auf jeden Fall zunächst Ihren heimischen Telefonanbieter kontaktieren und nach dem aktuellen Stand fragen!**
In Frankreich spricht man übrigens nicht von WLAN, sondern von WiFi. Dieses bieten viele Restaurants, Cafés, Fast-Food-Ketten sowie Fremdenverkehrbüros oft kostenlos an. In größeren Städten gibt es auch immer mehr öffentliche Plätze (Straßen, Bahnhöfen, usw.), an denen Sie einen Webzugang erhalten können. Auf Campingplätzen kann ebenfalls ggf. kostenlos in der Nähe der Rezeption gesurft werden. Auf Plätzen, die mit ihrem WiFi auch die hinterste Nische versorgen, ist die Nutzung meist kostenpflichtig.
Telefon: In Frankreich gibt es ein dichtes Netz an Telefonzellen, die jedoch meist nur mit Telefonkarten zu bedienen sind, die genau wie aufladbare Karten für Mobiltelefone usw., in den Filialen der Post oder in Tabak- und Zeitschriftenläden erworben werden können.
Durch die sich verändernden Roaming-Kosten (s. o.) wird allerdings das Telefonieren mit dem Mobiltelefon durchaus attraktiver, sodass sich der Erwerb einer französischen Prepaid-Karte bzw. das Telefonieren über den heimischen Anbieter als sinnvoll erweisen kann.

Für Anrufe nach Frankreich wählen Sie bitte die Auslandsvorwahl 0033 und die 9-stellige Nummer Ihres Gesprächspartners (ohne die 0 am Anfang). Innerhalb Frankreichs wählen Sie die 10-stellige Rufnummer, die stets mit einer 0 beginnt. Alle Angaben gelten auch für das Mobiltelefon, bei dem Sie im französischen Netz keine Ländervorwahl, dafür aber die 0 wählen müssen. Von Frankreich nach Deutschland wählen Sie die Auslandsvorwahl 0049, für Österreich die 0043 und für die Schweiz die 0041 und dann die Nummer Ihres Gesprächpartners. Dabei entfällt die 0 der Ortsvorwahl.

Kartenmaterial/Literatur/Informationen

Unsere den Touren vorangestellten Karten ersetzen keine Straßen- oder Wanderkarten und sollen Ihnen lediglich bei der Orientierung helfen.
Dieser WOMO-Reiseführer kann zudem keinen umfassenden Reiseführer ersetzen, zu verschieden sind die Interessen und Ambitionen hinsichtlich Kultur, Architektur, Freizeitaktivitäten usw. eines jeden Einzelnen.
Eine gute Ergänzung zu unserem WOMO-Band ist z.B. der Reiseführer aus dem **Michael Müller Verlag** von **Ralf Nestmeyer**. Er enthält eine unglaubliche Fülle an Informationen und ist dabei locker sowie verständlich geschrieben.
Wenn Sie gern und gut essen gehen, sollte der **rote Restaurantführer von Michelin** nicht im Gepäck fehlen. Er spricht nicht nur Feinschmecker an, sondern ist auch ein zuverlässiger Ratgeber für den „normalen“ Restaurantbesuch. Zudem beeinhaltet „der Michelin“ Stadtpläne einiger von uns besuchter Städte und Orte und hilft somit in doppelter Hinsicht bei der Orientierung.

Für Ihre Reise empfehlen wir Ihnen außerdem folgende Karten und Lektüren:
Michelin: Normandie, Karte 513 1:200.000
Michelin: Normandie Ost, Karte 304 1 : 150.000
Michelin: Normandie West, Karte 303 1 : 150.000
Institut Géografique National: Wanderkarten 1 :25.000
Bergverlag Rother: Wanderführer Normandie
Michelin: Grüner Reiseführer Normandie

In den **Fremdenverkehrsbüros** vor Ort und auf den entsprechenden Internetseiten gibt es zusätzlich eine Fülle von Broschüren, Prospekten und Vorschlägen für die Freizeitgestaltung.
Nachstehend einige Tourismusverbände und web-Adressen, die zum Teil auch in deutscher Sprache informieren.
Atout France - Französische Zentrale für Tourismus
Deutschland: Postfach 100128 , D-60001 Frankfurt am Main,
Email: info.de@rendezvousenfrance.com, www.de.france.fr
Österreich: Prinz-Eugen-Straße 72/2.3 1040 Wien, Telefon +43 (0)1/5032892,
Email: info.at@france.fr, www.at.france.fr
Schweiz: Email: info.ch@atout-france.fr, www.ch.france.fr
Regionale Websites mit Broschüren zum Download:
www.normandie-tourisme.fr
www.eure-tourisme.fr
www.ornetourisme.com
www.calvados-tourisme.com
www.manchetourisme.com
www.seine-maritime-tourisme.com
Für Smartphone-Nutzer werden für verschiedene Regionen bzw. Aktivitäten nützliche Apps im Apple- bzw. Android-Store angeboten.

Reisezeit/Klima

Aufgrund der Lage am Atlantik ist das normannische Klima fast das ganze Jahr über vom warmen Golfstrom und damit von milden Temperaturen geprägt. Die Durchschnittstemperaturen liegen etwa sechs bis acht Grad über denen, die diesem Breitengrad entsprechen. Im **Winter** gibt es für gewöhnlich wenige Frosttage und nur selten Schnee. Auch wenn diese Zeit nicht ohne Reiz ist, so sind die Monate zwischen Frühjahr und Spätherbst die angenehmere Reisezeit. Das **Frühjahr**, wenn von Mitte März bis Anfang Juni Millionen von Apfel- und

Birnbäumen das Land mit einem weiß-rosa Blütenschimmer überziehen, die Wiesen sich im saftigsten Grün zeigen und Ginster gelbe Farbakzente setzt, ist die beste Zeit, um die Normandie zu erkunden. Parks und Gärten zeigen sich von ihrer schönsten Seite und der Mai ist für seine klaren Lichtverhältnisse bekannt. Die Tagestemperaturen können schon an die 20°C reichen, doch das Bad im Meer ist bei rund 10°C Wassertemperatur nur etwas für die ganz Mutigen. Dafür eignet sich die Jahreszeit perfekt für Spaziergänge und Wanderungen oder Radtouren an der Küste sowie im Hinterland.
Die beständigsten Wetterbedingungen herrschen in den **Sommermonaten** Juli und August, wenn auch die Franzosen Urlaub machen. Natürlich sind die Camping- und Stellplätze sowie die Küstenbadeorte dann übervoll. Doch im Landesinneren gibt es auch im Hochsommer bis auf einige Ausnahmen sehr viel weniger Reisende. Die Tagestemperaturen übersteigen am Meer selten die 30°C, extreme Hitzeperioden gibt es selten und die Wassertemperatur knackt die 20°C-Marke. Jetzt ist Strandleben angesagt oder eine Wanderung unter schattigen Bäumen in den grünen Wäldern. Nach dem Ende der französischen Schulferien Mitte August, spätestens Anfang September beginnen sich die Ferienorte zu leeren und die Zeit der ausgedehnten Strandspaziergänge kann beginnen.
Der **Herbst** entfaltet in den normannischen Wäldern seine ganze Farbenpracht und die Zeit der Apfelernte und der Apfelfeste beginnt. Wanderer sowie Radfahrer kommen auf ihre Kosten und die Strände sind teilweise wieder menschenleer. Das ganze Jahr über muss man sich auf plötzlich auffrischenden Wind oder einen Regenschauer einstellen. Doch so schnell der Regen aufzieht, so schnell kann auch die Sonne wieder scheinen.
Getreu dem Motto „Es gibt kein schlechtes Wetter, nur schlechte Kleidung“ und aufgrund der unvorhersehbaren Wetterwechsel sollten Sie von der Badebekleidung, über die Wind- und Regenjacke, bis zum warmen Pullover alles dabei haben. Für Wattwanderungen empfehlen wir die Mitnahme von Gummistiefeln. Über die Wetteraussichten kann man sich z. B. mittels einer Wetter-App informieren. Wir nutzen Apps von WetterOnline und Météo-France, wobei die französischen Wetterberichte eine Spur genauer und weniger optimistisch scheinen. Vor allem kann man sich dort ausgezeichnet über Unwettervorhersagen und drohende Überschwemmungen informieren.

Sehenswürdigkeiten/Öffnungszeiten/Märkte

Dieser WOMO-Reiseführer bringt Sie zu einer Vielzahl von Sehenswürdigkeiten, deren Öffnungszeiten wir genannt haben. Trotzdem kann es sein, dass sich die Zeiten verändern oder einzelne Abteilungen der Museen vorübergehend wegen Sanierungs- oder Renovierungsarbeiten geschlossen sind.
Grundsätzlich kann davon ausgegangen werden, das größere Museen im Allgemeinen von Mittwoch bis Sonntag in der Zeit von 10 - 12 Uhr und von 14 - 17 Uhr geöffnet sind. Viele **Museen** haben an einem Tag der Woche, meist Montag oder Dienstag, aber auch an Feiertagen geschlossen. Wir haben im Text erwähnt, wenn Museen beim Besuch thematisch ähnlicher oder in der gleichen Stadt befindlicher Ausstellungen ermäßigte Kombi-Tickets anbieten. Für den Besuch mehrerer Museen und Erinnerungsstätten, die sich mit der Landung der Alliierten beschäftigen, empfielt sich der für 1 € erhältliche Normandie Pass, der Preisnachlässe ermöglicht. Der Pass kann an den Kassen der teilnehmenden Museen erworben werden.
In Frankreich gibt es kein Ladenschlussgesetz wie in Deutschland. Man kann jedoch davon ausgehen, dass die meisten **Geschäfte** zwischen 9 und 12 Uhr und zwischen 14.30 und 19 Uhr geöffnet haben. Die Mittagspause wird strikt eingehalten. In größeren Städten sind die Läden in der Regel von 9 - 19 Uhr geöffnet und die großen Supermärkte schließen teilweise erst um 21 oder 22 Uhr. Manche Geschäfte haben montags ganz oder am Vormittag geschlossen, aber dafür am Sonntagvormittag geöffnet. Dies gilt besonders für Bäckereien (Boulangerie), die häufig sieben Tage in der Woche öffnen.

Markt in Deauville

Einige **Banken** sind ganztägig geöffnet, viele schließen in der Mittagszeit. Allgemein ist zu sagen, das sie von montags bis freitags von 9 - 12 und von 14 - 17 Uhr geöffnet sind. Ähnlich verhält es sich mit den **Postämtern**.
Der Besuch von **Wochenmärkten** gehört auch in der Normandie zu einer der schönsten Beschäftigungen und wir haben etliche von ihnen in unseren Touren benannt. Traditionell hält jede kleinere oder größere Stadt wenigstens einmal in der Woche einen Markttag ab, an dem sich die Besucher des Umlandes mit frischen Produkten der Region, Textilien und vielem mehr eindecken. Es ist immer wieder ein besonderes Erlebnis, wenn uns die Düfte von reifen Käsesorten, Kräutern oder frischem Brot in die Nase steigen oder der Anblick von Meeresfrüchten einem das Wasser im Mund zusammenlaufen lässt.

Sicherheit

Wir haben uns bisher in der Normandie immer sicher gefühlt. Aber wie überall auf der Welt, ist man besonders in Großstädten nie vor bösen Buben gefeit, die es auf Geld, Kreditkarten, Handys oder anderes abgesehen haben. Bewahren Sie diese Dinge so am Körper oder in einer Tasche auf, dass sie vor einem schnellen, unbefugten Zugriff sicher verwahrt sind.
Grundsätzlich gilt, dass man sein Wohnmobil niemals nur mit dem Autoschlüssel in der Hand für längere Zeit oder auch nur für einen kurzen Einkauf, verlassen sollte. Womöglich beobachtet gerade das der potentielle Dieb und vermutet fette Beute im WOMO.
Das Wohnmobil kann mit einer Alarmanlage gesichert werden, die einen Höllenkrach macht und den Einbrecher beim Eindringen zumindest erst einmal stört und im besten Fall verscheucht. Einfache Wohnmobilschlösser knackt jeder Einbruchwillige in Sekunden – zusätzliche Aufbauzylinderschlösser, Zusatzbügel über den Türen oder andere mechanische Hürden sind eine Hemmschwelle und erschweren den Zugriff. Der WOMO-Verlag bietet z. B. den WOMO-Knacker-Schreck an, der in die Vordertüren eingehakt wird und diese zusätzlich verriegelt (funktioniert jedoch nicht bei vollintegrierten Mobilen und soweit wir wissen, auch nicht bei Ford-Modellen).

Sprache

Die Normandie liegt in Frankreich und somit ist die Amtssprache Französisch. Durch die geografische Nähe zu Großbritannien und da Engländer sowie Amerikaner zu den stärksten Besuchergruppen in der Region gehören, ist man in der Normandie grundsätzlich auf die englische Sprache eingestellt. Ein paar Worte Französisch können jedoch nichts schaden und die Normannen freuen sich, wenn sie in ihrer Landessprache mit einem freundlichen „Bonjour" begrüßt werden. Außerdem erleichert ein gewisses Maß an Grundwortschatz den Einkauf in der Bäckerei oder in anderen Geschäften. Pluspúnkte sammelt man auch, wenn man der Begrüßung oder der Verabschiedung „au revoir" ein „Madame oder Monsieur" folgen lässt und häufig die Vokabeln „Merci" (Danke) und „S'il vous plaît" (Bitte) benutzt. Wer eine Auskunft erhalten möchte, sollte höflichkeitshalber ein „pardon" nicht vergessen. Mit dem Satz „Parlez-vous anglais/allemand?“ kann man schnell herausfinden, ob das Gegenüber Englisch oder Deutsch spricht. Es kommt nämlich durchaus vor, dass man auf Franzosen trifft, die Deutsch sprechen. Sie sind jedoch meist sehr zurückhaltend, was nicht boshaft gemeint ist, sondern sie eher vor der eigenen Blamage schützen soll. In einigen Fremdenverkehrsbüros gibt es deutschsprachige Berater und immer häufiger sind Internetpräsenzen auch in deutscher Sprache abrufbar. Eine gute sprachliche Unterstützung samt Aussprachenhilfe erhält man im handlichen Sprachführer „Kauderwelsch Französisch“ aus dem Reise Know How-Verlag. Wenn es mit der Sprache überhaupt nicht klappen sollte, gibt es immer noch Mimik sowie Gestik und das eigene Lächeln, das bekanntlich mehr als Tausend Worte sagt!

Straßenverhältnisse/Verkehrsregeln

Frankreich und die Normandie verfügen über ein gut ausgebautes Straßennetz. Die Straßen im ländlichen Bereich oder an der Küste sind häufig schmal und kurvig, aber fast ausnahmslos auch für breite Wohnmobile passierbar. Auf aktuelles Kartenmaterial sollte nicht verzichtet werden, da sich die Straßennummerierung vor einigen Jahren geändert hat. Aus Nationalstraßen wurden häufig Départementstraßen, aus N wurde D, und die Ziffernfolge wurde eine andere. Die Nationalstraßen, Routes Nationales, ähneln unseren Bundesstraßen. Départementstraßen sind oft gut ausgebaut, können aber auch nur als schmales Sträßchen das Land durchziehen. Kommunalstraßen (Routes Communales) verbinden meist Orts- oder Stadtteile und sind mit einem C sowie der Straßennummerierung gekennzeichnet. Die Straßenbeschilderung ist als gut zu bezeichnen.

Wenn einmal ein Verkehrsschild das Befahren einer Straße für Wohnmobile generell verbietet, können Sie sicher sein, dass Sie hier niemand schikaniert. Mit dem Aufstellen von Verbotsschildern ist man in Frankreich in diesem Fall zurückhaltender als bei uns und sie können davon ausgehen, dass die Straßen dann tatsächlich zu eng sind. In den letzten Jahren wurden Strecken – vornehmlich in Ortschaften – für Fahrzeuge mit einem Gesamtgewicht von mehr als 3,5 t gesperrt. Das hat meist nichts mit der Straßenbreite oder dem Straßenzustand zu tun, sondern soll LKW fernhalten. Schwere WOMOs ziviler Größen sind davon betroffen, obwohl die Durchfahrt physikalisch möglich ist, häufig praktiziert und so gut wie nie kontrolliert wird. Auch in diesen Fällen erhielten wir auf Nachfrage bei den Fremdenverkehrsbüros regelmäßig die Auskunft, dass wir mit unserem über 3,5 t schweren Wohnmobil selbstverständlich die Ortsdurchfahrten benutzen dürfen und die Verbotsschilder gegen Lkw gerichtet sind. Untermauert wird diese Aussage z. B. in Saint-Valery-en-Caux, wo direkt an der Zufahrt zum ausgewiesenen Stellplatz ein Schild die Durchfahrt für Fahrzeuge über 3,5 t Gesamtgewicht verbietet. Wenn wir eine Durchfahrt im Hinblick auf die Unversehrtheit des WOMOs und seiner Insassen tatsächlich für bedenklich halten, dann raten wir Ihnen im Text vom Befahren der Strecke ab (s. auch unter „Freies Übernachten/Parken“).

In Frankreich müssen **Warnweste** und **Warndreieck** mitgeführt werden. Ein **Alkoholtestgerät** muss auf Verlangen vorgezeigt werden, das Nichtmitführen wird jedoch nicht bestraft. Die **Promillegrenze** liegt bei 0,5 mg/ml und bei 0,2 mg/ml für Fahranfänger (bis 3 Jahre nach Erhalt des vorläufigen Führerscheins oder bis 2 Jahre auf das begleitete Fahren).

Das **Telefonieren** mit dem Handy am Ohr während der Fahrt ist verboten. Bitte benutzen Sie hierfür entsprechende Freisprecheinrichtungen.

Für das Fahren in Frankreich benötigen Sie einen gültigen **EU-Führerschein**. Führerscheine, die in Deutschland bereits mit 16 oder 17 Jahren erworben wurden, werden in Frankreich nicht anerkannt.

Tempolimits:

In nachstehender Tabelle sind die erlaubten Höchstgeschwindigkeiten für die Anreise und in Frankreich dargestellt.

Alle Angaben ohne Gewähr, Änderungen sind möglich.

	Autobahn unter 3,5 t	Autobahn über 3,5 t	Landstraße unter 3,5 t	Landstraße über 3,5 t	Innerorts
A	130	80	100	70	50
B	120	90	90	90	50
CH	120	100	80	80	50
D	130	100	100	80	50
F	130	90	90	80	50
NL	120	80	80	80	50

In allen Ländern sind die Geldbußen bei Geschwindigkeitsüberschreitungen saftig und meist höher als in Deutschland!
Folgende weitere französische Verkehrsregeln sind ungewohnt:
- Gelbe Randsteine oder Linien bedeuten Halte- (bei durchgezogener Farbe) oder Parkverbot (bei unterbrochenem gelbem Strich).
- In der „Zone Bleue“ oder im Bereich blauer Linien am Randstein darf man nur mit Parkscheibe parken.
- Vorfahrtstraßen enden an den Ortsschildern.
- Häufiger als bei uns gilt „Rechts vor Links“.
- Ein gelber blinkender Pfeil erlaubt bei Ampeln das Abbiegen in Pfeilrichtung, der Querverkehr hat aber trotzdem Vorfahrt!!
- Ein Rotlicht in Kreuzform auf der gegenüberliegenden Straßenseite bedeutet, dass der entgegenkommende Verkehr „Rot“ hat.
- In Frankreich müssen alle Radfahrer außerhalb geschlossener Ortschaften bei Nacht, in der Dämmerung sowie auch tagsüber bei schlechten Sichtverhältnissen (Nebel, Regen) eine Warnweste in Neongelb tragen, sonst droht ein Bußgeld.

Eine grüne Versicherungskarte ist für Frankreich wie auch für die Transitländer nicht erforderlich, sie wird aber allgemein empfohlen.
Eine **Umweltzone** besteht derzeit in **Aachen** und für die Zufahrt zum Stellplatz wird eine grüne Umweltplakette benötigt.
Anfang Juli 2016 wurden in Frankreich die Umwelt-Plakette Crit'Air und die dazugehörigen Umweltzonen, zunächst in Paris, eingeführt. Fahrzeuge, die nicht in Frankreich zugelassen sind, d.h. Fahrzeuge von Touristen, müssen diese Plakette ab dem 1. April 2017 vorweisen. In der Normandie wollen die Städte Le Havre und Rouen in den nächsten Jahren eine Umweltzone einrichten. Aktuelle Informationen und die Bestell-Modalitäten für die Vignette finden Sie unter www.crit-air.fr.

Souvenirs

Beliebte Mitbringsel aus der Normandie sind natürlich die drei „C“ - Calvados, Cidre, Camembert. Wobei zu erwähnen ist, dass Käse, egal welche Rohmilchsorte Sie bevorzugen, recht schnell verzehrt werden muss. Die Wurstspezialität Andouille aus Vire oder Austern halten sich gekühlt und gut verpackt etwa eine Woche, während Karamellbonbons und Butter aus Isigny-sur-Mer, Brotaufstriche aus Wild-, Geflügel- oder Schweinefleisch (franz. Rillettes) sowie Konfitüren länger haltbar sind. Villedieu-les-Poêles ist der perfekte Ort, um sich neu mit Kupfergeschirr einzudecken, Fayencen aus Rouen und die überall angebotenen Keramiken können den heimischen Haushalt verschönern.

Panne/Unfall

Bei einer Panne können Sie den Pannenhilfedienst oder über den Polizeinotruf und die Notrufsäulen an den Autobahnen Hilfe anfordern (Telefonnummern siehe oben). Sollte eine Reparatur Ihres Wohnmobils notwendig sein, schauen Sie bitte im internationalen Kundendienstverzeichnis Ihres Fahrzeug- und Aufbauherstellers nach. Dort werden Ihnen örtliche Vertragswerkstätten genannt.

Wenn Sie das Schicksal ereilt und Sie trotz aller Vorsicht in einen Unfall verwickelt worden sein, bewahren Sie als erstes soviel wie möglich Ruhe! Dann denken Sie daran, dass Sie vorerst auf sich alleine gestellt sind und rufen Sie, falls ein Personenschaden eingetreten ist, den Notarzt!
Wenn Sie einen Unfallgegner haben, notieren Sie sich Versicherungsgesellschaft und Versicherungsnummer. Diese sind auf einer Plakette an der Windschutzscheibe französischer Autos angebracht (bei Motorrädern am vorderen Schutzblech). Es ist weiterhin schwierig, anhand des Kennzeichens den Haftpflichtversicherer zu ermitteln. Dokumentieren Sie das Unfallgeschehen so präzise wie möglich. Machen Sie Fotos von Kennzeichen und Versicherungsplakette, den Unfallendständen, den Verkehrszeichen, Spuren und der Gesamtsituation. Achten Sie darauf, dass in den Unfallbogen, den fast alle Franzosen haben, den sog. „Constat amiable", nur solche Daten aufgenommen werden, die unstreitig sind, unterschreiben Sie auf gar keinen Fall einen Text, den Sie nicht verstehen. Schon gar nicht eventuelle Schadenszusagen! Formblätter für die Unfallaufnahme gibt es auch bei den Automobilklubs ADAC, ÖAMTC und ACS. Lassen Sie sich bei größeren Unfällen von Ihrer Rechtsschutzversicherungsgesellschaft sofort einen Deutsch sprechenden Anwalt nennen.
Die Polizei kommt nur bei schweren Sachschäden oder wenn Personen verletzt wurden. Falls der Unfallgegner keine Polizei möchte und Sie eindeutig schuld sind (die Verkehrsregeln sind im Wesentlichen die gleichen wie bei uns), falls niemand schwer verletzt worden ist, können Sie auch mit Ihrem Kontrahenten Formalitäten austauschen, ohne die Polizei zu rufen. Dann ersparen Sie sich nämlich mit hoher Wahrscheinlichkeit ein nicht geringes Bußgeld oder gar eine Kautionszahlung. Ihr Haftpflichtversicherer wird den Schaden nämlich auch regulieren, wenn Sie ohne Zuhilfenahme der Polizei über den Unfall wahrheitsgemäß berichten. Nur unverzüglich, das heißt so schnell Sie können, also spätestens am nächsten Tag, sollten Sie die Haftpflichtversicherung telefonisch informieren und Weisungen zu weiteren Verhaltensmaßnahmen entgegennehmen. Einzelheiten können Sie meistens in der Heimat nach der Rückkehr aus dem Urlaub nachreichen. Auch wenn wir uns wiederholen: Unterschreiben Sie nichts, was Sie nicht verstehen und lassen Sie sich nicht von gegnerischen Mitfahrern oder von Passanten beeinflussen!
Der EU-Gesetzgeber hat Ihnen die Regulierung von Unfallschäden deutlich leichter gemacht: Wenn sich der Schaden in einem EU-Staat ereignet hat oder wenn der Unfallgegner aus der EU stammt, kann der Schaden von zu Hause aus in deutscher Sprache reguliert werden. Beim Zentralruf der Autoversicherer nennt man Ihnen in Deutschland unter +49 (0) 1802502600, falls Sie das Kfz-Kennzeichen und möglichst auch die Versicherung des Unfallverursachers angegeben haben, einen Regulierungsbeauftragten, meist ein anderes Versicherungsunternehmen (leider wissen wir nicht, ob es eine entsprechende Stelle für unsere ausländischen Leser gibt). Dort melden Sie Ihre Ansprüche an. Es gilt aber das Schadensrecht des Unfallortes (also die dortigen Verkehrsregeln und auch die dortige Gesetzgebung über Schmerzensgeld, Rentenansprüche etc.). Informationen finden Sie auch unter www.adac.de/Auslandsunfall. Inzwischen können deutsche Bürger Schadensersatzansprüche aus einem in Frankreich von einem Franzosen verursachten Verkehrsunfall auch in Deutschland vor deutschen Gerichten, aber nach französischem Recht, einklagen. Das ist wesentlich besser als früher, aber immer noch so kompliziert, dass wir Ihnen weiterhin eine Rechtsschutzversicherung dringend empfehlen. Dass Sie für Ihr Wohnmobil eine Vollkaskoversicherung abschließen sollten, müssen wir nicht gesondert erwähnen.
Sie haben ein Wohnmobil gemietet? Fragen Sie Ihren Vermieter vor Abschluss des Mietvertrages, ob das Fahrzeug vollkaskoversichert ist und eine Rechtsschutzversicherung besteht. Prüfen Sie, ob eine Ihrer eigenen Versicherungen bei einem eventuellen Schaden eintritt.
Zum Abschluss dieses Kapitels wünschen wir Ihnen, dass Sie die genannten Ratschläge niemals anwenden müssen!

Ver- und Entsorgung

Das Ver- und Entsorgen gestaltet sich grundsätzlich problemlos. Anlagen finden sich an den ausgewiesenen Wohnmobilstellplätzen und sie sind in den meisten Fällen frei zugänglich. Wenn nicht, weisen wir im Text darauf hin bzw. nennen Alternativen an Supermärkten oder anderen beschilderten Plätzen. Wenn wir öffentliche Toiletten nennen, geschieht das nicht, um Ihnen einen Tipp zu Entleerung der Bordkassette zu geben, sondern es dient vielmehr als Hinweis an die Leser, die ihren Bedürfnissen nicht in den eigenen vier WOMO-Wänden nachgehen. Sie werden sehen, es gibt genug Möglichkeiten, um die Chemietoilette an den dafür vorgesehenen Stellen zu entleeren.
Die Wasseraufnahme gestaltet sich mithilfe eines 8 - 10 m langen Schlauchs im Allgemeinen problemlos, denn die meisten Wasserhähne sind mit 1/2 Zoll und 3/4 Zoll Schlauchanschlüssen ausgestattet. Für diese und andere Größen führen wir eine Reihe von Steckanschlüssen mit unterschiedlichen Gewindegrößen und Adapterstücke mit uns. Wenn es mal nicht passen sollte, bedienen wir uns einer sauberen Gießkanne oder eines Wasserkanisters, mit denen wir das Wasser ins WOMO befördern.
Auch wenn wir das Trinkwasser natürlich nicht auf seine Qualität hin überprüft haben, ist es als gut einzustufen. Trotzdem entkeimen wir das Wasser mit „Micropur“, einem geruchs- und geschmacklosen Mittel, das auch der Veralgung der WOMO-Wasserleitung vorbeugen soll.

Wandern, Radfahren und weitere Sportarten

Wandern: Die Normandie kann man beim Wandern auf sehr unterschiedliche Weise kennenlernen. Beschaulich und ohne größere Erhebungen können die ausgedehnten Wälder, die Heckenlandschaft und die grünen Weidelandschaften erkundet werden. Nach und nach werden die Wegemarkierungen im Landesinneren umfangreicher, doch sollte man sich bei den Fremdenverkehrsbüros zusätzlich mit entsprechenden Wandervorschlägem versorgen oder sich eine der sehr genauen, blauen Wanderkarten des „Institut Géographique National“ kaufen. Sie haben einen Maßstab von 1 : 25.000 und es sind sogar kleinere Trampelpfade eingezeichnet. Man kann diese Karten in Frankreich in jedem Buchladen, oft auch in Tabak- oder Souvenirläden erstehen oder bereits in Deutschland im Buchhandel oder über das Internet erwerben. Die Kartenlegende ist in französischer und englischer Sprache abgefasst.
Den von uns abgewanderten Strecken kann man allerdings ohne besondere Vorbereitung folgen: Wasserfälle bei Mortain (Tour 9), Forêt d'Ecouves (Tour 11), rund um Monets Garten bei Giverny, zur Quelle von Saint-Cathérine und um Lyons-la-Forêt (Tour 13).
Das großartige Wandergebiet in der Normannischen Schweiz ist von schroffen, imposanten Felsen durchzogen und es verlangt teilweise schon ein wenig Trittsicherheit, um die reizvollen Aussichten zu genießen (Tour 10).
In den Küstenregionen gestaltet sich das Wandervergnügen auf den mit GR

markierten Wegen wesentlich einfacher. Die „Grande Randonée“ sind immer mit rot-weißer Farbe gekennzeichnet und warnen mit gekreuzten Strichen vor dem Abweichen in die falsche Richtung. Zu den Klassikern an den Küsten gehören Wanderungen auf den Kreideklippen bei Étretat (Tour 2) sowie um das Nez de Jobourg oder am Cap Carteret (Tour 7). Sehr entspannt und fast ohne Steigungen gestalten sich die Touren am Cap Manvieux, von Barfleur aus, um Crèances sowie entlang der Salzwiesen an der Baie du Mont-Saint-Michel (Touren 5, 6, 7 und 8). Die von uns ausgesuchten Strecken sind als Rundwege konzipiert und meist ohne besondere Anstrengungen mit der gesamten Familie zu bewältigen. Neben der der Witterung angepassten Kleidung sollte festes Schuhwerk nie fehlen und vor allen Dingen bei den An- und Abstiegen an den Klippen oder an den Abbruchkanten muss man Vorsicht walten lassen! Außerdem verweisen wir im Text auf weitere ausgeschilderte Wanderungen und können zusätzlich den Rother-Wanderführer „Normandie“ empfehlen. Sie werden viel unterwegs sein, bis Sie alle Wandervorschläge „abgearbeitet“ haben!

Radfahren: Auch wenn wir ohne Zweiräder ausgekommen sind, können Drahtesel gute Dienste leisten, da sich Camping- und Stellplätze oftmals nicht in unmittelbarer Nähe einer Ortschaft befinden.

Die Wälder, das Seine-Tal und die Küste des Pays de Caux eignen sich gut für gemächliche Radtouren. In der Normannischen Schweiz sowie auf der Halbinsel Cotentin gibt es größere Höhenunterschiede, die MTB-Liebhaber herausfordern. Wer kein eigenes Fahrrad dabei hat, dem kann an etlichen Verleihstationen geholfen werden. Entlang unserer Touren finden sich etliche beschilderte Radwege und weiterführende Auskünfte sind bei den Fremdenverkehrsbüros erhältlich. Informationen und Tourenvorschläge mit genauer Angabe der Länge und des Schwierigkeitsgrades finden Interessierte zusätzlich z. B. unter www.ffct.org.

Klettern/Paragliding: Kletterfreunde zieht es besonders in die Suisse Normand, wo sie an senkrechten Felswänden der Rochers des Parcs in der Nähe von Clécy ihre Fähigkeiten unter Beweis stellen können. Gleitschirmflieger finden hier bzw. an küstennahen Stellen ideale Voraussetzungen. Weitere Infos z. B. unter www.plaine-altitude.com.

Über viele andere angebotenen Sportarten wie z. B. **Golf**, **Tennis** oder **Reiten** und weitere Freizeitaktivitäten informieren die Fremdenverkehrsbüros.

G

H

I

J

L

T

V

W

Y

Der WOMO®-Knackerschreck

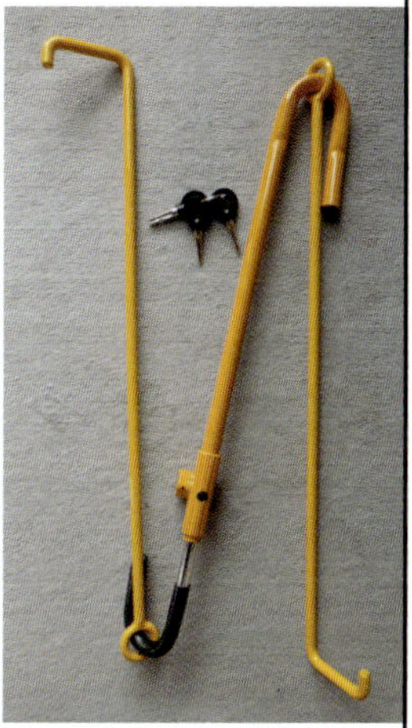

* ist die universelle und **sofort sichtbare Einbruchssperre**.
* Wird einfach in die beiden Türarmlehnen eingehängt, zusammengeschoben und abgeschlossen.
* Passend für Ducato, Peugeot, Renault Master, MB Sprinter und VW (alle Typen).
* Krallen aus 10 mm massivem, einbrennlackiertem Stahl, d. h. nahezu unverwüstlich.

Nur 54,90 € – und nur bei WOMO!

Der WOMO®-Aufkleber

* passt mit 14 cm Breite auch auf Ihr Wohnmobil.
* ist das weit sichtbare Symbol für alle WOMO-Freunde.

0,00 € – und nur bei WOMO!

Der WOMO®-Leserservice

Passend zu unseren Reiseführern bieten wir in unserem Online-Buchshop unter **www.womo.de** an:

* Die besten **Autokarten** von Michelin, Freytag & Berndt, Reise-know-how, die garantiert die komplette Reiseroute abdecken.
* Die Kauderwelsch-**Wörterbücher** für jede Sprache unserer Reiseländer.
* Von jedem Reiseland mindestens einen Rother-**Wanderführer** über die schönsten Wanderregionen.
* Eine **GPS-CD** für jeden Reiseführer mit allen Koordinaten zur schnellen Übertragung auf Ihr Navi (Garmin, TomTom, Falk).

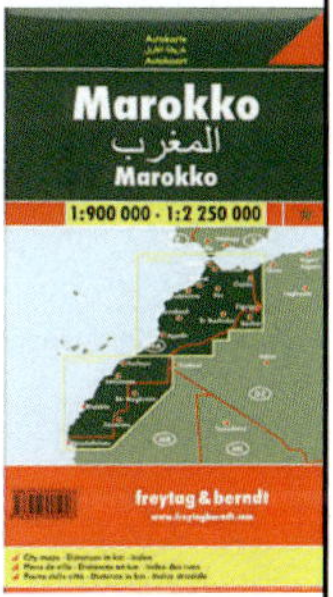

Info-Blatt aus dem WOMO-Buch: Normandie '17

(komplett ausgefüllt erhalte ich 10% Info-Honorar auf Bestellungen direkt beim Verlag)

Lokalität: Seite: Datum:
(Stellplatz, Campingplatz, Wandertour, Gaststätte, usw.)

unverändert gesperrt/geschlossen folgende Änderungen:

Lokalität: Seite: Datum:
(Stellplatz, Campingplatz, Wandertour, Gaststätte, usw.)

unverändert gesperrt/geschlossen folgende Änderungen:

Lokalität: Seite: Datum:
(Stellplatz, Campingplatz, Wandertour, Gaststätte, usw.)

unverändert gesperrt/geschlossen folgende Änderungen:

Lokalität: Seite: Datum:
(Stellplatz, Campingplatz, Wandertour, Gaststätte, usw.)

unverändert gesperrt/geschlossen folgende Änderungen:

Lokalität: Seite: Datum:
(Stellplatz, Campingplatz, Wandertour, Gaststätte, usw.)

unverändert gesperrt/geschlossen folgende Änderungen:

Lokalität: Seite: Datum:
(Stellplatz, Campingplatz, Wandertour, Gaststätte, usw.)

unverändert gesperrt/geschlossen folgende Änderungen:

Meine Adresse und Tel.-Nummer:

(nur komplett ausgefüllte, zeitnah eingesandte Infoblätter können berücksichtigt werden)

Wir bestellen zur sofortigen Lieferung: (Alle Preise in € [D], Preisänderungen vorbehalten)

❑ Wohnmobil Handbuch .... 19,90 €
❑ Wohnmobil Kochbuch .... 12,90 €
❑ Albanien .... 19,90 €
❑ Allgäu .... 17,90 €
❑ Auvergne .... 19,90 €
❑ Baltikum .... 20,90 €
❑ Bayern (Nordost) .... 19,90 €
❑ Bayern (Südost) .... 19,90 €
❑ Belgien & Luxemburg .... 19,90 €
❑ Bretagne .... 18,90 €
❑ Burgund .... 17,90 €
❑ Dänemark .... 19,90 €
❑ Elsass .... 19,90 €
❑ England (Süden) .... 19,90 €
❑ Finnland .... 19,90 €
❑ Franz. Atlantikküste (Nord) .... 19,90 €
❑ Franz. Atlantikküste (Süd) .... 17,90 €
❑ Franz. Jura .... 19,90 €
❑ Griechenland .... 19,90 €
❑ Hessen (Norden + Osten) .... 19,90 €
❑ Hessen (Mitte + Süden) .... 19,90 €
❑ Hunsrück/Mosel/Eifel .... 19,90 €
❑ Irland .... 19,90 €
❑ Korsika .... 18,90 €
❑ Kroatien/Montenegro .... 19,90 €
❑ Latium/Rom/Abruzzen .... 18,90 €
❑ Ligurien .... 17,90 €

❑ Loire-Tal/Paris .... 17,90 €
❑ Languedoc/Roussillon .... 19,90 €
❑ Marokko .... 19,90 €
❑ Mecklenburg-Vorpommern (Ost) .... 18,90 €
❑ Mecklenburg-Vorpommern (West) 18,90 €
❑ Namibia .... 19,90 €
❑ Neuseeland .... 24,90 €
❑ Niederlande .... 19,90 €
❑ Nord-Frankreich .... 18,90 €
❑ Normandie .... 19,90 €
❑ Norwegen (Nord) .... 19,90 €
❑ Norwegen (Süd) .... 19,90 €
❑ Österreich (Ost) .... 19,90 €
❑ Österreich (West) .... 18,90 €
❑ Ostfriesland .... 20,90 €
❑ Peloponnes .... 18,90 €
❑ Pfalz .... 19,90 €
❑ Piemont/Aosta-Tal .... 19,90 €
❑ Polen (Nord/Masuren) .... 19,90 €
❑ Polen (Süd/Schlesien) .... 17,90 €
❑ Portugal .... 19,90 €
❑ Provence & Côte d'Azur (Ost) .... 19,90 €
❑ Provence & Côte d'Azur (West) .... 19,90 €
❑ Rumänien .... 19,90 €
❑ Pyrenäen .... 17,90 €
❑ Sachsen .... 19,90 €
❑ Sardinien .... 19,90 €

❑ Schleswig-Holstein .... 19,90 €
❑ Schottland .... 18,90 €
❑ Schwarzwald .... 17,90 €
❑ Schweden (Nord) .... 18,90 €
❑ Schweden (Süd) .... 19,90 €
❑ Schweiz (Ost) .... 19,90 €
❑ Schweiz (West) .... 19,90 €
❑ Sizilien .... 18,90 €
❑ Slowenien .... 18,90 €
❑ Spanien (Nord/Atlantik) .... 19,90 €
❑ Spanien (Ost/Katalonien) .... 18,90 €
❑ Spanien (Süd/Andalusien) .... 18,90 €
❑ Südafrika (Krüger NP) .... 24,90 €
❑ Süditalien (Osthälfte) .... 19,90 €
❑ Süditalien (Westhälfte) .... 19,90 €
❑ Süd-Tirol .... 18,90 €
❑ Thüringen .... 19,90 €
❑ Toskana & Elba .... 20,90 €
❑ Trentino/Gardasee .... 18,90 €
❑ Tschechien .... 18,90 €
❑ Tunesien .... 17,90 €
❑ Türkei (West) .... 18,90 €
❑ Türkei (Mitte-Kappadokien) .... 17,90 €
❑ Umbrien & Marken mit Adria .... 18,90 €
❑ Ungarn .... 17,90 €
❑ Venetien/Friaul .... 19,90 €
❑ Wales .... 18,90 €

Absender:

Datum

Unterschrift

WOMO®-VERLAG

Versandabteilung

Wiesenweg 4-6

98634 Mittelsdorf/Rhön

DIE REISE- UND ERLEBNISFÜHRER

* Bequeme Touren durchs ganze Urlaubsland.
* Viele Plätzchen für freie Übernachtungen mit GPS.
* Genaue Hinweise auf viele Trinkwasserstellen.
* Die schönsten Badeplätze, die nicht jeder kennt.
* Bergtouren und Spaziergänge für groß und klein.
* Die besten Anreiserouten, Fähren, usw.
* 300 Tipps und Tricks – für Ausrüstung, Reisevorbereitung und Urlaub.
* Ausgefeilte Profipackliste.
* Spezialkarten mit präzisen Einträgen der freien Stellplätze, Trinkwasser- und Entsorgungsstellen.

DAS KOCHBUCH

* Einrichtung der WOMO-Küche.
* Lebensmittel-Grundausstattung.
* Konserven selbst gemacht.
* Backen in der Bratpfanne – Kuchen, Pizza, Brote.
* Viele, viele WOMO-Rezepte für zwei Gasflammen – einfach, schnell und lecker!
* Einkochen im Urlaub.
* Spezialrezepte für den Dampftopf.
* Der WOMO-Pfannenknecht.

DAS HANDBUCH

* Beratung bei Kauf und Miete.
* Gas-, Wasser-, Elektroinstallation.
* Einrichten des Wohnmobils.
* Tipps & Tricks fürs Wochenende.
* 3200 freie deutsche Stellplätze.
* 700 deutsche Entsorgungsstationen.
* Urlaubsvorbereitung, Profipackliste.
* .Stellplatz-Infos für ganz Europa.
* Wohnmobil und Wintersport.
* Der WOMO-Urlaubspartner-Service.
* Gastankstellen in ganz Europa.

Unsere Bücher erhalten Sie in jeder Buchhandlung oder auf Rechnung direkt vom Verlag. Hier gibt's auch die aktuellen Infos über unsere ständigen Neuerscheinungen. (Versandkosten 1,20 €, ab 10 € portofrei / Ausland 4 €, Preisänderungen vorbehalten).

24 Std.-Bestell-Telefon: 036946-20691*Fax: 036946-20692
Internet: www.womo.de * eMail: verlag@womo.de**